1 MONTH OF
FREE
READING

at

www.ForgottenBooks.com

By purchasing this book you are eligible for one month membership to ForgottenBooks.com, giving you unlimited access to our entire collection of over 700,000 titles via our web site and mobile apps.

To claim your free month visit:
www.forgottenbooks.com/free647822

ISBN 978-0-266-46200-2
PIBN 10647822

Sitzungsberichte

der

königl. bayer Akademie der Wissenschaften

zu München.

Jahrgang 1865. Band I.

München.
Druck von F. Straub (Wittelsbacherplatz 3).
1865.
In Commission bei G. Franz.

Uebersicht des Inhaltes.

IV

Sitzungsberichte

der

königl. bayer. Akademie der Wissenschaften.

Philosophisch - philologische Classe.

Sitzung vom 7. Januar 1865.

Herr Christ berichtet über eine Abhandlung des Herrn
W. Glück, welche die Classe hiermit dem Drucke übergibt:
„Die Erklärung des Rênos, Moinos und Mogon-
tiâcon, der gallischen Namen der Flüsse
Rein und Main und der Stadt Mainz.‟

Der *Rein* heisst bekanntlich bei den Griechen Ῥῆνος,
bei den Römern *Rhênus*. Der gallische Name lautet
Rênos, früher *Rênas*[1]). Das Keltische hat kein gehauch-

---

1) Die alte Nominativendung *as* der auf *a* ausgehnden männlichen Stämme findet sich noch in den ältesten Denkmälern der
irischen Sprache, den Ogaminschriften. (Hierüber s. unsere Schrift:
Der deutsche Name Brachio nebst einer Antwort auf einen Angriff
Holzmanns. München 1864. 10. S. 2 Anm) Doch kommt auch dort
die Endung *os* vor (s. Beiträge zur vergleich. Sprachforsch I, 448).
In den in gallischer Sprache geschriebenen Inschriften (ebend. III,

tes *r*[2]). Wir haben an einem anderen Orte[3]) bereits bemerkt, es sei sonderbar, dass bei den Römern *Rhênus*, so wie *rhêda*, *Rhêdones* und *Rhodanus*, nach griechischer Schreibweise erscheint, während sie die übrigen mit *r* beginnenden keltischen Namen, wie *Raurici*, *Rêmi*, *Rigomagus*, *Ruscino*, *Ruteni* u. s. w., richtig ohne *h* schreiben.

Im cisalpinischen Gallien, wo mehrere Flüsse ihre Namen von den Galliern erhielten[4]), kommt ebenfalls der

---

162 u ff. S.) dagegen ist die alte Endung *as* schon überall mit *os* vertauscht. Eben so findet man auf den gallischen Münzen *os*, daneben auch schon die lateinische Endung *us*. In den römischen Inschriften kommen noch mehrere gallische Namen mit der Endung *os* vor. Beispiele s a. a O. III, 187. und ff. S.

2) Zeuss 50. S. Ueber die jetzige kymrische Schreibung *rh*, welche die ältere Sprache nicht kennt, s ebend. 131. S.

3) In unserer Schrift: Die bei Caesar vorkommenden keltischen Namen. 148. S.

4) Z B. *Tarus* (Plin. III, 16, 20, noch jetzt *Taro*; in Gallien findet sich der Flussname *Tara*, Valesius, Notit. Galliar. 543. S), d. h. der *schnelle* (von der Wurzel *tar*, skr. *tar*, ire, wovon *taras*, velox, ir. *tara*, agilis, alacer), *Tanarus* (Plin. a. a O, Itin. Anton 109. S., noch jetzt *Tanaro*; auch ein Beiname des Jupiter, Orelli 2054. Nr), d. h. der *brausende* (von der Wz *tan*, skr. *tan*, extendere, wovon *tanjatus*, strepitus, sonitus, tonitrus, griech *τόνος*, lat *tonare*, *tonitrus*, ags. *thunjan*, tonare, alts. *thunar*, ags *thunor*, ahd. *donar*, tonitrus), *Adua* (Tac Hist. III, 40, *Addua*, Plin a. a. O , *Ἀδούας*, Strabo IV, 192 u. öft, jetzt *Adda*) = gall *Adva* (f, vergl. *Aduatuci*, Caes. II, 4 u oft., von dem Verbalsubstantive *adva-tu-s*), d. h. die *schnelle* (von der Wurzel *ad*, wovon kymr *adu*, jetzt *addu*, ire, der gall Mannsname *Adarus*, Steiner 1320. Nr, griech *ἄδις*, pedes, wie der gleichdeutige gall. Flussname *Arva*, jetzt *Erve*, zend. *aurva*, velox, aus *arva*, von der Wurzel *ar*, skr. *ar*, se movere, ire), *Togisonus* (Plin a a O., jetzt *Togna*), d. h. der *angenehm tönende* (der auch in dem gall. Namen *Togi-rix*, Duchalais, Descript des médaill gaulois. 236, 568. 570, vorkommende erste Theil ist das ir., gal. *toig*, jetzt *toigh*, iucundus, amoenus, dilectus, alt *togi-s*, und der zweite Theil, der mit Ableitung in dem gall. Namen *Vegi-sonius*,

Flussname *Rhênus* [5]) (Plin. III, 16, 20, Sil. VIII, 600 [6])),
noch jetzt *Reno*, vor.

Ausserdem findet sich der Name noch in dem gallischen
Mannsnamen *Ambi-rênus* (Orelli 6857. Nr), d. h. Umwohner
des Reines [7]).

Rênos ist durch das Suffix *no* von der zu *rê* (früher
rei) gesteigerten Wurzel *ri* gebildet, wie gall. *clê-ta* (Zeuss
186. S.), ir. *cliath* (f.), kymr. *cluit* (jetzt *clwyd* [8]), f. crates)
= altem *clêta* von der Wurzel *cli*, gall. *rêda*, ir. *riad* (in
dé-riad, gl. bigae, biuga, bina iuga, Zeuss 21. 309. S.,
altn. *reid*, ags. *râd*, ahd. *reita*, currus, vehiculum) von der
Wurzel *rid* (ursprünglich *rith*), gall. *dêvos* (in *Dêvo-
gnâta*, Muchar, Gesch. d. Herzogth. Steiermark I, 397,
vergl. den griech. Namen Θεό-γνητος), kymr. *duiu* (jetzt
dwyw), ir. *dia* [9]) = altem *dêvas* (skr. *dêvas*, d. i. *daivas*, deus)

Steiner 631. Nr, erscheint, das kymr. *son*, m. sonus, vox, rumor,
mentio, ir. *son*, m. sonus, vox, verbum, und *soin*, f. sonus, existimatio,
alt *soni-s*).

5) Bei *Bononia* (jetzt *Bologna*), daher von *Plinius* (XVI, 36, 65)
„Bononiensis amnis" genannt.

6) „Parvique Bononia Rheni".

7) Wie der gall. Volksname *Ambi-dravi* ('Αμβίδραυοι, Ptol. II, 12),
d. h. Umwohner der Drau. (Ueber die kelt Partikel *ambi*, circum,
s. die bei Caes. vorkommend. kelt. Namen. 18. u. f. S.

Wie *Ambirênus*, so gibt es noch mehrere gallische Personennamen, die eine örtliche Beziehung haben, z B. *Litavicus* und
Litaviccus (ebend. 119 u ff. S.), *Morinus* (Inscript. lat. in terris
Nassoviensibus repertae. 85, 13, von *mori*, kymr. *mor*, ir. *muir*, lat.
mare, altdeutsch *mari*), d. h. Anwohner des Meeres, maritimus. Bei
den Iren findet sich der gleichdeutige Beiname *Muirsce* (Ann. Tigern.
bei O'Conor, Rer. hibernicar. scriptor. vet. II, 212, Ann. IV magistr.
ebend III, 256) = altem *Moriscias*.

8) Langes *e* pflegt im Irischen in *ia* und im Kymrischen in *oi*,
ui (jetzt *wy*) aufgelöst zu werden.

9) Im Kymrischen hat sich das *v* durch den Wegfall der ur-

neben gall. *divos* [10]), kymr. *diu* (Zeuss. 116. S., später *duw*, deus) = altem *divas* (vergl. lat. *divus*, alt *deivos*) von der Wurzel *div* [11]), gall. *rêx* (in *Dubno-rêx*, Duchalais a. a. O. 113, 350—353), d. i. *rêg-s*, korn. *ruig* (später *ruy*, rex, Zeuss 1104. S.) = *rêg* neben gall. *rix* (in *Dumno-rix*, Caes.

---

sprünglichen Endung in *u* (jetzt *w*) verwandelt, daher *duiu* (jetzt *dwyw*) aus *dêvas*, *liu* (jetzt *lliw*, m. color) aus *livas*, *cenau* (jetzt *cenaw*, m. catulus, pullus, ir. *cana*, m catulus) aus *canavas* *) (wovon der gall. Verkleinerungsname *Canavilus*, Hefner, Röm. Bayern LXXXVI. Dkm.) u. s. w. Im Irischen dagegen ist das *v*, sofern es auf einen Selbstlaut folgt, geschwunden, daher *dia* (= *dê*) aus *dêvas*, *li* (m. color, splendor) aus *livas*, *sa* (m flumen) aus *savas*, gall *savos* (*Savus*, Plin. III, 18, 22. 25, 28 u. a, jetzt die *Sau*), *Letha* (später *Leatha*, Zeuss 67. S.) aus *Letavia* (gall., altbritt. *Litavia*, s die bei Caes. vorkommend. gall. Nam. 120. S. u. f) u. s. w.

10) In der Ableitung *divi-tio-s*, ir. *diade* (gl. divinus, Zeuss 764. S., jetzt *diadha*, divinus, religiosus, pius) = altem *dêva-tia-s*, wovon der gall. Name *Divitiâcus* (Caes. I, 3 u. öft.), gäl. *diadhach* (vir religiosus, rerum divinarum studiosus) = altem *dêvati-âca-s*. Der gall. Mansname *Divos* (Orelli 5865. Nr) ist gleich dem skr. Beiworte *dêvas* (splendens).

11) Von dieser Wurzel, die im Sanskrit glänzen bedeutet, stammen noch mehrere kelt Namen, z B. *Diva* (ein in Gallien öfters vorkommender Flussname, jetzt *Dive*, Valesius a. a O. 172. S) = altgal *Dêva* (*Δήουα*, Ptol. II, 2, der jetzige Fluss *Dee*), gall. *Divona* (Auson Cl. urb 14, 32) = *Dêvona* (*Δήουονα* Ptol. II, 10), d. h. die *glanzende*.

---

*) Der alte kymr. Lexikograph *Davies* (1632) bemerkt unter *cenaw* „Antiquis *canaw*". Im Kymrischen findet sich auch die gleichdeutige Form *cenou* (später *ceneu*, Zeuss 124 S , jetzt *cenau*) = dem alten breton. Mannsnamen *Canau* (bei Greg. Tur. H. Fr. IV, 4 *Chanao*), gall *Canau-s* (Bonner Jahrb IX, 28), wie *Samau-s* (Orelli 4900 Nr), *Maccau-s* (Mommsen, Inscript. confoederat. helvet. lat 252 352, 118), *Annou-s* (Cénac-Moncant, Voyage dans l'ancien comté de Comming. 10. S), *Cirou-s* (Bonner Jahrb. IX, 29). Die Endung *au, ou* entstund hier aus früherem *ava*.

I, 3 u. öft., und vielen anderen gallischen Namen), d. i.
rîg-s, kymr. *rig* (später *rî*, jetzt *rhî*, dominus, princeps),
ir. *rig* (jetzt *rígh*, rex, princeps) von der Wurzel *rig* u. s. w.
Das lange *e*, wie das lange *i*, ging hier aus *ei* durch Laut-
steigerung aus *i* hervor, so wie noch auf einer gall. Münze
reix (in *Dubno-reix*, Annal. de l'instit. archéolog. XVIII,
107. pl. L. no 5), d. i. *reig-s* (goth. *reiks*, ahd. *rîch*, princeps) vorkommt. *Rênos* entstund also aus *Reinas*.

Die Wurzel *ri* bedeutet im Sanskrit gehn, fliessen.
Rênos heisst nichts anderes als *Fluss*.

Wie *Rê-no-s*, so sind der gall. Flussname *Ai-no-s*
(*Αἶνος*, Ptol. II, 10, *Aenus*, Tac. Hist. III, 5, jetzt *Inn*) von
der zu *ai* gesteigerten Wurzel *i* (ire) und die italischen
Flussnamen *Sar-nu-s* (Virg. Aen. VII, 738, Sil. VIII, 537
u. a., jetzt *Sarno*) von der Wurzel *sar* (skr. *sar*, se movere,
ire, fluere) und *Ar-nu-s* (Liv. XXII, 2, Plin. III, 5, 8 u. a.,
jetzt *Arno*) von der Wurzel *ar* (skr. *ar*, se movere, ire)
gebildet. Alle diese Flussnamen sind mit *Rênos* gleichdeutig.

Im Irischen, welches, wie bereits oben bemerkt ward,
langes *e* in *ia* aufzulösen pflegt, heisst der Rein *Rian* (cen
rian, gl. cis Rhenum, Zeuss 21. S.). Dort lebt noch das
Wort *rian* (m.) mit den Bedeutungen Weg, Pfad[12]) und
Meer (als sich bewegendes). Von derselben zu *rê* gesteigerten Wurzel *ri* ist mit der Endung *man* (Nom. *ma*) das
irische *réim* (n. jetzt f. via, iter, series) = *rêmi*, früher
rêma[13]) (Grundform *rêman*) abgeleitet, wie ir. *céim* (n. jetzt

---

12) Eigentlich Gang, wie z. B. griech *ὁδός*, Weg, für *σοδός*
(von der Wurzel *σαδ*, gehn) eigentlich Gang bedeutet.

13) Das ursprüngliche *a* der Nominativendung *ma* schwächte
sich im Irischen zu *i*, das, bevor es abfiel, den vorhergehnden
Vokal umlautete, daher *réim* aus *rémi*, *gairm* (vocatio) aus *garmi*
(Grundform *garman*), *tairm*, *toirm* (sonus, strepitus) aus *tarmi*, *tormi*

f. passus, gradus, gressus) = *cêmi*, früher *cêma* (Grundform *cêman*) von der zu *cê* gesteigerten Wurzel *ci* (gehn, griech., κίω, lat. *cio, cieo, ci-tu-s*). Im Kymrischen entspringt von der zu *rî* gesteigerten Wurzel *ri* das Wort *rîn* (jetzt, *rhîn*, f. canalis [14])).

Die Deutschen knüpften den fremden Namen an ihr *hrînan* (tangere, mugire, sonare), altn. *hrína* (sonare, clamare) und nannten den Fluss *Hrîn* [15]), später *Rîn* [16]), d. h. der *brausende*, wie Grimm (D. Gr. III, 385) den *deutschen* Namen bereits richtig erklärt hat [17]). Gothisch hiesse er

---

(Grundform *tarman), cuirm**) (cervisia; convivium**) aus *curmi* = gall. *curma*****) (Grundform *curman*) u. s. w

14) Der kymr. Lexikograph *Owen* wirft diess Wort mit *rhin* (secretum, mysterium) zusammen, das gleich irischem *rún* ist, indem im Kymrischen *û* in *î* überging. S. Zeuss 118. S.

15) Dronke, Cod. diplom. Fuld. 27. Nr.

16) Ebend. 8. Nr, The Anglo-Saxon chronicle in Mon. histor. Brit. I, 361.

17) Was *Grimm* später (D. Gr. I, 98. 3. Aufl.) sagt, ist irrig.

---

*) Gen. *corma* (*cormae*, Stokes, Irish gloss. 266. Nr) für *corman* (alt *curmanas*), indem der Genitiv das *n* abwarf und *u* sich durch das folgende *a* in *o* verwandelte.

**) Eben so bedeutet das ahd. *bior* ausser *cervisia* auch convivium.

***) Bei Athen. IV, 13 κόρμα, bei Dioscorid. II, 110 mit falscher Endung κοῦρμι, wovon er den Genitiv κούρμιϑος bildet. Die Richtigkeit des *u* bezeugt das lateinisch geformte *curmen* (s. Ducange u. d. W.), so wie die späteren kymr. Formen *cwrw, cwrwf, cwryf* (korn. *coruf, coref*, cervisia, Zeuss 135 S) für *cwrf*, früher *curm*, wovon jetziges *cyrfydd* (cervisiae coctor), früher *curmid*, alt *curmidias*, gebildet wie altbritt. *epidias* (Ἐπίδιοι, Ptol. II, 2, eques, von *epas*, gall. *epos* = lat *equus*), *cocidias* (*Cocidius*, ein Beiname des Mars, Orelli 5887. Nr und òft , d. h. bellator, von der Wurzel *coc*, wovon ir. *cogaim*, bello = *cocaim*, ursprünglich *cac* = der deutschen Wurzel *hah*, wovon ahd. *hauan* für *hahwan*, altn *höggva*, caedere) u. s w.

Hreins, urdeutsch *Hreinas,* dem im Keltischen *Creinas,* später *Crînas, Crînos* [18]) entspräche.

Die Deutschen nahmen mit den gallischen Namen, die sie nicht verstunden, mannigfache Veränderungen vor. Z. B. aus dem Flussnamen *Dânu-vio-s* [19]) machten sie *Tuon-ôwa* [20]) (früher *Tôn-awa,* woraus *Tuon-auwa,* — *ouwa,* — *ôwa* [21]), jetzt *Donau,* ward), indem sie die Ableitung abwarfen und an den Stamm ihr *awa* [22]) (*auwa, ouwa, ôwa,* fluvius) fügten. Auf dieselbe Weise verwandelten sie den abgeleiteten Flussnamen *Virdo* [23]) (Grundform *Virdon*) in den zusammen-

---

18) Das Kymrische hat das Zeitwort *crîau* (jetzt *criaw,* clamare). Von der Wurzel *cri* stammt der gall. Mannsname *Crio* (Fröhner, Inscriptiones terrae coctae vasorum intra Alpes, Tissam, Tamesin repert. 862. Nr), Grundform *Crion,* Schreier?

19) S. die bei Caes. vorkommend. kelt Nam. 91. S.

20) Grimm a. a. O. I, 116. 3. Aufl., Graff, Ahd. Sprachschatz V, 433.

21) Wie aus *awa* (fluvius) *auwa, ouwa, ôwa,* so wird aus *gawi* (pagus) *gauwi, gouwi, gôwi,* aus *Mawo* (Förstemann I, 926, für *Magwo,* wie goth *mavi,* virgo, für *magvi*) *Mauwo* (ebend), aus *Dawila* (ebend 334. Sp.) *Dauwila* (ebend) u. s. w. Die ahd. Wandlung des *aw* in *auw* (*ouw, ôw*) ist, wie jene des *iw* in *iuw* (z. B. *niwi* in *niuwi,* novus), dem Einflusse des *w* auf den vorhergehnden kurzen Vokal zuzuschreiben. S. Grimm. a. a. O 119. S.

22) Nach der gewöhnlichen Meinung wäre *awa* aus goth *ahva* (= lat. *aqua,* kymr *ach* = altem *acca* durch Assimilation für *acva*) durch Ausfall des *h* entstanden, wie ahd *aha* aus goth. *ahva* durch Ausfall des *v* ward. Wir dagegen leiten *awa* von der indogermanischen Wurzel *av* mit der Bedeutung gehn, fliessen ab. Von dieser Wurzel entspringen die gall Flussnamen *Avos* ("Αϝος, Ptol. II, 5) und *Av-a-ra* (Valesius a. a. O. 85. S.), der bret. Flussname *Ava* (Courson, Hist. de peuples Bret. I, 406, XXVI), kymr. *auon* (jetzt *awon,* f. flumen, fluvius) = altem *avona,* skr. *avana* (festinatio), *avani* (cursus, flumen, fluvius) u. s. w.

23) Venant. Fortunat. Vita S. Mart. IV, 642 nach einer vatikanischen Handschrift Die unkritische Ausgabe *Luchi's* hat fälschlich *Vindo.*

gesetzten *Wert-aha* (früher *Virt-ahva,* jetzt *Wertach*). Der Flussname *Alci-monis*[24]) ward von ihnen in *Alt-muli*[25]) (jetzt *Altmühl*) umgeschaffen. Der abgeleitete Ortsname *Antunnâcum*[26]) (Itin. Anton. 371. S. u. a.) ward in ihrem Munde zu *Andarnacha*[27]) (jetzt *Andernach*). In *Vitu-dûrum* (ebend. 251. S.) vertauschten sie den ersten Theil mit ihrem *wintar* (hiems) und nannten den Ort *Wintar-* (*Wintur-*, *Winter-*) *dura,* — *tura*[28]) (jetzt *Winterthur*). In *Borbito-magus* (ebend. 354. 374. S. u. a.) liessen sie den zweiten Theil ganz weg und machten aus dem ersten *Wormatia*[29]) (jetzt *Worms*). Wer solche *deutsche* Verdrehungen und Entstellungen keltischer Namen kennt, muss den Einfall des Hrn Hofrathes *Holzmann,* die Deutschen und die Kelten (d. h. die Gallier) wären dasselbe Volk, doch höchst lächerlich finden.

Eine von den mittelalterlichen Lateinschreibern deutscher Abkunft erfundene Form ist *Hrênus*[30]). Sie ist die verdeutschte lateinische Form *Rhênus*[31]).

---

24) Ein von dem Flusse benannter Ort heisst bei Ptolem. II, 10 unrichtig Ἀλκιμοεννίς für Ἀλκιμονίς, später *Alhmonis* (Annal. S. Emmer bei Pertz I, 92) Auf ähnliche Weise ist der Flussname *Axona* (Caes. II, 5) bei Cass Dio XXXIX, 2 in Αὔξουννος entstellt.

25) *Altmule* in einer Urkunde des 9 Jahrhundertes bei Dronke a. a. O. 528. Nr.

26) Von den auf *âcum* endenden gallischen Ortsnamen wird später bei *Mogontiâcum* die Rede sein.

27) Förstemann II, 68—69.

28) Ebend 1550. Sp.

29) Ebend. 1569. Sp.

30) Dronke a a O. 16. 26 101. 105. 113. 224. 225. 395. 403. 429. Nr, Beda, Hist. eccles gentis Anglor. I, 11, Asserius. Annal. rer. gestar. Aelfredi M in Mon. hist. Brit I, 491, Ethelhardi chronicor. libri IV ebend. 517. S., Florent. Wigorn cbronic. ebend 562. S Noch andere Belege s. bei Förstemann II, 1182.
Oft erscheint auch *Rênus* (für *Hrênus,* wie *Rîn* für *Hrin*) z. B. bei Dronke a a. O. 48 251 325 b. 529. Nr.

31) *Roth* (Kleine Beitrage zur deutschen Sprach-, Geschichts- und Ortsforschung. III, 124. 128 Anm. a) hat sich daher geirrt, wenn

Der deutsche Name *Rîn*, früber *Hrîn* (ursprünglich *Hreinas*) hat also mit dem gallischen *Rênos* nichts zu schaffen. Aus dem alten *Rîn* aber wird neuhochdeutsch *Rein*, aus dem lateinischen *Rhênus* dagegen *Rhên* (*Rheen*, *Rhehn*). Die übliche Schreibung *Rhein* zeugt daher eben so von Unwissenheit als von undeutscher Gesinnung, die sich so oft in der Nachäffung des Fremden kund gibt.

Schliesslich sei hier noch ein von dem Hrn Hofrathe *Holzmann* jüngst über den Namen Rein geäusserter Einfall erwähnt. In seinem Aufsatze über „das lange a" (Germania IX, 191), der voll von Unrichtigkeiten ist, sagt er nämlich: Eine nicht geringe Schwierigkeit biete der Name des „Rheins", *Rhênus* gleich *Rîn*. Der Name sei nicht deutsch, sondern gehöre dem Volke an, das vor der gallisch-germanischen Einwanderung die Alpenländer bewohnt hätte. Die deutsche Aussprache *Rîn* scheine aber aus dem lateinischen *Rhênus* hervorgegangen zu sein; denn die Deutschen hätten die lateinischen *ê*, die sie hörten, durch *î* ausgedrückt. Weil also der Hr Hofrath weder den gallischen noch den deutschen Namen des Reines versteht, daher *Rîn* von *Rhênus* herleitet und damit *Rhênus* für einen fremden Namen erklärt, in seiner Einbildung aber die gallische Sprache keine andere als die deutsche ist, so soll *Rhênus* nicht den Galliern, sondern einem früheren Volke (wahrscheinlich den Pfahlbautenbewohnern) angehören. Bei der bekannten Gewissenhaftigkeit, womit der Hr Hofrath in der Darlegung seiner Einfälle zu Werke zu gehn pflegt, darf es nicht auffallen, dass er die alte deutsche Form *Hrîn*, woraus

---

er meint, *Rhênus* stünde irrig für *Hrênus*. Das Keltische hat kein wurzelhaftes *h*, sondern dieser Laut ward dort zu *g*, wie *f* zu *b*, *th* zu *d*. Im entgegengesetzten Falle aber wäre von den Römern nie *Rhênus* für *Hrênus*, sondern vielmehr *Chrênus* oder *Crênus*, so wie von den Griechen Χρῆνος, geschrieben worden.

erst *Rîn* durch Abfall des *h* entstund, so wie die so oft
vorkommende deutsch-römische Form *Hrênus*, unberücksichtigt lässt; denn solche Formen taugen natürlich nicht
in seinen Kram. Hier hat der Leser einen neuen schlagen-
den Beleg, auf welch wunderliche Einfälle Gelehrte gerathen,
wenn sie von einer vorgefassten Meinung befangen sind.

Der **Main** erhielt von den Galliern, seinen frühesten
Anwohnern, den Namen. Bei den Römern heisst er *Moenus*
(Mela III, 3, 3, Plin. IX, 15, 17, Tac. Germ. 28. K., Am-
mian. XVII, 1, 6, Eumen. Paneg. in Const. 13. K.). Diess
ist die römisch gestaltete Form des gallischen Namens
Moinos, früher *Moinas*.

Der Doppelvokal *oi* findet sich noch in mehreren gallischen Namen, z. B. *Coinus* (Mém. de la soc. des antiq. de
France. XX, 124), *Coinagus* (Orelli 5234. Nr), *Doiros*
(Beitr. z. vergleich. Sprachforsch. III, 164, 4), *Koisis* (ebend.
III, 170, 15), *Roipus* (Fröhner a. a. O. 1787. Nr). In der
älteren irischen Sprache erscheint ebenfalls *ói*, daneben
auch *óe* (Zeuss 40. S. u. f., jetzt *ao*), z. B. *óin, óen* (unus,
ebend. 40. S., jetzt *aon*), *cóil* (macer, ebend. 41. S., jetzt
caol, vergl. den gall. Namen *Cailus,* Thomas, Hist. d'Autun.
85. S.), *nóib* (sanctus, Zeuss 41. S., jetzt *naobh*). Im Brittischen
dagegen hat sich der Doppelvokal *oi, oe* mit wenigen Ausnahmen in *û* verwandelt [32]) (ebend. 125. S. u. f.).

Für den Sprachkundigen ist es kaum nöthig zu bemerken, dass der Doppelvokal *oi* (ursprünglich *ai*) aus *i*
hervorgeht, z. B. griech. οἶ-μο-ς (skr. *ê-ma-s*, d. i. *ai-ma-s*,
itio, via) von der Wurzel *i* (skr. *i*, ire), οἶδ-α für Ϝοῖδ-α
(skr. *vêda*, d. i. *vaida*, goth. *vait*, novi) von der Wurzel

---

32) Eben so ging im Lateinischen *oi*, später *oe*, in mehreren
Wörtern in *û* uber, z B. *oinos, oenus* in *ûnus, loidos* in *lûdus, coirare,
coerare* in *cûrare.* S Corsen, Ueber Aussprache, Vokalismus und
Betonung der lat. Sprache. I, 199.

Fιδ (skr. *vid*, percipere, cognoscere, scire), στοῖχος von der Wurzel στιχ (ire), οἶδ-ος von der Wurzel ἰδ (surgere, tumescere), ποιχ-ί-λο-ς (skr. *pêç-a-la-s*, d. i. *paiçalas*, pulcher, goth. *faihs* [33]), ahd. *fêh*, variegatus) von der Wurzel πιχ (skr. *piç*, formare, figurare, decorare), lat. *foed-us* (alt *foidos*) von der Wurzel *fid* (ligare [34]), griech. πιϑ, wovon πέ-ποιϑα), ir. *clóin*, *clóen* (iniquus, impius, Zeuss 41. S., jetzt *claon* [35])), alt *cloi-na-s*, von der Wurzel *cli* (flectere, inclinare).

Moinos ist mittels der Endung *no* von der zu *moi* gesteigerten Wurzel *mi*, skr. *mî* (ire, movere) [36]), lat. *meäre* [37]), gebildet und bedeutet *Fluss* (als gehnder, sich bewegender). *Moi-no-s* ist also wie *Rê-no-s*, *Ai-no-s* u. s. w. gebildet.

Die Deutschen haben den Namen, wie sie ihn aus dem Munde der Gallier vernommen hatten, in der Form *Moin* [38])

---

33) Falsch *faihus*. S. *Vollmer* in Roths kleinen Beiträgen zur deutschen Sprach-, Geschichts- und Ortsforschung. II, 121.

34) S. Bopp, Vergl. Gramm. I, 13. 2. Aufl.

35) Dasselbe bedeutet bei *O'Reilly*: squint-eyed, partial. prejudiced und im *Lexicon Scoto-Celticum*: inclinans, strabus, obliquus, iniquus, proclivis, partium studiosus.

36) Die angegebene Bedeutung der Wurzel *mî* ist im Sanskrit nicht belegt. Dagegen liegt sie der Bedeutung der aus *mi* hervorvorgegangenen Wurzel *mê* (mutare), d. i. *mai*, zu Grunde, wovon lit. *mai-na-s* (permutatio), *mainy-ti* (mutare, permutare) stammt. Die Bedeutung tauschen, wechseln entwickelt sich nämlich aus der Bedeutung wandeln, verwandeln. Im Zend bedeutet die Wurzel *mi* führen, d. h. gehn machen. Neben *mi* besteht auch eine Wurzel *mu*, durch Guna *mau* (vor Vokalen *mav*), wovon lat. *mov-e-re* entspringt.

37) Für *mêare* (meiare), wie *eo* für *êo* (eio).

38) In Urkunden des 8 Jahrh. bei Roth a. a. O. III, 38—41, Dronke a. a. O. 87. Nr, Monum Boic XXVIII, 1, 4, Cod. Lauresham. diplom 3447. Nr; des 9. Jahrh. Dronke a a 430. Nr, Monum. Boic. XXVIII, 1, 13. 41. 95; des 11. Jahrh. ebend. XXVIII, 1, 390. XXIX, 1, 144. XXXI, 1, 297. 298, Diplomat. Gesch. der Benedikt.

(mit der lat. Endung *Moinus* [39])) bis ins spätere Mittelalter treu bewahrt. Für *Moin* erscheint auch die Schreibung *Moyn* [40]) (mit lat. Endung *Moynus* [41])), so wie auch *ay*, *ey* für den Doppelvokal *ai*, *ei* häufig vorkommt. Auch findet sich *Mohin* [42]) mit eingeschobenem *h*. Die Einschiebung dieses Lautes zwischen Doppelvokale kommt öfters vor, z. B. ahd. *hohupitpantum* [43]) für *houpitpantum* (Dat. Plur. von *houpit-pant*, diadema, corona), *Lahoriaha* [44]) für *Laoriaha* (eine deutsche Form des gall. Ortsnamens *Lauriâcum* [45]), *Ahi-stulfo* [46]) für *Aistulfo*, *Haistulfo* [47]), *Wehibilingua* [48]) für *Weibilinga* [49]). Eben so findet sich ein eingeschobenes *g*

Abtey Banz. 291. 295. S., Jäger, Gesch des Frankenland. III, 312. Weitere Belege s. bei Forstemann II, 1037.

39) Monum. Boic. XXX, 1, 23, Regionis chronic. bei Pertz I, 586.

40) In Urk des 8. Jahrh. in Monum. Boic. XXVIII, 1, 453 XXX, 1, 14. 15. 40, Cod. Lauresh. dipl. 3425. 3452. Nr; des 9. Jahrh. ebend. 19. Nr; des 10. Jahrh. Dronke a. a. O 655. Nr, Wenk. Hess. Landesgesch. 3. Bd 30. Nr; des 11. Jahrh. Monum. Boic. XXVIII, 1, 453, Dronke, Tradit Fuld. 54 S, Jäger a. a O. 310. S , Diplom. Gesch. d Benedikt Abtey Banz. 283. S , Notizenbl. z. Arch. f. öster-reich Geschichtsquell 1851. 148. S. Weitere Belege s. bei Förste-mann a. a. O.

41) Böhmer, Urkundenbuch der Reichsstadt Frankfurt. 12. S.

42) Annal. Lauriss. bei Pertz I, 178.

43) Graff III, 137.

44) Monum. Boic XXVIII. 2, 33.

45) S unsere Schrift: Die Bisthümer Norikums, besonders das Lorchische, zur Zeit der römisch. Herrschaft: in den Sitzungsberichten der phil.-hist. Kl. d. k. Akad. d. Wiss. XVII, 102. 1. Anm.

46) Hlud et Hloth. capit. bei Pertz III, 252.

47) Forstemann I, 594.

48) Annal. Fuld bei Pertz I, 409

49) Forstemann II, 1493.

in der verdorbenen Form *Mogoin*[50]) für *Mogin,* wie in
Agistulfo[51]) für *Aistulfo, Haistulfo, Heginricus*[52]) (K. Heinrich II.) für *Heinricus* u. s. w.

Im 11. und 12. Jahrhunderte erscheinen die scheuss-
lichen lateinischen Formen *Mogus*[53]) und *Mogonus*[54]), die
dem mitteralterlichen Einfalle, dass die Stadt Mainz, die in
den Schriften der mittleren Zeit *Mogontia, Mogoncia, Moguntia, Moguncia, Magontia, Magoncia, Maguntia, Ma-
guncia*[55]) heisst, von dem Flusse *Main* den Namen habe[56]).
ihren Ursprung zu verdanken scheinen[57]).

---

50) Vita Aegili bei Brower, Sidera illustr. et sanctor. viror.
36. S.

51) Johann. chronic. Venet. bei Pertz IX, 38.

52) Lupi, Cod. diplom civit. et eccles. Bergomat. II, 497.

53) Jäger a. a. O. 309. 331. 388 421. 433. S , Diplom. Gesch. d.
Benedikt. Abtey Banz. 289 298. S., Böhmer a. a. O. 15. 16 18. S.,
Dronke, Tradit. Fuld. 53. S , Monum. Boic XXIX, 1, 407. XXX, 1,
121. 391, Friderici I. imp. const bei Pertz IV, 104, Annal. Erphordens.
ebend XVI, 35, Reineri annal. ebend XVI, 660

54) Bohmer a. a. O. 13. S , Annal. Sax. bei Pertz VIII, 562.
575, Annal. Pegaviens. ebend XVI, 254.

55) S. die Belegstellen bei Förstemann II, 1038—1039.

56) „*Mogoin,* ex quo, ut fama sonat, *Mogontia* dicta est" (Vita
Aegili a a. O). Ein anderer Vers lautet: „Nomen ab infuso recipit
Moguntia Mogo" (Zeitschr. für die Archive Deutschlands I, 268).
Noch ergetzlicher sind die von *Mone* (Anzeiger IV, 425) mitgetheil-
ten Verse:
Moganus atque *Tia* (der Bach Zey bei Mainz) rivus flumenque dedere
nomen, et inde fuit primum *Maguntia* dicta
nomine composito.

57) *Zeuss* (Die Deutschen. 14. S. Anm. *) meint, dass die Formen
Mogin, Mogus die irrige Ableitung des Namens Mainz veranlasst
hätten; allein die Form *Mogus,* wie *Mogonus,* entstund erst, nachdem man längst die Meinung gefasst hatte, Mainz hätte vom Mainc
seinen Namen. Diese Meinung aber war bereits im 9. Jahrhunderte
verbreitet, wie der oben aus dem Leben des Fuldaischen Abtes

Wenn man im Mittelalter, wo man von Lautverhält-
nissen und Wortbildung keine Ahnung, geschweige denn
einen Begriff hatte, auf einen solchen Einfall gerieth, so
kann man sich darüber nicht im mindesten wundern. Auffallen muss es dagegen, dass es noch in unseren Tagen
selbst von anerkannten Sprachforschern für möglich gehalten wird, in dem Namen der Stadt *Mainz* stecke der Fluss
Main.

Mainz heisst, wie wir sogleich zeigen werden, in den
römischen Quellen *Mogontiácum.* Was aber hat dieser
Name mit *Moinos, Moenus* gemein? Man hat zwar wegen
der Formen *Mohin, Mogin, Mogus, Mogonus* vermuthet,
der Laut *oi* wäre nicht ursprünglich, sondern durch den
Ausfall eines *g* entstanden. Allein abgesehen davon, dass
es ganz unstatthaft ist, den Laut eines alten *keltischen*
Namens nach *späten* Formen, die von *Deutschen* herrühren,
ja nach Formen, die, wie *Mogus* und *Mogonus*, reine Er-
dichtungen der Gelehrten sind, beurtheilen zu wollen, fällt
in der *alten* keltischen Sprache weder *g* noch sonst ein
Mitlaut zwischen zwei Selbstlauten aus [58]). Doch setzen wir

Eigil[*]) (818—822), welches der gleichzeitige Mönch *Kandidus* (sein
deutscher Name war *Brûn* † 832) verfasste, angeführte Vers bezeugt.

58) Dagegen kommen im Gallischen Falle vor, dass *g* vor *j* aus-
fällt, wie *Bôii* für *Bôgii, Tolisto-bôii für Tolisto-bôgii* (so ist bei
Florus und Plinius, wie bei Livius, zu lesen), Τολιστο-βώγιοι (bei
Eratosthenes, Strabon und in einer griech. Inschrift bei Franz, Fünf
Inschriften und fünf Städte in Kleinasien. 21. S.), *Combôio-márus*

*) Bei *Brower* heisst er *Aegilus* Diese Schreibung ist nicht
falsch, wie schon die Namen *Aegil-preht, Aegil-bert* (Förstemann
I, 25) beweisen. Auch *Aigil* (ebend. 23. Sp.) findet sich öfters. Alle
diese Formen stehn nämlich für *Egil* mit ai. ae, ei für kurzes *e* (den
Umlaut des *a*), wie diess oft vorkommt. *Egil* aber ist die umge-
lautete Form von *Agil* (ebend. 22. Sp.).

den Fall, der Fluss hiesse *Moginos*, so könnte davon durch
die Endung *âcum* wol ein *Moginâcum*, aber kein *Mogontiâcum* gebildet werden. Wäre der Ort von dem Flusse
benannt, so müste dieser vielmehr *Mogontios* heissen. Uebrigens
bildeten die Kelten mittels jener Endung von Flussnamen
keine Ortsnamen [59]).

Der alte gallische Name der Stadt Mainz heisst *Mogontiâcon*, bei den Römern *Mogontiacum* (Tac. Hist. IV,
15. 24. 25. 33. 37. 59. 61. 70. 71, Eutrop. VII, 13. IX, 9,
Ammian. XVI, 2, 12. XVII, 1, 2. XXVII, 10, 1, der auch
ein Mal *Mogontiacus* XV, 11, 8 hat, Itin. Anton 355.
374. S.) [60]). Die Richtigkeit des Namens wird auch durch
eine Inschrift (Orelli 4976. Nr), worin man „curator civium
Romanor (um) *Mogontiaci*" liest, bestätigt. In anderen
Inschriften (Steiner 371. 557. 2376. Nr) findet sich die

(bei Liv. XXXVIII, 19 unrichtig *Combolomârus*) für *Combôgio-mârus*
(vergl. *Ver-combôgius*, Gruter 758, 11), *Bôionius* (ebend. 763, 10
u. öft.) für *Bôgionius* (Orelli 3078. Nr), *Baio-casses* (Notit. prov.
Galliar) für *Bagio-casses*, *Soius* (Lehne, Die röm. Alterthümer der
Gaue des Donnerbergs. 337. Nr) für *Sogius*, *Snoius* (Fröhner a a O.
2009. Nr) für *Snogius* u. s. w. Wir haben also hier dieselbe Erscheinung, wie im Lateinischen, wo *g* vor *j* auszufallen pflegt, wie
aio für *agio*, *maior* für *magior*, *Seia* für *Segia*, *puleium* für *pulegium*
u. s. w. (s. Zeitschr. f vergl Sprachforsch. I, 224—234) Erst später
kommt im Keltischen der Ausfall des *g* zwischen zwei Vokalen vor,
z. B. ir. *maam* (maximus, Stokes, Irish gloss. 1114. Nr) für *magam*
(alt *magamas*), *môidim* (laudo, ebend. 902. Nr) für *mogitim* (vergl.
den gall. Mannsnamen *Mogit-marus*, Sitzungsberichte d. k Akad d.
Wiss. phil.-hist. Kl. XI, 329, für *Mogiti-mârus*); ja im Brittischen
wird es sogar Regel, dass *g* in der Mitte und am Ende der Wörter
wegfällt.

59) Dagegen finden sich auf *icum* ausgehende keltische Ortsnamen,
die von Flussnamen gebildet sind, z. B. *Avaricum* von *Avara* (jetzt
Evre), *Autricum* von *Autura* (jetzt *Eure*). Valesius a. a. O. 85. 71. S.

60) Bei Ptolem. II, 8 steht unrichtig *Μοκοντίακον* für *Μογον-
τίακον*.

Abkürzung *Mog.*, so wie auf einer Strassensäule (Orelli 5236. Nr) (Mo) *gontiac* (um). Im Mittelalter ward der Name in *Mogontia, Mogoncia, Moguntia* u. s. w. abgekürzt. Doch findet sich in den Schriften jener Zeit noch häufig die volle Form *Mogontiacum, Mogonciacum, Moguntiacum, Magontiacum, Magonciacum, Maguntiacum*, auch *Mogontiacus, Mogonciacus, Maguntiacus* [61]).

Mogontiâcon ist mittels der Endung *áco* [62]) (Nom. m. *áco-s*, f. *âcâ*, n. *áco-n*) von dem Mannsnamen *Mogontios* gebildet, wie *Segontiâcum* (später *Seguntiaco*, Martène, Veter. scriptor. coll. I, 55, wie *Moguntiacum* für *Mogontiacum*) von *Segontios* [63]), *Catusiâcum* (Itin. Anton 381. S, Tab. Peut.) von *Catusios*, *Viroviâcum* (Itin. Anton. 376. S. Tab. Peut.) von *Virovios*, *Eponiâcum* (Vales. a. a. O. 468. S.) von *Eponios* (= röm. *Equonius*, Bonner Jahrb. 12. Bd. Taf. V, 1), *Tausiriâcum* (Greg. Tur. Vit. patr. 18, 1) von *Tausirios*, *Carisiâcum* (Vales. a. a. O. 127 S.) von *Carisius* (Orelli 1958. Nr, Steiner 1027. Nr), *Abudiâcum* ('Αβουδίακον, Ptol. II, 12 [64])) von *Abudius* (Mém. de la soc. des antiq. de France XVI, 126, Tac. Ann. VI, 30), *Ricciâcum* (Tab.

---

61) S. die Belege bei Förstemann II, 1058.

62) Diess Suffix, das im Kymrischen, welches langes *a* in *au* (jetzt *aw*) auflöst, *auc* (auch *ôc, ûc,* jetzt *awg*), im Irischen aber *ach* mit kurzem *a* (s darüber Zeuss 766. S.) lautet, ist eine der gewöhnlichsten Endungen, womit Beiwörter von Hauptwortern abgeleitet werden.

63) Die weibliche Form *Segontia* erscheint bei den Galliern als Ortsname (1) Celtiberorum, Itin. Anton. 437. 439. S., 2) Arvacorum, Plin. III, 3, 4, Itin. Anton. 436. 438. S., bei Appian. B. C I, 100 und bei Plut. Sext. 1. K. falsch Σαγουντία) und die sächliche Form *Segontium* bei den Britten als Ortsname (Itin. Anton. 482. S.)

64) Auf der Tab. Peut. unrichtig *Abodiacum*, im Itin Anton. 275. S. und in der Vita S. Magni 38. K. *Abuzacum*. Ueber diese Schreibung s. Zeuss 72. S. Anm. Vergl. Diez, Gramm d. rom. Sprach. I, 217—219. 2. Ausg.

Peut.) von *Riccius* (Gruter 826, 4, Orelli 3475. Nr, Hefner
a. a. O. LXIII. Dkm.), *Sentiâcum* (Vales. a. a. O. 514. S.)
von *Sentius* (Fröhner a. a. O. 1954—1955. Nr), *Viriâcum*
(Vales. a. a. O. 438. S.) von *Virius* (Steiner 495. Nr), *Ma-
sciâcum* (Itin. Anton. 259. S.) von *Mascius* (Gruter 880, 4
u. öft.), *Joviâcum* (Itin. Anton. 249. S. u. a.) von *Jovius*
(Steiner 2972. Nr), *Juliâcum* (Itin. Anton. 375. 378. S.)
von *Julius*, *Tiberiâcum* (ebend. 375. S.) von *Tiberius*, *Tur-
nâcum* (ebend. 376—378. S.) von *Turnus* (Sid. Apoll. Ep.
IV, 24), *Brennâcum*[65]) (Greg. Tur. H. Fr. IV, 22. 47.
V, 35) von dem bekannten gall. Namen *Brennus* u. s. w.[66]).

---

65) Es findet sich auch *Brenniâcus* (Rer. gallicar. et francicar.
scriptor. VIII, 381). Nicht selten erscheint vor dem Suffixe ein *i*,
das nicht zum Stamme gehort, z. B. *Sedatiâcum* (Acta SS. Jul. I,
112) von *Sedatus* (Orelli 317. Nr, Steiner 813. Nr u. öft.), *Rufiâcum*
(Vales 487. Nr) von *Rufus*, *Pauliâcum* (ebend. 441. S.) von *Paulus,*
Sabiniâcum (ebend 430. S.) von *Sabinus, Tauriniâcum* (ebend. 432. S.)
von *Taurinus, Catulliâcus* (vicus, Greg. Tur. Vit. S. Arid. 24. K.)
von *Catullus, Moliniâco* (Pardessus, Diplom. ad res gallo - francic.
spect. I, 103) von *Molinus* (Hefner a. a. O. LXXXIX. Dkm., Gesta
abbat. Fontanellens. bei Pertz II, 281), *Becciaco* (Greg Tur. de glor.
Martyr. I, 90) von *Beccus* (Suet Vitell. 18. K.). Man vergleiche
damit im Lateinischen die mit der Endung *ânus* von Personennamen
abgeleiteten Beiwörter, in welchen vor der Endung ebenfalls ein
nicht zum Stamme gehörendes *i* erscheint, z. B. *Crassianus* von
Crassus, Catullianus von *Catullus, Lepidianus* neben *Lepidanus* von
Lepidus, Lucullianus neben *Lucullanus* von *Lucullus, Augustianus*
neben *Augustanus* von *Augustus*; ferner die mit der Endung *ensis* von
Ortsnamen abgeleiteten Beiwörter, welche ein nicht zum Stamme ge-
horendes *i* zeigen, z. B. *Nemausiensis* von *Nemausus, Rhodiensis* von
Rhodus, Corinthiensis von *Corinthus, Atheniensis* von *Athenae*. Diese
Bildungen sind der Analogie solcher gefolgt, in welchen das *i*·dem
Stamme angehört, an welchen die Endung gefügt ward.

66) Diese Bildung war besonders in Gallien im Schwange und
dauerte dort nicht bloss bis in die letzten Römerzeiten fort, sondern
war selbst noch später unter der fränkischen Herrschaft eine Zeit-

Diese Orte sind also von Personen, die sie gründeten oder besassen, benannt [67]. Zur Erläuterung mögen noch die folgenden in mittelalterlichen Schriften vorkommenden Stellen dienen: in vico cui antiquus ille et primus indigena (*Virisius* [68])) *Viriziáco* (für *Virisiáco*, wie es an einem anderen Orte, Acta SS. Sept. I, 280, richtig heisst [69]) nomen imposuit (Mabillon, Acta SS. saec. II. 66. S.); in loco qui a *Corbone* viro inclyto *Corboniácus* dicitur (ebend. saec. IV. II, 253); ad vicum Berberensem, qui nunc *Lipidiáco* (von dem neuen Besitzer *Lepidus*) dicitur (Greg. Tur. Vit. patr. 13. K.) [70].

Diese Ortsnamen entsprechen den römischen, die mit der Endung *ánus* ebenfalls von Personennamen abgeleitet sind [71], wie *Cassianum, Claudianum, Anneianum, Marianum*,

---

lang im Gebrauche, wie diess die in den dortigen Urkunden vorkommenden zahllosen Ortsnamen, die theils von gallischen, theils von römischen, theils von frankischen Personennamen (z. B. loca nuncupantis *Childriciacas*, Mabillon, De re diplom. lib. VI 482. S., von *Childericus*) gebildet sind, bezeugen. Diese Ortsnamen enden bald auf *acus*, bald auf *aco*, bald auf *acum*, auch auf *aca* und *acas*.

67) Vergl. Zeuss 772. S.

68) Ein gallischer Name bei Steiner 1984. Nr.

69) S auch Valesius a a. O. unter *Virisiacum*.

70) Bei den Kymren wurden auf dieselbe Weise Gegenden von Personen benannt, z. B. *Brecheniauc* (= *Braccaniauc*, „regio Brachani", Lib. Landav. 97. S.) primum a *Brachano* nomen accepit (Lives of the Cambro British Saints. 272. S.); a *Gunliu* (l. *Guinliu*, jetzt *Gwynlliw*, früher *Guinnliu, Guindliu* = gall. *Vindo-livos*, weissfarbig) nominata est regio *Gunliuuauc* (l. *Guinliuauc*, ebend. 145. S.) = gall *Vindolivaca*.

71) So findet man in einer fränkischen Urkunde (Pardessus a. a. O. I, 210) locellus qui appellatur *Lucianus* und locellus qui appellatur *Luciacus* (beide Orte lagen in demselben Gaue) zum Beweise, dass die keltische und lateinische Endung als gleichdeutig gebraucht wurden.

Marinianum, Roscianum, Quintianum, Ulpianum, Albiniana, Bassiana, Caesariana, Flaviana, Mariana, Mariniana, Florentiana, Constantiana, Valeriana u. s. w. [72]). Wie nun

---

72) In den römischen Quellen kommen auch mehrere mittels der Endung *âco* gebildete Ortsnamen in der Mehrheit vor, z B. *Tasciâca* (Tab Peut.) von *Tascius* (Steiner 207. Nr), *Solimâriâca* (Itin. Anton. 385. S.) von *Solimârus* (Steiner 228. 2382. Nr), *Canabiâca* (Not. dignit in partib. Occid. 33. K., bei Böcking unrichtig *Cannabiaca;* ein anderer in Gallien vorkommender Ort heisst *Canabiâcum,* Morice, Mém. pour servir de preuves à l'hist. eccl. et civ. de Bretagne. I, 25) von *canabis* (ir. *canaib,* f., = lat. *cannabis.* griech. *κάνναβις,* bret. *kanab,* m, = lat. *cannabus,* altn. *hanpr,* ags. *hænep,* ahd. *hanaf*) bedeutet so viel wie das lat. *cannabetum* (das Bretonische hat das gleichdeutige weibliche Hauptwort *kanabek* := einem kymr *canabauc* = altem *canabâca,* vergl Zeuss 816. S.), *Curmiliâca* (Itin. Anton. 380. S) von *curmilia* (später *cormilia,* wovon der in Gallien ofters vorkommende Ortsname *Cormiliae,* jetzt *Cormeilles,* Vales. a. a. O. 415. S., sorbus domestica, franz. *cormier*) bedeutet einen mit Speierlingsbaumen besetzten Ort. Während in den Ortsnamen, die von Personennamen gebildet sind, die Endung *âco* dem lat. *ânus* entspricht, hat sie in den beiden zuletzt genannten Ortsnamen die im Keltischen sehr häufig vorkommende Bedeutung des lat. *ôsus.* Ein anderes Beispiel ist der gall. Ortsname *Sparnâcum* (*Sparnâcus* villa, Pardessus a. a. O. I, 85) von *sparnos* (in *Sparnomagus,* später *Sparnomus,* Vales. a. a. O. 530. S., korn. *spern,* spinae, Zeuss 143. S), welcher mit dem in Gallien mehrfach vorkommenden lateinischen Ortsnamen *Spinetum* (Vales 530. S) und dem deutschen Ortsnamen *Dornach* (Förstemann II, 1388), früher *Dornahi* (von ahd *dorn,* goth. *thaurnus,* alts. ags. altn. *thorn,* spina) gleichdeutig ist. (Im Deutschen entspricht die Ableitung *ahi,* spater *ach,* dem lat. *êtum,* s. Grimm II, 312.) Ein Beispiel aus dem Kymrischen ist der Ortsname *treb retinauc* (später *tref redinauc,* „villa filicis", Lives of the Cambro British Saints. 50. S., von *retin,* später *redin,* jetzt *rhedyn,* aus *ratin,* ir *raith* = gall. *ratis,* filix, Marcell. Burdigal. 25. K.) = altem *treba ratinâca.* (Das jetzige *rhedynawg* erscheint bei *Owen* auch als weibliches Hauptwort „a place where fern grows.") Gallisch hiesse der Ort *Ratiâcon* (filicetum), wofür *Ratiaton* (Ptol. II, 6), das Neutrum von *ratiatos* (filicatus), erscheint.

die römischen Ortsnamen, so sind die keltischen eigentliche
Adjektive, die wegen eines zu ergänzenden Hauptwortes
sächliches Geschlechtes diess Geschlecht haben [73]).

Der gallische Mannsname *Mogontios*, wovon *Mogontiâcon* stammt, ist (wie die gall. Namen *Gerontius*, Hefner
a. a. O. CXV. Dkm., Ammian. XIV, 5, 1, Greg. Tur. H.
Fr. II, 9, *Marontius*, Steiner 1774. Nr, *Allontius*, ebend.

Die nicht von Personennamen gebildeten Ortsnamen sind also
gewöhnliche Ableitungen von Hauptwörtern, wie *bôdiâcos* (in dem
Volksnamen *Teuto-bôdiâci*, Plin. V, 32, 42, kymr. *bûdiauc*, victor,
victoriosus, jetzt *bûddiawg*, quaestuosus) von *bôdis* (kymr. *bûd*, victoria, jetzt *bûdd*, f. quaestus, ir. *buaid**), jetzt *buaidh*, f. victoria),
Nertâcus (Gruter, 700, 3, kymr. *nerthauc*, jetzt *nerthawg*, potens,
validus, robustus, fortis) von *nertos* (in den gall. Namen *Nerto-mârus*,
Orelli 2394. Nr, *Êsu-nertus*, Mommsen, Inscript. confoederat. helvet.
lat. 80. Nr, u. s. w., kymr. *nerth*, ir *nert*, jetzt *neart*, m. potentia,
vis, robur), *Togiâcus* (Gruter 845, 5, ir *toigheach*, sollicitus, attentus,
indulgens, amans) von *togia* (ir. *toighe*, f. cura, attentio, indulgentia,
caritas, = altem *togia*), *Caratâcus* (ein gall. Name, Gruter 902, 5,
Klein, Inscript. lat. Hassiae transrhen. 3. S, und ein britt. Name,
Tac. Ann. XII, 33. u oft., bei den Kymren *Caratauc*, Lib. Land.
71. 155. S. u. oft., jetzt *caradawg*, plenus amoris) von *caratos* (kymr.
carat, jetzt *carad*, m., ir. *carad*, amor, Zeuss 6. S.) u. s. w.

73) Wie jenes Hauptwort aber bei den Galliern hiess, wissen
wir freilich nicht. Bei vielen alten gall. Ortsnamen auf *âcum* werden
sich die Römer, wie bei mehreren ihrer Ortsnamen auf *ânum*, *castrum*
und bei den von ihnen in die Mehrheit gesetzten gall. Ortsnamen,
wie bei den römischen, *castra* gedacht haben. Bei dem späteren
gall. Ortsnamen *Avitâcum*, der von dem Kaiser *Avitus* benannt ist,
ist *praedium* zu ergänzen (Sid Apoll. Ep. II, 2 und Carm. 18, 1).
Wie man in den mittelalterlichen Schriften jene Ortsnamen behan-
delte, kann man aus den oben angeführten Stellen sehen.

---

*) Das Brittische hat *û* für *ô*, das noch in dem bret. Namen
Bódicus (Greg. Tur H Fr. V, 16), spater *Bûdic* (victor) vorkommt,
und das Irische pflegt *ô* in *ua* aufzulösen. S. Zeuss 117. 118. 27. S.

459. Nr, *Lucontius*, Sid. Apoll. Ep. IV, 18, *Vocontios, Vo-
contii*, Caes. I, 10 u. a.) mittels der Endung *io* (ursprünglich *ja*) von dem Stamme *mogont* gebildet. Auf ähnliche
Weise sind die röm. Namen *Fulgentius, Terentius, Calven-
tius, Gaudentius, Florentius, Valentius, Valentia*[74]) u. s. w.
von den Partizipstämmen *fulgent, terent, calvent, gaudent,
florent, valent* gebildet. Der Stamm *mogont* erscheint im
Altbrittischen als Beiname eines Gottes (Deo *Mogonti*, de
Wal, Mythol. septentr. monum. lat. 168—171. Nr), der
Apollo, bei den Kelten *Belenus*[75]), der Gott des Lichtes

---

74) Dem römischen Ortsnamen *Valentia* entspricht der oben erwähnte gall. Ortsname *Segontia*, d. h. die starke, feste, von *seg* aus
sag = skr. *sah* (sustinere, perferre), wovon *sahas* (vis, rohur), gall.
segos in *Sego-mârus, Sego-vellauni* u. s. w. S. die bei Caes. vork. kelt.
Nam. 149. S. u. f.

75) S. de Wal a. a. O. 38—42 Nr u. öft., auch *Belinus*, ebend.
36. 37. Nr u. öft.
Nicht selten erscheint in den Inschriften bloss der Beiname
einer Gottheit So findet man z. B. *Bormano et Borm (anae)* (Mém.
présent. à l'acad. roy des inscript. 1843. 2. sér. II, 385). *Bormanus*
(auch in dem Ortsnamen *Lucus Bormani*, Itin. Anton. 295. S., vorkommend) ist ebenfalls ein Beiname des *Apollo* und *Bormana* ein
Beiname der Gesundheitsgöttinn *Damona*, die in einer Inschrift in
Verbindung mit *Apollo* erscheint (Deo *Apollini Borvoni et Damonae*,
de Wal 305. Nr). Andere Beispiele aus Inschriften sind: Deo *Belatucadro* (ebend. 31. 35. 299. Nr), Deo sancto *Belatucadro* (ebend. 34.
298. 301. Nr), auch bloss *Belatucadro* (ebend. 32. Nr), einem brittischen Beinamen des *Mars* (Deo *Marti Belatucadro*, ebend 33. 300.
Nr, Orelli 5879. Nr); Deo *Cocidio* (de Wal 308. Nr, Orelli 5887. Nr),
Deo sancto *Cocidio* (ebend. 5888 Nr), ebenfalls einem Beinamen des
Mars (*Marti Cocidio*, Bonn Jahrb XVIII, 242, Deo sancto Marti
Cocidio, de Wal 309. Nr); *Visucio* (ebend 280. Nr), einem gall. Beinamen *Merkurs* (*Visucio Mercurio*, ebend. 281. Nr, Deo *Mercurio
Visucio*, ebend. 279. Nr); sanctae *Visuciae* (ebend.), einem Beinamen
der *Rosmerta*, der keltischen Göttinn des Reichthumes, die in Gesell-
schaft *Merkurs* (gleich dem keltischen vorzüglich als Gott des Reichthumes verehrten *Teutates*, Lucan. I, 445, Lactant. de falsa relig.

und der Gesundheit, ist. *Mogont* aber ist mit der Endung *ont* (ursprünglich *ant*) von der Wurzel *mog* abgeleitet. Von derselben Wurzel stammt *Mogounus* [76]), ein gallischer Bei-

---

21. K.) erscheint (de Wal 236—241. Nr) und wie jener mit dem Geldbeutel in der Rechten und dem Schlangenstabe in der Linken abgebildet ist. Sie führt daher denselben Beinamen wie *Merkur* und kommt als *Visucia* (d h. die kluge, schlaue, von *visu-s*, ir. *fius*, scientia, Zeuss 42. S., aus altem *visu**)) auch in seiner Gesellschaft vor (Deo *Mercurio Visucio* et sanctae *Visuciae*, de Wal 279. Nr).

Zeuss (772 S) hat sich daher geirrt, wenn er meint, *Mogontiâcum* könne auf den Gott *Mogonts*, so wie *Solimâriâca* auf die Gottinn *Solimâra* (Orelli 2050. Nr) bezogen werden. *Solimâriâca* ist vielmehr, wie bereits oben bemerkt ward, von dem Mannsnamen *Solimârus* abgeleitet, *Solimâra* aber ebenfalls ein blosser Beiname einer Gottinn (der *Belisama?* ebend. 1431. Nr).

76) Gebildet wie *Alounae* (Hefner a. a. O. XCVIII. XCIX. Dkm), *Caraddouna* (Bonn. Jahrbüch. XXX, 178), *Carassounius* (Mommsen a a. O. 287. Nr). Für *ou* erscheint noch oft das ältere *au*, z. B. *Alaunus* (ein gall Beiname Merkurs, Orelli 5866. Nr, bei den Britten ein Flussname, Ptol. II, 2, kymr. *Alûn*, Lives of the Cambro Brit.

---

*) Im Irischen ward das anlautende *v* bekanntlich zu *f* und durch den Einfluss des *u*, das später abfiel, *i* in *iu* verwandelt. So entstunden z B. die ir. Dative der Einheit *ciunn* (Nom. *cenn*, jetzt *ceann*, Grundform *cinnas*, altbritt. *pennas* in *Penno-crucium*, Itin. Ant. 470 S., gall. *pennos* in *Cuno-pennius*, Orelli 7230 Nr, kymr. *penn*, jetzt *pen*, caput), *fiur* (Nom. *fer*, jetzt *fear*, Grundform *viras*, lat. *vir*) aus *cinnu*, *viru*. Die Dativendung *u* hat sich in den männlichen *ia*-Stämmen erhalten, z B. *duiniu* (Nom. *duine*, alt *dunias*, homo) = *duniu*, *rannairiu* (Nom. *rannaire*, alt. *randârias*, divisor) = *rannariu*, alt *randâriu*. In den in gallischer Sprache geschriebenen Inschriften kommen einige Dative von männlichen o- (früher a-) Stämmen vor, z. B. *Magalu* (Nom *Magalo-s*), *Alisanu* (Nom. *Alisano-s*, Beitr. z. vergleich. Sprachforsch. III, 164, 4. 5)). Dass die gallische Sprache dieselbe Beugung wie die irische hatte, liess sich auch im voraus erwarten, da sie ja mit dieser zu *einem* Sprachstamme gehort.

name des *Apollo Grannus* [77]) (*Apollini Granno Mogouno*, de Wal a. a. O. 121. Nr). Ausserdem begegnet uns die Wurzel *mog* noch in mehreren keltischen Wörtern: gall. *mogovios* (*Mogovius*, Perrot, Hist. de Nismes. 99. S.), *mogidos* (in *Ambi-mogidus*, Muratori 2049, 2), *mogetillos* [78]) (*Mogetillâ*, Gruter 1099, 6), *mogetios* (*Mogetius*, Steiner 2874. [79]) 3435. Nr), wovon der Ortsname *Mogetiâna* [80])

Saints. 125. u. f. S., auch ein Mannsname, s. *Owen* u. d. W.), *vellaunos* (in den gall. Namen *Vellauno-dúnum*, Caes. VII, 11, *Sego-vellauni*, Plin. III, 4, 5, *Ver-cassi-vellaunus*, Caes. VII, 76 u. öft., und in den britt. Namen *Cassi-vellaunus*, ebend. V, 11 u. öft., kymr. *Casswallawn*, Mabinog. III, 207, *Catu-vellauni*, Wesseling in Itin Ant 471. S.), *Icaunus* (Orelli 187. Nr). Die Endung *aunos*, *ounos* ging wol aus *a-vanos* hervor, indem oft *va* zu *u* ward. *Mogounos*, früher *Mogaunas*, entstund demnach aus *Moga-vanas* (ursprünglich *Maha-vanas*). Vergl. skr. *magha-van*, Gen. *maghônas* (d h. der grosse, mächtige), einen Beinamen des *Indra*.

77) Das gall. *grannos* (durch Assimilation für *gransos?* vergl. skr. *ghrans*, *ghransas*, solis ardor, solis lumen, claritas) bedeutet warm, heiss.

78) Von *mogetos* abgeleitet, wie die gall. Verkleinerungsnamen *Tarvillus* (Steiner 1484. Nr) von *tarvos* (Orelli 1903. Nr, kymr. *taru*, jetzt *tarw*, ir. *tarb*, jetzt *tarbh*, taurus), *Cavarillus* (Caes. VII, 67) von Κάναρος (Polyb. IV, 46 u. öft., kymr. *caur*, jetzt *cawr*, gigas, von der Wurzel *cu*, skr. *çu* aus *çvi*, tumere, crescere, wovon *çavas*, vis), *Carantillus*, (Gruter 8, 2) von *Carantus* (Steiner 261. 801. 922. Nr, einem erweiterten *ant*-Stamme, kymr, *carant*, amicus, jetzt consanguineus, ir. *cara*, Gen. *carat*, amicus, = altem *carant-s*) u. s. w.

79) Unrichtig *Mocetius*.

80) Im Keltischen wurden also eben so wie im Lateinischen von Personennamen mit dem Suffixe *âno* Ortsnamen gebildet. Beispiele aus dem Kymrischen s. bei Zeuss 792. S.

Mogetiana lag in Pannonien, wo bekanntlich mehrere gallische Völker wohnten. Das Reisebuch Antonins (263. S.) führt auch einen dort gelegenen Ort *Mogentiana* auf. Einige Gelehrte sind der Meinung, *Mogetiana* und *Mogentiana* seien derselbe Ort, andere dagegen halten sie für verschiedene Orte. Wären die Namen römisch,

(Itin. Anton. 233. S.) stammt, *mogeti-s* (in dem zweiten Theile des Namens *Dino-mogeti-mârus*, Mém. des antiq. de France XIII, XVIII), *mogi-to-s* (*Mogitus*, Muchar a. a. O.

---

so wären sie wenigstens in sprachlicher Hinsicht eines. Der Stammname *Mogetius* nämlich stünde dann für *Mogentius*, so wie z. B. der altrömische Beiname des Jupiter *Loucetios* aus *Loucentios* durch Ausfall des *n* vor *t* entstund (s. Corsen, Beiträge zur lat. Formenlehre. 472. S.). Im Irischen pflegt zwar auch *n* vor *t* auszufallen (s. Zeuss 52. S.); allein dieser Ausfall ist der alten keltischen Sprache fremd, so wie ihn auch die spätere brittische Sprache nicht kennt. Der gall. Name *Mogetios* kann daher nicht für *Mogentios* stehn. Mit seiner Bildung verhält es sich vielmehr so. Im Keltischen gibt es nämlich ein Suffix *tia* (d. i. *ta* + *ja*), gall. *tio*, das im Irischen *de*, *da* (jetzt *dha*) lautet und dort eine der gewöhnlichsten Endungen ist, womit Beiwörter von Hauptwörtern abgeleitet werden, z. B. das oben erwähnte *diade* (jetzt *diadha*, divinus) = altem *dêva-tia-s* von *dia* (deus) = altem *dêva-s*, *tarbde* (taurinus, Zeuss 765. S.) = altem *tarva-tia-s* von *tarb* (jetzt *tarbh*, taurus) = altem *tarva-s*, *gaide* (pilatus, Zeuss 64. S.) für *gaisde* = altem *gaisa-tias-s* (gall. *gaisa-to-s* in *Gaisato-diastos*, *Gaisato-rîx*, s. ebend Anm) von *gai* (m. pilum, hasta) für *gais* (über den Wegfall des *s* im Irischen s ebend. u. Stokes, Irish. gloss. 216. Nr) = altem *gaisa-s* (lat. *gaesum*). Aus dem Gallischen diene als Beispiel das Beiwort *lute-tio-s* (lutosus, coenosus, wovon *Lutetiâ*, Caes. VI, 3 u. öft., = dem lat. Ortsnamen *Lutosa*, Vales. a. a. O. 309. S.) von *lutâ* (ir. *loth*, gen. *loithe*, f. coenum, palus, Zeuss 18. S., aus altem *lutâ*, lat. *lutum*), dessen Endlaut zu *e* geschwächt ist, ursprünglich *luta-tia-s*. (Von *lutâ* sind auch die gleichdeutigen gall. Beiwörter *lut-io-s*, wovon *Λουτία*, Appian. VI, 94, und *lute-vo-s*, *Lutevus*, Frohner a, a. O. 1393. Nr, wovon *Lutevâ*, Tab. Peut, abgeleitet.) Auf diese Weise ist auch *Moge-tio-s* von dem Stamme *moga* (früher *maga*, zend. *maza*, m. magnitudo, = skr. *maha*, m. splendor, für *magha*) gebildet. Unter den gallischen Namen kommen noch mehrere solcher Bildungen vor, wie *Tasgetius* (Caes. V, 25), *Cabetius*, *Cingetius*, *Cacetius* (Steiner 34. 645. 1878 Nr) u s. w. Es ist somit klar, dass wenn *Mogetiana* wirklich derselbe Ort wie *Mogentiana* ist, nur die eine oder die andere Form die richtige sein kann. Für *Mogentiana* spricht, dass Handschriften des Antoninischen Reisebuches (233. S.) *mogentiana*, *magentiana* bieten

I, 415), *mogi-ti-s* (in *Mogit-mârus*, Sitzungsber. d. k. Akad. d. Wiss. phil.-bist. Kl. XI, 329, für *Mogitimârus*[81])), *mogi-tu-s*[82]) (wovon *Mogitu-ma*, Gruter 547, 8); altbritt. *mogas* (wovon *Mogius*, *Mogiâ*, Steiner 2887. Nr[83])), kymr. *comoeth*, (später *cymoeth*, jetzt *cyfoeth*, f. potestas, divitiae) aus altem *comoc-ti-s*; ir. *mog* (später *mogh*, magnus, Stokes, Three Irish

---

und von den Abschreibern eher ein *n* ausgelassen als eingeschoben wird. *Mogentiana* aber ist von *Mogentios* abgeleitet, wie der römische Ortsname *Florentiana* von *Florentius*. Dass nun auch im Gallischen, wie im Lateinischen, das durch *io* erweiterte Suffix *ent* vorkam, zeigt unter anderem der Flussname *Druentia* (Liv. XXI, 31, Plin. III, 4, 5 u. a., jetzt *Durance*) von dem Stamme *druent* (wie der ital. Flussname *Liquentia*, Plin. III, 18, 22 u. a., von *liquent*) von der Wurzel *dru*, die im Sanskrit laufen bedeutet. *Druentia* heisst die schnelle, reissende (incitata, rapida).

81) Es gibt noch mehrere zusammengesetzte gall. Namen, in welchen der Endlaut des ersten Theiles weggelassen ist. Ein bekanntes Beispiel ist *Lug-dûnum* für *Lugu-dûnum* (Boissieu, Inscr. ant. de Lyon 31. 128. 136. 139. 148. S. u. öft.).

82) Ein Verbalsubstantiv, wie *smer-tu-s* (in *Smertu-litanus*, Orelli 188. Nr), *lax-tu-s* (wovon *Laxtu-ci-s*, Mommsen a a O. 352, 112, ir. *lasad*, jetzt *lasadh*, incensio, accensio, nitor, = altem *laxa-tu-s**), *adia-tu-s* (in *Adiatu-mârus*, Steiner 1069. Nr, kymr. *adiat*, jetzt *addiad*, desiderium), *bela-tu-s* (in dem oben angeführten britt. Beinamen des Mars *Belatu-cadrus* und dem gall. Frauennamen *Belatu-mâra*, Hefner a. a. O. CLXXXII. Dkm., von kymr. *bela*, bellare, einem Denominative von *bel*, bellum, wovon auch der gall. Volksname *Belâci*, Orelli 625. Nr, d. h. bellicosi, entspringt) u. s. w. Im Irischen vertritt das Verbalsubstantiv die Stelle des Infinitives. S. Zeuss 458. S. u. ff.

83) *Steiner* hat die in der Inschrift 3 Mal vorkommende Abkürzung *Mog* unrichtig durch *Mogetius*, *Mogetiâ* erklärt. *Mogius* erscheint dort als Geschlechtsname, indem die verrömerten Kelten auch die römische Sitte der Namengebung annahmen.

---

*) X hat sich im Irischen in *s* und im Kymrischen in *h*, *ch* verwandelt, a B. kymr. *lachar* (jetzt *llachar*, coruscus, igneus, fulgurans) = altem *laxaras*.

glossar. 106. S.), *moig* (später *moigh*, f. planities) aus altem *mogi-s, móid* (f. magnitudo, altitudo) aus altem *mogiti-s, móidim* (laudo, Stokes, Irish gloss. 902. Nr, eigentlich magnifico, ich mache gross) aus *mogitim* u. s. w.

Die Wurzel *mog*, früher *mag*, ist gleich der skr. Wurzel *mah* (crescere) für *magh*, wovon *mahant*, schwach *mahat* (magnus, eigentlich wachsend), *mahas* (magnus, eigentlich gewachsen; Subst. splendor, eigentlich Grösse), *magham* (divitiae, opes), *mahî* (terra, d. h. die grosse), gall. *admagetos* (in *Admageto-briga*, Caes. I, 31 [84]), magnus, extensus), ir. *méit* (magnitudo, Zeuss 260. S., später *méid*, f.) = kymr. *meint* (magnitudo, ebend. 811. S., jetzt *maint*) aus altem *maganti* [85]) (s. Stokes, Irish gloss. 922. Nr), slaw.

---

84) Die Handschriften haben *admagetobrige, admagetobriae, ad Magetobrie, ad Magetobriam*. Da auf einem in der Nähe des Ortes aufgefundenen Bruchstücke einer Urne *MAGETOB.* steht, so glaubten wir *ad Magetobrigam* lesen zu müssen (s. die bei Caes. vorkommend. kelt. Nam. 121 S. u. f.). *Mommsen* (Röm. Gesch. III, 233. Anm. * 3. Aufl) hat jedoch jene Inschrift für falsch erklärt. Demnach ist bei Caesar *Admagetobrigae* zu lesen. Ueber die in vielen keltischen Namen vorkommende Partikel *ad* s. unsere Schrift 39. S.

85) Von der Wurzel *mag* = *mah* sind im Keltischen noch mehrere Ableitungen vorhanden. z. B. gall. *magos* (in vielen Ortsnamen als zweites Glied vorkommend, z. B. *Gabro-magus, Eburo-magus, Argento-magus, Novio-magus, Seno-magus, Rigo-magus*, ir. *mag*, jetzt *magh*, m. planities, campus, das ebenfalls in Ortsnamen vorkommt, z. B. *Fernmagh*, Annal. IV magistr. a. a. O. III, 386. 411, = gall. *Verno-magos*, Erlenfeld, *Léaccmagh*, ebend. III, 5, = gall. *Léccomagos*, Steinfeld), *magu-s* (ir. *mug*, Gen *moga*, puer, servus, Zeuss 17. 254 256. S., = goth *magus*, puer, eigentlich der gewachsene), wovon die Verkleinerung *magu-lo-s* (in dem belg. Namen *Taxi-magulus*, Caes. V, 22, goth. *magula*, puerulus) stammt.

Neben *mah* besteht auch eine Wurzel *mag*. Da sich jedoch im Keltischen *h* in *g* verwandelt hat, so ist es bei einzelnen Wörtern, die dort von *mag* abgeleitet sind, schwer zu sagen, ob sie zur Wurzel *mah* oder *mag* gehören. So kann z. B. der gall. Name *Mag-a-lo-s*

moga (possum), goth. *mag* (possum), *magands* (potens) für *maganths*, *mahts* (potestas), urdeutsch *mah-ti-s*, ahd. *magan* (posse), *magan*, *magin* (robur).

Mogontios (ursprünglich *Mahantias*) heisst der grosse, mächtige, starke.

Mogontiâcon hat also seinen Namen von einem Gallier *Mogontios*, der sich dort ansiedelte und den Ort nach sich benannte. Lateinisch hiesse er mit der entsprechenden Endung *Mogontiânum*.

(Beitr. z. vergleich. Sprachforsch. III, 164, 4, *Magalus*, Liv. XXI, 29, wovon *Magalius*, Steiner 369. Nr) verglichen mit dem griech. Stamme $\mu\varepsilon\gamma\alpha\lambda o$, (einem Nebenstamme von $\mu\acute{\varepsilon}\gamma\alpha\varsigma$) und dem goth. *mikils* (magnus) von der Wurzel *mag* stammen.

Ausserdem gibt es auch eine Wurzel *mac*. Von derselben stammt z. B. altir. *maqas* (in dem Namen *Corpi-maqas*, später *Corpmac*, *Corbmac*, *Cormac*, Beitr. z. vergl. Sprachforsch. I, 448 u. f. S.), d. i. *mac-va-s* (später *macc*, *mac*, filius), dem altbritt. *mapas* (kymr. *map*, jetzt *mab*, puer, filius), gall. *mapos*, wovon der Verkleinerungsname *Mapilus* (Fröhner a. a. O. 1453. Nr, puerulus) abgeleitet ist, entspricht; ferner kymr. *macu* (jetzt *magu*, nutrire, d. h. wachsen machen), griech. $\mu\acute{\alpha}\varkappa\alpha\varrho$ (beatus, eigentlich gross), $\mu\alpha\varkappa\varrho\acute{o}\varsigma$, $\mu\tilde{\eta}\varkappa o\varsigma$, lit. *moku* (possum), *macis* (potestas), *macnùs* (potens).

Die Wurzeln *mac*, *mag*, *mah*, bedeuten alle *wachsen*. *Curtius* hat dieselben, die man bisher mit einander zu vermengen pflegte, zuerst richtig gesondert S. dessen Grundzüge der griech. Etymologie. I, 90. 462. 473.

Herr Lamont sendet ein:

„Astronomische Bestimmung der Lage des
bayerischen Dreiecksnetzes auf dem Erd-
sphaeroid".

Erste Mittheilung.
1. Geschichtliche Einleitung.

Die bayerische Triangulation, zu Anfang dieses Jahrhunderts unter französischem Einflusse ungefähr nach den
Grundsätzen der in Frankreich ausgeführten Gradmessung
begonnen, machte nur mässige Fortschritte, bis damit der
administrative Zweck einer genauen Verzeichnung des Grund-
besitzes und gleichmässiger Steuervertheilung verbunden
wurde [1]). Ungeachtet übrigens in Folge hievon das ganze
Unternehmen eine neue Gestalt und eine praktische Richtung erhielt, so ist nichts desto weniger für angemessen
erachtet worden, an einer streng wissenschaftlichen Grundlage
festzuhalten, und alle Bedingungen zu erfüllen, welche gefordert werden konnten, wenn es darum sich handeln sollte,

---

1) Ursprünglich wurde von französischen und bayerischen Geodäten an der Landesvermessung gemeinschaftlich gearbeitet: aber
erst nach Beseitigung des französischen Einflusses gewannen die
theoretischen Grundlagen, wie die praktischen Arbeiten eine definitive
Gestaltung. Die Basismessung allein ist als eine ausschliesslich
französische Arbeit zu betrachten. Eine nach amtlichen Quellen bearbeitete kurze Darstellung hat Hr. Steuerrath von Posselt gegeben.
(Martius Rede zur Sacularfeier der k. Akad. d. Wiss. S 64) Man
vergleiche ferner Riedl, Rede am 28. Marz 1803. Notizen über die
anfänglichen Zustände und ersten Fortschritte der Vermessung findet
man in Zach's monatlicher Correspondenz VII. 353. 377. 510. VIII.
273. 354 IX. 377. X. 278. XII. 357 XXV 334.

die ausgeführten Arbeiten in Verbindung mit anderweitigen Operationen derselben Art zu Untersuchungen über die Grösse und Gestalt der Erde zu benützen; denn nicht blos war man bemüht, das Hauptdreiecksnetz mit der grössten Genauigkeit und mit Anwendung entsprechender Controllen herzustellen, sondern auch die geographische Breite und das Azimuth an den geeigneten Punkten zu bestimmen.

Soldner und nächst ihm Schiegg erwarben sich in dieser Beziehung grosse Verdienste: ersterer von einer eigenthümlichen und höchst praktischen Grundlage ausgehend entwarf die mathematischen Vorschriften und bestimmte einen Theil des Hauptnetzes nebst zwei Azimuthen; letzterer arbeitete ebenfalls an dem Hauptdreiecksnetze und lieferte zugleich mehrere geographische Breiten.

Sehr zu bedauern ist es, dass für Veröffentlichung der gewonnenen Resultate keine Vorsorge getroffen wurde, so zwar, dass bis zu dem heutigen Tage die sämmtlichen Ergebnisse jener kostspieligen und wichtigen Arbeiten der Wissenschaft völlig unzugänglich geblieben sind [2]).

Allerdings darf nicht vergessen werden, dass diess in einer Zeit geschah, wo man die auf Regierungskosten ausgeführten wissenschaftlichen Arbeiten wie amtliche Papiere in den Registraturen zu verwahren pflegte, ohne die Nachtheile zu bedenken, welche aus der verspäteten Publikation hervorgehen. Jeder Sachkundige wird begreifen, dass die Veröffentlichung geodätischer Arbeiten, die vor einem halben Jahrhunderte ausgeführt worden sind, verschiedenartige Schwierigkeiten und Anstände darbieten muss.

Die von Hrn. Generallieutenant Baeyer in Berlin pro-

---

2) Die in Zach's monatlicher Correspondenz enthaltenen Mittheilungen über die Ergebnisse der bayerischen Landesvermessung umfassen blos provisorische Werthe.

jektirte mitteleuropäische Gradmessung gab Veranlassung,
dass im Jahre 1862 von Seite der vorzugsweise betheiligten
Institute — der k. unmittelbaren Steuerkataster-Commission
und der k. Sternwarte — diese Verhältnisse näher in Betracht gezogen wurden.

Bei den dessfalls veranstalteten Besprechungen vereinigten sich die Ansichten vollständig dahin: es sei der
rein geodätische Theil der bayerischen Triangulation als
eine abgeschlossene Arbeit zu betrachten, wogegen eine an-
gemessene Revision des astronomisch-geodätischen Theiles
und in so ferne Lücken sich vorfinden sollten, eine Ergän-
zung der früheren Bestimmungen, als nothwendig und zeit-
gemäss anerkannt werden müsse.

Die in diesem Sinne unter dem 17. Nov. 1862 gestell-
ten Anträge fanden günstige Aufnahme und durch königliche
Ministerial-Entschliessung vom 18. Jan. 1863 wurde mir die
Ausführung der betreffenden Arbeiten übertragen.

Zunächst handelte es sich darum, die Ergebnisse
früherer Messungen genau kennen zu lernen: in dieser Beziehung kann ich jedoch vorläufig nur sehr Unvollständiges
vorlegen. Die weiter unten angegebenen fragmentarischen
Bestimmungen werden beweisen, dass man zwar die Aufgabe in ihrer vollen Bedeutung aufgefasst, aber nicht so
weit durchgeführt hat, dass nicht neue Messungen als unbedingt nothwendig erkannt werden müssten.

Hinsichtlich der neuen Messungen war es vor Allem
nöthig, eine Uebersicht zu gewinnen, über die vielen analogen Arbeiten, die bereits hergestellt worden sind, um darnach zu entscheiden, welche Umstände dem Erfolge förder-
lich, und welche hinderlich sind, und wie am vortheil-
haftesten zum Ziele zu gelangen ist.

Welche Grundsätze ich hiernach bei der Wahl der
Instrumente und der Beobachtungsmethode, dann bei der
Vertheilung der Stationen angenommen habe, soll bei einer

künftigen Gelegenheit näher erläutert werden: für jetzt beschränke ich mich auf eine einzige Bemerkung.

In früherer Zeit betrachtete man bei der Figur und Beschaffenheit der Erde und der davon abhängigen Richtung der Lothlinie das Regelmässigsphäroidische als die Regel, und die Abweichungen hievon als die Ausnahme.

Nach dem gegenwärtigen Standpunkte der Untersuchung scheint sich aber das Verhältniss in entgegengesetztem Sinne umgestaltet zu haben, so dass an den meisten Punkten Abweichungen innerhalb der Beobachtungsgrenze erwartet werden dürfen und nur ausnahmsweise eine Lokalität angetroffen wird, wo nicht örtliche Unregelmässigkeiten sich zeigen. Den Grund der Unregelmässigkeiten suchte man früher in Gebirgsmassen[3]): heutzutage weiss man, dass Abweichungen der Lothlinie vorkommen, wo keine Gebirge sind[4]), und dass es Gebirgsmassen giebt, die keinen Einfluss auf die Lothlinie ausüben[5]).

---

3) Arbeiten, welche zum Zwecke haben, aus der Grösse, Entfernung und Dichtigkeit der Gebirgsmassen die Ablenkung des Lothes zu berechnen, liegen bereits in grosser Anzahl vor: sehr grosse Uebereinstimmung der berechneten und beobachteten Ablenkung findet man bei Oberst James (Ordnance Trigonometrical Survey of Great Britain and Ireland p. 625, zu vergleichen ferner Philos Transact. 1856 p. 591) und Oberst Pechmann (Denkschriften der Wiener Akademie, Math.-Naturw. Classe Bd. XXII.) Airy hat übrigens (Philos. Transact. 1855 pag. 101) nachzuweisen gesucht, dass die Gebirgsmassen wahrscheinlich unterirdisch sich fortsetzen, und die Berücksichtigung des über die Erdoberfläche hervorragenden Theiles allein nicht ausreiche.

4) Die merkwürdigsten Beispiele dieser Art liefert Königsberg und die Umgebung von Moskau, wo Schweitzer nach einem umfassenden Plane die Abweichung der Lothlinie bestimmt hat. (Untersuchungen über die in der Nähe von Moskau stattfindende Lokal-Attraction. Moskau, 1863. Astron. Nachr. 1449. p. 141.)

5) Petit, Annales de l'Observatoire de Toulouse Tom. I p. 86.

Eine wichtige Wahrnehmung in dieser Beziehung glaube ich bei meinen magnetischen Untersuchungen im Jahre 1858 gemacht zu haben, wo ich in der Gegend von Königsberg eine sehr grosse Inflexion der magnetischen Curven entdeckte, und dieselbe mit dem auffallend grossen Unterschiede zwischen der astronomisch und geodätisch bestimmten geographischen Breite von Königsberg in Zusammenhang brachte.

Ist wirklich, wie ich mir vorstelle [6]), der Erdkern eine kugelförmige compact metallische und magnetische Masse und werden die magnetischen Anomalien durch Erhöhungen und Vertiefungen dieser kugelförmigen Masse erzeugt, so ist es offenbar, dass dieselben Erhöhungen und Vertiefungen auch auf die Richtung der Lothlinie einen Einfluss haben müssen.

Thatsachen, welche mit dieser Ansicht übereinstimmen, sind seither in zunehmender Anzahl hervorgetreten, und da Inflexionen der magnetischen Curven fast überall, wo genaue Beobachtungen ausgeführt worden sind, sich vorgefunden haben, so ist dadurch eine neue Grundlage gewonnen für die Annahme, dass Abweichungen der Lothlinie als Regel, und nicht als Ausnahme zu betrachten sind.

Es folgt hieraus, dass erst, wenn für eine grössere Anzahl von Punkten in Bayern die geographische Breite und das Azimuth bestimmt sind, durch geeignete Combination derselben die Grössen sich werden ermitteln lassen, welche bei Untersuchung der Figur der Erde benützt werden müssen. Auf die wenigen Messungen, die in gegen-

---

Hier wird nachgewiesen, dass die Pyrenäen in Toulouse keine Ablenkung des Lothes hervorbringen, was nach der Darlegung des Verfassers voraussetzt, dass Hohlungen unter den Gebirgsmassen vorkommen, welche den letzteren das Gleichgewicht halten.

6) Magnetische Ortsbestimmungen in Bayern II. Th. Einleitung.

wärtiger Mittheilung enthalten sind, lässt sich vorläufig keine Folgerung gründen, und zwar um so weniger als telegragraphische Längenbestimmungen (die ich allerdings vorbereitet habe, aber wegen Unterbrechung der früher zwischen dem königlichen Telegraphenamte und der Sternwarte vorhandenen Leitung nicht zur Ausführung bringen konnte) bis jetzt gänzlich fehlen.

Zum Verständnisse der folgenden Darlegungen bemerke ich, vorläufig und mit dem Vorbehalte umständlicher Auseinandersetzung bei einer künftigen Gelegenheit [7]), dass bei der bayerischen Vermessung die Lage eines Punktes der Landesoberfläche bestimmt wird, durch rechtwinklige sphärische Abscissen und Ordinaten, und dass der nördliche Frauenthurm als Anfangspunkt, der von Henry durch diesen Punkt gezogene Meridian als Abscissenaxe dient. Die Abscissen und Ordinaten werden in bayerischen Ruthen ausgedrückt: eine Ruthe beträgt bei $13°$ R. $^{6469}/_{4320}$ Toisen (log $= 0,1753535$)

2. Aeltere Bestimmungen.

Während die bayerische Landesvermessung noch unter französischer Leitung stand, wurde von Henry für den Ausgangspunkt der Operationen, d. h. für den nördlichen Frauenthurm die geographische Breite und das Azimuth mittelst eines Borda'schen Kreises bestimmt, wie folgt:

---

7) An das bayerische System haben sich Württemberg und Baden angeschlossen. Die Ergebnisse der badischen Vermessung sind meines Wissens noch nicht zur öffentlichen Kenntniss gelangt, dagegen hat Prof. Kohler in Stuttgart die württembergische Triangulation in sehr zweckmässiger Weise veröffentlicht. (Die Landesvermessung des Königreichs Württemberg in wissenschaftlicher, technischer und geschichtlicher Beziehung. Stuttgart, 1858.)

1) geographische Breite.

			°	′	″			
1801. Dez.	21.	48.8	19.3	Sonne	18 Beob.
„	„	26.		19.4	„	18	„
„	„	27.		19.8	„	18	
1802. März	17.		19.6	„	36
1801. Dez.	27.	48.8	21.4	Polaris ob. Cul.	20	„
1802. Jan.	5.		19.7	„	18
„	„	13.		19.7	„	30
1802. Febr.	4.	48.8	20.4	Polaris unt. Cul.	20	„
„	März.	1.		21.3	„	30
„	„	2.		19.9		30
„	„	12.		20.7		30
„	„	13.		19.8	„	36
1802. Febr.	4.	48.8	20.8	Aldebaran	24	„
„	„	4.	48.8	20.2	J. Orionis	24	„

Mittel aus 352 Beobachtungen 48°8′. 19″9.

2) Azimuth. Neunzehn Reihen von Abständen zwischen den Sonnenrändern und dem Thurme von Aufkirchen, wovon die Details bereits vollständig veröffentlicht sind[8]) gaben für das Azimuth dieses Thurmes (von Nord gegen Ost gezählt)

$$48° \ 59′ \ 53″$$

wobei jedoch zu bemerken ist, dass die einzelnen Reihen fast um zwei Minuten von einander abweichen.

Schiegg hat ebenfalls die geographische Breite des nördlichen Frauenthurms bestimmt, durch folgende Beobachtungen:

---

8) Denkschriften der k. bayer. Akademie der Wissenschaften, Bd III 1811—12, später mit Berichtigung einiger Rechnungsfehler zusammengestellt von Soldner (Azimuth von Altomünster S. 5.).

			o	/	//		
1804.	Juni	26.	48.8	19.64	Sonne ob. Rand	18
„	„	29.		19.74	„	16
„	„	30.		19.04	„	16
1805.	März	12.		20.17	Sonne Mitte	28
„	„	13.		19.42	„	32
„	„	14.		19.13	„	26
„	„	15.		20.95		22
„	„	16.		20.69		22
„	„	18.		19.78	//	22
„	„	19.		21.58	.,	26
1885.	Jan.	20.	48.8	20.64	Polar. 18 o. Cul. 22 u. Cul.

Mittel aus 258 Beob. 48° 8′, 20″, 07.

Die Beobachtungen wurden an der vormaligen provisorischen Sternwarte (Thurm der Herzog Maxburg 134,8 mètres nördlicher als der Frauenthurm) mittelst eines Reichenbach'schen Repetitionskreises von 18 Zoll Durchmesser angestellt und auf den Frauenthurm reducirt.

Seyffer fand als Resultat einer an der alten Sternwarte ausgeführten Beobachtungsreihe, wovon die Berechnung in den Denkschriften der Münchner Akademie Bd. III. S. 521. gegeben wird, für die geographische Breite des nördlichen Frauenthurms

48°.8′ 20″.8.

Die wichtigste Azimuthbestimmung in München hat Soldner geliefert, und in einer eigenen Schrift publicirt; er findet als Resultat von 179 Beobachtungen für das (westlich vom Nordpunkte gezählte) Azimuth von Altomünster

40°.6′ 21″.4

und da der durch die Berechnung des Dreiecksnetzes corrigirte Winkel zwischen Altomünster und Aufkirchen

89°.6′ 29″.4

beträgt, so ergiebt sich für das Azimuth von Aufkirchen

49°.0′ 8″.0,

3 *

also um 15″ grösser, als die oben angeführte Bestimmung von Henry. Soldner's Beobachtungen umfassen 9 Tage, so dass im Mittel 20 Beobachtungen auf jeden Tag kommen, dessenungeachtet bemerkt man zwischen den Resultaten der einzelnen Tage Differenzen, welche bis auf 8″ gehen, und die ihren Grund zum Theil in der nur unvollständig auszuführenden Rectification des Instrumentes hatten.

Auch Seyffer [9]) hat an der alten Sternwarte Azimuth-

---

9) Denkschriften der k. Akademie der Wissenschaften, Bd. III. 1811—1812. Seyffer giebt für die Lage der alten Sternwarte bezüglich auf den nördlichen Frauenthurm als Bestimmungsstücke an:

Distanz 2555,89 Meter
Azimuth 125°14′ 48″,18.

Dieses Azimuth, welches Seyffer mittelst einer unrichtigen Rechnung aus Henry's Beobachtungen abgeleitet, bedarf einer Correction von +15″,4, um es auf die angenommene Vermessungsaxe zu beziehen. Hiernach hätte man die Coordinaten der alten Sternwarte wie folgt

—505,43 —715,14.

Für diesen Punkt hat Seyffer die geographische Breite zu 48°7′33″,0 und das Azimuth von Hohenschäftlarn (Coordinaten —5565,20+3090,11) mittelst der Sonne zu 36°57′45″,45 (ungefähr um eine halbe Minute zu klein) bestimmt. Die Arbeit ist eine sehr umfangreiche und nach der ganzen Anlage derselben und den zahlreichen Beobachtungsreihen, die aufgeführt werden, sollten die Ergebnisse auf grosse Genauigkeit Anspruch machen dürfen; aus mehreren Umstanden geht übrigens hervor, dass seine Zeitgenossen in die Gründlichkeit seiner Arbeiten kein grosses Vertrauen setzten, wozu insbesondere der Umstand beitrug, dass er nie das Detail seiner Beobachtungen bekannt gemacht hat und auch nach seinem Tode nichts davon zum Vorscheine kam. Die Instrumente, die er benützte waren dieselben, die Schiegg gebraucht hat: dem Letztern sind sie, während er seine (spater zu erwahnenden) geographischen Breitenbestimmungen fortzusetsen sich anschickte, plötzlich in Folge eines von Seyffer erwirkten Regierungsbefehls abgenommen worden. Seyffer war 1804 von Göttingen nach München berufen worden, und übernahm im Jahre 1815, nach Aufhebung der alten Sternwarte die Direktion des k. topographischen Bureaus.

Messungen mittelst der Sonne ausgeführt, und durch 35 Beobachtungsreihen in den Jahren 1807—8 und 10 Beobachtungsreihen im Jahre 1811 im Mittel das Azimuth von Hohenschäftlarn zu 36⁰.57′ 45″.4 bestimmt, woraus nach seiner Rechnung das Azimuth von Aufkirchen auf dem nördlichen Frauenthurme

$$= 48^0.59\ 44''.3$$

folgen würde.

Ferner hat Bertrand [10]) im Jahre 1809 auf Schiegg's Veranlassung das Azimuth von Aufkirchen mittelst des Polarsterns bestimmt und als Resultat

$$49^0.0'\ 1''$$

gefunden. Früher schon hatte Zach (Monatl. Correspondenz XXV. 334.) dasselbe Azimuth gemessen, und

$$49^0.0'\ 8''.0$$

gefunden, ganz mit Soldner übereinstimmend.

Alle vorhergehenden Bestimmungen beziehen sich auf den Centralpunkt der Triangulation, aber auch auswärts sind mehrere Messungen vorgenommen worden, wovon die meisten von Schiegg herrühren.

Die Resultate seiner zwar seitwärts von den trigonometrischen Hauptpunkten ausgeführten, aber jedesmal auf diese Punkte reducirten Beobachtungen giebt er an, wie folgt:

Wendelstein Capelle.

		⁰	′	″			
1804. Jul.	17.	47.42	27.95	Ob. Sonnenrand	18	Beob.
„ „	19.		30.24	‚‚	16	‚‚
„ „	28.		30.—		10	:
„ „	29.		27.13		10	:
„ Aug.	1.		29.20		8	:
	Mittel	47.42	28.90		62	

---

10) Soldner Azimuth von Altomünster S. 40

Peissenberg. Kirchthurm.

o   ′   ″

1804.	Aug.	8.	47.48	8.75	Ob. Sonnenr.	10	Bcob.
,,	,,	9.		8.—	,,	22	,,
,,	,,	12.		10.09	,,	26	
	Mittel	47.48	8.95		,,	58	

Augsburg. St. Ulrich.

1804.	Aug.	19.	48.21	46.10	Ob. Sonnenr.	18	Beob.
,,	,,	23.		40.46	,,	26	,,
,,	,,	24.		45.85		14	
,,	,,	27.		47.45		32	
	Mittel	48.21	44.96		,,	90	

Ingolstadt. Obere Pfarrkirche südl. Thurm.

1804.	Sept.	4.	48.45	45.98	Ob. Sonnenr.	28	Beob.
,,	,,	5.		42.11	,,	26	,,
,,	,,	6.		48.97		28	
,,	,,	9.		47.02		32	
	Mittel	48.45	46.02		,,	114	,,

Regensburg. St. Emeram, Thurm.

1804.	Sept.	17.	49.0	55.14	Ob. Sonnenr.	20	Beob.
,,	,,	18.		57.76	,,	24	,,
,,	,,	19.		53.87		28	
,,	,,	20.		56.90		18	
,,	,,	26.		58.58		22	
,,	,,	27.		55.92		8	
,,	,,	28.		58.87		10	
,,	,,	28.		55.93		14	
,,	,,	29.		58.73		18	
	Mittel	49.0	56.85		,,	162	,,

Straubing. Stiftsthurm.

			°	′	″			
1804. Okt.	1.	48.52	58.91	Ob Sonnenr.	18 Beob.
„	„	2.		58.52	„	12	„
„	„	3.		58.77		20
	Mittel	48.52	58.73		50

Landshut. Martinsthurm.

1804. Okt.	5.	48.32	7.11	Ob. Sonnenr.	28 Beob.
„	„	6.	4.81	„	14	„
„	„	8.	2.08		28
„	„	11.	6.14		22
„	„	13.	6.44	„	16	„
	Mittel	48.32	5.32	„	108	„
oder ohne Okt. 8.	48.32	6.12		80

Wird die geographische Breite obiger Orte aus den Coordinaten berechnet, so erhält man folgende Zusammenstellung:

	Abscisse	Ordinate	geogr. Breite			Diff. Beob.-Rechn.
			beobachtet		berechnet	
			° ′ ″		″	″
Wendelstein	—10547,60	—11203,26	47 42	28.90	12.98	+15.98
Peissenberg	—12816,51	+14385,28	47 48	8.95	3.73	+ 5 22
Augsburg	+ 8565,69	+17073,68	48 21	44.96	42 47	+ 2.49
Ingolstadt	+23834,88	— 3858,36	48.45	46.02	52.19	— 6.17
Regensburg	+33464,2	—13041,0	49. 0	56 85	58.24	— 2.22
Straubing	+28509,01	—24988,20	48.52	58.73	58.81	— 0.08
Landshut	+15124,71	—14618,68	48 32	5.32	4.21	+ 1.11

Da diese sämmtlichen Bestimmungen aus der Beobachtung eines Sonnenrandes (des oberen) abgeleitet sind, so werden sie wohl einer gemeinschaftlichen Correction bedürfen, und können vorläufig nur als relative Werthe betrachtet werden, aber auch als solche sind sie insoferne

merkwürdig, als sie das Vorhandensein eines sehr bedeutenden Lokaleinflusses auf dem Wendelstein, wo die Gebirgsmassen eine Anziehung ausüben [11]) und in Ingolstadt, wo
zwar keine Gebirge sich in der Nähe befinden, wohl aber
eine beträchtliche Inflexion der magnetischen Curven sich
zeigt, sehr entschieden zu erkennen geben.

Azimuthmessungen sind auswärts nur an einem einzigen
Punkte [12]), nämlich auf der Wülzburg vorgenommen worden.
Daselbst fand Soldner mittelst der Sonne das Azimuth von
Spielberg 276^0 15′ 50″,0, während es nach Henry's Orien-
tirung um 24″ kleiner hätte ausfallen sollen.

Auch Schiegg führte auf demselben Punkte eine Azi-
muthmessung aus, deren Detail nicht bekannt gemacht worden ist, die aber nach Soldner's Angabe [13]) mit dem von
ihm gefundenen Resultate übereinstimmte.

Wollte man auf die bisher angeführten älteren Beobachtungen weitere Schlüsse bauen, so wäre es vor Allem
nöthig, der Berechnung die neueren Sonnentafeln und Polar-
sternpositionen zu Grunde zu legen, dann wegen der Biegung der Fernröhre die geographischen Breiten zu corrigiren.

Ersterer Bedingung könnte ohne Schwierigkeit entspro-
chen werden, und auch die letztere Bedingung liesse sich
wenigstens bezüglich des von Schiegg gebrauchten Höhenkreises, der noch unverändert auf der Sternwarte in Augsburg aufgestellt ist, erfüllen: vorläufig aber halte ich es für

---

11) Ueber den Lokaleinfluss auf dem Wendelstein hat Schiegg
selbst umstandlich berichtet, in Zach's monatl. Corresp XII. 358.

12) Das von Schiegg am 28. Juli und 1. Aug. 1804 auf dem
Wendelstein gemessene Azimuth von Aufkirchen lasse ich hier un-
erwahnt, weil offenbar im Gange der Uhr eine Unregelmässigkeit
eingetreten war und das Resultat vorläufig als unbrauchbar betrachtet
werden muss.

13) Soldner Azimuth von Altomünster S. 40.

zweckmässig, den Erfolg der neueren Beobachtungen ab-
zuwarten.

3. Neue Messungen.

Die Messungen, deren Resultate in gegenwärtiger Mit-
theilung zusammengestellt werden sollen, sind mit einem
Höhenkreise von einfacher Construction (Fernrohr verstell-
bar gegen den Kreis, Kreisdurchmesser 26 Zoll, Objectiv-
Oeffnung 38 Linien) und einem der königl. Steuer-Kataster-
Commission gehörigen Ertel'schen Universal-Instrumente
(Horizontalkreisdurchmesser 15 Zoll, gebrochenes Fernrohr [14])

---

14) Ich zweifle, ob der Umstand, dass Reflexionsprismen einen
bedeutenden Lichtverlust verursachen, und die optische Kraft des
Fernrohres vermindern, bisher genugsam beachtet worden ist.
Zunächst wurde meine Aufmerksamkeit hierauf gelenkt, bei Gelegenheit der Umgestaltung des Mittagsrohres der Sternwarte, dem ich
mittelst eines grossen Reflexions-Prismas von Merz die Einrichtung
gab, dass wie bei den gebrochenen Fernröhren tragbarer Instrumente die Beobachtung durch die Axe geschieht. Die Folge war,
dass, während früher das Mittagsrohr Sterne zeigte, die mit dem
Meridiankreise nicht beobachtet werden konnten, nach der Umgestaltung der Meridiankreis eine ungleich grössere optische Kraft besass. Diess veranlasste mich, eine Vorrichtung herzustellen, um den
von Prismen verursachten Lichtverlust zu messen, und die damit
angestellten Versuche ergeben, dass Prismen, wie sie bei Universal-
instrumenten angewendet werden, $1/4$, grosse Prismen aber nahe $3/10$
des Lichts absorbiren, wobei übrigens viel von der Farblosigkeit
der Glasmasse abhängt. Die Vollkommenheit der Reflexion wird
auch in sehr grossem Maasse durch die Reinheit der reflektirenden
Fläche bedingt, und da sehr bald bei jedem Prisma, welches in
stark abwechselnder Temperatur gebraucht wird, ein leichter Niederschlag auf der reflektirenden Fläche entsteht, so wird auch dadurch
die optische Kraft des Fernrohres vermindert. Letztern Uebelstand
wird man ohne Zweifel verhindern können, dadurch, dass man hinter
der reflektirenden Fläche des Prisma und in einem Abstande von etwa

Objectiv-Oeffnung 19 Linien) ausgeführt worden. Die Azimuthe können als definitiv betrachtet werden, bei Berechnung der geographischen Breiten dagegen wurden provisorische Werthe der Biegung angewendet, welche möglicher Weise in den Zehntelsekunden eine kleine Aenderung noch erhalten könnten.

I. **Benediktbeuern.** Das Universalinstrument wurde auf einer Wiese nordwestlich vom Klostergebäude so aufgestellt, dass alle umliegenden geodätisch bestimmten Punkte beobachtet werden konnten.

Die mit dem Universalinstrumente bestimmten Richtungen dieser Punkte (von Bichel, dessen Richtung zu $34^0.28'\ 33''.68$ angenommen wurde, ausgehend) und die aus den Verzeichnissen der k. Steuer-Kataster-Commission entnommenen Coordinaten sind wie folgt:

	o	′	″		
Benediktenwand	139.48	46,59	—18494,80	+ 2762,88
Haimgarten	219.20	3,09	—20013,37	+ 7530,42
Peissenberg	289.54	24,98	—12816,51	+14385,28
Strassberg	87.8	35,37	—16321,85	+ 3429,37
Bichel	34.28	33,68	—15931,42	+ 4244,66
Benediktbeuern	109.20	54,54	—16407,64	+ 4466,17

Mit Rücksicht auf den Umstand, dass von diesen Punkten einige zu den Haupt-, andere zu den Sekundärpunkten gehören, habe ich die Coordinaten der Station zu

$$-16377,82\ +4551,04$$

angenommen. Die genaue Bestimmung ist übrigens hier

---

¹/₂ Linie eine Glasplatte anbringt, und ringsherum den Zutritt der Luft in den Zwischenraum durch Klebwachs verhindert.

Das oben erwähnte Universal-Instrument habe ich übrigens nur aushülfsweise benützt, bis der neue Azimuthalkreis (Durchmesser $2^1/_4$ Fuss, Objectiv-Oeffnung 30 Pariser Linien) fertig wird.

gleichgültig, da das Instrument sehr nahe in der Linie zwischen Benediktbeuern und Peissenberg stand, und auf diese Linie [15]) die Azimuthmessungen des Polarsterns bezogen wurden.

Die Beobachtungen fieng ich am 11. Aug. an, allein die Witterung war so ausserordentlich schlecht, dass ich bis Mitte September nur an acht Tagen brauchbare Bestimmungen erhalten konnte. Die Resultate sind:

Azimuth von Peissenberg.

			o	′	″	
1863.	Aug.	12.	289.	46	39.75	14 Beob.
„	„	13.			37.20	14 „
„	„	14.			35.49	14 „
„	„	24.			37.89	16 „
„	„	26.			36.21	12 „
„	„	27.			37.06	8 „
„	Sept.	4.			35.40	12 „
„	„	15.			36.41	12 „

Dazu kommen noch zwei blos angefangene und dann durch Wolken unterbrochene Beobachtungsreihen, die ich aber der Vollständigkeit wegen anführen will:

			o	′	″	
1863.	Aug.	11.	289.	46	33.86	4 Beob.
„	Sept.	5.			40.43	4 „

Die sämmtlichen hier aufgeführten 110 Einstellungen

---

15) Ich habe überall das Universal-Instrument in der Linie zwischen zwei geodätisch genau bestimmten Punkten aufgestellt, um den Einfluss einer Ungenauigkeit der Centrirung zu beseitigen. Die Aufstellung grosser Instrumente, wie sie von mir angewendet wurden, auf den von den Geodäten gebrauchten Beobachtungs-Säulen hat sich als unausführbar erwiesen.

geben im Mittel das Azimuth von Peissenberg mit Einrechnung der täglichen Aberration

$$= 289^0 46'\ 37''21,$$

während aus den Coordinaten dieses Azimuth

$$= 289^0 46'\ 33''0$$

gefunden wird; darnach müsste die nach Henry's Bestimmung angenommene Abscissenaxe der bayerischen Vermessung um

$$4'',2$$

von Norden gegen Westen gerückt werden.

Ganz nahe am Universalinstrumente ist der Höhenkreis auf einer Säule, deren Coordinaten

$$-16379,28\ +4546,93$$

gefunden wurden, aufgestellt worden. Die Messungen der einzelnen Tage liefern folgende Resultate [16]):

			0	′	″		
1863.	Aug.	26.	42.17	20.7	21	Beob.
,,	,,	27.		21.0	30	,,
,,	,,	28.		20.9	36	,,
,,	Sept.	4.		19.1	28	,,
,,	,,	5.		21.6	14	,,

Diese sämmtlichen 129 Beobachtungen geben im Mittel (mit Einrechnung der Biegung, welche $0'',54$ betrug) die geographische Breite der Beobachtungsstation in Benediktbeuern

$$= 47^0.42'\ 40''.0$$

wogegen aus den Coordinaten die Breite

$$= 47^0.42'\ 31''.42,$$

---

16) Unmittelbar vor meiner Abreise von Benediktbeuern führte ich noch eine Beobachtungsreihe aus, deren Ergebniss als unbrauchbar sich erwiesen hat, ohne dass aus den Beobachtungen selbst der Grund zu erkennen wäre.

also um 8″,0 kleiner gefunden wird, ohne Zweifel eine Folge der durch die gewaltige Masse der Benediktenwand ausgeübten Lokalanziehung.

II. Hohenpeissenberg. Der Peissenberg bildet einen isolirten Kegel, auf dessen Spitze (3000 Fuss über der Meeresfläche) die Kirche und das Pfarrhaus sich befinden, und bietet zu geodätisch-astronomischen Messungen überhaupt sehr günstige Gelegenheit dar: im gegenwärtigen Falle trat aber noch der besondere Umstand hinzu, dass ich die Beobachtungsstation in Benediktbeuern, welche vom Peissenberge aus sichtbar ist, genau bestimmen zu können hoffte. Die dessfalls gehegte Absicht ist übrigens durch das höchst ungünstige Wetter vereitelt worden: aus gleichem Grunde war aus der gewählten günstigen Stellung der Beobachtungssäule des Universal-Instruments (in der Linie zwischen dem Peissenberger Kirchthurm und der Kapelle auf dem Wendelstein) wenig Vortheil zu ziehen.

Desshalb habe ich zunächst durch Centrirungsmessungen die eben erwähnte Beobachtungssäule auf den Peissenberger Kirchthurm zu beziehen gesucht, und hiernach aus wiederholten sehr übereinstimmenden Bestimmungen die Coordinaten

$$-12819,97 \quad +14362,84$$

abgeleitet.

Die Richtungen der von der Beobachtungsstation aus sichtbaren Dreieckspunkte und die aus den Verzeichnissen der k. Steuer-Kataster-Commission entnommenen Coordinaten derselben sind, wie folgt:

	o	′	″		
Andechs	33.	36	3,89	− 6240,19	+ 9991,13
Benediktenwand	116.	4	6,69	18494,80	+ 2762,88
Haimgarten	136.	28	26,72	20013,37	+ 7530,42
Kreuzspitz	193.	40	8,13	23248,72	+16898,76
Benediktbeuern	109.	55	36,29	16407,64	+ 4466,17

	o	'	"		
Strassberg	107.	45	33,43	16321,85	+ 3429,37
Wendelstein [17])	98.	16	1.79	16547,89	−11292,98

Genau bestimmt sind hier nur die Richtungen von An-
dechs, Benediktenwand, Haimgarten, Stieralpe, Kreuzspitz,
während die übrigen Punkte nur selten und unter ungün-
stigen Umständen beobachtet werden konnten: auch ist zu
bemerken, dass die Säule des Signals Stieralpe schief stand,
wesshalb die Einstellung schwierig war, und dass ich bei
dem Punkte Kreuzspitz auf die gegenwärtig stehende Stein-
pyramide eingestellt habe, welche wahrscheinlich mit dem
bei der Vermessung benützten trigonometrischen Signal
nicht identisch sein wird.

Die Azimuthmessungen auf dem Peissenberge geben,
wenn man die Morgen- und Abendbeobachtungen trennt,
folgende Resultate

			o	'	"		
1863.	Sept.	19.	169.40	44.45	12	Beob.
,,	,,	20.		45.83	18	,,
:,	,,	30.		44.42	12	,,
,,	Okt.	1.		46.43	12	,,
:,	,,	1.		45.72	16	,,
,,	,,	4.		44.78	16	,,
:,	,,	5.		45.94	20	,,
,,	,,	5.		43.34	16	,,
,,	,,	6.		46.90	18	,,

17) In den Verzeichnissen der k. Steuerkataster-Commission
kommt nur die alte Kapelle (—6547,60 —11293,26) und das 1852
errichtete, aber jetzt bereits verfallene Gerüst-Signal (—16547,56
—11293,96) vor. Aus dieser letzteren Bestimmung wurden die obigen
Coordinaten der neuen Kapelle abgeleitet mittelst einer von Herrn
Major v. Ortlieb vorgenommenen sehr genauen Centrirung, wornach
die Mitte der Kapelle um 0,33 südlicher und um 0,98 westlicher lag
als das Signal.

		0	′	″	
1863. Okt.	6.	169.40	47.19	8	Beob.
„ „	7.		42.88	12	„
„ „	8.		46.48	20	„
„ „	8.		42.95	12	„
„ „	9.		47.26	4	„

Das arithmetische Mittel der 174 Einstellungen mit Rücksicht auf die tägliche Aberration ist

$$115^0.39' \ 24''.35,$$

während die Coordinaten dasselbe Azimuth

$$115^0.39' \ 13''.77$$

geben und hiernach wäre die von Henry bestimmte, und der bayerischen Vermessung zu Grunde gelegte Abscissenaxe um 10″,6 von Norden gegen Westen zu rücken.

Zur Aufstellung des Höhenkreises liess ich eine Beobachtungssäule im Boden zunächst an dem südöstlichen Ecke des Pfarrhauses festmachen, wofür die Coordinaten

$$-12817,65 \ +14365,11$$

gefunden wurden. Die Beobachtungen des Polarsterns geben die Zenithdistanz des Poles wie folgt:

		0	′	″	
1863. Sept.	18.	42.11	53.7	12	Beob.
„ „	19.		53.2	16	.,
„ „	20.		53.8	16	„
„ Okt.	1.		54.9	30	„
„ „	4.		54.3	40	„
„ „	5.		55.0	36	„
„ „	6.		54.5	36	„
„ „	7.		55.8	16	„
„ „	8.		55.1	60	„

Aus den sämmtlichen 262 Beobachtungen erhält man

die geographische Breite der Beobachtungsstation mit Einrechnung der oben angegebenen Correction der Biegung

$$47^0.48 \; 5''.3$$

nur um den Betrag von

$$2'',2$$

grösser, als man aus den obigen Coordinaten findet, was
als Wirkung der Anziehung der südlichen Gebirgsmassen
betrachtet werden kann.

III. Coburg. Die geodätisch astronomischen Arbeiten
des Jahres 1864 begann ich mit einer Recognoscirung der
ganzen Umgegend von Bamberg, Lichtenfels, Kronach,
Coburg, wobei ich nur zwei für Messungen mit grossen Instrumenten geeignete Punkte nämlich Bamberg und Coburg
fand, welcher letztere Punkt zwar ausserhalb Bayern liegt,
aber wegen seiner besonders günstigen Lage als ein Haupt-
dreieckspunkt der bayerischen Vermessung benützt worden
ist. Am 9. August wurden die Instrumente nach Coburg
transportirt und bereits am 13. August konnten sie auf der
Festung aufgestellt werden, was übrigens nur durch die
äusserst förderliche Unterstützung, deren ich mich von Seite
der herzoglichen Beamten zu erfreuen hatte, möglich gemacht wurde.

Das Universal-Instrument erhielt einen festen Standpunkt auf der sogenannten Bärenbastei zunächst an dem
daselbst befindlichen und zur neuen Coburgischen Landesvermessung gehörigen Gerüstsignal, wovon mir die Coordinaten mitgetheilt wurden, wie folgt:

$$+81055,16 \; +14508,70.$$

Der Höhenkreis kam etwas südöstlich vom Universal-
Instrument zu stehen. Beide wurden auf das Gerüstsignal
bezogen, und nach wiederholter Centrirung fand ich:

Universal-Instrument $+81054,15$ $+14506,42$
Höhenkreis $\qquad +81050,14$ $+14502,98$

Die beobachteten Richtungen und die theils von der

k. Steuer-Kataster-Commission, theils von den herzoglichen
Messungs-Commissionen in Coburg und Hildburghausen erhaltenen Coordinaten der anvisirten Punkte sind wie folgt:

	°	′	″		
Banz südl. Th.	174. 0	13.0	+76018,67	+14017,79
Heldburg	278.44	15.2	82044,53	20626,09
Kreuzberg	279.46	17.0	85442,17	38826,27
Gleichberg	296.35	33.8	85855,19	23908,86
Hohenplessberg	5. 3	31.7	87970,97	13838,69
Fellberg	28.40	59.1	87533,88	10894,17
Judenbach	49.52	46.2	86197,53	8303,56
Wetzstein	58.46	10.7	87930,15	2960,46

Ursprünglich hatte ich die Absicht, das Azimuth des
Polarsterns auf die beiden Punkte Banz und Plessberg, die
in Norden und Süden einander nahe gegenüber stehen, zu
beziehen und so eine ganz genaue Bestimmung der Beobachtungsstation überflüssig zu machen; später jedoch fand
ich mich veranlasst, diese Absicht aufzugeben und die
Punkte Fellberg und Judenbach im Norden mit dem südlichen Punkte Banz zu verbinden, zu welchem Zwecke die
obige Ordinate der Beobachtungsstation um 5,3 Decimalzolle
vermindert werden musste. Das berechnete Azimuth von
Banz wird hiernach

$$174^0.0'\ 6'',5.$$

Für dieses Azimuth geben nun die Polarsternbeobach-
tungen der einzelnen Tage folgende Werthe:

	°	′	″	
Aug. 15.	174.0	13.8	14 Beob.
„ 16.		11.9	22 „
18.		12.6	12 „
19.		12.5	10 „
20.		11.4	8 „

		o	′	″		
Aug.	31.	174.0	11.8	24	Beob.
Sept.	6.		10.3	4	,,
,,	10.		10.7	20	,,
,,	22.		10.9	6	,,
Okt.	5.		11.4	28	,,
,,	6.		10.9	26	,,
	7.		11.2	28	,,

Die sämmtlichen 202 Beobachtungen geben im Mittel mit Berücksichtigung der täglichen Aberration das Azimuth von Banz südl. Thurm

$$= 174^0.0' \ 11''.9$$

und wenn dieses Resultat mit dem oben aus den Coordinaten abgeleiteten Azimuthe verglichen wird, so findet man, dass die nach Henry angenommenen Abscissenaxe der bayerischen Vermessung um

$$5'',05$$

von Norden nach Westen gerückt werden müsste.

Die Beobachtungen des Polarsterns geben die Zenithdistanz des Poles wie folgt:

		o	′	″		
Aug.	31.	39.44	15.4	20	Beob.
Sept.	10.		14.9	52	,,
,,	16.		13.7	34	,,
,	17.		16.4	8	,,
,,	21.		14.8	40	,,
,,	22.		15.1	36	,,
Okt.	4.		15.5	24	,,
,,	5.		14.8	48	,,
	6.		15.4	54	,,
	7.		14.5	70	,,

Die Correction der Biegung [18]) beträgt

$$-4'',56$$

und mit Berücksichtigung dieser Correction ergiebt sich aus den sämmtlichen 386 Beobachtungen die geographische Breite der Beobachtungsstation

$$= 50^0.15'\ 49''.67.$$

Da die aus den obigen Coordinaten abgeleitete Breite

$$50^0.15'\ 53''.37$$

beträgt, so stellt sich hier ein nicht unbeträchtlicher Lokaleinfluss von

$$3'',70$$

heraus.

IV. **München.** Obwohl in München noch keine Bestimmung als abgeschlossen betrachtet werden kann, so glaube ich doch, dass es zweckmässig sein wird, einige angefangene oder vorbereitete Arbeiten zu erwähnen. In der Absicht, eine genaue Bestimmung des Azimuths der Kapelle auf dem Wendelstein zu erhalten, stellte ich im Jahre 1863 das Ertel'sche Universalinstrument südlich vom Meridiankreise in einer eigenen Hütte auf, und bestimmte den Winkel zwischen dem Mittelfaden des Meridiankreises und der genannten Kapelle.

Der Standpunkt des Universalinstruments war

9,175 südlich

und 1,645 östlich

---

18) Die hier gegebene Correction der Biegung ist in der Weise gefunden worden, dass ich mit dem Hohenkreise die geographische Breite der Sternwarte bestimmte, und den Unterschied zwischen diesem Werthe und der bereits aus sonstigen Beobachtungen bekannten geographischen Breite als Wirkung der Biegung betrachtete. Zu einem hiemit ganz übereinstimmenden aber minder sichern Werthe der Biegung bin ich durch südlich und nördlich aufgestellte Collimatoren gelangt.

von der Marke [19]) auf dem Steinpfeiler der westlichen
Kuppel und da die Coordinaten dieses Punktes von Rath-
mayer zu

$$+266,63 \quad -854,70$$

bestimmt worden sind, so erhält man für den Standpunkt
des Universalinstrumentes

$$+257,46 \quad -856,34$$

und von hier aus hätte das Azimuth der Kapelle auf dem
Wendelstein

$$148^0.10' \ 58''.87$$

betragen sollen. Vom 21. Mai bis 25. Juli 1863 sind nun
118 einzelne Ablesungen gemacht worden, welche ungeachtet
die Umstände stets eine sehr genaue Einstellung zuliessen,
dennoch zu einem entsprechenden Resultate nicht geführt
haben. Ich habe früher schon nachgewiesen, dass wenn
auf einen im Focus eines Objectivs befindlichen Faden eingestellt wird, die Richtung merklich verschieden ausfällt, je
nachdem die durch die Mitte des Objectivs oder die seitwärts von der Mitte heraustretenden Strahlen benützt werden: in wieferne im gegenwärtigen Falle dieser Umstand
von Einfluss gewesen ist, muss die weitere Untersuchung
zeigen, die übrigens erst wieder aufgenommen werden soll,
wenn die Pyramide, welche ich auf einer Bergspitze in der
Nähe von Lenggries und im Meridian der Sternwarte zu

---

19) Gleich nach Vollendung der Sternwarte (1819) hat Soldner
auf dem isolirten Pfeiler der westlichen Kuppel um die Richtungen
der von da aus sichtbaren trigonometrisch bestimmten Objecte zu
messen, einen zwölfzolligen Theodoliten aufgestellt, und den Punkt,
über welchen die vertikale Axe des Instruments zu stehen kam,
durch ein in den Stein gravirtes Kreuz bezeichnet; auf diesen Punkt
haben sich auch alle neueren Messungen bezogen. Soldners Messungen würden, wenn sie noch zum Vorschein kommen sollten, für
die neuen Operationen von grossem Werthe sein.

errichten beabsichtige, und welche als Triangulationspunkt und als Meridianzeichen zugleich dienen wird, hergestellt ist.

Im Jahre 1864 habe ich mit dem Universalinstrument auf der westlichen Kuppel der Sternwarte einige Azimuthmessungen vorgenommen, woraus für das Azimuth des Thurms von Unterföhring (Mitte des Knopfes) folgende Werthe erhalten wurden:

		°	′	″		
1864.	Jul. 11.	24.26	39.9	18	Beob.
,,	,, 15.		37.2	16	,,
,,	Nov. 13.		43.0	16	,,
,,	,, 15.		46.6	12	,,
,,	,, 17.		43.9	28	,,

Im Mittel erhält man aus 90 Beobachtungen
$$24°.26′\ 42″.3.$$

Den Winkel zwischen **Aufkirchen** und **Unterföhring** habe ich
$$= 22°.16′\ 46″.2$$
und den Winkel zwischen Unterföhring und Wendelstein
$$= 123°.45′\ 6″,6$$
gefunden, und hiernach hätte man die beobachteten Azimuthe wie folgt:

Aufkirchen   46°.43′ 28″,5
Wendelstein 148°.11′ 48″,9

Die Coordinaten von Aufkirchen und Wendelstein Kapelle sind
$$+6405,96\quad -7368,72$$
$$-16547,89\quad -11292,98$$

Wenn hiernach die Azimuthe berechnet werden, so findet man für

Aufkirchen   46°.43′ 15″,97
Wendelstein 148°.11′ 34″,67

also um 12″,5 und 14″,2 kleiner, als die durch Beobachtung bestimmten Werthe.

Zur definitiven Feststellung der Meridianrichtung sind
übrigens die obigen Bestimmungen viel zu wenig genau,
und viel zu wenig zahlreich: und ich habe um so weniger
Zeit darauf verwenden zu dürfen geglaubt, da Herr
Hauptmann C. Orff vom topographischen Bureau des königl.
General - Quartiermeister - Stabes für sich, und noch vor
Beginn meiner Messungen, eine auf dasselbe Ziel gerichtete
Arbeit unternommen und vollendet hatte, welche eine so
grosse Anzahl von Messungen umfasst, dass das Resultat
durch weitere Beobachtungen jedenfalls nicht erheblich ge-
ändert werden wird. Das dabei gebrauchte Instrument war
ein dem topographischen Bureau gehöriges Universalinstrument von Ertel (Kreisdurchmesser 12 Zoll, Objectiv Oeffnung
18 Linien) und der Aufstellungspunkt identisch mit dem von
mir gewählten Standpunkte.

Für das Azimuth des Kreuzes auf dem Thurme von
Unterföhring gaben die einzelnen Beobachtungstage des
Jahres 1863 folgende Werthe:

			°	′	″	
1863.	April	10.	24.26	42.51	4 Beob.
,,	,,	11.		43.62	4 ,,
,,	,,	13.		47.60	6 ,,
,,	,,	15.		46.34	4 ,,
,,	,,	16.		48.46	4 ,,
,,	,,	18.		45.99	8 ,,
,,	,,	19.		44.09	6 ,,
,,	,,	20.		47.85	8 ,,
,,	,,	27.		44.03	6 ,,
,,	Mai	6.		45.46	7 ,,
,,	,,	7.		46.74	4 ,,
,,	,,	8.		46.45	6 ,,
,,	,,	9.		41.11	8 ,,

$$^{\circ} \quad ^{\prime} \quad ^{\prime\prime}$$

1863.	Mai	12.	24.26 45.17	8	Beob.
„	„	15.	46.00	6	„
„	„	16.	45.92	8	„
„	„	18.	47.40	2	„
„	„	22.	44.61	5	„
„	Okt.	15.	47.24	6	„
„	„	20.	44.37	6	„
„	„	23.	44.84	4	„

Mittel aus 120 einfachen Winkelmessungen mit dem wahrscheinlichen Fehler 0″,21

$$24^{\circ}.26^{\prime} \ 45^{\prime\prime},45.$$

Im Jahre 1864 wurde dasselbe Azimuth durch je fünfmalige Repetitionen bestimmt, wie folgt:

$$^{\circ} \quad ^{\prime} \quad ^{\prime\prime}$$

1864.	Apr.	13.	24.26 46.16	2	Mal	5 Rep.
„	„	14.	42.59	2	„	„
„	„	15.	45.84	4	„	„
„	„	16.	47.03	3	„	„
„	„	20.	44.28	3	„	„
„	„	22.	46.50	2	„	„

Mittel aus 16 Mal 5 Repetitionen mit einem wahrscheinlichen Fehler von 0″,32

$$24^{\circ}.26^{\prime} \ 45^{\prime\prime}.53.$$

Die Verbindung beider Jahre giebt für das Azimuth von Unterföhring

$$24^{\circ}.26^{\prime} \ 25^{\prime\prime},48$$

mit einem wahrscheinlichen Fehler von 0″,19; und da Herr Hauptmann Orff ferner den Winkel zwischen Unterföhring und Wendelstein zu

$$123^{\circ}.45^{\prime} \ 3^{\prime\prime},86$$

mit einem wahrscheinlichen Fehler von 0″,17 bestimmt hat,

so ergiebt sich als Endresultat für das Azimuth von Wendel-
stein-Kapelle, mit einem wahrscheinlichen Fehler von 0″,25

$$148^0.11' \ 49'',34,$$

von dem oben aus den Coordinaten berechneten Azimuth um

$$14'',67$$

abweichend.

Es steht nicht zu erwarten, dass die Bestimmung des
Hrn. Hauptmann Orff, welche bis auf eine Drittel-Sekunde
mit Soldner's Resultat übereinstimmt, eine merkliche Ver-
besserung erhalten kann, doch sind Vorbereitungen getroffen,
um auf anderem Wege eine weitere Controlle zu erhalten.

Zur Bestimmung der geographischen Breite der Sternwarte liefern die Beobachtungen am Meridiankreise ein sehr
umfassendes Material, dessen Benützung jedoch einige
Schwierigkeit darbietet. Ich habe vorläufig die Jahre zusammengestellt, in welchen der Meridiankreis umgelegt
wurde und die Beobachtungen des Polarsterns zunächst vor
und nach der Umlegung combinirt; die Ergebnisse sind
wie folgt:

	°	′	″		
1820.	48.8	45.2	1	Umlegung
1821.		45.9	1	,,
1823.		45.2	1	,,
1833.		45.5	3	,,
1834.		45.0	3	,,
1835.		45.8	3	,,

Wird den Beobachtungen eines jeden Jahres gleiches
Gewicht beigelegt, so erhält man im Mittel die geographische
Breite der Sternwarte

$$48^0.8' \ 45'',43$$

und wenn man mittelst der Coordinaten des Meridiankreises
(+264,91 —856,34) dieses Resultat auf den nördlichen

Frauenthurm überträgt, so ergiebt sich für die geographische Breite des Anfangspunktes der bayerischen Triangulation
48⁰.8′ 20″,46.

Eine weitere Bestimmung ähnlicher Art liefern die Beobachtungen des Polarsterns, welche ich im Jahre 1837 abwechselnd direkt und durch Reflexion in einem angequickten Quecksilberhorizont von grossen Dimensionen angestellt habe und wobei ich für die Zenithdistanz des Poles folgende Werthe erhielt:

			o	′	″		
1837.	April	30.	41.51	13.6	8	Beob.
,,	Mai	12.		15.3	7	,,
,,	Juni	7.		13.8	12	,,
,,	,,	14.		14.0	7	,,
,,	,,	15.		13.4	3	,,
,,	,,	17.		14.2	6	,,
,,	,,	20.		14.6	9	,,
,,	,,	22.		14.5	3	,,
,,	,,	24.		14.3	9	,,
,,	,,	28.		14.7	3	,,
,,	,,	30.		14.6	11	,,

Das arithmetische Mittel der sämmtlichen 81 Ablesungen giebt die geographische Breite
48⁰.8′ 45″,74.

Ehe die vorhergehenden Breitenbestimmungen benützt werden, hat man für die Biegung und die Theilungsfehler des Kreises die erforderlichen Correctionen anzubringen. Hinsichtlich der Biegung glaube ich den genügenden Nachweis gegeben zu haben [20]), dass sie durch die Reichenbach'sche Balancirung beseitiget wird: und hiemit stimmen auch

---

20) Observationes Astronomicae Vol. IX. pag. VII.

alle anderwärts mit Reichenbach'schen Kreisen ausgeführten Untersuchungen überein.

Die Kreistheilung habe ich zuerst mit kleinen Mikroskopen, wie sie an der Königsberger Sternwarte angewendet worden sind, zu bestimmen gesucht, bin jedoch nur zu dem Resultate gekommen, dass die Theilungsfehler zu klein sind, um mit solchen Hilfsmitteln genau ermittelt zu werden. Später wandte ich grosse Mikroskope an, und fand, dass die Intervalle allmählig grösser und dann wieder kleiner werden (was durch eine Reihe von Sinussen und Cosinussen ziemlich gut dargestellt werden könnte), nebenbei aber nicht unbeträchtliche Fehler einzelner Striche vorkommen, die keinem Gesetze folgen. Es ist klar, dass unter solchen Verhältnissen die Bestimmung der wegen der Theilungsfehler anzubringenden Correctionen grosse Schwierigkeit hat.

Glücklicher Weise kann man indessen bei Bestimmung der geographischen Breite die Theilungsfehler durch die Beobachtungsmethode selbst eliminiren, wenn man hiefür die geeigneten Sterne wählt, und wenn die Ablesung mit vier Vermiers geschieht [21]), wie diess an den Reichenbach'schen Meridiankreisen der Fall ist. Da ich nicht weiss, ob dieser Umstand bisher benützt, oder beachtet worden ist, so will ich hier eine kurze Nachweisung darüber geben.

Drückt man den Fehler $f(\varphi)$ des Theilstriches φ durch die Interpolationsreihe

$$f(\varphi) = a_1 \sin \varphi + a_2 \sin 2\varphi + a_3 \sin 3\varphi + a_4 \sin 4\varphi + \ldots$$
$$b_1 \cos \varphi + b_2 \cos 2\varphi + b_3 \cos 3\varphi + b_4 \cos 4\varphi + \ldots$$

---

21) Reichenbach, dem ohne Zweifel der wichtige Umstand, dass eine Mikroskop-Ablesung den ganzen Fehler eines Theilstriches, eine Vernier-Ablesung aber eigentlich nur den mittlern Fehler mehrerer Theilstriche enthält, nicht entgangen sein wird, hat sich der Substitution der Mikroskop-Ablesung anstatt der Verniers stets entschieden widersetzt, und auch seine Nachfolger haben spät erst zur Anwendung von Mikroskopen sich entschlossen.

aus, und bezeichnet man mit F (φ) den Fehler des Winkels φ bei Anwendung von vier Verniers, d. h. setzt man

$$\tfrac{1}{4}\,[f(\varphi)+f(90+\varphi)+f(180+\varphi)+f(270+\varphi)] = F(\varphi)$$

so hat man

$$F\,(\varphi) = a_4 \sin 4\varphi + a_8 \sin 8\varphi + \cdots$$
$$b_4 \cos 4\varphi + b_8 \cos 8\varphi + \cdots$$

Wird demnach die Zenithdistanz φ eines Sterns und nach Umlegung des Kreises die Zenithdistanz $360^0 - \varphi$ beobachtet und daraus die einfache Zenithdistanz abgeleitet, so ist der Fehler des. erhaltenen Resultats

$$= \tfrac{1}{2}\,(F(\varphi) - F(360^0 - \varphi))$$
$$= a_4 \sin 4\,\varphi + a_8 \sin 8\varphi + \cdots$$

und dieser Fehler wird $= 0$, wenn die Zenithdistanz $= 45^0$ ist und kommt diesem Grenzwerthe um so näher, je weniger die Zenithdistanz von 45^0 abweicht. Für den Meridiankreis der hiesigen Sternwarte z. B. finde ich nach approximativer Elimination der unregelmässigen Theilungsfehler der einzelnen Striche folgende Correctionen der absoluten Zenithdistanz

	°	′		″
Zenithdistanz	40.	0	Correction —	0.12
	42.	30	,, —	0.04
	45.	0	,,	0.00

und da der Polarstern in dieses Intervall hineinfällt, so darf man den Einfluss der Theilungsfehler bei der obigen Bestimmung der geographischen Breite als aufgehoben betrachten.

Diess gilt zunächst nur von den Bestimmungen, welche durch Umlegung des Meridiankreises erhalten werden: es ist aber leicht, einzusehen, dass man bei Reflexionsbeobachtungen zu einem ganz analogen Resultate gelangt.

4. Schlussbemerkungen.

Es würde kaum zweckmässig sein, die gegenwärtige Mittheilung zu beschliessen, ohne Einiges zu erwähnen, was zur Beurtheilung der Genauigkeit der gefundenen Zahlenwerthe dienen möchte. Nachdem ich gefunden hatte, dass der Meridiankreis der Sternwarte so beträchtliche Theilungsfehler hat, und mit Recht annehmen konnte, dass bei den kleineren Kreisen die Fehler noch beträchtlicher sein werden, so musste ich besonders darauf bedacht sein, den Einfluss derselben unschädlich zu machen. Entweder muss man zu diesem Zwecke die Fehler bestimmen, und in Rechnung bringen, oder man muss die Beobachtungsweise so einrichten, dass die Fehler eliminirt werden.

Nur den letzteren Weg betrachte ich als praktisch, und zwar muss die Elimination dadurch geschehen, dass man denselben Winkel an verschiedenen Theilen des Umkreises misst. So lange man glaubte, dass der Theilungsfehler durch eine aus wenigen Gliedern bestehende Reihe von Sinussen und Cosinussen hinreichend genau ausgedrückt werden könne, hielt man die gewöhnliche Repetition für unvortheilhaft und zeigte theoretisch, dass, wenn man den einfachen Winkel, von bestimmten Punkten des Umkreises ausgehend, misst, die Elimination bis zu jeder beliebigen Grenze bewerkstelliget werden könne; fasst man dagegen die zufälligen Theilungsfehler und den grossen Einfluss derselben bei Anwendung von Mikroskopen in's Auge, so erscheint die Repetition als die einzig richtige Beobachtungsmethode.

Die Instrumente, deren ich mich bediente, erlaubten übrigens nicht, diesen Grundsatz auszuführen; und ich habe gesucht, die Theilungsfehler beim Universalinstrumente dadurch zu eliminiren, dass ich nach je vier Einstellungen (zwei bei Kreis Ost und zwei bei Kreis West) von einem

neuen Anfangspunkte ausgieng; bei dem Höhenkreise dage-
gegen stellte ich abwechselnd den Punkt 0° und 180° in
das Zenith [22]).

Speciell für die Azimuthbeobachtung sind zwei Umstände
sehr hinderlich, nämlich der Einfluss der Temperatur auf
die Libelle und die wechselnde Beleuchtung der terrestrischen
Miren. In einem Raume, wo höhere Temperatur herrscht, und
der Luftzug Zutritt hat, bleibt stets der Stand der Libelle
unsicher, welche Vorkehrungen man auch immer zum
Schutze vor Temperaturänderungen treffen mag. Grosse
Störungen erkennt man an den schnellen Aenderungen der
Blase und die unter solchen Umständen gemachten Beobachtungen habe ich sämmtlich unbenützt gelassen [23]); den
möglichen Einfluss kleinerer Störungen habe ich durch
häufiges Umschlagen des Instruments (stets wenigstens nach

---

22) Die an auswärtigen Stationen gemachten Beobachtungen betrachte ich vorlaufig nur als Differential-Beobachtungen, woraus die
absoluten Werthe erst nach Vollendung der an der Sternwarte vor-
zunehmenden Untersuchung des Instruments abgeleitet werden sollen.
Aus den bisherigen Beobachtungen geht hervor, dass die Correctionen,
welche an die Endresultate wegen der Theilungsfehler angebracht
werden müssen, sehr gering sind.

23) So z. B. fanden am 12. Juli 1864 im Verlaufe der Beobachtungen unter der westlichen Kuppel der Sternwarte Schwankungen von 5" statt, welche in Zeit von wenigen Minuten sich öfters
wiederholten; dabei muss ich bemerken, dass die Libelle in einer
hölzernen Büchse liegt, und mit einer Glasplatte bedeckt ist. Die
bei Temperaturanderungen eintretenden Bewegungen der Libellenblase schrieb man früher der Expansion, welche die Wärme hervorbringt, zu: ich habe aber vor vielen Jahren schon (Jahresbericht
der k. Sternwarte 1852. S. 24) die Haltlosigkeit dieser Hypothese
gezeigt, und nachgewiesen, dass der beobachtete Erfolg nur durch
die von-der Wärme hervorgebrachte Schwächung der Capillar-
Attraction zwischen dem Glase und der Flüssigkeit zu erklären sei.

je zwei Einstellungen, bisweilen sogar nach jeder einzelnen
Einstellung) unschädlich zu machen gesucht.

Welchen Einfluss die Beleuchtung der terrestrischen
Miren auf die Einstellung hat, ist zu allgemein anerkannt,
als dass hier eine nähere Auseinandersetzung erforderlich
schiene. Den Beweis, dass hierin die Hauptfehlerquelle
einer Azimuthbestimmung zu suchen ist, liefert der Umstand,
dass wiederholte Einstellungen auf den Stern fast immer
sehr genau übereinstimmen, während die wiederholt gemessenen Winkel zwischen dem Sterne und der terrestrischen Mire beträchtlich von einander abweichen. Den Einfluss der Beleuchtung habe ich dadurch zu beseitigen gesucht, dass ich, so weit diess geschehen konnte, zwei nach
entgegengesetzter Richtung gelegene Miren gebrauchte [24]).

Einer leichten und genauen Bestimmung der geographischen Breite stellt sich als sehr wesentliches Hinderniss ein
Umstand entgegen, welcher bisher wenig Berücksichtigung gefunden hat, nämlich die Abhängigkeit der Zenithdistanzen
von der Tageszeit.

Ich habe früher bereits [25]) Beobachtungen zusammengestellt, um zu zeigen, dass der Ort des Poles an dem
hiesigen Meridiankreise eine jährliche, und eine tägliche
Periode habe, die ich dem Einflusse der Wärme auf die
Libelle zuschrieb: neuere Erfahrungen haben mich aber
überzeugt, dass eine andere Erklärung nothwendig ist. Um

---

24) Den Signalen ein pyramidenförmiges Dach zu geben, kann
ich wegen der Verschiedenheit der Beleuchtung nicht als vortheil-
haft anerkennen, und würde es für zweckmässiger halten, über dem
Gerüste eine vertikale Tafel in Form eines Dreiecks oder Vierecks
anzubringen, welche sich drehen liesse und jedesmal so gestellt
werden müsste, dass die Fläche gegen die Beobachtungsstation gerichtet ware.

25) Jahresbericht der k. Sternwarte für 1852. S. 23.

darzuthun, wie weit die Unterschiede der zu verschiedenen Zeiten gemessenen Zenithdistanzen gehen, will ich von den verschiedenen Stationen die Messungen einzelner Tage anführen, und bemerke zugleich, dass alle Beobachtungsreihen in dieser Beziehung übereinstimmen.

Benediktbeuern.

			h ′		h ′	° ′	″	
1863.	Aug.	26.	2. 9	—	3. 3	42.17	19.3	7 Beob.
„	„	„	3.10	—	3.53		20.8	8 „
„	„	„	6.21	—	6.47		21.9	6 „
„	„	27.	1.14	—	2.35		20.4	10 „
„	„	„	2.42	—	3.47		21.1	10 „
„	„	„	5.40	—	6.40		21.5	10 „

Hohenpeissenberg.

1863.	Okt.	4.	11. 6	—	11.47	42.11	52.3	6 „
„	„	„	12.52	—	1.56		53.9	14 „
„	„	„	2. 2	—	2.48		55.4	10 „
„	„	„	2.51	—	3.37		55.1	10 „
„	„	5.	10.57	—	11.40		53.2	7 „
„	„	„	1. 2	—	2.15		54.8	14 „
„	„	„	2.20	—	3.26		56.2	14 „

Coburg.

1864.	Okt.	7.	10. 5	—	11. 0	39.44	12.1	12 „
„	„	„	11. 4	—	11.41		13.4	10 „
„	„	„	12.34	—	1.15		15.1	10 „
„	„	„	1.19	—	1.59		14.8	10 „
„	„	„	2. 2	—	2.45		16.1	10 „
„	„	„	2.48	—	3.26		15.5	10 „
„	„	„	3.30	—	4. 3		15.2	8 „

Auf dem Hohenpeissenberg, wo die Unterschiede der
Vormittags- und Nachmittags-Beobachtungen sehr auffallend
hervortraten, richtete ich besondere Aufmerksamkeit auf die
Libelle. Gesetzt, die Libellenblase sei durch die Wärme
nach Süden gezogen, und man wendet den Kreis nach der
entgegengesetzten Seite, so müsste im ersten Augenblicke
die Libellenblase zu weit nach Norden stehen, und allmählig durch die Wirkung der Wärme nach Süden sich
ziehen. Zahlreiche Versuche in dieser Weise angestellt,
zeigten aber von einer solchen Wirkung der Wärme keine
Spur, vielmehr blieb stets nach dem Umkehren der Stand,
den die Libelle in wenigen Sekunden erreichte, lange Zeit
hindurch vollkommen unverändert. Nach diesen Versuchen
kam ich auf die Vermuthung, dass der horizontale Spinnen-
faden im Focus des Fernrohres eine Biegung erleide, die
bei tieferer Temperatur und feuchterer Luft einen verschiedenen Betrag erreichen könnte.

Eine nähere Betrachtung der Umstände überzeugte
mich jedoch, dass der beobachtete Erfolg durch eine solche
Voraussetzung sich nicht erklären lasse; ich habe übrigens
an der Sternwarte Versuche mit dem Höhenkreise vorge-
nommen, aus denen hervorgieng, dass auch im Horizont die
Befeuchtung des Spinnenfadens durch Anhauchen oder das
Trocknen desselben durch die Annäherung einer heissen
Metallplatte keine Aenderung hervorbrachte.

Als Grund der Abhängigkeit der Zenithdistanz von der
Tageszeit betrachte ich gegenwärtig die Bewegung der
Wärme in vertikaler Richtung und die dadurch erzeugte
Ablenkung des Lichtes.

Dass ein Stern, während er durch das Feld eines
Meridian-Instruments geht, nicht auf dem Horizontal-Faden
bleibt [26]), sondern abwechselnd längere Zeit (5—10—15 Se-

---

26) Eigentlich hat man zweierlei Erscheinungen zu unterscheiden: einmal zeigt sich der Stern in einer mehr oder weniger aus-

kunden hindurch) bald eine höhere, bald eine tiefere Stellung einnimmt, ist eine jedem Beobachter wohl bekannte Erscheinung. Die Schwankungen können in der Nähe des Horizonts 15″ und in einer Höhe von 45° noch 10″ betragen. Ich habe nun Grund, anzunehmen, dass dieselbe Ursache, welche die schnell vorübergehenden Schwankungen hervorbringt, auch tägliche Schwankungen erzeugt, indem namentlich das Steigen der Temperatur gegen Mittag, und das Fallen derselben gegen Abend entgegengesetzte Wirkungen zur Folge haben muss. Ueber diesen etwas verwickelten Gegenstand sind jedoch noch weitere Untersuchungen anzustellen [27]).

---

gedehnten cometenartigen Umhüllung, ein anderes Mal erscheint er scharf begrenzt aber mit wechselnden Kreisen und Strahlen umgeben. Im ersten Falle bewegt er sich vorwärts in langsamen Schwankungen, welche mit der Bewegung einer Flamme durch einen Luftzug zu vergleichen wären, im zweiten Falle springt der Stern von einem Punkte zum andern, wobei das umgebende falsche Licht schnell im Kreise sich dreht. Nach meiner bisherigen Erfahrung kommt die letztere Erscheinung vorzugsweise in hoch gelegenen Gegenden vor, und insbesondere an der Münchener Sternwarte werden dadurch die Meridiankreis-Beobachtungen in hohem Maasse gestört, wie man aus den Bemerkungen in dem ersten Bande von Soldner's Beobachtungen genugsam ersehen kann. Mit dem Vorhergehenden verwandt sind die Erscheinungen, welche Hr. General Baeyer an dem Heliotropenlichte beobachtet und in seinem „Generalberichte über die mitteleuropäische Gradmessung pro 1863" Seite 36 beschrieben hat

27) Aehnliche Erscheinungen in horizontalem Sinne habe ich bei mehreren Gelegenheiten wahrgenommen: insbesondere fand ich bei Bestimmung der Richtung des Signals auf dem Haimgarten von Benediktbeuern aus, dass das Signal von Zeit zu Zeit aus der gewöhnlichen Ruhelage nach Westen bis auf 10″ und darüber sich entfernte, einige Zeit in dieser seitlichen Stellung aushielt, und stets wieder auf den eigentlichen Stand zurückkehrte Der gewöhnliche Erfolg der Luftbewegung besteht übrigens in einem pendelähnlichen Schwanken beiderseits von der Mittellage.

Einen Maassstab für die Sicherheit der oben mitgetheilten Resultate anzugeben, soll hier nicht versucht werden,
doch will ich bemerken, einerseits, dass auf die ausgeführten Arbeiten grosse Sorgfalt verwendet worden ist, indem
ich selbst alle Beobachtungen angestellt und aufgezeichnet
habe, andererseits aber, dass nicht etwa günstige Beobach-
tungszeiten ausgesucht werden konnten, sondern jede mehr
wie minder günstige Gelegenheit benützt werden musste. Es
hat gar keine Schwierigkeit, wenn man mit unverändertem
Instrumente an ausgewählten Tagen, und zu gleichen Tageszeiten beobachtet, sehr übereinstimmende Ergebnisse
zu erhalten, die dessen ungeachtet beträchtlich von der
Wahrheit abweichen können. Die von mir befolgte Einrichtung hat den Vortheil, dass man daraus den möglichen
Einfluss verschiedener sonst wenig beachteter Umstände erkennt, und Veranlassung findet, Verbesserungen zu suchen,
welche möglicher Weise auch bei den unter ganz normalen
Verhältnissen ausgeführten Beobachtungsreihen zu berücksichtigen sein mögen.

––––––––

Herr Gümbel trägt vor:

„Untersuchungen über die ältesten Kulturüberreste im nördlichen Bayern in Bezug
auf ihre Uebereinstimmung unter sich und
mit den Pfahlbauten - Gegenständen der
Schweiz“.

Das wissenschaftliche Interesse, welches für die Untersuchung der Kulturgegenstände aus der sogenannten vorhistorischen Zeit und für die Erforschung der ältesten
Spuren des Menschengeschlechtes neuerdings in gesteigertem

Maasse rege geworden ist, lässt es wünschenswerth erscheinen, Alles sorgfältig zu sammeln, was dazu dienen kann, die oft vereinzelt stehenden und desshalb schwer erklärbaren Thatsachen und Beobachtungen in nähere Beziehung zu einander zu bringen.

Auch der G e o g n o s t , der sich vorzüglich mit der Erforschung dessen, was sich auf Fortbildung der Erde bezieht, zu beschäftigen hat, darf es nicht von sich weisen, an der Lösung der Frage über die Anfänge des Menschengeschlechtes mitzuarbeiten und seine Beobachtungen auf solche Gegenstände auszudehnen, welche direkt oder indirekt mit jener Frage in Verbindung stehen. Bald sind es die T o r f m o o r e und die in ihrer sumpfigen Tiefe eingebetteten Knochen, Scherben, und sonderbar geformten Steine, über deren Ursprung der Naturforscher sich Rechenschaft zu geben sucht, bald trifft er in einer F e l s e n h ö h l e , welche in ihrem Dunkel die Spuren vieler verronner Jahrtausende umschliesst, auf uralte Kulturreste, untermengt mit Knochen, bei welchen seine Untersuchungen auf die Feststellung der Thatsache gerichtet sein müssen, ob Knochen und die durch Menschenhand gefertigten Gegenstände einer gleichen oder der Zeit nach verschiedenen Perioden angehören. Er wird aber diese Nachsuchungen kaum mit dem erwünschten Erfolg anstellen können, wenn er nicht zugleich auf die Verhältnisse Rücksicht nimmt, unter welchen überhaupt die ältesten, verfolgbaren Spuren menschlicher Existenz in einem Lande auftauchen, wenn er sich nicht Kenntniss von der Natur der Kulturgegenstände verschafft, welche ihn, wie die Versteinerungen in den älteren Perioden der Erdbildung, ebenso in der neueren, der geschichtlichen zunächst vorangehenden Zeit bei der Unterscheidung gewisser Abschnitte innerhalb der letzteren leiten können. Auf diese Weise fällt auch ihm die Aufgabe zu, sich an dem Studium der ersten und ältesten Kulturresten eines Landes zu betheiligen.

5*

Zu den ersten und ältesten deutlichen Spuren menschlichen Lebens in unserem Lande, insbesondere im nördlichen
Bayern, auf welches diese Untersuchungen hier sich beschränken, scheinen jene riesigen, hügelartigen Erhöhungen,
welche als Hünen-, Hühnen- oder im Munde des Volks
als Heidegräber bezeichnet werden, zu gehören. Wir begegnen in Nordbayern solchen Hügelgräbern sehr häufig;
sie sind oft zu 20—30 neben einander am Saume der Wälder
oder auf hohen, freien Flächen aufgethürmt. Lange Zeit hindurch hatte sie eine gewisse Scheu im Volke vor roher
Zerstörung geschützt und sie so der Neuzeit aufbewahrt, in
welcher das antiquarisch-historische Interesse bereits zu
Ende des vorigen Jahrhunderts plötzlich erwachte und eifrigst
bemüht war, die in ihnen verborgenen Kulturreste der
frühesten Zeit, die Beigaben der Bestatteten, nicht immer
mit jener Sorgfalt, wie es die exakte Wissenschaft zur Feststellung mancher früher unbeachteten Verhältnisse wünschen
muss, an's Tageslicht zu ziehen.

Sehr viele, wohl die meisten dieser Hügelgräber unseres
Landes sind bereits geöffnet, durchwühlt und zerstört;
wenn man aber nach den Resultaten fragt, welche ihre
Aufgrabungen ergeben haben, so muss man lebhaft beklagen,
dass nur verhältnissmässig Weniges sich überhaupt uns erhalten hat, was wissenschaftlich verwerthet werden kann.
Es giebt ganze Reihen von aufgedeckten Hügelgräbern, von
denen wir fast nichts weiter wissen [1]), als dass sie aufge-
graben und ihres Inhaltes, welcher den Weg in's Ausland
fand oder im Privatbesitz spurlos verschwand, beraubt wurden. Von den vielen bei diesen Ausgrabungen aufgefun-

---

1) Unter den Ausgrabungen, welche hiervon eine rühmliche
Ausnahme machen, sind vor allen jene des Herrn Pfarr. Hermann in
der Lichtenfelser Gegend, dann auch jene von Mayer, Haas, *H*ofmann,
Pickel, Popp u. A zu nennen.

denen Gerippen ist nur ein oder der andere Schädel, oft
nur einzelne Fragmente erhalten und aufbewahrt worden.
Der unersetzliche Verlust, welcher sich dadurch für die Erforschung und Kenntniss des Kulturzustandes und der körperlichen Beschaffenheit der vorhistorischen Bevölkerung unseres
Landes ergeben hat, legt den Wunsch dringend nahe, so
weit diess immer nur möglich, dafür erneute Vorsorge getroffen zu sehen, dass nicht die kleine Zahl der noch übrig
gebliebenen Reste der ältesten Kultur und Bevölkerung auf
gleiche Weise, wie viele der bisher mit nicht zureichender
Sorgfalt untersuchten Hügelgräber, für die exakte Wissenschaft unwiederbringlich verloren geht und es scheint hoch
an der Zeit, diese wenigen wiederholt unter wachsamen
Schutz und Schirm zu stellen.

Welch hohes Interesse diese Hügelgräber mit den von
ihnen eingeschlossenen Gegenständen besitzen und grade jetzt
in erhöhtem Grade erlangt haben, wo die Forschung über
die vorhistorische Bevölkerung Europa's durch die von Tag
zu Tag sich erweiternde Kenntniss der Pfahlbauten und
ihrer Bewohner eine neue wissenschaftliche Basis gewonnen
hat, das dürfte am Besten eine Uebersicht über die bisher
erzielten, wie erwähnt, uns oft nur dürftig bekannt gewordenen Ergebnisse ihrer Untersuchung in denjenigen Theilen
Bayerns zeigen, welche nördlich von der Donau liegend
wegen des Mangels grösserer Seen nicht geeignet scheinen,
die Spuren älterer Kultur in Form von Pfahlbauten auf-
zuweisen.

Schon die erste Betrachtung, die sich bloss auf die
äussere Form und Gestalt dieser Hügelgräber beziehen
kann, liefert das merkwürd'ge Resultat, dass, soweit sie im
nördlichen Bayern verbreitet sind — von Aschaffenburg an
durch ganz Unter-, Mittel- und Oberfranken, durch Oberpfalz und den bayerischen Wald — eine grosse Gleich-
artigkeit bei ihnen sich zu erkennen giebt. Ueberall sind

es dieselben stumpfkegelförmigen Hügel, welche nur im Durchmesser und in der Höhe variiren. Der mittlere Durchmesser an der Basis beträgt durchschnittlich 30—36 Fuss, die Höhe im Mittel 6—10 Fuss. Gleiche Uebereinstimmung herrscht meist auch in ihrer inneren Anlage und im Ausbau. Nirgends findet man, dass behufs der Anlage eines solchen Grabes eine Vertiefung in dem Boden gemacht und die Erde grubenartig ausgehoben wurde, vielmehr sind alle Hügelgräber unmittelbar auf dem natürlichen, vielleicht nur etwas ausgeebneten, zuweilen mit Steinen pflasterähnlich belegten Boden errichtet. Die Basis des Bau's bilden in Kreis-, Eiform oder im Rechteck neben einander gestellte grössere Steine, wie sie die nächste Umgegend liefert (Steinkranz). Fehlen solche in der Nähe, so sind sie oft aus nicht unbeträchtlicher Entfernung beigeschleppt. Im Keupergebiete fanden feste, eisenschüssige Sandstein- und Steinmergelblöcke, in der Nähe der Kalkberge Muschelkalk und Jurakalk, auf Lias grober Kalksandstein und Fleckenmergel, auf der 'Hochfläche der Alb mehr Jurakalk, als Dolomit Verwendung. Selten sind die Grabhügel ohne allen Steinbau bloss aus Erde aufgeschüttet. Zuweilen bemerkt man innerhalb dieses ersten, tiefsten Steinbaues Asche, Kohlen, selbst angebrannte Knochen, was anzudeuten scheint, dass die Todtenverbrennung oder doch die Verbrennung der Opfer innerhalb dieses Raumes vorgenommen wurde. In der Regel aber stehen hier rohe, urnenähnliche Thongefässe oft von 3—3½ Fuss Durchmesser zu 3—5 neben einander. In einem derselben, gewöhnlich in einem innerhalb eines grösseren stehenden kleineren Gefässe, das sich durch feinere Masse und zierlichere Form auszeichnet, sind die dürftigen Reste der Verbrennung aufbewahrt, Asche und Splitter calcinirter Knochen. Schüsselähnliche Gefässe finden sich zuweilen auf den grösseren deckelartig aufgesetzt.

Auch liegen hier meist die Mitgaben — Waffen und Schmuck — neben den Gefässen umher.

Ueber dieser Hauptlage aller Hügelgräber ist vielfach durch gegen einander gestellte und sich gegenseitig verspannende Steinblöcke eine Art Gewölbe errichtet, das durch angelegte Steine vervollständigt wurde. In der Regel sind diese Steingewölbe jetzt zusammen gebrochen und haben die darunter stehenden Gefässe zerdrückt. Ueber das Ganze ist dann Erde aufgeschüttet 3—5 Fuss hoch, so dass der tiefere Steinbau völlig verdeckt ist und ein stumpfkegeliger Hügel entsteht. Nur durch die Einwirkung der Atmosphärilien, namentlich durch Abschwemmungen des Regens sind manchmal stellenweise die Steine blossgelegt.

Diesen Bau der Hügelgräber habe ich selbst an zwei von mir eröffneten Gräbern im Mäster bei Bamberg und auf der Huthweide bei Hohenpölz zu beobachten Gelegenheit gehabt.

Im Wesentlichen stimmen mit diesem Befunde die Beschreibungen der übrigen Hügelgräber in Nordbayern überein, so dass wir diese Art des inneren Ausbaues als den normalen und für Franken typische nehmen können.

Nur in einem Punkte kommen bedeutende Abweichungen vor, aber diese sind auffallender Weise selbst bei unmittelbar neben einander liegenden Hügelgräbern nicht geringer, als bei solchen, die an sehr entfernten Orten ausser einander liegen. Bei den meisten Hügelgräbern wird nämlich in der ersten und tiefsten Lage eine Bestattung mittelst Verbrennung gefunden. Bei vielen beschränkt sich die ganze Grabanlage auf diese Brandstätte, während nur wenige Fälle vorkommen, bei welchen das Grab bloss zur Bestattung ohne Verbrennung diente. Bei anderen aber liegen über der Brandstätte in Höhenentfernungen von 1—1½ Fuss noch 1, 2, 3 sogar 12 unverbrannt Bestattete über und neben einander (z. B. auf dem Görauer Anger

bei Weissmain). Man hält solche Hügel mit mehreren Leich-
namen für eine Art Familiengrabstätte, für Bestattungs-
orte in verschiedenen, oft weit aus einander liegenden Zeiten,
innerhalb welcher die Sitte der Verbrennung allmählig
in jene der Bestattung ohne Verbrennung übergegangen
sei. Die Sitte des Verbrennens und der Bestattung unver-
brannter oder sogar nur theilweise verbrannter und theilweise unverbrannt bestatteter Körper, wie solches auch bei
fränkischen Gräbern vorkommt[2]), kann möglicher Weise
allerdings öfterem Wechsel unterworfen gewesen sein. Bei
unseren fränkischen Hügelgräbern spricht die Beobachtung,
welche ich bei der bei Hohenpölz vorgenommenen Aufgrab-
ung zu machen Gelegenheit hatte, und welche ich auch bei
Schilderung vieler anderer Gräbereröffnungen erwähnt finde,
dass nämlich die unverbrannt Bestatteten in den höheren
Etagen des Hügels sehr häufig unregelmässig ohne besondere Sorgfalt, oft zusammen gedrückt hineingelegt, oft nur
einzelne Theile derselben vorhanden sind, oder, wie der
Schädel des Hügelgrabes von Hohenpölz, deutlich die Spuren
gewaltsamer Todesart (Zersplitterung des Schläfenbeines) an
sich tragen, sehr für die Annahme, dass, wenigstens in
zahlreichen Fällen, welche wir bei sorgsamer Beobachtung
aller Verhältnisse sicherlich noch unterscheiden lernen, die
ohne Verbrennung oberhalb des eigentlichen Steingewölbes
und der Brandstätte liegenden Leichname als Opfer der
Brandstätte anzusehen sein möchten.

Was nun zunächst die in diesen Hügelgräbern bestatteten Menschen anbelangt, so lassen die meist stark calcinirten
und in kleine Splitter zerfallenen Knochentheile der Verbrannten kein Urtheil über ihre Körperbeschaffenheit zu.

---

2) L. Hermann, die Heide-Grabhügel im 19. Ber. d. hist. Vereins zu Bamberg 1856; S. 173.

Von den in den höheren Lagen aufgefundenen Knochenresten unverbrannt Bestatteter habe ich eine Anzahl näher zu untersuchen Gelegenheit gehabt. Von der Gesammtgrösse der Gerippe hält es schwer, sichere Maasse zu erhalten, weil die Knochen aus einander gefallen sind und ein vollständiges Skelet bis jetzt nicht aufbewahrt wurde. Es lässt sich im Allgemeinen aus den Knochen nur der Schluss ziehen, dass die Menschen, denen diese Knochen angehörten, nicht nur nicht von riesigem Körperbau waren, wie man so häufig angeführt findet, sondern dass sie vielmehr sehr schlecht genährt, dünnknochig und im Ganzen eher klein, als gross gewesen sind.

Die wenigen Schädel[3]), welche aufbewahrt wurden und sich erhalten haben, weisen einen ziemlich guten Bau nach; es sind vorherrschend **orthognathe Brachycephale** mit gutgewölbter Stirn. Ein ziemlich vollständig erhaltener Schädel aus einem Hügelgrabe bei Rothmannsthal, wahrscheinlich derselbe, den H. Hermann von einem unverbrannt bestatteten Leichname des Grabhügels Nr. 1 (V. Bericht über das Bestehen und Wirken des historischen Vereins in Bamberg 1842, die beidn. Grabh. Oberfrankens S. 30) anführt, ist ein orthognather Kurzkopf an der Grenze gegen die Form des Mittelkopfs; derselbe besitzt ein Kopfmaass von 84,4 und einen Gesichtswinkel (Camper) von 75°. Die Stirne ist ziemlich hochgewölbt, oben jedoch stark niedergezogen, der Augenbraunbogen ist deutlich, aber nicht sehr stark vorragend, die Knochen hier an der Stirn nicht dick; die Augenhöhlen nicht besonders gross; die Knochen

---

3) Die meisten Schädel aus den Hügelgräbern Frankens stammen von den sehr sorgfältigen Ausgrabungen des Pfarrers *Hermann* her; leider ist ihre Aufbewahrung von der Art, dass die meisten bereits zerfallen und zerbrochen für wissenschaftliche Untersuchungen unbrauchbar geworden sind.

am hinteren Theile des Schädels stark und dick. Im Ganzen gleicht der Schädel dem bei Vogt beschriebenen der alten Schweizer. Unterkiefer fehlt.

Ein zweiter Schädel aus einem Hügelgrab bei Stublang unfern Staffelstein stammt gleichfalls aus den Hermann'schen Ausgrabungen (l. c. S. 16); aus welchem Grabhügel derselbe genommen ist, lässt sich jetzt nicht mehr ermitteln. Derselbe ist in Folge der schlechten Conservirung nur mehr in Bruchstücken vorhanden, so dass man bloss einzelne Maasse nehmen konnte. Das Kopfmaass beträgt 76,0; der Schädel reiht sich daher den besseren Mittelköpfen an, womit auch die schöne Wölbung der Stirne übereinstimmt; der Augenbraunbogen ist breit und deutlich durch eine Einbuchtung von den höheren Stirntheilen getrennt. Der untere Theil des Schädels ist zerstört. Viele Rudera von Schädel in der Bamberger Sammlung lassen keine weitere Untersuchung zu.

Ein dritter Schädel der Hermann'schen Ausgrabungen befindet sich gegenwärtig in der Sammlung des historischen Vereins in Würzburg. Derselbe ist sehr sorgfältig aufbewahrt und vortrefflich erhalten. Die Maasse dieses Schädels, welche Hr. Dr. Nies zu nehmen die Güte hatte, betragen nach der Virchow'schen Bezeichnungsweise:

2, = 365		10, = 178	
3, = ca. 119		11, = 143	
4, = „ 128		12, = 155	
5, = 134		13, = 141	
6, = 110		14, = 102	
7, rechts = 106		15, = 64	
links = 106		16, = 159	
8, rechts = 114		17, = 130	
links = ? 100		18, = 132	
9, = 159		19, = 120	
		20, = 104	

Ferner habe ich selbst aus dem Hügelgrabe bei Hohenpölz einen ziemlich vollständigen Schädel, jedoch ohne die unteren Parthieen und ohne Unterkiefer genommen. Er lag oberhalb des Steingewölbes und der mit vielen Gefässen ausgestatteten Brandstätte, ungefähr 3 ½ Fuss unter dem Gipfel des Hügels. Arm- und Schenkelknochen fanden sich in gehöriger Entfernung von dem Schädel, wenn man den Leichnam ausgestreckt sich denkt; doch fehlten fast alle Knochen des Rumpfs; der Schädel selbst trägt durch die Zersplitterung des Schläfenbeines das Zeichen gewaltsamen Todes an sich. Dieses Geripp war ohne alle Beigaben, wie sich denn auch auf der Brandstatt ausser den Gefässen keine Spur von Bronze [4]) oder Eisen zeigte. Der erhaltene Theil des Schädels weist ein Kopfmaass von 83,3 nach und zeigt überhaupt eine entschiedene Hinneigung zum Typus des Schädels von Rothmannsthal [5]). Die Stirne ist ziemlich hoch gewölbt und dabei der Augenbraunbogen ziemlich stark hervorragend; die Schädelknochen sind in den vorderen Stirnparthien ziemlich dünn, verstärken sich jedoch gegen hinten sehr.

In der Ansbacher Sammlung werden zwei Schädel aufbewahrt, welche wahrscheinlich dieselben sind, von denen bereits Mutzel (XVI. Jahresb. d. hist. Ver. in Mittelfranken S. 103) berichtet hat; die Bezeichnung in der Sammlung

---

4) Gleich unterhalb der Rasendecke, etwa bei 1—1½ Fuss Tiefe fanden sich ein Schädel und zertrümmerte Knochen nach dem Erhaltungszustande aus jüngerer Zeit stammend und gleichzeitig damit ein kupferner lotharingischer Reichspfennig mit der Aufschrift Ludwig XVI. von Frankreich. Die Scheu vor diesen Hügelgräbern wurde offenbar benützt, um einen erschlagenen Franzosen hier verschwinden zu lassen.

5) An einzelnen Maassen wurden (nach der Virchow'schen Methode) bestimmt: 3 = 130; 4 = 120; 7 = 130; 8 = 140; 11 = 149; 14 = 110; 15 = 70; 17 = 150; 19 = 124.

lässt diese Identificirung jedoch nicht bestimmt erkennen. Der eine grössere Schädel ist ein orthognather Kurzkopf, dessen Kopfmaass (86,6) [6]) noch jenes des Rothmannsthaler Schädels übertrifft. Die Aehnlichkeit mit letzterem ist überhaupt gross genug, um sie zu einem Typus zählen zu können.

Der zweite Ansbacher Schädel ist sehr beschädigt und unvollständig, die Depression der Stirne ist an demselben besonders auffallend.

Ein ganz besonders interessanter Schädel wird bei den Popp'schen Ausgrabungen (Abhandl. über einige alte Grabhügel unfern Amberg 1821) eines Hügelgrabes bei Raigering unfern Amberg erwähnt. Die Protuberanz der Augenbraunbögen war an demselben so bedeutend, dass Popp dieselbe ganz ausdrücklich hervorhebt; wie den überhaupt der ganze Schädelbau auf eine geringe Entwicklung der oberen Stirnparthieen hindeutet. Die höchst merkwürdigen Bestattungs-Gegenstände aus diesem Grabe werden im kgl. Antiquarium in München aufbewahrt, der Schädel jedoch scheint verloren gegangen zu sein [7]).

Aus diesen Verhältnissen der Schädel dürfte hervorgehen, dass die in nicht verbrannten Gerippen aus den

---

6) Vielleicht zu gross, da ich zum Messen nur dürftige Maassstäbe zur Hand hatte.

7) Ich nehme Veranlassung, hier auf einen sehr vollständig erhaltenen sonderbaren Schädel mit prognather Zahnbildung die Aufmerksamkeit zu lenken, welcher hier in der Sammlung des National-Museums sich befindet. Derselbe wurde unter mir nicht näher bekannten Verhältnissen in Notzing bei Erding ausgegraben. Ob derselbe nicht einem nur zufällig abnorm gebauten Individuum, wie es von einem sehr ähnlichen Schädel in der hiesigen anatomischen Sammlung nachgewiesen ist, angehört habe, lässt sich nur durch das Auffinden mehrerer ähnlich gebildeter Schädel an jener Fundstelle entscheiden.

oberen Lagen der Hügelgräber erhaltenen Ueberreste auf
eine Menschenraçe mit orthognathen Zähnen und Kurz-
köpfen hinweisen.

Was nun die Ausstattungen der Hügelgräber anbelangt,
so ist zu bemerken, dass unter denselben sich Gegenstände
sowohl aus Stein, als auch aus Thon, Bronz und Eisen
befinden. Es ist sehr bemerkenswerth, dass bis jetzt keine
einzige Grabstätte aufgefunden wurde, in welchen bloss
Steinsachen sich vorgefunden hätten; es ist mithin die
Kulturperiode des reinen Steinalters in diesen Gräbern
nicht repräsentirt. Die Steinsachen kommen in den
Gräbern immer zugleich mit Gegenständen aus Bronz und
sogar aus Eisen vor. Dagegen ist die bei weitem grössere
Anzahl der bis jetzt bekannten Steinsachen im nördlichen
Bayern nicht in Gräbern, sondern zerstreut zufällig da oder
dort bei Aufgrabungen angetroffen worden. Die Beschaffenheit
derselben macht es mehr als wahrscheinlich, dass auch hier
in der eigentlichen Steinzeit das Land nicht unbevölkert
war, dass aber diese Völker der Steinzeit, nicht wie jene
der Bronzezeit ihre Todten verbrannten, oder in Grabhügel
bestatteten, sondern auf unansehnliche Weise begruben, so
dass alle Spuren der Beerdigung jetzt verwischt sind. Daher
finden wir die Steinwaffen meist nicht in den Hügelgräbern,
sondern nur zufällig ausgestreut.

Die städtische Sammlung in Aschaffenburg bewahrt
eine Hornsteinwaffe, welche im Lindig mit eisernen
Waffen und bronzenen Ringen zusammen in einem Hügelgrabe lag. Zwei Steinhämmer, gleichfalls aus dem Lindig,
wurden beim Baumfällen entdeckt; sie bestehen aus Basalt
und Phonolith, während zwei andere Hämmer von Ruperts-
hütten im Spessart aus dichtem Hornblendegestein ver-
fertigt sind. Es ist hervorzuheben, dass bei den Steinwaffen dieser Gegend bereits nicht der Hornstein (Feuer-
stein der Kreide) vorherrscht, sondern Gesteinsarten Verwendnng

fanden, welche in nächster Nähe anstehen. Eine merkwürdige
Steinsäge aus schönem Hornstein und in Horn gefasst, in
der Aschaffenburger Sammlung ist bezüglich ihrer Herkunft
verdächtig.

In der Würzburger Sammlung des historischen Vereins sah ich keine Steinwaffen aus einheimischen Gräbern;
dagegen einen prächtigen Steinhammer, dessen Fundort
nicht näher bekannt ist, aus schwarzem Lydit des Fichtelgebirgs, der als Rollstück mit dem Main herab bis nach
Unterfranken geführt wird. Ein zweiter Hammer, bei
Karlsburg unfern Karlstadt ausgegraben, besteht aus Diabas
des Fichtelgebirgs, ein dritter von Mühlhausen stammend
aus dichtem Hornblendegestein. In ihrer Form gleichen
alle diese Steinhämmer genau denjenigen, welche in den
Pfahlbauten angetroffen werden.

Ein sehr bedeutender Fund wurde neuerlich bei Eisen-
bahnbau zu Effeldorf bei Dettelbach gemacht: eine schöne
Pfeilspitze aus Hornstein gleichfalls von Pfahlbautypus.

Aus der Bamberger Gegend sind wenig Steingegen-
stände bekannt. Bei Kutzenberg unfern Staffelstein stiess
man in einem Hügelgrab neben Bronzringen auf einen
grossen Steinkeil aus dem schwarzen Kieselschiefer des
Fichtelgebirgs und auf ein kleines Messer-ähnliches Stein-
stück aus Hornstein, dessen Masse möglicher Weise auch
aus dem Hornsteinknollen des benachbarten Jurakalks
stammen könnte. Ausserdem werden unter den L. Hermann'schen Gräberfunden noch erwähnt: mehrfach Wetz-
stein-ähnliche Formen aus hartem Thonschiefer und aus
Grauwacke von Prächting, Stublang, Köttel, Mosenberg,
Oberlangheim, ein Messer aus Hornstein von Küps, kleinere
Steinhämmer von Prächting und Mosenberg, ein Serpentin-
hammer bei Stublang, endlich Bernsteinperlen und -Ringe
beim Rothmannsthal und Prächting.

In der Ansbacher Kreissammlung bewahrt man einen

sehr schönen Hammer aus Serpentin von Spalt, einen aus Diorit von Weingarten und einen dritten gleichfalls aus Diabas von unbekanntem Fundorte.

In der Antiquitäten-Sammlung des deutschen National-Museums in Nürnberg sah ich einen kugeligen Stein aus weisslichem Quarz — offenbar ein Getreidequetscher — welcher in einem sogenannten Steinkistengrab des Hohlensteins bei Velburg gefunden wurde.

Sehr spärlich sind auch in der Regensburger Sammlung des historischen Vereins die Steinsachen vertreten. Ein eigenthümlich gestalteter Stein — vielleicht zum Weben? — lässt deutlich als Material den schwarzen Lydit des Fichtelgebirgs erkennen, und ein meisselartiges Stück besteht aus Diabas, wie er in benachbartem Urgebirge nicht vorkommt; beide Gesteinsstücke weisen übereinstimmend auf das Fichtelgebirge als ihren Ursprungsort hin.

Ueberblickt man die reiche Reihe der übrigen Kulturüberreste aus den Hügelgräbern, so kann an denselben, trotz mancher und zum Theil sehr namhaften Abweichungen, im grossen Ganzen ein gemeinschaftlicher Typus nicht verkannt werden, welcher mit den der Kulturgegenständen der Pfahlbauten aus der Bronzezeit übereinstimmt. Ich muss mich hier darauf beschränken, ohne auf das Einzelne einzugehen, den Grundcharakter dieses Typus festzustellen, wie wir es etwa zur Begrenzung einer Gattung bei der beschreibenden Naturwissenschaft zu thun pflegen, um darnach ermessen zu können, in wie weit dieser Charakter mit dem der sonst bekannten vorhistorischen Kulturüberresten übereinstimmt.

Wir beginnen mit den aus Thon gefertigten Sachen.

Die aus den bisher aufgeschlossenen Hügelgräbern erhobenen und aufbewahrten Gegenstände aus Thon, welche fast in keinem einzigen Hügel fehlen, besitzen ausnahmslos die gleichen Eigenthümlichkeiten, dass sie aus freier

Hand (ohne Benützung der Drehscheibe) geformt, nicht
glasirt, nicht hart gebrannt (nur scharf am offenen
Feuer erhitzt oder auch nur getrocknet), aus roher, durch
Kohle meist schwarz gefärbter und durch eine Beimeng-
ung grober Quarzkörnchen besonders kenntlicher, roher
Thonmasse gebildet und mit keinen anderen Verzierungen ver-
sehen sind, als mit einfachen Strichen und Punkten
und deren mannichfachen Verknüpfungen zu einfachen, keine
Nachahmungen von Naturgestalten darstellenden Figuren. Die
Gefässe sind daher meist unsymmetrisch schief, voll unregel-
mässiger Aus- und Einbauchungen; statt der Glasur findet
sich oft ein schwarzer oder rother Anstrich von Graphit oder
Röthel, zuweilen von beiden zugleich, namentlich schwarze
Graphitstriche auf von Röthel gefärbtem rothem Grunde.

Was die äussere Form anbelangt, so lässt sich trotz
der vielen Modificationen doch der Grundcharakter nicht
verkennen, der im Ganzen immer und immer wiederkehrt
und auf's Genaueste mit dem der Thongefässe der Schweizer-
pfahlbauten übereinstimmt; die meisten Formen sind. so
ähnlich, dass man die Gefässe aus fränkischen Gräbern und
Schweizer Pfahlbauten vertauschen könnte. Es beschränkt sich
diese Gleichheit nicht bloss auf allgemeinen Gestaltungen,
wie sie vielleicht auch jetzt noch ähnlich vorkommen, sondern
sie findet sich auch bei ganz aussergewöhnlichen Formen
wieder. In dieser Beziehung sind besonders die nach unten
spitz zulaufenden Gefässe namhaft zu machen, die ohne besondere Vorrichtung nicht auf den Boden gestellt werden können.
Ich sah solche in allen unseren Sammlungen, fast sogar in der
Grösse übereinstimmend mit den Pfahlbau-Gefässen. In der
Bamberger-Sammlung entdeckte ich auch einen Thonring, der
wie die Schweizer, offenbar dazu gedient hat, um die spitz zulaufenden Gefässe daraufzustellen. Die ausgebauchten, Urnen-
ähnlichen Gefässe sind in Franken vorherrschend; sie besitzen
in der Regel colossale Dimensionen von $2\,^1/_3 - 3$ Fuss Durch-

messer; ich sah solche in Erlangen bei Hrn. Reinsch jun.
aus den Grabhügeln von Oedberg und Heroldsberg aus zahlreichen Trümmern mit vieler Mühe ganz vollständig zusammengesetzt. Auch in Bezug auf Verzierungen herrscht bis
ins kleinste Detail die gleiche überraschende Uebereinstimmung. Wenn diess bei den eingegrabenen Strichen und
Punkten und bei der Art, diese auf ganz ähnliche Weise
unter einander zu sich durchkreuzenden Zeichnungen, zu
Dreiecken oder Rautenform zu verbinden, auch weniger
auffällig wäre, weil ja jede einfache Verzierung sich
dieser Elemente bedienen müsste, so lässt sich doch das
gewiss ganz eigenthümliche Verfahren eines Graphit- oder
Röthelüberzugs, welchen wir bei den fränkischen, wie bei
den Pfahlbauten-Gefässen finden, nicht wohl als ein zufälliges
Zusammentreffen des Geschmackes noch wenig kultivirter
Völker deuten. Aber selbst die gleichzeitige Anwendung von
Graphit und Röthel treffen wir im Norden wie im Süden.
In dem Hügelgrab im Mäster bei Bamberg fand ich unter
anderen Scherben — das Grab enthielt nur Thongefässe
ohne Erzbeigaben in der Brandstätte — viele rothangestrichen
und über diesem Röthelanstrich noch mit schwarzen breiten
Graphitstrichen in Form in einander liegender Rauten,
welche an den Ecken sich berührend rings um das Gefäss
zu einem Kranze zusammenschliessen, bedeckt. Ganz
ähnliche Verzierungen bemerkte ich an vielen Scherben der
Sammlungen, genau wie sie auch bei den Pfahlbauten-Ge-
schirren wiederkehren.

Unter den Gegenständen aus Thon habe ich aus Nordbayern noch 3 besondere Formen hervorzuheben. Unter
einem Haufwerk von Scherben der Hermann'schen Ausgrabungen fand ich in der Bamberger Sammlung einen
Spinnwirtel von ganz gleicher Masse und mit ganz gleichen,
einfachen Verzierungen, wie die Schweizer aus den Pfahlbauten. Noch wichtiger war mir der eben dort aufbewahrte

bereits erwähnte Thonring[8]), welcher offenbar dazu gedient hat, die nach unten spitz zulaufenden Gefässe darauf zu stellen. Es sind dieselben Ringe, welche Keller (I. Ber. t. IV; f. 18) abbildet. Endlich fand ich in Bamberg (von Prächting stammend) und in einem zweiten Exemplare in Regensburg (von Pfeffershofen bei Velburg) etwa eigrosse, länglich runde, innen hohle, ringsgeschlossene Thongeschirre, welche in hohlem Raume zwei oder mehrere Kugeln einschliessen — wie Klappersteine zum Spielen? —

Noch viel bestimmter, als die Beschaffenheit der Thongefässe lässt sich an der Mehrzahl der aus nordbayerischen Hügelgräbern genommenen Bronzegegenständen der ganz eigenthümliche Typus der Pfahlbautenbronz nachweisen. Man kann das Wesentliche dieses Charakters darin zusammenfassen, dass diese Bronzsachen gegossen, in einer sehr einfachen Weise, welche mit der Verzierungsart der Thongefässe vollständig übereinstimmt, verziert, und dass die für das Fassen mit der Hand bestimmten Waffen (Schwerter, Dolche, Messer etc.) einen verhältnissmässig sehr kurzen Griff besitzen, wogegen die Schmuckgegenstände insbesondere die braceletartigen Armringe nicht ganz in gleichem Verhältnisse enge und kleine Oeffnungen besitzen. Nur bei sehr wenigen Fundgegenständen aus Nordbayern — bei einigen blechartigen und aus Draht gefertigten Sachen — ist der Charakter der Pfahlbauten-Bronze nicht rein ausgeprägt. Die Beschaffenheit der bei weitem grössten Zahl derselben aber liefert den Beweis, dass sie, wie die Schweizer Pfahlbauten-Bronze, gegossen, einfach verziert und in Griff so eng sind, dass wir sie nicht mit voller Hand fassen können. Dazu kommt noch weiter hinzu, dass auch in der Form der verschiedensten Gegenstände, seien es

---

8) Wahrscheinlich der in dem Hermann'schen Verzeichnisse (l. c. S. 69) unter Nr. 26 erwähnte Ring.

Waffen oder Schmuckgegenstände, eine Aehnlichkeit herrscht, welche, wenn wir nach Art der beschreibenden Naturwissenschaft sprechen dürften, die fränkischen und Schweizer Bronzegegenständen in ganz gleichen Gattungen und Arten einzureihen zwingen würde.

Dieses Verhältniss ist zu wichtig, als dass es nicht wenigstens an einigen Beispielen noch näher nachgewiesen zu werden verdiente. Ich will nicht von der Form der Kelten (Frameen) sprechen. Es ist eine Thatsache, die bekannt genug ist, wie sehr alle die über Mitteleuropa ausgestreuten Kelte die gleiche Form theilen. Franken macht hierin keine Ausnahme. Weit frappanter aber ist die Gleichheit der Bronzeschwerter in Form, und, was mir als das Wichtigste erscheint, in Bezug auf ihren kurzen Griff.

Ich habe aus Nordbayern 8 Bronzeschwerter untersucht; sie sind fast alle gleich lang (etwa 2 Fuss), zweischneidig, laufen aus schwach erweiterter Basis am Griffe gegen die Mitte erst etwas zu, erweitern sich bis zur Mitte der Länge zur grössten Breite, und verschmälern sich dann allmählig bis zur Spitze. Von den zwei Schneiden verdickt sich die Klinge bis zur Mitte stark und trägt mehrere Längsrippen. Ganz so ist auch das Schweizer Bronzeschwert aus den Pfahlbauten und fast alle von Lindenschmit aus den verschiedensten Gegenden abgebildete Erzschwerter Um zu zeigen, wie constant die Enge des Griffes [9]) bei allen diesen, und auch bei den Schweizer-Bronzeschwerter sei, habe ich die Maasse verschiedener Exemplare hier zusammenzustellen versucht:

---

9) *Hier* ist natürlich nicht die ganze Länge des Griffs zu verstehen, sondern nur die Länge desjenigen Theiles, welcher mit der Hand gefasst wird

A. Eigene Messungen an nordbayerischen Bronze-Schwertern.

Länge des Griffs.

1) *Regensburger Sammlung*: Fundort Einsiedeler Forst bei Bruck zunächst der Einöde Kobel in einem Privatgehölze unter einem Steinhaufen in 2 Fuss Tiefe gefunden   76 Mm.

Ein zweites von gleicher Fundstelle lässt auf einen Griff von noch geringerer Länge schliessen.

2) *Die Bamberger Sammlung* enthält ein Bronzeschwert mit langem vollgegossenem Griffe. Dasselbe wurde im Weyersthale bei Pottenstein 2′ von Erde bedeckt gefunden   74 „

3) *Bayreuther Sammlung:* vom Goräuer Anger 75 „

4)   „ Spiegelleite bei Mistelgau   73 „

5)   „ Gossen bei Bayreuth   75 „

6) *Deutsche Nat.-Mus.-Sammlung:* von Ziegenfeld bei Weissmain   76 „

7) *Kgl. Antiquarium:* von Raigering bei Amberg 75 „

8)   „ Parsberg bei Regensburg   77 „

Zur Vergleichung dienen die Bronzeschwerter

B. Aus den Pfahlbauten [10])

1) von Concise   72 „

2) aus dem Bielersee   75 „

---

10) Diese Maase sind an der Keller'schen Zeichnung abgenommen.

C. Aus den verschiedensten Gegenden nach den Lindenschmit'schen Zeichnungen: [11])

Länge des Griffs

1) Von Stettin (1. Bd., 1. Hft t. 2. f. 1.)   74 Mm.
2) Aus einem Grabhügel von Lorsch (d. f. 3.)   77 ,,
3) Aus dem Museum in Carlsruhe (d. f. 4.)   74 ,,
4) Ebenso von Mainz (d. f. 5.)   72 ,,
5) Bei Bremen gefunden (d. f. 6.)   80 ,,
6) Aus dem Münchner Antiquarium (1. Bd. 3. Hft., t. 3, f. 8.)   72 ,,
7) Ebendaher (d. f. 9.)   78 ,,
8) Aus Mecklenburg (1. Bd. 7. H. t. 2 f. 1.)   76 ,,
9) Aus dem Luysselsee bei Bex. (d. f. 2.)   72 ,,
10) Aus der Dresdener Sammlung (d. f. 3.)   79 ,,
11) Aus einem Moor bei Brüll in Mecklenburg (d. f. 4.)   74 ,,
12) Von Retzow in Mecklenburg (d. f. 5.)   73 ,,
13) Aus einem Kegelgrab bei Friedland (d. f. 6.)   68 ,,
14) Aus der Landshuter Sammlung von unbek. Fundorte (1. Bd., 8. H., t. 3. f. 1.)   76 ,,
15) Ebendaher (d. f. 2.)   76 ,,
16) Ebendaher (d. f. 5.)   70 ,,
17) Aus einem Todtenbaum von Kolding (2. Bd. 8. Hft. f. 3. f. 2.)   65 ,,
18) Von Nismes in Frankreich   78 ,,

Ausserdem ein Bronzeschwert aus dem Karolinencanal bei Dillingen (aus der Augsburger Sammlung)   79 ,,

Im Mittel aller Messungen beträgt mithin die Handgrifflänge der Bronzeschwerter   74 ,,

---

11) Aus Dr. Lindenschmit's Alterthümer uns. heidn. Vorzeit nach den Zeichnungen bestimmt. Durch die nothwendige Reduktion sind diese Bestimmungen nur als annähernde zu betrachten.

Dieses Maass ist nicht bloss im Vergleiche mit den
jetzt üblichen Waffen unseres Landes, sondern auch mit
fast allen Schwertern aus Eisen, welche sich nach
der Zeit ihres Gebrauchs unmittelbar an die Bronzeschwerter
anschliessen, zum Theil noch mit zahlreichen Bronzeschmucksachen zusammen vorkommen, ein so auffallend und constant geringes, dass man entweder annehmen muss, das
Volk, welches sich ihrer bediente, habe eine verhältnissmässig kleine Hand besessen, wären also Microchiren
gewesen, oder dasselbe habe die Waffe fertig von einem
Culturvolke bezogen, bei welchem solche kurzgriffige
Schwerter gebräuchlich waren. Denn man darf wohl annehmen,
dass, falls sie sich dieselben selbst angefertigt hätten, sie die
Schwerter sicher dem Maass ihrer Hand angepasst hätten,
da sofort bei den eisernen Waffen der längere Griff
sich einstellt. An eisernen Schwertern aus fränkischen
Gräbern, welche mit Bronzeschmucksachen zusammenlagen,
lässt der Griff durchgehends auf eine Länge von ungefähr
90 Mm. schliessen, ein Maass, wie es auch für unsere
Hände durchschnittlich passt. Die bei Lindenschmit abgebildeten Eisenschwerter weisen eine über 80 Mm. gehende
Grifflänge nach; bei mehreren beträgt sie mehr als 90 Mm.
Dass aber die Völker der mitteleuropäischen Bronzeperiode
nicht mit einer verhältnissmässig kleineren Hand ausgestattet
waren, darf man aus dem Verhältnisse folgern, welches sich
aus der Grösse der übrigen Gebrauchsgegenstände namentlich der Schmucksachen ergiebt.

Als die am besten zur Vergleichung brauchbaren Gegenstände glaube ich die am Handgelenk getragenen Bracelet-
ähnlichen Ringe benützen zu können, da diese immer an
einen sehr bestimmten Theil des Körpers getragen wurden,
und die nächste Beziehung zur Breite der Hand voraussetzen
lassen.

Diese Armringe, welche in grosser Anzahl im nördlichen Bayern besonders in Hügelgräbern gefunden wurden,
zeigen eine merkwürdige Uebereinstimmung an Form und
Verzierung mit den aus den Schweizer-Pfahlbauten gewonnenen, auch mit jenen von Lindenschmit (l. c. H. IV, f. 4.)
abgebildeten Armringen. Sie sind alle an einer Stelle quer
durchbrochen, so dass man sie auseinander ziehen konnte,
wenn man sie an dem Arme anlegen wollte; zum Hindurch-
schieben der Hand haben sie alle eine viel zu kleine Oeffnung. Um das Verhältniss zu der Breite der Hand zu bestimmen, habe ich an folgenden die innere, lichte Weite
gemessen:

1) An einem sehr starken, breiten Armring mit
   vielen Querwülsten aus dem Hügelgrabe Nr. 1
   von Stublang (V. Jahresb. d. hist. Vereins z.
   Bamberg S. 18 t. 1, f. 7) in der Breite = 46 Mm.
           in der Länge = 62 „

2) An zwei gleichstarken, glatten und an der
   Schlussöffnung grobgerippten Armringen von
   Köttel (l. c. S. 33, t. 1, f. 3)   Breite = 48 „
              Länge = 63 „

3) An einem Ringe von einem unverbrannt Bestatteten aus dem Grabe Nr. 17 von Prächting (l. c. S. 8, t. 2, f. 16)   Breite = 52 „
              Länge = 58 „

4) Ebenso aus Grab Nr. 31 von Stublang
   (l. c. S. 24, t. 3. f. 17)   Breite = 40 „
              Länge = 60 „

5) Ebenso aus Grab Nr. 6. von Stublang (l. c.
   S. 19, t. 2, f. 12)   Breite = 42 „
              Länge = 60 „

6) An einem Ring eines Bestatteten aus dem
Grabe Nr. 3 bei Köttel (l. c. S. 33, t. 2,
f. 10)   Breite = 46 Mm.
                                          Länge = 64 „

7) An einem Handgelenkring aus dem Einsiedler-
Forst bei Bruck   Breite = 38 „
                                          Länge = 59 „

8) Ebenso von gleicher Fundstelle   Breite = 41 „
                                          Länge = 55 „

9) An einem schön verzierten Armringe vom
Pfannenstiel bei Taubenbach unfern Amberg
                                          Breite = 42 „
                                          Länge = 57 „

10) An einem einfachen Ringe von Siegenhof bei
Schmidmühlen   Breite = 36 „
                                          Länge = 51 „

11) An einem gleichen von Etterzhausen bei
Regensburg   Breite = 53 „
                                          Länge = 53 „

Daraus ergiebt sich im Mittel eine lichte Weite von
58,4 Mm., oder wenn wir die offenbar sehr kleinen (Frauen-
oder Kinder-) Ringe weglassen, von 60 Mm., eine Zahl [12]),
welche dem Durchschnitte auch der Armringe-Weite aus
Pfahlbauten gleichkommen wird.

Die Breite des Handgelenks verhält sich nur im Allgemeinen zu der normalen Handbreite wie 2 : 3; würde

---

12) Inzwischen habe ich durch die Güte des Herrn Archivar
*H*erberger in Augsburg noch folgende Maasse erhalten: Armring
aus einem Hügelgrab bei Romerkessel (Schongau) Br. = 59 Mm.,
L. = 69 Mm. (romisch?); desgleichen aus einem Grab zu Denzingen
bei Günzburg B. = 49, L. = 61; zwei angeblich ausgegraben zu
Inningen bei Goggingen a) Br. = 45, L. = 53. b) Br. = 42, L. = 55;
Armring aus einem Grabhügel bei Fenningen Br. = 44, L. = 47;
desgleichen aus einem Grabhügel bei Kleinholz Br. = 49, L. = 61.

daher die Handgrifflänge von 75 Mm. unserer Bronzeschwerter wirklich der Handbreite der alten Völkerschaften
unseres Landes entsprechen, so müssten die Ringe viel enger
und durchschnittlich nur 50 Mm. lichte Weite besitzen, anstatt 60 Mm., wie wir gefunden haben. Aus diesem Grunde
halte ich es für wahrscheinlich, dass die Handgriffslänge der
Bronzeschwerter in keinem Verhältnisse standen zu der Breite
der Hand der sich derselben bedienenden Völker dieses hohen
Alterthums. Für diese Annahme spricht auch der Umstand,
dass noch heutzutage viele Völker des Orients verhältnissmässig
kurzgriffiger Waffen sich bedienen, wie z. B. die Bewohner
des Kaukasus, die Hindus etc., ohne dass ihre Hände, obwohl klein, doch entsprechend schmal sind. Wohl wird diess
eine Erbschaft aus der alten Zeit sein, in welcher ähnlich
enggriffige Schwerter bei orientalischen Völkern schon gebräuchlich waren. Nimmt man hierzu die Formähnlichkeit
unserer Bronzeschwerter mit solchen, welche auf alten
Bilderwerken des Orients dargestellt sind, so möchte dadurch die eigentliche Heimath angedeutet sein, aus welcher
bereits schon in der allerältesten Zeit dem fernen Westen
Bronzewaffen und Schmucksachen zugeführt wurden [13]).

Neben den Celten sind wohl die Nadel-artigen Bronzesachen die häufigsten, die sich bei uns erhalten haben. In
unseren Sammlungen liegen sie in grosser Anzahl meist aus
Hügelgräbern genommen, sowohl solche, welche zum Schmuck
in dem Haare getragen wurden, als wie jene, welche zum
Befestigen der Bekleidung dienten. Wiederum sind es nach
äusserer Gestalt und nach ihren Verzierungen fast nur
Formen, wie sie in den Pfahlbauten angetroffen werden.

---

13) Am sichersten wird die Richtigkeit dieser Vermuthung dadurch nachgewiesen werden können, dass man mehrere absolut iden-
tische, d. h. also in einer Form gegossene Schwerter an sehr weit
auseinander liegenden Fundorten auffindet. Trotz erstaunlicher
Formähnlichkeit konnte ich bis jetzt noch keine zwei in Allem
völlig übereinstimmende Schwerter erkennen.

Zu der ganzen reichen Reihe der Keller'schen Abbildungen
(2. Ber. t. 2, f. 50—85; 3. Ber. t. 7, f. 3—15 etc.) liessen
sich aus den fränkischen Sammlungen Exemplare aussuchen,
welche mit jenen zum Verwechseln ähnlich sind. Es scheint
daher vollständig überflüssig, einzelne Exemplare noch besonders zu beschreiben. Doch fällt es auf, dass neben diesen
typischen Formen im nördlichen Bayern auch solche —
wie wohl nur vereinzelt — vorkommen, deren obere Enden
in einer Spirale zusammengewunden sind oder oben eine
kreisrunde, mehrfach ausgeschnittene Platte (ähnlich Keller
5. Ber. t. 2, f. 12, 13, t. 3, f. 33; t. 5. f. 18 und übereinstimmend mit den von Lindenschmit l. c. 1. Bd. 4. Hft.
t. 4; f. 1, 2, 3, 4 und 5 gezeichneten) tragen. Im Süden
sind offenbar solche Verzierungen seltener, während die in
flachen Spiralen zusammengewundene Verzierungsform bei
den fränkischen Bronzesachen häufig, hauptsächlich bei
Kleiderhaften (Fibeln) wiederkehrt. Der Vergleichung wegen
erwähne ich eine schöne, einfach verzierte Haarnadel aus
der Bayreuther Sammlung, welche am oberen Ende eine
hohlgegossene Kugel, wie jene im Starenberger See gefundene, einen konisch hohlen Knopf trägt.

Die in vielfachen Modifikationen aufgefundenen Kleider-
haften sind, wie jene der Schweizer Pfahlbauten, ganz von
der Art der modernen Haftnadeln (Vergl. Keller 5. Ber.
t. 6, f. 6). Gerade an diesen Sachen sind unsere nordbayerischen Sammlungen sehr reich.

Neben diesen complicirten Schmuckgegenständen er-
scheinen nun auch wieder einfache gegossene Lanzen,
Speere und Wurfspeerspitzen mit ganz oder halboffenem
Oehr zum Anstecken des Schaftes oder mit durchlöcherter
Platte zum Annageln, ja sogar mit jenem kleinen Ring-förmigen
Ansatze, der zur besseren Befestigung gedient haben wird,
alles genau, wie bei den Pfahlbautengegenständen. Selbst
die feinen Linienzeichnungen auf den Lanzenspitzen, welche

einen ganz aussergewöhnlichen Geschmack verrathen, finden
wir auf's genaueste auch auf den nordbayerischen Lanzen
wieder, Uebereinstimmungen, die bis in's Kleinste gehen
und gewiss nicht missdeutet werden können.

Zu den ganz besonderen und aussergewöhnlichen Formen
sind auch die sichelartigen Instrumente zu zählen, von
welchen ich ein Exemplar in der Bayreuther Sammlung
und ein zweites in der Regensburger Sammlung (von Kal-
münz) vorfand. Es ist dieselbe Form, wie sie Keller
(5. Ber. t. 2, f. 6—7) und Lindenschmit (l. c. 1. Bd.
12. Hft. t. 2. f. 13) abgebildet haben, genau, wie diese, auf
einer Seite glatt und auf der andern Seite mit Längsrippen
versehen. Ich betrachte die Uebereinstimmung gerade bei
so eigenthümlichen · und nicht häufig gefundenen Gegenständen, als höchst wichtig und belehrend. Von kleineren
Gegenständen aus Bronze kann ich noch anführen: Zän-
gelchen, wie bei Keller, (Bayr. und Regensb. Sammlung);
schildförmige Knöpfe mit angegossenem Stiel zum An-
nähen, wie die Keller'schen Figuren (3. Ber. t. 3, f. 34,
t. 5, f. 31) (Bayr. Sammlung); gegossene Pfeilspitzen,
fast von derselben Grösse und Gestalt, wie die Schweizer
(häufig).

Wenn ich bis jetzt nur von Gegenständen gesprochen
habe, welche, man kann wohl sagen, ebenso genau mit
den Pfahlbauten Funden übereinstimmen, als letztere unter
sich bei Verschiedenheit der Fundorte oder Stationen, so
bleiben nun noch einige Kulturreste aus Hügelgräbern zu
erwähnen übrig, welche in nicht geringer Anzahl neben den
bisher betrachteten zum Vorschein gekommen sind, und auf
einen viel höheren Grad der Kultur, als jener, den wir in
der Bronzezeit wahrnehmen zu können glauben oder auf
eine neue Kulturperiode schliessen lassen könnten. Es sind
diess hauptsächlich Sachen aus nicht gegossenem, sondern
getriebenem Bronz (Bronzeblech), Waffen aus Eisen,

Glas und emaillirte Thonkugeln in Form von Schmuck-korallen.

Schon manche der kunstreichen Nadeln und Kleider-haften erregen den Verdacht, als seien sie nicht aus Guss entstanden, sondern aus gezogenem Bronzedraht gefertigt. Aber das wären nur Abweichungen von der grossen allge-meinen Regel, welche auch bei den Pfahlbautengegenständen vorzukommen scheinen. Dazu gesellt sich nun deutlich getriebenes Bronzeblech, welches theils zu Gefässen, theils zu Panzer-ähnlichen Schutzplatten Verwendung fand. So liegen beispielsweise in der Regensburger Sammlung zwei schöne getriebene Bronzebecken aus einem Hügelgrab von Loisnitz und in der Bayreuther Sammlung sah ich verzierte und gewölbte Bronzebleche mit Hacken- und Flügelansätzen, die nur als Beinschienen gedient haben konnten. In Bam-berg hingegen sind es besonders aus spiralförmig gewun-denen Blechstreifen bestehende Cylinder, welche man offen-bar zum Schmuck und Schutz am Oberarme trug. Solche Schildbleche und spiralförmig gewundene Cylinder gehören zu den häufigeren Funden in den Hügelgräbern und kommen auch im Eichstädtischen vor. Es lässt sich mit ihnen nur entfernt das vergleichen, was Keller im 3. Ber. t. 5, f. 39 dargestellt hat. Ein prächtiger Topf aus Bronzeblech in ähnlicher Form wie die aus Thon, auch ganz so wie diese verziert, wurde zu Ronfeld bei Hilpoltstein ausgegraben und in der Würzburger Sammlung sah ich zwei prächtige grosse hohle Ringe, offenbar getriebene Arbeit, welche keine andere Verwendung haben konnten, als zum Untersatz für Gefässe benützt zu werden. Doch muss bemerkt werden, dass auch in den Pfahlbauten Gegenstände aus Bronzeblech gefunden werden (Vergl. Keller, 5. Ber. t. 16, f. 6, 16 und 24). Dazu kommt nun noch, dass bei wenigen dieser Gegen-stände der Fundpunkt sicher festgestellt, die Art und Weise, unter welcher sie sich fanden aber noch viel weniger genau

constatirt ist, so dass ihre Zugehörigkeit zu den Kulturreste, von welchem wir bisher sprachen, oft mehr als
zweifelhaft ist.

Von viel grösserer Bedeutung ist die Vermengung der
bisher namhaft gemachten Bronzesachen mit eisernen
Waffen in sehr vielen der bis jetzt geöffneten Hügelgräbern.
Die mit grosser Sorgfalt ausgeführten Ausgrabungen des
Hrn. Pf. Hermann (3. Ber. d. hist. Ver. z. Bamberg S. 65)
geben hierüber die besten Aufschlüsse. Das Verhältniss
zwischen Bronze und Eisengegenständen stellt sich nach dem
Fundberichte des Hrn. Pf. Hermann ungefähr so, dass auf
je einen Grabhügel 2 Bronze und nur 0,4 Eisenstücke kommen; oder auf 5 Bronzestücke nur 1 Gegenstand von Eisen.
Doch sind die Gegenstände nicht nach obigen Ziffern wirklich vertheilt, sondern es finden sich sehr viele Grabhügel
mit Bronze ohne Spur von Eisen, wogegen dann die eisernen
Gegenstände in einzelnen Gräbern sogleich zahlreich erscheinen. Bei Gräbern mit mehrfachen Lagen scheint das
Eisen mehr auf die obersten Lagen sich zu beschränken.
Einzelne interessante Beispiele mögen hier ausführlicher erwähnt werden. Aus den Hügelgräbern von Görau bei Weis-
main stammen z. B. ein eiserner Ring, ein eisernes Messer,
welches der Form nach mit jenen aus Bronze übereinstimmt,
zwei gekrümmte, grössere Hippen-ähnliche eiserne Messer
und ein gerades, zweischneidiges über 2 Fuss langes Schwert
(ohne Griff); sie lagen bei und unter Bronzesachen. Die
reichen Hügelgräber bei Pfeffertshofen unfern Velburg
lieferten nebst typischem Bronzeschmuck ein eisernes Messer
in Form der bronzenen, eine Hippen-ähnliche, eiserne
Waffe und ein stark gekrümmtes Eisenschwert. Bei Ronfeld
unfern Hilpoltstein lagen zwei eiserne massive Lanzenspitzen
und der erwähnte Bronzetopf mit anderen Bronzegegenständen zusammen und auch bei Fraunfeld unfern Velburg
fanden sich ein langes eisernes Schwert, ein langes Messer

von Eisen zugleich mit bronzenen Armringen und emailirten,
bunten Thonperlen in einem Grabe bei einander (Regensb.
Sammlung). Zwei Hügelgräber bei Armensee unfern Schmidmühlen umschlossen zugleich Kelte und Spiesse von Bronze,
bronzene, bandartige Halsringe und ein eisernes, messer-
artiges Schwert (Regensb. Sammlung). Dieselbe Erscheinung
wiederholt sich auch bei den Hügelgräbern Unterfrankens. In
Lindig bei Aschaffenburg grub man neben Bronzeringen und
typischen Thongefässen auch Speere und Messer von Eisen
aus der Brandstätte (Aschaffenburger Sammlung).

Es kann hier nicht die Aufgabe sein, alle die Funde
von eisernen Geräthschaften vorzüglich von Waffen in den
nordbayerischen Hügelgräbern namentlich aufzuführen; die
wenigen Beispiele werden genügen zu zeigen, dass eiserne
Gegenstände bereits in Gebrauch waren zur Zeit (oder in
gewissen Gegenden), als auch die Bronze noch für Werk-
zeuge und Waffen, nicht bloss für Schmuck Verwendung
fand. Die eisernen Schwerter sind von Rost meist so stark
beschädigt, dass man die Masse, namentlich die Länge des
Griffes, selten bestimmen kann. Doch deuten die erhaltenen
Theile auf eine namhafte grössere Länge des Griffs als bei
den früher beschriebenen Bronzeschwertern, wie bereits erwähnt wurde.

Auch verdient der Umstand hervorgehoben zu werden,
dass zwar in vielen Fällen neben Bronze sich auf Eisen vorfand, dass aber letzteres nie ohne Begleitung von Bronze
auftritt. Auch kann man bemerken, dass mit der Zunahme
des Eisens als Waffe sich die Bronzewaffe allmählig verliert
und endlich nur mehr in Form von Schmuck beibehalten wurde.

Auch Glas und bunte emailirte Thonperlen gelten
als ein Zeichen jüngerer Kulturperioden. Mit der reinen
Bronze sollten nur Thonkugeln ohne Emailverzierung und
Bernsteinkügelchen vergesellschaftet sein. In den Hügelgräbern bei Bamberg dagegen, in welchen auch Eisen zum

Vorschein kam, zeigten sich ziemlich häufig auch Emailperlen mit weissen, gelben, blauen und rothen ringförmigen Streifen und Punkten neben Beinstein, in seltenen Fällen mit Glas zu Schnüren aneinander gereiht. Aus den Hügelgräbern des früher erwähnten Pfeffertshofen gelangten in die Regensburger Sammlung neben Bernsteinkügelchen ganze Schnüre von grossen gelben Emailperlen mit weissen und blauen Ringen und von Ronfeld eine schwarze Thonperle mit weissen augenartigen Ringen, Gegenstände, die sicherlich nicht im Lande gefertigt worden sind. Auch ein einzelnes Ringchen von Gold ist zu erwähnen, das sich im Hügelgrabe in Wallersberg vorfand.

Es kommen nun zwar auch unter den Pfahlbauten-Sachen einfache und farbige Glasperlen, so wie Bernsteinkorallen, und Gold vor (Vergl. Keller 3. Ber. t. 2, 26, 2. Ber. t. 1, f. 52 etc.); aber solche Sachen gehören da immer zu den seltenen Funden, während sie bei den nördlichen Ausgrabungen in manchen Grabhügeln sogar ziemlich häufig zum Vorschein kommen. Der Unterschied ist daher mehr quantitativ als qualitativ.

Die zuletzt erwähnten Gegenstände aus unseren Hügelgräbern, als deren Hauptrepräsentanten Bronzeblech, Eisen und Glaskorallen zu nennen sind, könnten zu der Annahme zu drängen scheinen, dass, wie sehr auch der bei weitem grösste Theil aller Fundsachen in Form, Masse und Verzierung absolut genau mit den Pfahlbautengegenständen der Bronzezeit übereinstimmen, die im nördlichen Bayern bisher erhobenen Kulturreste sich mehr der Periode des Ueberganges von der Bronze- zur Eisenzeit hinneigen, ganz in letztere hineinfallen, oder gar noch neueren Zeiten angehören.

Es lässt sich nun zunächst dagegen die Bemerkung machen, dass die Hügelgräber sicher nicht eine einzige kurze und abgeschlossene Kulturperiode repräsentiren, son-

dern einem allmähligen und fortschreitenden, wohl sehr
lang andauernden Zeitabschnitte zufallen, welcher möglicher
Weise allerdings von der sogenannten Bronzezeit bis in die
der sogenannten Eisenzeit vergleichbaren Periode angedauert
haben könnte.

Die Thatsache, dass in sehr vielen Gräbern, vielleicht
in den meisten, ausser Thongefässen keine Kulturgegenstände vorkommen, spricht sehr zu Gunsten einer Zeit-
verschiedenheit. Wir haben deutliche Spuren zu erkennen
geglaubt, dass sogar spätere Aufwühlungen der Hügel stattfanden und mehrfache Bestattungen an ein und demselben
Orte vorgenommen wurden, wodurch älteres und jüngeres
unter einander gemengt wurde. Die Ausgrabungen waren
bis jetzt nicht sorgfältig genug oder die mitgetheilten Fundberichte in dieser Richtung nicht kritisch genug, um das
wirklich Zusammenliegende von dem zufällig Zusammen-
gekommenen zu trennen. In den Sammlungen ist jetzt eine
solche Ausscheidung schlechterdings unmöglich. Um so
dringender tritt desshalb die Forderung der Wissenschaft
hervor, behufs Feststellung dieser so wichtigen Fragen, die
bis jetzt noch nicht zerstörten Hügelgräber einer systematischen,
mit aller Sorgfalt angestellten Untersuchung zu unterziehen.

Wenn nun auch zugegeben werden muss, dass die bis
jetzt vorgenommenen Ausgrabungen nordbayerischer Hügelgräber die Möglichkeit zulassen, anzunehmen, dass die hierbei aufgefundenen Kulturüberreste verschiedener Zeiten einer
langen, vorhistorischen Kulturperiode angehören, so kann
doch nicht mit einiger Sicherheit behauptet werden, dass
sie im Ganzen und Allgemeinen über die Periode der
sogenannten Bronzezeit herabgehen, um so weniger,
als die von Nilsson für das südliche Schweden festgestellte
Thatsache, dass dort (in Schonen) in den Gräbern aus der
Bronzezeit neben dem Bronze fast immer auch Eisen
gefunden wird, analog auch auf unserm Gebiet sich zu

wiederholen scheint. Der allgemeine und weitaus vorherrschende Charakter unserer nordbayerischen Culturreste aus den Hügelgräbern ist — einige Fälle und Vorkommnisse abgerechnet — so entschieden identisch mit jenem der Pfahlbauten-Bronze, dass ein ähnliches Verhältniss, wie in Schonen, mehr als wahrscheinlich wird.

Was sich in Bezug auf die Periode der Steinzeit vermuthen lässt, wurde bereits früher angeführt. Es erübrigt hier noch, einige Thatsachen anzuführen, welche das Vorhandensein einer sehr alten Kulturperiode in Franken noch auf eine andere Weise, als durch die Gräberfunde unzweifelhaft darthun.

Es verdienen vor Allem die Nachrichten über Funde von Knochen beim Torfstechen, die ich da und dort zu sammeln Gelegenheit hatte, angeführt zu werden. Mehrfach erzählten mir Torfarbeiter von Knochenfunden sowohl in der Gegend von Waldsassen, als bei Weiden und im Unter-Spiessheimer Moor bei Schweinfurt, ohne dass es mir aber geglückt ist, einen solchen Fund constatiren oder die Knochen zu Gesicht bekommen zu können. Bis jetzt ist nur ein einziger derartiger Knochenfund im nördlichen Bayern, nämlich jener aus einem Sumpfe bei Feuerbach, unfern Wiesentheid durch Hrn. Prof. Schenk wissenschaftlich festgestellt. Derselbe beobachtete (1848) gelegentlich einer botanischen Exkursion, dass Arbeiter, welche mit Gewinnung von Torf und mit der Aufsuchung einer Mineralquelle an einer sumpfigen Stelle beschäftigt waren, eine Menge zum Theil eigenthümlicher Knochen aus dem Sumpf heraus gegraben und am Rande des Moores zusammengeworfen hatten. Das Eigenthümliche dieses Vorkommens und die Beschaffenheit der Knochen selbst veranlassten Hrn. Prof. Schenk, den Fund nach Würzburg zu bringen, wo er in dem mineralogischen Kabinet niedergelegt wurde. Er blieb unbeachtet, bis Prof. Sandberger beim Aufräumen nnd

Ordnen des Cabinetes (1864) diese Knochen wieder entdeckte und in demselben an der Zerspaltung der Knochen
einer Kuh sogleich die Beziehungen zu den Thierüberresten
aus den Schweizer-Pfahlbauten vermuthete. Er theilt seine
Ansichten hierüber in eine Sitzung der phys.-mediz. Gesellschaft in Würzburg mit. Seine späteren Untersuchungen,
deren Resultate ich seiner freundlichen brieflichen Mittheilung
verdankte, ergaben folgende Bestimmungen dieser Knochen-
reste :

1) **Torfschwein** in einem gut erhaltenen Unterkiefer.
2) **Torfkuh** in drei halben Unterkiefern und einem
   Schädelfragment mit Horn.
3) **Fuchs** in einem Unterkieferstück, das gross und
   Vulpes fulvus analog ist, wie **Rütymeyer** sagt.
4) **Pferd** in zwei Backzähnen.
5) **Reh** in einem Unterkiefer und zwei Geweihen.

Ich habe diese interessanten Knochen in Würzburg
gesehen und kann nur bestätigen, dass sie in Bezug sowohl
auf Erhaltung als Beschaffenheit vollständig mit Knochen
aus den Torfmoorpfahlbauten übereinstimmen. Diess veranlasste mich zu einer genauen Untersuchung der Fundstelle selbst. Ganz in der Nähe des Dorfes **Feuerbach**
findet sich im Thale und an dessen Gehängen eine nicht
sehr ausgedehnte sumpfige, zum Theile mit Torf erfüllte
Stelle, von der ich nach den Terrainverhältnissen annehmen
muss, dass sie nicht einer **See-** oder **Teich-ähnlichen**
Wasserüberdeckung ihren Ursprung verdankt, sondern dass
die Versumpfung nur eine Folge von reichen Quellen-
mündungen am Rande des Thales in der Nähe der wasser-
reichen Grenze zwischen Muschelkalk und Lettenkohlen-
schichten und eines geringen Gefälles der Thalsohle sei.
Diess zeigt sich deutlich an den vertorften Stellen, welche
sich um diese Quellpunkte an den Thalrändern emporziehen.
Und hier ist es gerade, wo auch die Knochen aus dem

moorigen Grunde herausgezogen wurden. Eine Pfahlbau-
Anlage kann hier unmöglich bestanden haben, es
fehlt das Allerwesentlichste: die see- oder teichartige An-
stauung des Wassers. Ich vermuthe daher, dass die reichen,
vielleicht etwas salzigen Quellen, welche an dieser Stelle zu
Tage treten, zu Niederlassungen in ihrer Nähe Veranlassung
gegeben haben und dass die Bewohner dieser Ansiedelung
die abgenagten und zerschlagenen, ihres Markes beraubten
Knochen in den benachbarten Sumpf warfen, um sich vor
dem belästigenden Geruch der Fäulniss zu schützen, ähnlich wie auch die ältesten Bewohner an der Mittelmeer-
Küste in gleicher Absicht ihre Knochenabfälle in Felsen-
spalten hineinwarfen (jetzige Knochenbreccie). Es scheint
diess nicht der einzige Punkt zu sein, wo solche Knochen-
anhäufung vorkommen. Ein Torfstecher, der in dem jetzt
verlassenen Torfstiche der nicht weit von Feuerbach entfernten Unterspiessheimer Moore beim Torfgewinnen beschäftigt
war, versicherte mich auf meine mit aller Vorsicht an ihn
gerichtete Frage, dass man auch dort beim Torfstechen
auf zahlreiche Knochen gestossen sei, die man aber als
nutzlos wieder in die ausgetorften Löcher hineingeworfen
habe; nur ein auffallend grosses breitschaufeliges Hirsch-
geweih sei von Hrn. Bar. v. Bibra aufgehoben worden.
Es wäre sehr wünschenswerth, etwas Näheres über diesen
Fund zu erfahren. —

An diese Thierreste aus sumpfigen Stellen schliessen
sich noch jene Knochen an, welche nicht selten in den
früher beschriebenen Hügelgräbern Frankens beobachtet
wurden, die wir zu erwähnen, bis zu dieser passenden
Gelegenheit verschoben haben. Die Knochen liegen mit
andern Grabausstattungen zum Theil in den Brandstätten,
zum Theil bei den unverbrannt Bestatteten und sind entweder angebrannt oder unverbrannt und gespalten. Unter
denselben kommen die Knochen vom Schwein weitaus am

7*

häufigsten vor; ob es auch das Torfschwein sei, welches
diese Reste lieferte, liess sich bei der sehr starken Zertrüm-
merung der Theile bis jetzt noch nicht feststellen. Ausserdem kennt man Knochen von Pferden und Rehen.

Geben uns demnach die Torfmoore im nördlichen
Bayern auch keine weitere Auskunft über eine ältere Bevölkerung des Landes, als eine mit den Pfahlbauten-Be-
wohnern ungefähr gleichalterige, so bleibt uns noch eine ur-
natürliche Zufluchtsstätte der Menschen zu untersuchen
übrig, die Höhlen, welche ja gerade in Franken in so
überaus grosser Anzahl vorhanden sind.

Leider ist auch der bei weitem grösste Theil der bekannten und zugänglichen Höhlen Frankens schon längst
durchsucht und bei der Ausbeute derselben oft nicht mit
grosser Gewissenhaftigkeit verfahren worden. Namentlich
ist lebhaft zu beklagen, dass man die Wichtigkeit des Vorkommens menschlicher Ueberreste in denselben noch nicht
gehörig zu würdigen verstand, und vielfach versäumte, die
Aufmerksamkeit auf diese zu richten, wenn man es nicht
gar vorzog, aus vorgefasster Meinung oder Missverstand die
aufgefundenen menschlichen Reste zu ignoriren oder zu ver-
heimlichen. Unter diesen Verhältnissen ist für uns sehr
wenig übrig geblieben und es wird kaum gelingen, so zahlreiche Höhlen wieder aufzuschliessen, als die sind, welche man
bereits völlig durchsucht hat. Dass sich bei früheren Untersuchungen der Höhlen nicht selten menschliche Ueberreste
vorgefunden haben, das beweisen einzelne Nachrichten hierüber. Ich führe nur beispielsweise die Schilderung Esper's
an, die er in seinen „ausführlichen Nachrichten von neu-
entdeckten Zoolithen etc. S. 22 1774" giebt: „In der ersten
Kammer und nur in dieser der Gailenreuther Höhle fand
sich beim Graben eine Lage von Urnentrümmer und unter
derselben eine ½ Fuss m. Lage Kohlenstaub˙ und˙ Kohle auf
½ Quadratruthe.

Die Urnen sind zweierlei Art; alle von Hand gemacht:

1) fein geknetet und wohlgearbeitet, schwarz, hart, doch ohne Glasur und ohne Verzierung, Aufschrift und Handhabe.
2) grob, sandig mit Splitter von Spath (Quarzkörnchen) durchzogen in der Mitte mit einem Strich, ungebrannt.
3) fein wie aus terra sigillata.‟

Oben liegt alles durcheinander. Man grub aber tiefer und fand hier eine **unverritzte Knochenschicht und darin die Maxilla eines Menschen** und ein sehr vollständiges Schulterblatt. „Haben beide Stücke, schreibt Esper, einem Druiden oder einem Antediluvianer oder einem Erdenbürger neuerer Zeit angehört? Da sie unter denen Thiergerippen gelegen, mit welchen die Gailenreuther Höhle ausgefüllt sind, da sie sich in der nach aller Wahrscheinlichkeit ursprünglichen Schicht gefunden, so muthmaasse ich (Esper) wohl nicht ohne zureichende Gründe, dass diese menschlichen Glieder auch gleiches Alter mit den übrigen Thierverhärtungen haben.‟ — Goldfuss erwähnt (Nov. Act. leop. 11. S. 464) den Esper'schen Fund eines Menschenschädels in der fränkischen Höhle, ohne darüber Zweifel zu äussern, dass er mit den Thierresten in einer und zwar nicht durchwühlten Schicht eingebettet war. Es ist desshalb sehr wahrscheinlich, dass, ähnlich wie in Frankreich, auch in unsern fränkischen Höhlen Menschenreste mit Knochen quartärer Thierarten sich finden. Welcher Art aber sind diese menschlichen Ueberreste? Diese interessante Frage muss unbeantwortet. bleiben, weil der Esper'sche Fund, wie es scheint, unsichtbar gemacht worden ist.

Die neueste und mit aller Strenge wissenschaftlicher Forschung durchgeführte Höhlenausgrabung in einem unserm Gebiete zunächst benachbarten Gebirge ist von Prof. Fraas[14]

---

14) Württemb. Naturw. Jahresheft. 1862. S. 156.

in der Hohlenstein-Höhle bei Bissingen in der Württembergischen Alb vorgenommen worden. Es wurden zwar in den obersten Lehmlagen eine Schicht von Kohlen, untermengt auch mit Höhlenbärenknochen und damit zugleich viele hunderte Thonscherben rohen Fabrikats mit zum Theil angebrannten Knochen von Hirsch, Schwein, Schaf etc., ferner Steinbeile aus Serpentin, Bronzestücke (Fibulae), durchbohrte Pferdezähne (als Amulette), Knochen- und Geweih-Stücke von Hirsch, die roh gearbeitet scheinbar zu Handgriffen gedient haben möchten, gefunden. Fraas hält aber diese Kulturschichte nur für aufgewühlt (von Füchsen, Dachs etc.), wodurch die Menschenreste mit den diluvialen Thierknochen vermengt worden seien. Die Töpfe sind meist gross, aus freier Hand geformt, mit starken Wandungen versehen und bestehen aus kaum gebrannter Thonmasse, die stark mit Quarzsand und Bohnerzkörnchen durchmengt ist; ihr Oberrand ist wenig übergebogen und unter demselben laufen Verzierungen in Gestalt eines umgelegten Strickes oder von kreisförmigen durch Eindrücken der Fingerspitzen hervorgebrachten Einkerbungen hin. Viele Töpfe sind durch Graphit geschwärzt, einige sind besserer Art und sehen zum Theil vollständig wie römische Fabrikate aus dem 4. Jahrh. n. Ch. aus, nämlich nach Lindenschmit's Ansicht, welcher selbst den ältesten der Scherben ein höheres Alter als des 1. Jahrh. v. Chr. nicht zugestehen will!

Mir scheint durch dieses Vorkommen mindestens festgestellt, dass die Kulturperiode, die ich in Franken nachzuweisen versucht habe, und die mit jener der Bronzezeit übereinstimmt, auch in den Höhlenbewohnern Schwabens und Frankens ihre Repräsentanten besitzt.

Eine Thatsache scheint sehr zu Gunsten der Annahme zu sprechen, dass die älteren Bewohner Frankens mit den Höhlenwohnungen bekannt waren. Ich fand nämlich unter den aus den bei Raigering ausgegrabenen Gegenständen, welche im hiesigen kgl. Antiquarium liegen, einem als Amulett getragenen, d. h. durchbohrten Bärenzahn, den ich für den Zahn eines Höhlenbären halte. Einen fast gleichen Zahn bildet auch Lindenschmit (1. Bd. 12. Hft. t. 8, f. 10) ab. Demnach musste jenes Volk bereits die Höhlen gekannt und die in denselben liegenden Zähne benutzt haben [15]).

Bei meinen ausgedehnten geognostischen Untersuchungen in Franken konnte ich bis jetzt noch keine nichtberührte und undurchwühlte Höhle entdecken, welche nach der Natur der Umgebung, des Eingangs etc. vermuthen liess, dass sie Menschen zur Wohnung gedient habe, um darin systematische Ausgrabungen vornehmen zu können. Indessen ist kaum zu bezweifeln, dass nicht bei der überaus grossen Anzahl von Höhlungen im fränkischen Gebirge da oder dort eine zu diesem Zwecke besonders geeignete noch verborgen sei. Dass Nachforschungen in solchen gewiss nicht resultatlos bleiben würden, davon überzeugte mich ein kleiner Versuch, welchen ich in dem sogenannten Preussenloch, einer Halbhöhle oder einer Vertiefung im Felsen, vornehmen liess. Bei Wegräumung einer etwa 1½—2 Fuss hohen Schuttmasse fanden sich Spuren von Kohlen und ziemlich zahlreiche Trümmer von Thongefässen, welche nach Form, Masse und Verzierung mit den Thongefässen der Hügelgräber übereinstimmen. Unstreitig die wichtigsten Aufschlüsse über die ältesten Spuren der Bewohner unseres Landes sind von der weiteren Erforschung der fränkischen Höhlen ganz zuverlässig zu erwarten. Möge sie bald möglich gemacht werden!

---

15) Die von Hrn. Prof. Fr. *H*aupt bei Bamberg unter alluvialem Sande des Flussthales entdeckten Kulturüberreste gehören wohl zum Theil auch sehr alten Zeiten an; doch sind sie meist angeschwemmt und daher aus den verschiedensten Zeiten durcheinander gemengt. —

Herr Vogel hielt einen Vortrag:

1) „Zur Charakteristik der Hoch- und Wiesenmoore".

In der Novembersitzung des vorigen Jahres [1] habe ich
die Ehre gehabt, der Classe einige Erfahrungen über die
Vegetationsverhältnisse verschiedener Torfmoore vorzulegen.
Im Anschlusse an jene Mittheilung beehre ich mich, noch
einige weitere Beobachtungen anzuführen, welche im Stande
sein dürften, zur Charakteristik der beiden Hauptgruppen
der Torfmoore — der Hoch- und Wiesenmoore — einen
Beitrag zu liefern.

Es ist in meiner früheren Arbeit schon hervorgehoben
worden, dass die Hochmoore sich von den Wiesenmooren
sehr auffallend durch die Verschiedenheit der Vegetation
unterscheiden.

Während auf Hochmooren vorzugsweise die Sphagnum-
arten vorkommen, treffen wir auf Wiesenmooren vorwaltend die Cyperaceen. Sphagnum cuspidatum, molluscum,
capillifolium, cymbifolium und compactum sind nie auf
einem Wiesenmoore anzutreffen, sie machen dagegen einen
wesentlichen Bestandtheil der Hochmoorvegetation aus [2]).
Wir wissen aber recht wohl, dass eine jede Verschiedenheit
der Vegetation nicht eine zufällige ist, sondern dass dieselbe
mit der Natur des Bodens sehr innig zusammenhängt, indem
von der zu geringen, der einen oder der anderen Pflanzen-
gattung nicht entsprechenden Menge mineralischer Boden-

---

1) Sitzungsberichte 1864. H. III. S. 200.
2) Sendtner, Vegetationsverh. Südbayerns. S. 635.

bestandtheile, — von ihrer theilweise unlöslichen Form — überhaupt die verschiedene Vertheilung der Pflanzen auf der Erde grossentheils abhängt.

Betrachten wir zunächst die Menge der mineralischen Bestandtheile des Torfes, wie sie sich aus den zahlreichen von mir und anderen ausgeführten Aschenanalysen ergeben, so müssen sogleich die bedeutenden Schwankungen der Aschenmengen im Allgemeinen auffallen. Es giebt Torfsorten, welche bis zu 40 proc. Mineralbestandtheile enthalten, andere, deren Aschengehalt nicht ganz 2 proc. beträgt. Nach meinen eigenen Analysen der verschiedensten Torfsorten und der classificirenden Beurtheilung früherer Arbeiten, so weit diess bei der leider oft mangelnden Angabe des Standortes einer untersuchten Torfgattung möglich war, ergiebt sich, dass die aschenreichen Torfsorten fast sämmtlich den Wiesenmooren, die aschenarmen dagegen vorzugsweise den Hochmooren angehören. In wiefern diese Thatsache in der Natur der verschiedenen Moore selbst schon vielleicht begründet liegt, vermag ich vorläufig nicht zu entscheiden. Da die tieferen Lagen der Hochmoore etwas reicher an Asche sind, als die oberen, so könnte sie wohl mit einer Art von Auswaschung der Mineralbestandtheile, wie sie auf Wiesenmooren nicht - so leicht möglich ist, zusammenhängen, wenn man nicht mit grösserer Wahrscheinlichkeit den Reichthum des Wiesenmoortorfes an Mineralbestandtheilen vielmehr den Ueberfluthungen der Wiesenmoore durch harte Quellen zuschreiben will.

Obschon es sehr schwierig, wenn nicht geradezu fast unmöglich sein dürfte, mit voller Bestimmtheit die Grenzen festzustellen, innerhalb welcher die Mengenverhältnisse der verschiedenen Torfaschen variiren, so erscheint es doch als ein obschon nicht ohne Ausnahmen gültiges Gesetz, dass der Torf der Hochmoore sich von dem Torfe der Wiesenmoore durch einen verhältnissmässig geringeren Aschengehalt unterscheidet.

Dieser Thatsache hat die Praxis schon seit längerer Zeit mit Erfolg Rechnung getragen, indem es fast ausschliesslich nur die Hochmoortorfsorten sind, welche mit Vortheil zur Verkohlung verwendet werden. Wegen ihres grossen Aschengehaltes, welcher natürlich durch den Verkohlungsprozess im Verhältniss noch mehr als auf das Doppelte erhöht wird, eignen sich Wiesenmoortorfsorten nicht wohl zur Herstellung einer als Brennmaterial passenden Kohle, während sie dagegen, wie ich bereits früher gezeigt habe [3]), mit Vortheil zu landwirthschaftlichen Kohlenpräparaten verwendet werden können. Ausserdem ergiebt sich aus der Berücksichtigung der verschiedenen Aschenmenge des Hochmoor- und Wiesenmoortorfes, dass das Verbrennen der oberen Schichten des Torfes unmittelbar auf den Feldern, um dadurch dem Boden einen grösseren Reichthum an Mineralbestandtheilen zu verschaffen, bei dem geringen Aschengehalte des Hochmoortorfes auf Hochmooren verhältnissmässig von minder ergiebiger Bedeutung für die Cultur sein dürfte, als auf aschenreichen Wiesenmooren, natürlich unter der Voraussetzung gleicher Mächtigkeit.

Zieht man die beiden Reihen von Pflanzenspecien, wie sie auf Hoch- und Wiesenmooren vorkommen, in Rücksicht auf die Natur ihrer Aschenbestandtheile in Betracht, so ergiebt sich, dass die Vegetation der Hochmoore sammt und sonders zu den Kieselpflanzen, die Vegetation der Wiesenmoore aber in die Classe der Kalkpflanzen gehöre. Sendtner hat schon gezeigt [4]), dass die Kieselpflanzen 74 proc. der Hochmoorvegetation ausmachen, die Kalkpflanzen dagegen 53 proc. der Wiesenmoorvegetation. Die Asche eines Hochmoorgrases enthielt nach meinen Versuchen 62 proc. Kieselerde, die Asche eines Wiesenmoorgrases 34 proc. Kieselerde.

---

3) Sitzungsberichte 1864. I. 4. S. 279.
4) A. a. O.

Ein ähnliches Verhältniss stellt sich auch in dem Gehalte der Hochmoor- und Wiesenmoortorfaschen an Kieselerde heraus. In der Torfasche von Hochmooren habe ich 12 bis 30 proc Kieselerde gefunden, unter 10 proc. Kieselerde wurde in keiner der von mir bis jetzt untersuchten Hochmoortorfaschen angetroffen; in der Asche des Wiesenmoortorfes waren durchschnittlich 2 bis 5 proc. Kieselerde gefunden worden, in keiner der bis jetzt mir zur Untersuchung vorliegenden über 6 proc. Kieselerde.

Diese Angaben beziehen sich allerdings vorläufig nur auf einige bayerische Moore, welche mir zunächst als Material meiner Untersuchungen zu Gebote standen. Ob sich daher diese Verhältnisse für die Torfsorten anderer Gegenden etwas verschieden von den hier angegebenen herausstellen sollten, muss ferneren Arbeiten zu entscheiden ausdrücklich vorbehalten bleiben. Jedenfalls darf man in den hier angeführten Thatsachen einen neuen Beweis finden für die von Sendtner zuerst auf Grund der Vegetationsverschiedenheit der beiden Moorgattungen ausgesprochenen allgemeinen Regel, dass die bayerischen Hochmoore als Kiesel-, die Wiesenmoore als Kalkmoore zu betrachten seien.

Die Torflager sind bekanntlich stets mit einer Schichte Humuserde bedeckt, welche (sowohl bei Hoch-, als Wiesenmooren) im Durchschnitte 2 bis 3,5 Fuss beträgt. Diese den Torf bedeckende Erdschichte, sie mag nun einem Hoch- oder Wiesenmoore angehören, unterscheidet sich von fruchtbaren Erdarten durch einen auffallenden Mangel an Mineralbestandtheilen. Im Vergleich zu fruchtbarer Garten- und Ackererde enthält die Torferde nach zahlreichen Versuchen durchschnittlich das Doppelte und darüber an organischen Bestandtheilen. Das Verhältniss der organischen Substanzen zu den mineralischen in fruchtbaren Erden ungefähr wie 1:2 angenommen, ist es in der Torferde wie 5:2. Die jüngst vorgenommene Analyse der Humuserdschichte eines

Hochmoores ergab sogar nur einen Gehalt von 7 proc.
Mineralbestandtheilen und die Analyse der Asche dieser
Erde zeigte einen Gehalt von 70 proc. Kieselerde. In
diesem ausserordentlichen Mangel an Mineralbestandtheilen
liegt denn auch ein Hauptgrund der Unfruchtbarkeit in
Torfgegenden, welche sich desshalb ganz besonders zur
Mineraldüngung eignen, wodurch ihnen gerade das, was
ihnen fehlt, besonders ausgiebig zugeführt wird. Es erklären
sich ferner auch hieraus die günstigen Resultate, welche
auf Torffeldern erzielt werden durch Aufführen von Strassen-
koth, Bauschutt u. s. w., wodurch nicht nur der lockere
Boden mehr Halt gewinnt, sondern auch ganz besonders
das ursprüngliche der Vegetation ungünstige Verhältniss
zwischen Organisch und Unorganisch im Boden eine wesentliche und überaus günstige Aenderung erfährt. An der
Landstrasse liegende Torflager der Dachauer-Schleissheimer
Ebene haben seit Jahren mit grossem Vortheile die Strassen-
abfälle zur Cultur benützt.

Vergleichende Bestimmungen der Kieselerde in der
Erde der Hoch- und Wiesenmoore haben im Durchschnitt
ergeben, dass die Torfmoorerde ungefähr die 4- oder 5fache
Menge an Kieselerde enthalte, welche in der Wiesenmoor-
erde vorkömmt. Die Hochmoore charakterisiren sich hiedurch abermals auf das Entschiedenste als Kieselmoore.

Ziehen wir endlich noch die Unterlage der Hoch- und
Wiesenmoore in Betracht, so liegt auch hierin ein sehr
wesentlicher Unterschied beider. Von vornherein ergiebt
sich als allgemeine Regel durchgängig eine weit grössere
Mächtigkeit der Torflager auf Hochmooren, als auf Wiesenmooren; letztere zeigen nur ausnahmsweise eine Tiefe über
4 Fuss; ein kesselförmiges Hochmoor dagegen an den
Ufern der Mangfall ergab bei Beginn desselben 15 Fuss,
gegen die Mitte zu 27 bis 30 Fuss Tiefe. Ein Hochmoor
in der Nähe des Starnberger See's zeigte schon nahe am

Rande eine Tiefe des Torflagers bis zu 12 Fuss, in der Mitte bis zu 20 Fuss und darüber. Eine auffallende Erscheinung, die ich indess nicht persönlich zu beobachten Gelegenheit hatte, zeigte sich bei den an einigen Stellen des Moores vorgenommenen Bohrversuchen. Das Torflager ruht an jenen Stellen nämlich in einer Tiefe von 22 Fuss auf einer nur wenige Zolle dicken Schichte von blauem Thone, unter welcher sich abermals Torf vorfindet. Wurde ein Bohrloch bis unter die Lehmschichte getrieben, so zeigte sich nach constatirten Angaben bisweilen eine sehr bedeutende Entwicklung eines geruchlosen brennbaren Gases, welches mit ziemlicher Heftigkeit hervorströmte und nach dem Anzünden 6 bis 8 Fuss hoch brannte [5]).

Unter den mächtigen Torflagern der bisher von mir untersuchten Hochmoore befindet sich eine impermeable Schichte eines gelben Thones, aus Kieselerde und Thonerde zu ungefähr gleichen Theilen bestehend, welcher in den oberen Lagen 10 bis 15 proc. kohlensauren Kalk enthält, in den unteren Schichten dagegen nahezu frei von kohlensaurem Kalke auftritt. Hieraus ergiebt sich gewöhnlich die sehr glückliche Combination der Torfausbeute auf Hochmooren gleichzeitig mit Ziegelbrennerei, wozu der unterliegende Thon in den meisten Fällen ein sehr geeignetes Material liefert. Zugleich erscheint auch hiedurch, sowie wegen der grösseren Mächtigkeit, ein Hochmoortorflager fast immer von grösserem Werthe, als ein Wiesenmoor.

Die auf Hochmooren von mir vor Kurzem veranlassten Bohrversuche haben leider wegen mangelhafter Vorrichtung über die Unterlage der Thonschichte, ob dieselbe vielleicht aus Kies besteht, wie schon Sendtner als Vermuthung angiebt, bisher noch keinen Aufschluss gewähren können, was zu

---

5) Vergl. chem. techn. Beiträge 1860 S. 120.

ergründen daher von weiteren Beobachtungen abhängen
wird. Da indess der Kalkgehalt des Thones gegen die
Tiefe zu abnimmt, so muss allerdings hienach eine kieselige
Unterlage zweifelhaft erscheinen.

Die impermeable Unterlage der Wiesenmoore bildet
durchgehends eine auf kalkigen Rollstücken befindliche Schicht
von amorphen Kalksinter, sogenannter Alm. Die Almschichten betragen bisweilen nur einige Zoll und sind dann
mit der Kiesunterlage, von welcher einzelne Steine vielfach
ein an der Oberfläche corodirtes Ansehen zeigen, — wahrscheinlich von der Einwirkung des durchsickernden kohlensauren Wassers herrührend, — untermischt. Nicht selten
aber sind diese Almschichten mächtiger, ja in Niederungen
in der Nähe des Gebirges habe ich solche von 12 Fuss und
darüber aufgefunden. In diesen mächtigen Lagern ist der
Alm fast rein weiss, mehlartig, mit Resten kleiner Conchylien
vermengt und giebt mit wenig Wasser angerührt eine fast
plastische Masse. An anderen Orten tritt der Alm in der
Form eines ziemlich feinkörnigen porösen Sands von gelber
oder bräunlicher Farbe von sehr verschiedener Tiefe auf.

Die Almschicht eines Wiesenmoores der Dachauer-
Schleisheimer Ebene beträgt nach der Untersuchung an verschiedenen Stellen 2 bis 4 Zoll. Dieser Alm stellt sich als
ein sehr reiner von fremden erdigen Beimischungen freier
kohlensaurer Kalk dar. Er ist reich an organischen Bestandtheilen, Torf- und Pflanzenresten, welche nach meinen
Versuchen bis zu 5 proc. seines Gewichtes betragen. Das
Wasserabsorptionsvermögen dieser amorphen Form des
kohlensauren Kalkes ist, wie ich mich durch Versuche überzeugt habe, sehr bedeutend; in der Eigenschaft, das Wasser
nicht hindurch zu lassen, steht dieser Alm den thonigen
Bodenarten nur wenig nach. Als beiläufige Beobachtung
mag erwähnt werden, dass in den tieferliegenden Schichten
desselben wiederholt geringe Spuren von kleesaurem Kalke

nachgewiesen werden konnten. Kochte man nämlich eine grössere Menge dieses Alm's mit kohlensaurem Natron und versetzte das durch Essigsäure neutralisirte Filtrat mit einer wässrigen Auflösung von schwefelsaurem Kalk, so ergaben sich bisweilen, indess nicht bei allen Schichten des Kalksinters, mehr oder minder deutliche Fällungen.

Die Charakteristik der Hochmoore als Kieselmoore, — der Wiesenmoore als Kalkmoore, giebt für die Culturfähigkeit, sowie über die Ausführung der Cultur dieser beiden Moorgattungen sehr bezeichnende Fingerzeige. Selbstverständlich wird die Cultur eines Hochmoorgrundes mit geringeren Schwierigkeiten verbunden sein, als die Cultur eines Wiesenmoores, indem bei ersterem der Untergrund, wenn er der oberen Erdschichte beigemischt wird, schon an und für sich dem Boden einen besseren Halt gewährt und ausserdem fast alle Bedingungen eines von Natur fruchtbaren Bodens erfüllt. Bei dem geringen Kieselerdegehalte des Wiesenmoorbodens wird andererseits eine künstliche Zufuhr von Silikaten sowohl durch Mineraldünger, als durch allenfalls in der Nähe vorkommende Thonsilikate angezeigt sein, so wie unter Umständen eine Zufuhr von Kalk die Cultur der Hochmoore befördern dürfte. Es sind Versuche mit Heufelderdüngersorten auf einigen Strecken von Hoch- und Wiesenmooren vor Kurzem eingeleitet worden, in der Absicht auf künstlichem Wege die Hochmoorvegetation in Wiesenmoorvegetation und umgekehrt umzuwandeln, über welche ich seiner Zeit Bericht zu erstatten, mich beehren werde.

---

2) „Ueber den Stickstoffgehalt des gekochten Fleisches.‟

Schon bei einer früheren Gelegenheit[6] habe ich durch

---

6) Sitzungsberichte der kgl Akademie 1864 S 183.

einige Versuche nachgewiesen, dass die Art des Kochens
auf den Stickstoffgehalt der Kartoffel von einigem Einfluss
sei. Bringt man Kartoffeln, namentlich geschälte, in kaltes
Wasser und erwärmt nach und nach zum Sieden, so bemerkt man eine Ansammlung von Schaum an der Oberfläche,
indem das in kaltem Wasser gelöste Pflanzeneiweiss durch
die allmälige Temperaturerhöhung zum Gerinnen gebracht
wird. Werden dagegen die Kartoffeln von vornherein in
kochendes Wasser eingelegt, so gerinnt das Eiweiss an der
Oberfläche der Kartoffel plötzlich und die im vorigen Falle
beobachtete Schaumbildung tritt gar nicht oder nur in sehr
vermindertem Maassstabe auf. Vergleichende Stickstoffbestimmungen in Kartoffeln, welche in der angegebenen
Weise mit kaltem oder kochendem Wasser behandelt worden waren, ergaben bei der in kaltes Wasser gebrachten,
im Vergleiche mit der unmittelbar in kochendes Wasser
gelegten Kartoffel, eine bemerkbare Stickstoffverminderung.
Wenn dieselbe auch in diesem Falle nicht als eine sehr
wesentliche betrachtet werden kann, so dürfte sie doch wohl
von praktischer Seite aus einige Berücksichtigung verdienen,
weshalb ich es [7]) schon als zweckmässig angedeutet habe,
die von Herrn Baron von Liebig in Vorschlag gebrachte
Methode des Fleischkochens unter Umständen auch auf Gemüse auszudehnen, um denselben ihren vollen Nahrungs-
werth zu bewahren.

Während nun der Einfluss der beiden verschiedenen
Methoden des Kochens auf Gemüse, wie schon bemerkt,
nicht von sehr grosser Bedeutung erscheint, so stellt sich
dagegen der Unterschied bei der Anwendung auf Fleisch
weit auffallender heraus, wie folgende Versuche, welche
einer grösseren noch nicht ganz vollendeten Arbeit über

---

7) A. a. O.

diesen Gegenstand entnommen sind, zu zeigen im Stande sein werden.

Möglichst von Fett befreite ungefähr faustgrosse Stücke Rindfleisch wurden mit gleichen Mengen Wassers behandelt und zwar in dem einen Versuche mit kaltem Wasser, welches durch langsames Erwärmen zum Kochen kam, — in dem anderen Versuche mit bereits lebhaft kochendem Wasser. In beiden Versuchen war das Kochen gleich lange Zeit und zwar einige Stunden unter beständiger Erneuerung des verdampften Wassers fortgesetzt worden.

Da nach dem einen Verfahren, — durch Einlegen des Fleisches in kaltes Wasser — demselben ein grosser Theil des Eiweisses durch Lösen entzogen wird, nach dem zweiten aber, beim unmittelbaren Behandeln des rohen Fleisches mit kochendem Wasser, namentlich wenn demselben einige Tropfen Salzsäure zugesetzt worden, das Eiweiss sogleich an der Oberfläche des Fleisches coagulirt und somit eine Hülle bildet, welche das Eindringen des Wassers in's Innere verhindert und die löslichen Theile einschliesst, so war schon a priori ein Unterschied im Stickstoffgehalte und daher beziehungsweise im Nahrungswerthe der nach diesen beiden Methoden behandelten Fleischsorten zu erwarten.

Die Stickstoffbestimmungen sind nach der bekannten Weise durch Verbrennung der getrockneten Substanz mit Natronkalk und Auffangen der ammoniakalischen Verbrennungsprodukte in titrirter Schwefelsäure ausgeführt worden.

Indem ich es unterlasse, die einzelnen Versuchszahlen der Stickstoffbestimmungen anzuführen, mag hier nur erwähnt werden, dass der Stickstoffprocentgehalt des mit kaltem Wasser ausgezogenen und dann erst langsam gekochten Fleisches ein wesentlich geringerer ist, als der Stickstoffgehalt des sogleich in kochendes Wasser eingelegten Stückes und zwar im Durchschnitte nach den bisher mehrmals wiederholten Versuchen in dem Verhältniss von $4:5$.

In der Mitte zwischen beiden steht das im Papinianischen Topfe gekochte Fleisch.

Das umgekehrte Verhältniss findet bei der Fleischbrühe statt. Diejenige Fleischbrühe, welche aus dem mit kaltem Wasser behandelten Fleische entstanden ist, ergab sich als etwas stickstoffreicher, als die aus dem unmittelbar in kochendes Wasser gebrachten Fleische gewonnene. Der Stickstoffgehalt des gekochten Fleisches und der Fleischbrühe zusammengerechnet, stimmt mit dem Gesammtstickstoffgehalte des Fleisches sehr nahe überein.

Da diese Versuche fortgesetzt und namentlich auf andere Fleischsorten ausgedehnt werden, so bitte ich um Erlaubniss, auf den Gegenstand bei einer anderen Gelegenheit in der Folge nochmals ausführlicher zurückkommen zu dürfen.

Historische Classe.
Sitzung vom 21. Januar 1865.

Herr **Muffat** hielt einen Vortrag:

„Die Ansprüche des Herzogs Ernst, Administrators des Hochstifts Passau auf ein Dritttheil des Herzogthums Bayern".

Einsendungen von Druckschriften.

Von der Zoological Society in London·

a) Transactions. Vol. 5. Part. 3. 1864. 4.
b) Proceedings. For the year 1863. Part. 1. 2. 3. 1864. 8.

Von der Royal Asiatic Society in London:

Journal. Vol. 1. Part. 1. 1864. 8.

Von der Astronomical Society in London:

Memoirs. Vol. 32. 1864. 4.

Von der Geological Society in London:

a) Quarterly Journal. Vol. 20. Part. 4. Novbr. 1. 1864. Nr. 80. 8.
b) List of the Society, Novbr. 1864. 8.

Von der Asiatic Society of Bengal in Calcutta:

Journal. New Series. Nr. 121. Nr. 295. Nr. 3. 1864. 8.

Von der Madras literary Society in·Madras:

Madras Journal. Nr. 1. Third Series. Juli 1864. 8.

Von der deutschen morgenländischen Gesellschaft in Leipzig:

a) Zeitschrift. 18. Bd. 4. Hft. 1864. 8.
b) Abhandlungen für die Kunde des Morgenlandes. 3. Bd. Nr. 2. 3. 4.

Von der Université Catholique in Löwen:

Annuaire. 1865 8.

Von der Universität in Kiel:

Schriften der Universität aus dem Jahre 1863. Bd. 10. 1864. 4.

8*

Von der Redaktion der Gelehrten und Real-Schulen in Stuttgart:
Correspondenzblatt. Novbr. Nr. 11. Dezbr. Nr. 12. 1864. 8.

Von der Universität in Heidelberg:
Heidelberger Jahrbücher der Literatur. 57. Jahrg. 10. Hft. Oktober.
11. Hft. November. 1864. 8.

Von der physikalisch-ökonomischen Gesellschaft in Königsberg:
Schriften. 5. Jahrgang 1864. 1. Abth.   4.

Von der Société des sciences physiques et naturelles in Bordeaux:
Mémoires. Tom. 3. 1864. 8.

Von der Kaiserl. Leopold.-Carolinischen deutschen Akademie der
Naturforscher in Dresden:
Verhandlungen. 31. Bd. 1864. 8.

Von der k. Akademie der Wissenschaften in Stockholm:
a) Oefversigt af forhandlingar. 20. Jahrg. 1863. 64. 8.
b) Handlingar. Bd. 4. 2. 1862. 4.
c) Meteorologiska iakttagelser i sverige. 4. Bd. 1862. 1864. 4.

Von der Académie des sciences in Paris:
a) Comptes rendus hebdomadaires des séances. Tom. 59. Nr. 18—23.
   Octbr.—Decbr. 1864. Paris 1864. 4. Tom. 55. 56. 57. 1862. 63. 65. 4.
b) Tables de comptes rendus des séances. Premier Semestre 1864.
   Tom. 58. 4.

Vom Institut impérial de France in Paris:
Mémoires Tom. 32. und 34. 1864. 8.

Von der Académie des inscriptions et belles lettres de l'Institut
impérial de France in Paris:
a) Mémoires présentés par divers savants. 1. Serie. Sujets divers
   d'érudition Tom 6. 2. Serie. Antiquités de la France. Tom. 4.
   1863. 64. 4.
b) Mémoires. Tome vingt-quatrième. 1864. 4.

Vom Instituto historico, geographico e ethnographico de Brasil in Rio de Janeiro:

Revista trimestral. Tomo 26. 27. 1863. 64. 8.

Von der Medical and Chirurgical Society in London:

Medico-chirurgical transactions. Vol. 47. 1864. 8.

Von der Société des sciences naturelles in Neuchatel:

Bulletin. Tom. 6. 1864. 8.

Vom naturforschenden Verein in Riga:

Correspondenzblatt. 14. Jahrg 1864. 8.

Vom zoologisch-mineralogischen Verein in Regensburg:

Correspondenzblatt. Nr. 7—9. 18. Jahrg. 1864 8.

Vom naturhistorischen Verein in Zweibrücken:

a) Jahresbericht für das Verwaltungsjahr 1863. 64. 8.
b) Sitzungen des Vereins. 1863. 8.

Von der Wetterauischen Gesellschaft für die gesammte Naturkunde in Hanau:

Jahresberichte über die beiden Gesellschaftsjahre von 1861—63. 64. 8.

Von der pfälzischen Gesellschaft für Pharmacie in Speier:

Neues Jahrbuch für Pharmacie und verwandte Fächer. Bd. 23. Hft. 1. Januar 1865. 8.

Von der Akademie der Wissenschaften in Berlin:

Monatsberichte. Septb. Oktbr. Novbr. 1864. 8.

Vom Verein für mecklenburgische Geschichte und Alterthumskunde in Schwerin:

Jahrbücher und Jahresbericht. 29. Jahrg. 1864 8.

Vom Verein für Geschichte der Deutschen in Böhmen in Prag:

a) Beiträge zur Geschichte Böhmens. Abth. 3. Ortsgeschichten. Bd. 2. Die Kaiserburg zu Eger und die an dieses Bauwerk sich anschliessenden Denkmale. 1864. 4.

b) Beitrage zur Geschichte Bohmens. Abth 2. Bd. 2. Aberglauben und Gebräuche aus Bohmen und Mähren. 1864 8.

c) Mittheilungen des Vereins. 3. Jahrg. Nr. 2. 3. 1864. 8.

d) Mitgliederverzeichniss des Vereins, geschlossen am 20. Nov. 1864. 8.

Vom akademischen Leseverein an der k. k. Universität in Wien:

Dritter Jahresbericht über das Vereinsjahr 1863—64. 8.

Von der Académie impériale des sciences in St. Petersburg:

a) Memoires. Tom. 5. Nr. 2—9. Tom. 6 Nr. 1—12. 1862—63. 4.

b) Bulletin Tom. 5. Nr. 3—8. Tom. 6. Nr. 1—5. Tom. 7. Nr 1, 2. 1862. 63. 4

Von der Reale Istituto Lombardo di scienze, lettere ed arti in Mailand:

a) Memorie. Vol. 9. 3 Della Serie 2. Fasc. 5 e ultimo. 1864. 4.

b) Atti. Volume 3. Fasc. 19. 20 e. ultimo. 1864. 4.

c) Rendiconti. Classe di scienze matematiche e naturali. Vol. 1. Fasc. 3 4. 5. Marzo. Aprile. Maggio 1864. 8

d) Rendiconti. Classe di lettere e scienze morali e politiche. Vol. 1. Fasc 1—4. Gennajo-Maggio. 1864. 8.

e) Annuario. 1864. 8

Von der Societá Italiana di scienze naturali in Mailand:

Atti. Vol. 6. Fasc. 4. 1864. 8

Vom Istituto Veneto di scienze, lettere et arti in Venedig:

Atti. Tomo nono Serie terza. Dispensa-prima, sesta, settima, ottava. 1863/64. 8.

Von der k. k. geologischen Reichsanstalt in Wien:

Jahrbuch 1864. 14. Bd Nr. 2. 3 April—Septbr. 1864. 8.

Von der k. k. Gesellschaft der Aerzte in Wien:

Medizinische Jahrbücher. Zeitschrift Jahrg. 1864. 20 Jahrg. der ganzen Folge 6. Hft. 1864. 8.

Vom Verein für Naturkunde in Offenbach a. M.:

Fünfter Bericht über seine Thätigkeit vom 17. Mai 1863 bis zum 8. Mai 1864. 8.

Vom naturforschenden Verein in Brünn:

Verhandlungen. 2. Bd 1863. 64. 8.

Von der Hollandsche Maatschappij der Wetenschappen in Harlem:

Natuurkundige verhandelingen. 21. Deel I. Stuk 1864 4.

Von der zoologischen Gesellschaft zu Frankfurt a. M.:

Der zoologische Garten. Zeitschrift für Beobachtung, Pflege und Zucht der Thiere. Nr. 7—12. 5. Jahrg. Juli-Dezbr. 1864. 8.

Vom Verein für Naturkunde in Mannheim:

Dreissigster Jahresbericht. Februar 1864. 8

Von der naturforschenden Gesellschaft in Bamberg:

Sechster Bericht. Für das Jahr 1861—62. 1863 8.

Von der schweizerischen geologischen Commission in Bern:

Geologische Beschreibung der nordöstlichen in den Blättern 10 und 15 des eidgenossischen Atlasses enthaltenen Gebirge von Graubünden. Mit 2 Karten. Von G. Theobald. 1864. 4.

Vom landwirthschaftlichen Verein in München:

Zeitschrift. Februar 2. 1865. 8.

Vom Herrn J. Schötter in Luxemburg:

Johann, Graf von Luxemburg und König von Böhmen. 1. 2. Bd. 1865. 8.

Vom Herrn A. Kölliker in Würzburg:

a) Icones histiologicae oder Atlas der vergleichenden Gewebelehre. 1. Abth. Der feinere Bau der Protozoen. 1864. 4.

b) Kurzer Bericht über einige im Herbste 1864 an der Westküste von Schottland angestellte vergleichend-anatomische Untersuchungen 1864. 8.

Vom Herrn J. A. Grunert in Greifswalde:

Archiv für Mathematik und Physik. 42. Thl. 4. Hft. 1864 8.

Vom Herrn Moriz Wagner in München:

Beiträge zur Meteorologie und Klimatologie von Mittelamerika. Dresden 1864. 4.

Vom Herrn T. C. Winkler in Harlem:

Musée Teyler. Catalogue systématique de la collection paléontologique. 2ma livraison. 1864. 8.

Vom Herrn Francesco Zantedeschi in Padua:

Leggi del clima di Milano e origine della rugiada e della brina. Brescia 1864. 8.

Vom Herrn E. von Eichwald in St. Petersburg:

Beiträge zur nähern Kenntniss der in meiner Lethaea Rossica beschriebenen Illaenen und über einige Isopoden aus andern Formationen Russlands. Moskau 1864. 8.

Vom Herrn Quesneville in Paris:

Le Moniteur scientifique. Journal des sciences pures et appliquées avec une révue de physique et d'astronomie. Tom. 6. Année 1864 189. 190. 191. Livrais. 8.

Sitzungsberichte

der

königl. bayer. Akademie der Wissenschaften.

Philosophisch - philologische Classe.

Sitzung vom 4. Februar 1865.

Herr Plath hielt einen Vortrag:

„Ueber Gesetz und Recht im alten China".

Derselbe wird den Denkschriften einverleibt.

Herr Christ trägt vor:

„Ueber den Denar und Follis der späteren römischen Kaiserzeit".

Jeder, der sich mit den Verhältnissen des beginnenden byzantinischen Kaiserreichs beschäftigt hat, kennt die grossen Verlegenheiten, welche die Werthbestimmung des Follis und des Denar dem Juristen und Historiker bereitet. Denn in den kaiserlichen Erlassen und Gesetzbüchern, sowie in den Berichten der Historiker und den Schriften der Kirchen- väter begegnen uns neben dem grossen Goldstück, dem

Solidus, und dem entsprechenden Silberstück, dem Miliaresion, hauptsächlich die genannten kleineren Münzsorten.
So leicht und so sicher sich aber Gewicht und Werth der
Gold- und Silbermünze bestimmen lassen, ebenso schwierig
ist die Feststellung dieser beiden Punkte bei dem Follis
und Denar. Nicht wenig trägt dazu die Unsicherheit der
Ueberlieferung gerade der belangreichsten Zeugnisse bei,
mehr aber noch die Vieldeutigkeit, in der jene Worte in
verschiedenen Zeiten und von verschiedenen Schriftstellern
gebraucht wurden. Im 16. und 17. Jahrhundert, als
Juristen und Philologen sich mehr wie heut zu Tage die
Hand zur Lösung der gegenseitigen Schwierigkeiten reichten,
hat man von beiden Seiten mit grosser Gelehrsamkeit jene
Frage behandelt. Aber die Untersuchungen waren mehr
gelehrt als ergiebig in ihren Resultaten. Namentlich unter-
liess man es, die Denkmale, die uns in den Münzen erhalten sind, zur Beleuchtung der Sache in ausgedehnter und
methodischer Weise heranzuziehen; und doch sind diese
gerade bei solchen Untersuchungen ganz besonders geeignet,
von Irrwegen, auf welche die blosse Betrachtung der schriftlichen Zeugnisse nur zu leicht führen kann, abzuschrecken
und zurückzuhalten. Inzwischen ist das Interesse an der
Frage durch die Auffindung der umfangreichen Fragmente
von dem Edikt des Kaisers Diokletian über die Maximalpreisse, die Th. Mommsen so trefflich zusammengestellt
und so gelehrt erläutert hat, noch bedeutend gewachsen.
Denn wohl war die Politik des Kaisers, durch Eingriffe in
private Verhältnisse Handel und Wandel von Staats wegen
regeln zu wollen, albern und verkehrt, aber uns eröffnen
jene Tarife der Löhne der Lebensmittel und Luxuswaaren
einen höchst lehrreichen Einblick in die Lebensumstände
und Handelsverhältnisse der damaligen Zeit. Doch fehlt
noch immer der eigentliche Schlüssel zum vollen Verständniss jenes Edikts; denn über den Werth des Denar, nach

dem alle Ansätze gegeben sind, hat man sich noch so wenig geeinigt, dass ihn Borghesi zu 2 ½ Centimes, Mommsen zu ⁶/₇ Groschen anschlug. Im Allgemeinen aber sind unsere Kenntnisse von den Münzverhältnissen des 3. bis 5. Jahrhunderts in neuerer Zeit bedeutend gefördert' worden, weniger von Queipo (Essai sur les systèmes métriques et monétaires des anciens peuples) und Finlay (The Greece under the Romans), die bei mangelhafter Benützung der Quellen eine übermässige Neigung zu kühnen Hypothesen und Schlüssen an den Tag legten, als durch Th. Mommsen und Fr. Hultsch, von denen der erste in seiner Geschichte des römischen Münzwesens die scharfsinnigste Deutung der schriftlichen Quellen mit der umfassendsten Zusammenstellung der Münzergebnisse verband, der andere durch Herausgabe der metrologischen Fragmente erst eine sichere Grundlage für alle einschlägigen Untersuchungen aufstellte. Indess hat doch Mommsen mehrere Angaben nicht ausgebeutet und ist Hultsch bei der Bearbeitung seines metrologischen Handbuches nicht dazu gekommen, diesen späteren Verhältnissen eine eingehendere selbstständige Darlegung zu widmen. Somit bleibt noch vieles hier zu leisten übrig und ich hoffe bezüglich des Denar und Follis einige Punkte richtiger zu deuten, die ganze Frage aber, wenn nicht abzuschliessen, so doch dem Abschluss näher zu führen. Zum leichteren Verständniss der Sache wird es aber nöthig sein, etwas weiter zurückzugreifen und den Uebergang der Römer zur ausgedehnten Kupferwährung in der Kaiserzeit geschichtlich zu verfolgen.

In den Zeiten der Republik haben bekanntlich die Römer den Denar sowie dessen Hälfte und Viertel in Silber ausgebracht, das Kupfer aber auf die Prägung der niederen Nominale, auf den As und seine Theile beschränkt. Nachdem sodann seit Sulla die Kupferprägung eine Zeit lang ganz und gar in's Stocken gekommen war, wurde die-

9*

selbe zuerst von den Flottenführern des M. Antonius und
bald darauf gegen das J. 15 v. Chr. vom Senate wieder
aufgenommen, zu gleicher Zeit aber auch auf den Viertel-
Denar, den Sestertius, ausgedehnt (s. Borghesi Oeuvres II,
411 ff. und Mommsen Gesch. d. röm. Münz. 760 ff.). Doch
erhielt sich gleichsam noch ein Andenken an das werth-
vollere Metall, in dem die letztere Münze früher ausgebracht wurde, darin, dass man für sie und die zugehörige
Hälfte, den Dupondius, auch jetzt noch nicht blosses Kupfer,
sondern eine Mischung von Kupfer und Zink verwandte.
Wir haben hierüber das ausdrückliche Zeugniss des Plinius [1])
und dasselbe wird durch die gelbliche Farbe und die
chemische Analyse der Sesterze und Dupondien bis in die
Mitte des 3.- Jahrh. bestätigt. Das Normalgewicht des Sestertius oder Nummus gibt der alexandrinische Metrolog
(Metrol. script. relliq. fr. 95,8 ed. H.) und Eusebius (fr. 88,5)
auf eine Unze oder 27,29 Gr. an, und damit stimmt die
Cleopatra, nach der die Unze auch τετρασσάριον Ἰταλικόν
hiess und der Dupondius 4 Drachmen oder ¹/₂ Unze wog
(fr. 60, 3 und 15). Auch diese Angaben werden durch die
Wägungen der Münzen bestätigt, nur verringert sich be-
greiflicher Weise mit der zunehmenden Legirung des Denars
wie der Feingehalt so auch das Gewicht dieser werthvol-
leren Kupfermünze, so dass dasselbe in der Zeit der 30
Tyrannen auf 16 Gr. und darunter herabsank [2]). Merk-

---

1) Plinius N. H. XXXIV, 2,4 Summa gloriae nunc in Marianum
conversa, quod et Cordubense dicitur. Hoc a Liviano cadmeam
maxime sorbet et aurichalci bonitatem imitatur in sestertiis dupon-
diariisque, Cypro suo assibus contentis.

2) Von Sesterzen und Dupondien, welche ich gewogen habe,
wiegt noch ein Sesterz Gordian III 22,8 Gr., des Philipp 23,2 Gr.,
des Volusian 17,2 Gr, des Trebonian 16,8 Gr., des Valerian 13 Gr.,
des Gallien (stark verstümmelt) 12,7 Gr., und ein Dupondius mit
Strahlenkrone Gordian III, 11,2 Gr. und des Philipp 12,7 Gr.

würdiger Weise kehrt aber dieser Nummus in fast gleicher
Geltung später nochmals wieder, nachdem inzwischen unter
Diokletian und Constantin eine totale Umänderung des
Münzwesens und eine grossartige Entwerthung des Denar
und des Nummus eingetreten war. In den wichtigen glossae
nomicae wird nämlich unter φόλλις das Miliaresion zu
1³/₄ Keratia, und demnach 125 Miliaresia zu 218 Keratia
und 9 Nummi veranschlagt. Es müssen somit 12 Nummi
1 Keration oder 1 Siliqua ausgemacht haben und der einzelne
Nummus kann hier nichts anders als den Kupferfollis bedeuten, deren gleichfalls in der Zeit nach Justinian 12 auf
1 Siliqua gerechnet wurden. Legt man nun auch hier das
damals übliche Verhältniss von Kupfer zu Silber wie 1:120
zu Grunde, so erhält man für das Gewicht eines Nummus

$$\frac{120 \times 2}{12} = 20 \text{ Scrupel},$$ also so ziemlich genau das Gewicht

des Sesterz in den drei ersten Jahrhunderten der Kaiserzeit.
Solche Nummi sind sicherlich auch in der chartula plen.
sec. bei Marini pag. LXXX 'fieri simul in auro solidos
quadraginta et quinque, et siliquas viginti tres aureas, num-
mos aureos sexaginta' zu verstehen, und jene 60 nummi
aurei sind daher weder mit Marini 60 Goldstücken, noch
mit Mommsen (Gesch. d. röm. Münz. 808 A. 242) ¹/₁₀₀ Solidus, sondern 60 Folles gleich zu achten. Sie hiessen wohl
aurei im Gegensatze zu jenen kleineren Nummi, deren
normal 6000 auf einen Solidus giengen (s. Mommsen S. 807)
und die man desshalb nicht unpassend aerei nennen mochte.

In gewöhnlichem Kupfer hingegen, dem man bei zu-
nehmender Münzverschlechterung noch Blei in immer grössern
Quantitäten beimischte, brachte man die niederen Nominale,
den As, den Semis und Quadrans aus, von denen sich der
Semis wenigstens bis in die Zeit des Decius Traianus, der
Quadrans aber schwerlich über die Zeit des Traianus hinaus

erhalten hat[3]). Da diese Münzsorten aus schlechterem Metall
bestunden, so stellt sich ihr Effektivgewicht etwas höher
als ihr Werthverhältniss zu den beiden zuvor erörterten Nominalen. Denn während der As dem Werthe nach dem vierten
Theile des Sesterz gleich kam, beträgt sein Gewicht in der
Regel zwischen 11—12 Gr. und sinkt erst in der Mitte
des dritten Jahrhunderts auf beiläufig ¼ Unze herab[4]).
Nichts desto weniger setzen alle Metrologen einstimmig das
Gewicht des As auf nur ¼ Unze an, denn wenn denselben
Cleopatra zu 2 Drachmen (fr. 60,18 und 61,15), der
2. Metrolog des Galen zu 1½ Stagia (57,6 cf. Hultsch
proleg. p. 97), Eusebius zu ¼ Unze (fr. 88, 5), andere
endlich zu 6 Scrupel (fr. 97, 11) rechnen, so kommen alle
diese Ansätze auf dasselbe hinaus. Weit hingegen scheint
die Angabe des Epiphanius abzuweichen, der 60 Assaria
auf das Silberstück oder den Denar rechnet (fr. 83,1 cf.
fr. 77,8; 99,5). Doch ist auch diese Abweichung nur
scheinbar, denn unter dem Denar ist hier das Gewicht desselben in Kupfer zu verstehen, das nach dem zuvor schon
erwähnten Verhältniss des Kupfer zu Silber wie 1:120 zu
15 Unzen angesetzt wurde (s. fr. 98,5 und Hultsch Metrol.

---

3) Mommsen S. 762 bemerkt nach Borghesi, dass die Semisse
nur bis Antoninus Pius vorkamen, Borghesi Oeuv. II. 423 setzt hinzu,
dass Mionnet noch einen Semis des Caracalla verzeichne; aber mit
Recht rückt Cavedoni in der Anmerkung zu Borghesi das Vorkommen des Semis noch weiter herab. Mir liegen von Decius Traianus
drei Münzen mit dem lorbeerbekränzten Kaiserkopf vor, von denen
die eine 18,5 Gr., die zweite 9,8 Gr. und die dritte 4,5 Gr. wiegt,
und die man desshalb doch nicht anders als mit Sesterz As und
Semis benennen kann.

4) Von Assen, die mir vorliegen, wiegen die des Gordian III.
9,8 9,4. 8,3. 6,6 Gr., die des Gallien 8,7. 7,2 Gr., die des Claudius
8,9. 8,5 Gr. und die des Aurelian 8,2. 6,2 Gr.; doch muss ich bemerken, dass die 6 zuletzt genannten der charakteristischen Aufschrift S. C. entbehren.

S. 251 A. 17); davon entziffert sich aber der 60. Theil genau auf ¼ Unze oder 6 Scrupel. Wenn endlich anderwärts (fr. 98, 3 und 7) der kupferne As als das Viertel des Follis bezeichnet wird, so hängt dieses mit der oben besprochenen Uebertragung des Namens nummus vom Sesterz auf den Follis zusammen. Zur vollen Gewissheit wird diese Annahme durch die von andern anonymen Metrologen (fr. 85,6 und 86,3) gegebene Gleichstellung des Assarion mit dem Dekanummon erhoben. Denn der ganze Follis wurde bekanntlich unter dem Kaiser Anastasius mit der Werthziffer XL versehen, so dass man dessen Viertel, das die Ziffer X trägt, dann passend als As bezeichnen konnte, wenn man das Ganzstück dem nummus sestertius gleich stellte. Auch auf diese Weise erhalten wir als Gewicht des As annähernd ¼ Unze. Dieser ganze Ansatz des As auf ¼ Unze darf uns aber nicht besonders befremden, da die Metrologen sich leicht durch das Werthverhältniss des As zum Sesterz irre führen lassen konnten und da keiner von ihnen in einer Zeit lebte, in welcher der As noch zu einem etwas höheren Gewichte ausgebracht wurde.

Da auf solche Weise dem As von den Metrologen das Gewicht von ¼ Unze beigelegt wurde, so mussten sie demnach folgerichtig den Quadrans zu ¹⁄₁₆ Unzen oder 1½ Scrupel veranschlagen. In der That finden wir, dass der Quadrans in seinem Gewichte so ziemlich ¼ As gleichkömmt, und nur desshalb in der Regel etwas mehr als 1½ Scr., oder 1,7 Gr. wiegt, weil ja auch das Effektivgewicht des As über 6 Scr. oder 6,8 Gr. steht[5]). Im Ge-

---

5) Von Quadranten, die ich gewogen habe, wiegt einer des Claudius 3,25, einer des Vespasian 2,6, einer des Domitian 2,7 und einer des Traian 2,6 Gr. Aber auch die kleineren Münzen vom Durchschnittsgewicht von 3,08 Gr, die D'Ailly für Borghesi wog (Borgh. Oeuv. II, 423), sind wohl Quadranten und nicht Semisse.

gensatze dazu finden wir aber in den metrologischen Schriften durchweg den Quadrans viel höher angesetzt. So heisst es bei Hesychius κοδράντης τὸ πᾶν ἢ τὸ τέταρτον τῆς φόλεως und ähnlich bei einem anonymen Metrologen fr. 100 κοδράντης τὸ τέταρτον τοῦ φόλεως ἢ δύο λεπτά und weiter unten κοδράντης δὲ νουμμιαῖα τρία (cf. fr. 86,2. 98,4). Was den ersten dieser Ansätze anbelangt, so wird damit der Quadrans dem As, der ja gleichfalls den vierten Theil des Follis ausmachte, gleichgesetzt. Auf das gleiche führt der zweite Ansatz, da in der späteren Zeit Lepton ein gewöhnlicher Ausdruck für $^1/_{6000}$ Talent oder eine Drachme war (cf. Hesychius s. v. κοδράντης, Epiphanius fr. 83, 1, 5, 22.), und auch auf den As von der Cleopatra (fr. 60, 18; 61, 15) zwei Drachmen gerechnet wurden. Den dritten Ansatz hat Hultsch nicht verstanden und desshalb ganz unstatthafte Veränderungen vorgeschlagen. Was man sich aber unter einem Nummion vorzustellen hat, geht deutlich aus der tab. Oribasiana fr. 67, 35 ἡ δραχμὴ ἔχει κεράτιον α΄ Σ und fr. 100, 3 νουμιαῖον ἓν καὶ ἥμισυ τοῦ λεπτοῦ (genauer würde es heissen Τὸ λεπτὸν νουμιαίου ἑνὸς καὶ ἡμίσεος) hervor. Denn danach muss man unter Nummion die kleine Silbermünze der nachconstantinischen Zeit oder die Siliqua von 2 Scrupel verstehen. Wir erhalten also auch auf diese Weise für den Quadrans das Gewicht von $2 \times 3 = 6$ Scrupel, also dasselbe Gewicht, das wir früher für den As gefunden haben. Ohne allen Umschweif endlich wird der Quadrans dem vierten Theil einer Unze von dem Anonymus fr. 77,1 und 14 gleich gesetzt. Woher kömmt nun dieser Ansatz, der sich jedenfalls gegenüber dem thatsächlichen Gewicht des Quadrans als unbedingt falsch erweist? Rührt etwa der Irrthum daher, dass man sich an die Bedeutung des Wortes anklammerte und demnach quadrans mit $^1/_4$ Unze erklärte? Ich will nicht leugnen, dass auch hier wie bei so vielen falschen metrologischen

Angaben die verkehrte Etymologie mit im Spiel gewesen
ist. Aber die Erklärung des Hesychius oder vielmehr der
in den Hesychius eingeschobenen Glosse *κοδράντης τὸ πᾶν
ἢ λεπτὰ δύο* zeigt deutlich, dass die ganze Angabe aus
Marcus XII, 42 sqq. ʽ*καὶ ἐλθοῦσα μία χήρα πτωχὴ ἔβαλε
λεπτὰ δύο ὅ ἐστι κοδράντης. Καὶ προσκαλεσάμενος
τοὺς μαθητὰς αὐτοῦ εἶπεν αὐτοῖς. Ἀμὴν λέγω ὑμῖν, ὅτι
ἡ χήρα αὕτη ἡ πτωχὴ πλεῖον πάντων βέβληκε τῶν βαλόν-
των εἰς τὸ γαζοφυλάκιον. Πάντες γὰρ ἐκ τοῦ περισσεύοντος
αὐτοῖς ἔβαλον. αὕτη δὲ ἐκ τῆς ὑστερήσεως αὐτῆς πάντα
ὅσα εἶχεν, ἔβαλενʼ* geflossen ist. Marcus, der nach einer
Tradition sein Evangelium für die Römer schrieb, wollte
den griechischen Ausdruck *λεπτόν* mit einem lateinischen
Worte erklären, und konnte dazu kein anderes Wort als
quadrans wählen, da die kleinste Kupfermünze, welche die
Griechen *λεπτόν* nannten, dem römischen Viertelas entsprach. Es ist also, wie Cavedoni Biblische Numismatik
S. 78 ff. überzeugend dargethan hat, zu dem Pronomen
ὅ ʽ*λεπτόν*ʼ zu ergänzen und es darf dasselbe nicht auf die
Summe von 2 Lepta bezogen werden. Die späteren Er-
klärer hatten aber kein Verständniss mehr von dem Münzwesen, wie es zur Zeit Christi herrschte; und legten in die
Worte des Evangelisten den Sinn, dass ein Quadrans zwei
Lepta gleich sei. Indem sie dann ferner Lepton von der
kleinen Silbermünze, dem Denar, verstanden, theilten sie
dem Quadrans das Gewicht von 2 Neronischen Drachmen
oder ¼ Unze zu. Wir haben also hier ein merkwürdiges
Beispiel, welchen Unverstand eine falsche Worterklärung
hervorbringen kann, und wie vorsichtig man die Nachrichten
der späteren metrologischen Schriftsteller aufnehmen muss.

Nehmen wir nun, nachdem wir die Angaben der Alten
über das Gewicht und den Werth der hier in Frage kommenden Münzen näher untersucht haben, den Faden der
historischen Untersuchung wieder auf, so erhielt sich jene

unter Augustus eingeführte Münzordnung, nach der man den
Denar in Silber, den Sesterz und Dupondius in Messing,
den As und dessen Theile in Kupfer ausbrachte, unverändert im 1. und 2. Jahrhundert fort. Unter Caracalla
aber begann man neben dem Denar, der nunmehr den
Namen argenteus minutulus (λεπτόν) erhielt, eine grössere
Silbermünze den Antoninianus oder Aurelianus zu prägen,
und den Feingehalt beider Silbermünzen in einem bedenklich steigernden Maasse durch Beimischung werthloseren
Metalls zu verschlechtern. In der Mitte des 3. Jahrhunderts
gieng auf solche Weise das Silber in Billon über, und
einiger Maassen gehaltvoll geprägte Silbermünzen werden
nun immer seltener. Es verschwand daher zunächst der
Dupondius, der sich durch das bessere Metall und die dasselbe repräsentirende Strahlenkrone von dem As unterschieden hatte, ganz aus der Münze und die Strahlenkrone
ward nunmehr das beständige Zeichen des Scheinsilbers.
Aber bald kam die eigentliche Kupferprägung überhaupt
ins Stocken und kupferne vom Senat geprägte Sesterze und
Asse begannen schon unter Gallien sehr selten zu werden,
um kurz darauf unter Probus dem Weisskupfer völlig Platz
zu machen. Es prägten nunmehr die kaiserlichen Münz-
stätten Denare und Antoniniane in Kupfer von demselben
Gewichte und derselben Form wie die entsprechenden Silbermünzen, gaben ihnen aber, um den hohen Werth, zu dem
sie ausgegeben wurden, doch wenigstens äusserlich etwas
zu rechtfertigen, durch Weisssieden einen flüchtigen Silber-
glanz. Dass aber nicht alle Münzen mit der Strahlenkrone
und dem Gewichte von 3 – 4 Gr., welche von Valerian,
Gallien, Claudius und Aurelian geschlagen wurden, ein und
denselben Curs haben konnten, zeigt ein Blick auf die erhaltenen Münzen. Denn während die überwiegend grösste
Menge derselben aus fast reinem Kupfer besteht, findet sich
doch auch eine kleinere Anzahl von solchen, welche einen

noch verhältnissmässig bedeutenden Silbergehalt haben und desshalb auch in jenen heillosen Zeiten noch recht wohl als Silbermünzen cursiren konnten. In der That kann ja die Silberprägung nicht vollständig unterbrochen worden sein, da sonst unmöglich der Kaiser Tacitus dafür hätte Sorge tragen können, dass, wenn einer dem Gold Silber oder dem Silber Erz oder dem Erz Blei beimischte, er mit dem Tode und der Confiscation des Vermögens bestraft würde [6]).

Ein getreues Abbild dieser verworrenen Münzzustände geben die kaiserlichen Erlasse aus jener Zeit. Schon längst hatte die Staatskasse die Steuern nicht mehr in der von ihr selbst ausgegebenen Creditmünze entgegengenommen, sondern die Zahlung in Gold verlangt (s. Hultsch Metrol. S. 244); nun aber konnte nicht mehr eine zu verausgabende Summe rundweg, wie früher, in Denaren oder Sesterzen angesetzt werden, weil weder der Kupferdenar und der Silberdenar sich im Curse gleich stunden, noch wie früher 25 solch schlechter weiss gesottener Denare auf einen Aureus gingen. Es sahen sich daher die Kaiser selbst genöthigt, bei Zahlungsanweisungen jene kupfernen Denare, denen sie das Gepräg der silbernen gegeben hatten, gleichsam zu discreditiren und die Summen im Gold, Silber, natürlich Halbsilber, und Kupfer zu specificiren. Den interessantesten Beleg hierfür haben wir in einem Edikt des Valerian (Vit. Aureliani c. IX.), worin der Kaiser befiehlt, an den Aurelian aureos Antoninianos diurnos binos, argenteos Philippeos minutulos quinquagenos, aeris denarios centum auszuzahlen. Mommsen S. 805 A. 231 meint frei-

---

6) Vita Taciti c. IX. In eadem oratione cavit, ut si quis argento publice privatimque aes miscuisset, si quis auro argentum, si quis aeri plumbum, capital esset cum bonorum proscriptione.

lich, es bedeute denarii centum nichts anderes als eine An-
weisung einer Summe in Kupfergeld, was anderswo mit in
aere HS quinquagies oder aeris HS decies ausgedrückt sei;
allerdings entgegnen wir, wird damit eine Summe in Kupfergeld ausgedrückt, aber überdies auch die neue Münzsorte bezeichnet, in der dieselbe von der kaiserlichen Kasse
ausbezahlt werden sollte; denn auch bei Gold und Silber
ist genau die Münzsorte angegeben und wie käme auch
sonst der Kaiser dazu, die Summe des Kupfergeldes ganz
entgegen dem allgemeinen Sprachgebrauch in Denaren,
statt in Assen und Sesterzen auszudrücken? Ebenso muss
aber an kupferne Denare gedacht werden, wenn Aurelian
dem Bonosus (Vita Bon. c. XV.) zum Hochzeitsgeschenk
100 aurei Philippei, 1000 argentei Antoniniani und 1 Million
Sesterzen in Kupfer verehrt. Denn vom Senat geprägte
alte Sesterze und Asse waren unter Aurelian eine Selten-
heit, so dass der Kaiser eine so bedeutende Summe gewiss
nicht in jener Münze auszahlen liess. Angesichts dieser
Stellen erkläre ich auch in dem Edikte Valerians (Vit.
Probi c. IV. Huic igitur dari iubebis . . . . aureos Antoninianos centum, argenteos Aurelianos mille, aereos Philippeos
decem milia) die aerei Philippei von der neuen Kupfermünze des Valerian, obwohl hier eine andere Erklärung an
und für sich nicht ausgeschlossen wäre. Wie nun aber in
dem obigen Edikt des Valerian jener Denar als kupferner
bezeichnet wird, so fand man es um diese Zeit auf der
andern Seite für nothwendig, den silbernen Denar noch
besonders durch den Zusatz argenteus auszuzeichnen und
dem kupfernen entgegenzustellen. So heisst es in einer
Inschrift bei Gruter 639,8 locus emptus est ✳ decem m̄
argenti und werden in mehreren griechischen Inschriften bei
Böckh C. I. G. 2830, 2832, 2827, 2840 *ἀργυρίου δηνάρια*
erwähnt.

Diese Weise aber, Kupfer und Silber mit dem gleichen

Stempel und nach den gleichen Nominalen zur selben Zeit neben einander zu prägen konnte sich auf die Dauer nicht halten. Die Bürger vor allem mussten einen solchen Zustand unerträglich finden, da auf diese Weise in jenen heillosen Zeiten den Münzbeamten die beste Gelegenheit geboten ward unter gesetzlicher Form die grossartigsten Betrügereien zu begehen. Und dass diese in der That damals ein arges Unwesen trieben, zeigt der Widerstand, den dieselben auf Anstiften des Münzvorstehers Felicissimus dem Kaiser Aurelian, der ihrem verruchten Treiben Schranken setzen wollte, mit bewaffneter Hand entgegensetzten. Nicht minder schlecht aber kamen bei diesen Münzwirren, die einem vollständigen Staatsbanquerott gleich kamen, die Beamten und alle diejenigen weg, die Zahlungen von der Staatskasse zu beanspruchen hatten. Denn bei besonders begünstigten verfügte wohl der Kaiser, dass denselben ihr Gehalt entweder ganz (Vit. Claudii c. XIV.) oder doch zum Theil (Vita Claudii c. XIV; Vit. Aurelii IX und XII, Vita Probi c. IV) in Gold oder Silber ausgezahlt wurde; aber die übrigen erhielten gewiss nichts als jene massenhaft geprägte Creditmünze, die sie in einer Zeit, wo jeder Staatscredit zu Grunde gegangen war, zu dem ursprünglichen Werthe annehmen mussten. So wird es uns denn auch begreiflich, wie dem Rhetor Eumenius nach seiner eigenen Versicherung in der im Jahre 296 gehaltenen Rede pro restaurandis scholis c. IX von den Kaisern ein jährlicher Gehalt von 600,000 Sesterzen ausgeworfen werden konnte. Denn Casaubonus zum Sueton Vit. Othonis c. IV nahm an dieser enormen Summe der Art Anstoss, dass er statt des einzig beglaubigten sexcena milia nummum: sexagena m. n. lesen wollte. Bedenken wir aber, dass in der That jenes Weisskupfer, in dem gewiss der Gehalt ausbezahlt wurde, kaum den zwanzigsten Theil des ihm octroyirten Werthes hatte, so wird man alles in Ordnung

finden und sich nicht durch die grossen Zahlen zu über-
mässigen Vorstellungen verleiten lassen. Aber nicht bloss
Bürger und Beamten sträubten sich gegen diese Confundir-
ung der Silber- und Kupfermünze, auch die kaiserliche
Kasse musste es bequemer finden, die Silberprägung ganz
fallen zu lassen, da sie bei dem zu hohem Werthe ausgegebenen Kupfergeld weit mehr gewann, und das Silbergeld wegen des Verrufes, in den es mit Recht gekommen
war, nur ungern genommen wurde. Es prägten daher die
Kaiser von Aurelian bis Diokletian fast ausschliesslich nur
Weisskupfergeld und die Unterthanen mochten dabei immer
noch eher ihre Rechnung finden als in der Unordnung,
welche vor Aurelian geherrscht hatte.

Was den Werth, zu dem jene neue Weisskupfermünze
verrechnet wurde, anbelangt, so liegt es in der Natur der
Sache, dass derselben von vornherein der Werth jener
Silbermünze, dessen Gepräge sie betrügerischer Weise angenommen hatte, zugetheilt wurde. Es galt daher das
Weisskupfer entweder als Denar 4 Sesterze oder 16 As,
oder als Antoninianus 5 Sesterze oder 20 As (s. Hultsch
Metrol. S. 242 A. 7), und zwar scheint die erste Rechnung
unter Valerian Gallien Saloninus und Claudius, die letztere
seit Aurelian die herrschende gewesen zu sein. Da aber die
schlechte Münze nur die erborgte Form des Silberstückes
hatte, so musste man es für nothwendig finden, derselben
durch Aufprägung eines Werthzeichens gleichsam einen
Zwangscurs zu geben. So finden wir denn nicht selten auf
solch schlechten Münzen des Valerian und Gallien das alte
Zeichen des Denar X und noch häufiger einen Stern, der
wie in Inschriften, so auch auf Münzen an die Stelle des
alten Denarzeichens, des einfach durchstrichenen ✖ getreten
zu sein scheint. In demselben Sinne scheint das Werthzeichen QVATERNIO auf einer Münze des Valerian und
Gallien gedeutet werden zu müssen. Mommsen S. 829 zwar

erklärt dasselbe so, dass er darin den Ausdruck des Vierdenar-
stückes erblickt, und erinnert dabei an die ähnliche Erhöhung des Werthes des sicilischen Silbernummus, der anfangs
1 Kupferlitra gleich stund, später aber durch einen Staats-
streich 10 Litren Kupfer gleich gesetzt wurde. Aber in
Sicilien bewahrte das Silber seinen Feingehalt, in Rom
hatte man an der Verschlechterung des Metalls ein hinlänglich ausreichendes Mittel, die Münze über ihren wirklichen Gehalt zu erhöhen. Dazu kömmt, dass in einem Erlass des Gallien in der Vita Claudii c. XIV neben 150
aurei Valeriani: 300 trientes Saloniniani genannt werden,
und dass man unter den letzteren kaum etwas anderes als
die häufigen Billonmünzen mit dem Brustbild der Salonina
verstehen kann. Der Name triens bezeichnet aber bekanntlich den 3. Theil des Libralas oder 4 Unzen; da nun ferner
der Sesterz, wie wir oben sahen, normal auf 1 Unze ausgebracht wurde, so werden die Namen triens und quaternio
dahin zu verstehen sein, dass jene Münzen zu 4 Sesterzen
oder zu 1 Denar gerechnet werden sollten[7]).

Von vornherein also setzte man die Billonmünze auf
den Werth eines Denar oder 4 Sesterze an. Unter Gallien
aber scheint man nun doch genöthigt gewesen zu sein, dem
niedern Curs, in dem diese neue werthlose Münze zu dem
gleichnamigen Silber, das immer noch wenn auch in kleineren

---

7) Somit gewinnt auch der Ansatz des Eusebius fr. 88,5 *Δηνάριον ούγκίας τὸ τέταρτον*, den Hultsch allzu geringschätzig behandelt, seine Bedeutung. Wenn es daher in dem Chronographen Marcellinus z. J. 498 heisst: Anastasius nummis, quos Romani terentianos
Graeci pholleralos vocant, suo nomine figuratis placabilem plebi
commutationem distraxit, so scheint das verderbte terentianos nicht
aus teruncianos, sondern aus trientianos verschrieben zu sein. Man
vergleiche überdiess die Glosse des Hesychius *Τριᾶντος πόρνη. λαμ-
βάνουσα τριᾶντα, ὅ ἐστι λεπτὰ εἴκοσι.*

Quantitäten in Umlauf war, einiger Maassen Rechnung zu
tragen, und so sind wohl die Ziffern V VI VIII IX X XI
XII XV, wenn sie anders, was alle Wahrscheinlichkeit für
sich hat, Werthzeichen sind, von der Anzahl Asse zu verstehen, die durch die Münze repräsentirt werden sollten [8]).
Unter Aurelian [9]) trat eine neue Aenderung ein, die sich
sodann constant bis auf Diokletian und Maximian erhielt. Wir finden nämlich von nun an sehr oft auf den
Münzen dritter Grösse mit der Strahlenkrone, die damals
fast allein noch geschlagen wurden, die Zahlzeichen XXI
oder KA und XX oder K, und zwar die letzten Zeichen
zahlreicher unter Diokletian und Maximian und nicht blos
auf Münzen der Trierer Officin, wie neuerdings behauptet
wurde [10]). Es ist dieses nichts anders als eine weitere

---

8) Ich muss dabei bemerken, dass ich auf mehr als 100 Silbermünzen des Gallien im hiesigen Münzcabinet, d. h. auf solchen,
welche noch nach der Farbe und der Schwere einen grösseren
Silbergehalt enthalten und daher auch leicht noch als Silbermünzen
cursiren konnten, nirgends jene Zahlzeichen fand. Hingegen fand ich
von 7 kupfernen Kleinmünzen des Gallien, welche ich der Sammlung
des Prof. Spengel und der des Antiquarium entnahm, folgende
Zeichen und Gewichte: 2 mit XII wogen 2,3. 3,1 Gr., 3 mit X 3,2.
3,05. 1,4 Gr, 1 mit IX 1,8 Gr, 1 mit VI 2,7 Gr. Ramus giebt für
die Münzen mit verschiedenen Ziffern keinen Unterschied in der
Grösse an, nur bei einer einzigen mit dem Zahlzeichen V bemerkt
er, dass sie 5 Grösse sei, während alle übrigen 3. Grosse sind. Beziehen sich daher die Ziffern auf die Anzahl Asse, welche die einzelnen Stücke galten, so muss die Prägung eine sehr lüderliche gewesen sein, und muss dieselbe überdiess in verschiedenen Zeiten
bedeutende Schwankungen erlitten haben.

9) Da mehrere Münzen des Aurelian noch die Ziffern V VII X
haben, so muss jene Aenderung erst in den späteren Regierungsjahren des Kaisers eingetreten sein. Merkwürdig sind auch mehrere
Münzen des Aurelian bei Ramus N. 86, 155, 157, welche unten die
Ziffer XX und im Feld den Stern, das Zeichen des Denar, aufweisen.

10) Ich gebe im folgenden das Gewicht mehrerer derartiger

Devalvirung der Münze; denn wiewohl das Gewicht der
neuen Münzen das der vorausgehenden nicht übertraf, wurde
doch der Nominalwerth derselben eihöht. Diese Devalvirung trat noch mehr dadurch hervor, dass man früher, als
die neue Creditmünze sich erst Eingang verschaffen musste,
derselben noch etwas mehr Silber beimischte, nunmehr aber
rückhaltslos zur Kupferwährung übergieng. Von den beiden
Zahlzeichen nun hat das zweite Hultsch Metrol. S. 242
A. 7 wohl richtig erklärt, indem er annahm, dass der
Werth des silbernen Antoninianus von 20 Assen auch auf
jene Creditmünze, welche an seine Stelle getreten war,
übertragen worden sei. Aber weit gewöhnlicher treffen wir
namentlich unter Aurelian und Probus die Ziffer XXI, deren
doppeltes später auf den grossen Münzen der Vandalen
mit dem Zeichen XLII wiederkehrt (s. Mommsen 803. 841).
Zur Erklärung derselben könnte man leicht zur Annahme
seine Zuflucht nehmen, dass darunter der 75. Theil eines
römischen Pfundes oder $20^{12}/_{25}$ As zu verstehen seien [11]).
Aber abgesehen davon, dass nur äusserst wenige jener
Münzen das Gewicht der alten attischen Drachme von
$^1/_{75}$ Pfund oder 4,36 Gr. erreichen, führt uns auch eine
Nachricht des Metrologen Diodor auf eine ganz andere
Spur. Wir lesen nämlich in den Scholien zur Ilias E 576

Münzen. Von Münzen mit XXI wiegen die des Aurelian 3,6. 3,7 Gr.
des Florian 3,3 Gr., des Probus 2,8. 3,1. 3,2. 3,5. 3,6 3,9 4,1. 4,5 Gr.,
des Carus 3,7 Gr , des Carinus 3,2 Gr., des Numerian 4,2 Gr., des
Diokletian 3,5. 4,4 Gr., des Maximian 3,8 Gr., von Münzen mit KA
wiegt eine des Carinus 3,45 Gr. und eine andere des Numerian
3,4 Gr.; von solchen mit XX zwei des Probus 3,05 (im Feld steht Q)
und 3,5 Gr.. und eine des Diokletian 2,05 Gr.; endlich von solchen
mit K zwei des Diokletian 2,65. 3,3 Gr. und zwei des Constantius
Chlorus 2,9. 3,0 Gr.

11) Interessant ist eine Silbermünze des Maximian mit dem
Zeichen XXI bei Ramus Nr. 1.

Ὁ δὲ Διόδωρος ἐν τῷ περὶ σταϑμῶν "τάλαντίν ἐστι μνῶν
ξ', ἡ δὲ μνᾶ δραχμῶν ρ', ἡ δὲ δραχμὴ ὀβολῶν ϛ', ὁ δὲ
ὀβολὸς χαλκῶν η', ὁ δὲ χαλκοῦς λεπτῶν ζ'"; dieselbe Notiz
finden wir bei Suidas unter *Τάλαντον* mit der einzigen
Variante, dass daselbst χαλκῶν ϛ' statt χαλκῶν ἡ geschrieben steht, und ich habe anderwärts die Richtigkeit dieser
letzteren Ueberlieferung zu vertheidigen gesucht. Doch wie
dem auch sei, jedem wird sich bei Vergleichung dieser
Stelle mit den Münzlegenden des Aurelian die Vermuthung
aufdrängen, dass mit der Zahl XXI 3×7 λεπτά gemeint seien.
Dass man aber unter λεπτόν nur den griechischen Ausdruck
für das lateinische as finden darf, erhellt aus mehreren
Stellen der Metrologen. So heisst es ausdrücklich bei Epiphanius fr. 83,1 *Τάλαντον* .... εἰς ϛ λεπτὰ διαιρεῖται
ἃ καλεῖται ἀσσάρια und bei dem Anonymus fr. 86,3 *Τὸ*
ἀσσάριον, ὡς φασί τινες, δεκάνουμμον εἶναι καὶ λεπτὸν τὸ
αὐτό; und wenn ferner in einem von Salmasius citirten
Fragment (fr. 97,7 Hu.) steht *Λεπτόν ἐστι σταϑμίον οὐγ-*
κίας τὸ τέταρτον, so kömmt dieses auf das gleiche heraus,
da ja, wie wir oben sahen, dem As normal ¹/₄ Unze an
Gewicht gegeben ward [12]). Wir dürfen also als sicher annehmen, dass die Zahl XXI dazu dienen sollte, den Werth
der Münze auf 21 Asse oder auf 3 Chalkoi anzugeben. Wie
aber kömmt der Chalkus plötzlich in's römische Münzsystem
und verrückt die frühere Zählung nach Sesterzen zu je
4 As? Ein Rückblick auf die Prägung in den Theilen des

---

12) So erklärt sich denn auch die Angabe in fr. 99,4 *Τὸ δὲ*
λεπτὸν ὁλκῆς μιᾶς ἐστι δέκατον, ὀγδοηκοστὸν τῆς οὐγγίας. Denn auch
dieser Metrolog nahm λεπτόν für ἀσσάριον, rechnete aber deren 10
statt 16 auf einen Denar. Auf ähnliche Weise ist fr. 77,10 und 98,7
Τὸ ἀσσάριόν ἐστι λεπτὰ ζ' (so ist ϛ' nach 98,7 zu corrigiren) auf das
hier besprochene Verhältniss Bezug genommen, aber irrig ἀσσάριον
mit χαλκοῦς verwechselt.

Reiches, in denen die griechische Sprache herrschte, macht dieses klar. Diesen war nämlich schon längst das Recht der Silberwährung entzogen worden, aber Kupfer prägten sie bis in die Zeit des Gallien und Aurelian. Damals aber giengen sie auch dieses Rechtes verlustig, und die römischen Kaiser nahmen den Chalkus zu ⅓ des weisskupfernen Antoninianus in die Reichsmünze auf. Um aber alsdann für den Werthausdruck des Chalkus in Assen oder Lepta keine Bruchtheile zu erhalten, so theilten sie ihm selbst 7 statt 6⅔ und dem Ganzstück demnach 21 statt 20 Lepta zu. Vielleicht hängt damit auch zusammen, dass viele alexandrinische Münzen dieser Zeit den Stern oder das Denarzeichen haben; denn mir sind zwar aus den hiesigen Cabineten keine alexandrinische Münzen mit dem Stern bekannt geworden, aber das Gewicht der sonstigen Münzen Alexandriens aus dieser Zeit, die wohl in gleichem Curs wie die mit dem Stern bezeichneten stunden, kommt so ziemlich auf 3 alte Chalkoi oder 9 bis 10 Gr. heraus [13]).

Auf solche Weise hatte die Münzordnung oder richtiger gesagt Unordnung des 3. Jahrh. zur grossartigen Entwerthung des As und Denar geführt. Diese Verhältnisse konnten nur dadurch wieder in Ordnung gebracht werden, dass man die Prägung in reinem Silber und Gold wieder aufnahm und das entwerthete Weisskupfer in ein neues Verhältniss zum wiederhergestellten Silbergeld setzte. Diesen wichtigen Schritt that Diokletian, welcher wieder reines Silber prägen liess und das bisherige Scheinsilber zum reinen Kupfergeld

---

13) Vergleiche Epiphanius fr. 82,43 Χαλκοῖ. τούτους οἱ Αἰγύπτιοι ἐφεύροντο . . . καὶ παρὰ Ἀλεξανδρεῦσι τὰ ἀργύρια καλοῦνται χάλκινα· ἔστι δὲ ὁ χαλκοῦς τῷ σταθμῷ ὄγδοον οὐγγίας ὡς ἡ δραχμή. Wenn daher auch die Alexandriner noch eine Zeit lang das Recht Kupfer zu prägen behielten, so trat dasselbe doch nun in ein bestimmtes Verhältniss zu dem Reichsweisskupfergeld.

herabdrückte. Das kleine Kupfergeld von reichlich 3 Gr. ward zwar anfänglich noch beibehalten, aber nunmehr nur noch spärlich geprägt und durch den Lorbeerkranz, der an die Stelle der Strahlenkrone in den jüngsten Münzen Diokletians, Maximians und ihrer nächsten Nachfolger trat, auch äusserlich als Kupfergeld charakterisirt [14]). Daneben führte aber Diokletian auch noch ein grösseres Nominal von 9—10 Gr. ein, das sich zwar anfangs noch durch Strahlenkrone und Weisssieden dem alten Scheinsilber verwandt zeigte, bald aber als entschiedene Kupfermünze auftrat und nach 305 das kleine Kupfergeld ganz verdrängt zu haben scheint [15]). Man sieht daraus, dass Diokletian eigentlich keine neue Münze einführte, sondern nur zur Asprägung zurückkehrte, wie sie vor dem Erlöschen der senatorischen Kupferwährung gegen Mitte des 3. Jahrhunderts bestanden hatte. Aber diese neue Münze unterschied sich nichts desto weniger wesentlich von der früheren dadurch, dass sie nicht mehr As hiess und auch nicht mehr nach Assen, sondern nach Denaren gewerthet wurde. Das ersehen wir aus dem berühmten Edikt des Diokletian de pretiis rerum venalium, das der Kaiser im Jahr 301 erliess und das uns mehr als alles andere über die Münzverhältnisse jener Zeit aufklärt.

Vor allem lernen wir aus dem Edikt, dass damals

---

14) Eine solche Münze des Maximianus Aug. mit dem lorbeerbekränzten Kaiserkopf und ohne Werthzeichen wiegt 3,4 Gr. und zwei andere des Divus Maximianus 2,1 und 3,9 Gr.

15) Auf das grössere Nominal muss man bereits vor d. J. 293 Münzen zu schlagen begonnen haben, da sich schon von Carausus derartige grossere Stücke, aber noch mit der Strahlenkrone vorfinden; auch hat man sicher noch bis 305, dem Jahre, in welchem Severus zum Cäsar ernannt wurde, die kleineren Nominale geprägt; von da an aber scheinen dieselben aus der Münze und dem Verkehr verschwunden zu sein.

nicht mehr der As, sondern der Denar und zwar der bedeutend reducirte Denar als Rechnungseinheit gebraucht wurde; denn alle Löhne und alle Waaren, die theuersten wie die wohlfeilsten, sind nach Denaren tarifirt. Diese Thatsache konnte natürlich Niemand übersehen, aber das andere hat man entweder gar nicht oder nur zum Theil beachtet, dass alle Summen von Denaren, die sich im Edikte finden, entweder mit 2 oder mit 5 theilbar sind. Ein Preisansatz in einem Denar findet sich nirgends, sondern selbst die niedrigsten Sätze, wie der Barbiererlohn, sind auf mindestens 2 Denare gestellt, und desshalb sind auch bei den wohlfeileren Lebensmitteln, wie Aepfeln, Feigen u. a. mehrere Stück zusammengenommen um einen Preisansatz von mehr als einem Denar zu gewinnen. Die grösseren Summen aber lassen sich fast alle mit 2 theilen, doch begegnen uns einige andere, wie 15 (c. VIII, 22, 25, 30) 25 (c. VII, 1, 19, 31 ff.) 75 (c. VII, 29, 68) und 125 (c. IV, 18), die nur eine Theilung mit 5 zulassen, der zahlreichen Fälle zu geschweigen, wo eine Theilung mit 5 neben der mit 2 zulässig ist; dagegen findet sich keine einzige Summe, die sich nicht mit 2 oder 5, sondern nur mit einer anderen Zahl, wie etwa mit 3 oder 7, theilen liesse. Das ist nun doch gewiss nicht blinder Zufall; liegt aber ein faktisches Verhältniss dieser Erscheinung zu Grunde, so kann dieses nirgends anders als in den Münzsorten zu suchen sein. Wir können also mit voller Zuversicht in den beiden einzigen Kupfersorten, die uns aus jener Zeit vorliegen, das Zweidenarstück und das Fünfdenarstück wiedererkennen. Es muss somit schon desshalb die von Mommsen Edict. Diocl. S. 56 gebilligte Ansicht Borghesis, dass der diokletianische Denar die grössere Kupfermünze dieser und der Folgezeit, der spätere Follis sei, als durchaus unmöglich beseitigt werden. Man wird aber vielleicht gegen unsere Auffassung einwenden, dass, wenn die kleinste gangbare

Münze das Zweidenarstück war, dann kein Preis auf nur
2 Denare angesetzt werden durfte, weil ja sonst die Preisse
aufhörten Maximalpreisse zu sein, was sie doch nach den
Worten des kaiserlichen Ediktes sein sollten[16]). Aber um
andere Gründe, die man einem derartigen Einwand ent-
gegenhalten könnte, zu übergehen, weise ich nur darauf hin,
dass Ansätze von 2 Denaren äusserst selten sind, und nur
bei solchen Dingen, wie dem Lohn der Barbierer (VII, 22),
der Kleiderbewahrer (VII, 75) und der Backsteinstreicher
(VII, 15) sich finden, die durch schlechte Aernten und
öffentliche Missgeschicke keine Schwankungen zu erleiden
pflegten. Hingegen ist bei der Zusammenfassung mehrerer
Stücke, wie von 5 Kohlstengel (VI, 9) von 10 Aepfeln
(VI, 65) und 25 Zwiebeln (VI, 21) der Preis höher nämlich auf 4 Denare angesetzt, um eben ein Herabgehen auf
das kleinste Geld zu ermöglichen.

Leicht ist es nun aber auch einzusehen, wie
Diokletian zur Einführung dieser Prägung und Rechnungs-
weise gekommen ist. Er fand nämlich bei seinem Re-
gierungsantritt die kleine Weisskupfermünze mit der
Strahlenkrone und den Werthziffern XX und XXI vor und
prägte anfangs selbst noch auf diesen Fuss; indem er nun
von der Ziffer XX ausgieng, die sich auf seinen Münzen
nicht ohne Grund häufiger als auf denen seiner Vorgänger
findet, erklärte er diese Münze für das Zweizehnerstück[17])

---

16) Vergleiche die Worte in der Einleitung des Ediktes: non
praetia venalium rerum . . . sed modum statuendum esse censuimus,
ut cum vis aliqua caritatis emergeret — quod dii omen averterent —
avaritia, quae velut campis quadam inmensitate diffusis teneri
non poterat, statuti nostri finibus et moderaturae legis terminis
stringeretur.

17) Auf dieses Zweidenarstück beziehe ich die Glossen des
Philoxenus binio δίνουμμα und biniones δηνάρια; weniger bestimmt
aber wage ich mich über die Ziffer II auf einer kleinen Kupfermünze des Maximian bei Wellenheim Nr. 14207 auszusprechen, zu-

und das neue von ihm eingeführte Nominal, das beiläufig 2½ Mal so schwer war, für das Fünfzehnerstück [18]). Es konnte aber der Kaiser um so leichter das Wort denarius in der eigentlichen Bedeutung eines Zehnerstückes wieder aufnehmen, als die frühere Eintheilung des Denar in 16 Asse während der heillosen Wirren der vorhergehenden Zeit halb vergessen worden war; auch legte er lieber den Denar als das Lepton allen Rechnungen zu Grunde, weil es nach der Wiederherstellung der reinen Kupferwährung ganz unstatthaft erscheinen musste, die kleinste Münze nochmals in 20 Einheiten zu zerlegen. Wie nun früher beim Uebergang der Silber- in Billonwährung die Unterscheidung von denarii argenti und denarii aeris aufgekommen war, so nannte man jetzt im Gegensatze zum Rechnungsdenar des Diokletian den Silberdenar von 16 Assen den alten Denar (δηνάριον ἀρχαῖον), wovon sich ein Anzeichen in einer Inschrift des C. I. G. 2836 erhalten hat.

Aber noch eine andere und wichtigere Thatsache lernen

---

mal sich dieselbe auch auf einer Münze des Aurelian bei Ramus Nr. 75 findet und somit leicht auf etwas anderes, vielleicht auf die Officin, Bezug haben kann.

18) Vielleicht ist auf diesen Werth der grösseren Münze das Zeichen L zu deuten, das ich auf zwei Stücken vorgefunden habe. Das eine zeigt den lorbeerbekränzten Kopf des Kaisers und die Umschrift CONSTANTIVS NOB CAES auf dem Avers, und auf der Rückseite einen Genius mit der Umschrift GENIO POPULI ROMANI ein A im Felde und LB im Abschnitt, es wiegt dasselbe 9,05 Gr; ein anderes Stück vom Gewichte von 7,1 Gr. hat auf dem Avers den lorbeerbekränzten Kaiserkopf mit der Umschrift IMP C MAXENTIVS P F AVG, und auf dem Revers das Bild der Fides mit der Umschrift FIDES MILITVM, die Buchstaben MOSTR in dem untern Abschnitt und die Zeichen L I zu beiden Seiten des Kopfes der Fides. Warum ich jedoch diesen Zeichen, die ja auch etwas anders bedeuten können und jedenfalls zu vereinzelt stehen, wenig Gewicht beilege, wird aus der folgenden Darlegung erhellen.

wir aus dem Edikte des Diokletian kennen. In demselben
sind nämlich alle Preisse in Denaren festgesetzt und also
nicht blos die niederen, welche auch leicht in den genannten Münzen bereinigt werden konnten, sondern auch die
höchsten, welche gewiss nicht in Kupfer, sondern nur in
Silber oder Gold bezahlt wurden. Denn man wird doch
nicht einen Mantel von Laodicea, der auf 10,000 Denare
(c. XVI, 10) oder gar ein Pfund in bestem Purpur gefärbter Rohseide, das auf 140,000 Denare (XVI, 86) maximal
tarifirt war, in Kupfer haben zahlen wollen; denn dann
hätte man ja in die Zeiten des Lycurg zurückgreifen, und
um etwas zu kaufen, ganze Wagen voll Geld mit sich
schleppen müssen. Das ganze Edikt hat also ein gesetzlich
geregeltes Werthverhältniss des Kupfers zum Silber und
Gold zur nothwendigen Voraussetzung. Welches war nun
dieses? Von vornherein erhellt aus dem Sachverhalt und
den vorliegenden Werthansätzen, dass dieses Verhältniss
weder das alte sein kann, nach dem 96 Denare auf ein
Pfund Silber und 25 auf einen Aureus giengen, noch das
spätere, nach dem der Denar $\frac{1}{6000}$ des Solidus galt (Cassiodor Var. I, 10). Auch brauche ich mich bei der Auffassung Mommsens (Edict. Diocl. p. 56), dass jener Denar
$\frac{1}{144}$ des diokletianischen Aureus oder über $\frac{6}{7}$ Groschen
betragen habe, nicht lange aufzuhalten. Denn abgesehen
davon, dass sich diese Annahme nur auf eine sehr zweifel-
hafte Combination stützt, ist auch der Werth entschieden
zu hoch gegriffen und die ganze Vermuthung von ihrem
Urheber selbst (Gesch. d. röm. Münzw. S. 806 A. 235)
wieder aufgegeben worden. Aber die Möglichkeit einer genauen Bestimmung durfte desshalb Mommsen noch nicht in
Abrede stellen, da wir hierzu einen trefflichen Schlüssel in
der Angabe des Epiphanius fr. 82, 49 haben: Φόλλις ὁ
καὶ βαλάντιον (al. ταλάντιον) καλεῖται. διπλοῦν δέ ἐστιν
ὑπὸ δύο ἀργυρῶν (ἀργύρων vulgo) συγκείμενον, οἳ γίνονται

ση´ δηνάρια· καὶ φόλλις δύο λεπτὰ κατὰ τὸν δηναρισμὸν
ἀλλ᾽ οὐ κατὰ τὸν ἀργυρισμόν. Hier also haben wir ein ge-
naues Verhältniss des Denar zum Silberstück und zwar
nicht des alten, sondern ganz offenbar des neuen Denar.
Aber sofort erheben sich bei einer näheren Untersuchung
Schwierigkeiten, weil die Worte des Textes nicht fest stehen.
Zwar ist es keinem Zweifel mehr unterworfen, dass nach
den Handschriften, die Hultsch Metrol. script. rell. und
W. Dindorf in der Ausgabe des Epiphanius zu Rathe gezogen haben, βαλάντιον und nicht mit Petavius und seinen
Vorgängern ταλάντιον zu lesen ist. Aber bezüglich der
Zahlen herrscht grosse Unsicherheit, indem Petavius vor-
giebt in einem cod. Reg. ὑπὸ δύο ἀργύρων συγκείμενον οἳ
γίνονταί σοι κ´ δηνάρια gefunden zu haben, und Salmasius
Conf. p. 101 φόλλις ὃ καὶ βαλάντιον. διπλοῦν δέ ἐστι ὑπὸ
δύο ἀργύρων καὶ ἥμισυ συγκείμενον οἳ γίνονται σν´ δηνάρια.
φόλλις κατὰ τὸν δηναρισμὸν ἀλλ᾽ οὐ κατ᾽ ἀργυρισμόν,
Refut. p. 45 φόλλις ὃ καὶ βαλάντιον καλεῖται, ἔχει ἀργυροῦς
δύο ἥμισυ λίτρας ιβ´. φόλλις κατὰ τὸν δηναρισμὸν ἀλλ᾽ οὐ
κατ᾽ ἀργυρισμόν auf Grund handschriftlicher Auktorität zu
schreiben vorschlägt. Da nun Hultsch durch die· ihm
äusserst knapp zugemessene Zeit verhindert war die Pariser
Handschriften zu unserer Stelle genau zu vergleichen, so
wandte ich mich, um nicht meine Schlüsse auf einen Sand-
boden zu bauen, an meinen ehemaligen Zuhörer A. Laub-
mann, der mir alsbald mit der grössten Bereitwilligkeit
eine genaue Vergleichung der 5 Pariser Hdsch. überschickte.
Durch diese werden die Angaben von Petavius und Salmasius im wesentlichen bestätigt, indem es im cod. 2665
(s. XV) heisst: φόλλις ὃ καὶ βαλάντιον καλεῖται ὅτι δι-
πλοῦται. δύο γάρ εἰσιν ἀργυροὶ ὃ γίνεται Cy δενάρια.
λεπτοὶ δύο φόλλεις κατὰ τὸν δεναρισμὸν ἀλλ᾽ οὐ κατὰ τὸν

ἀργυρισμόν [19]), im cod. 2720 (s. XV) φόλλις καὶ βαλάντιον ἔχει ἀργυροὺς δύο ἥμισυ δενάρια διακόσια πεντήκοντα, im cod. 2830 (s. XVI) φόλης καὶ βαλάντιον ἔχει ἀργυροὺς δύο ἥμισυ δενάρια διακόσια πεντήκοντα λίτραι, im cod. 2731 (s. XVI) φόλης καὶ βαλάντιον ἔχει ἀργυροὺς δύο ἥμισυ δενάρια διακόσια λίτρας und im cod. 835 (s. XVI) φόλλις ὃ βαλάντιον καλεῖται· διπλοῦν δέ ἐστιν ὑπὸ δύο ἀργύρων συγκείμενον οἳ γίνονταί σοι κ΄ δηνάρια καὶ φόλλις δύο λεπτοὶ κατὰ τὸν δεναρισμὸν ἀλλ' οὐ κατὰ τὸν ἀργυρισμόν. Danach scheint die Ansetzung von einem φόλλις auf 250 Denare allerdings eine weit grössere Auktorität als die auf 208 für sich zu haben; auch weist uns nicht die handschriftliche Ueberlieferung, die in diesem Punkte gespalten ist, wohl aber die ganze Fassung des Satzes darauf hin, dass derselbe φόλλις einem doppelten und nicht 2½ Silberstücken gleich erachtet wurde. Somit stunden also 2 Silberstücke 250 Denaren oder 1 Denar $^2/_{250} = ^1/_{125}$ Silberstück gleich, und es fragt sich nur noch, welche Silberstücke hier gemeint sein müssen. Zur Beantwortung dieser Frage müssen wir von den letzten Worten unserer Glosse ausgehen, denn aus ihnen wird es klar, dass der ganze Ausdruck follis herübergenommen ist von der Steuer, die in Säcken (folles) verpackt selber den Namen follis und βαλάντιον erhielt [20]). Ebenso einleuchtend ist es, dass von unserm Glossator — denn an Epiphanius zu denken, ist sehr bedenklich — zwei Arten von solchen Steuern, eine höhere (φόλλις κατ' ἀργυ-

---

19) In dieser Hdsch. steht kurz zuvor noch eine andere ähnliche Glosse über den Follis, deren Zeichen ich nicht alle aufzulösen vermag, in der jedoch ganz deutlich δενάρια σν΄ zu lesen ist.

20) Vgl. Zosimus I. II, 6, der von Constantin dem Grossen, dem eigentlichen Urheber der hohen fast unerschwinglichen Steuern, berichtet: ἀπεγράψατο δὲ τὰς τῶν λαμπροτάτων οὐσίας καὶ τέλος ἐπέθετο, ᾧτινι φόλλιν αὐτός ἐπέθηκεν ὄνομα.

ϱισμόν) und eine niedere (φόλλις κατὰ δηναϱισμόν) unterschieden wurden. Was die erste dieser Steuern anbelangt,
so lesen wir in den glossae nomicae von einem sehr
hohen Steuerfollis der vornehmsten Familien von 2, 4 und
8 Pfund Gold. Schwerlich aber ist diese Nachricht, wiewohl
sie dem Chronikon des Hesychius Illustrius von Milet entnommen ist[21]), ganz genau. Allem Anschein nach wird nämlich derselbe Follis in Erlassen des Codex Theodosianus VI, 2,
8 und VI, 4, 21 bezüglich der Regelung der Senatorensteuer berührt. Nun ist zwar an jenen Stellen der Betrag
dieser Steuer nicht näher angegeben, aber aus einem Edikt
v. J. 393 Cod. Theod. VI, 2, 10[22]) erfahren wir, dass denjenigen, welche die niederste Senatorensteuer nicht leisten
konnten, erlaubt wurde, 7 Solidi statt 2 Folles beizusteuern.
Danach muss jedenfalls ein Senatorenfollis mehr als 3 ½
Solidi betragen haben, auf der andern Seite wird es aber
hiermit auch sehr zweifelhaft, dass derselbe je die Höhe von
2 Pfund Gold oder 144 Solidi gehabt habe. Denn da
einige Jahre zuvor im Jahre 383 durch einen kaiserlichen
Erlass[23]) festgesetzt worden war, dass gar Niemand von
der Leistung der niedersten Senatorensteuer von 2 Folles
befreit werden sollte, so konnte bei den damals ziemlich

---

21) Hesychius konnte um so eher in dieser Sache irren, da zu
seiner Zeit jene ganze lästige Steuer wieder aufgehoben war. cf.
Cod. Justin. 1 II. t. II.: Glebam vel follem sive septem solidorum
functionem sive quamlibet huiuscemodi collationem tam circa per-
sonas quam circa res ac praedia funditus iubemus aboleri.

22) Cod. Theod. VI, 2, 10. Quod ad eorum querimonias, qui se
glebalia non posse ferre onera testabuntur, amplissimorum virorum
consilio definitum est, scilicet ut septenos quotannis solidos pro sua
portione conferret, qui praebitiones implere follium *duorum* non
valeret. cf. VI, 2, 18.

23) Cod. Theodos. VI, 2, 8. Duorum vero follium maneat cunc-
tos indiscreta professio, etiam si professionem forte non habeant.

geordneten Steuerverhältnissen nicht im Jahre 393 eine
Herabsetzung der Steuer von 144 auf 7 Solidi statthaben.
Es wird sich also Hesychius irgendwie geirrt haben, sei es,
dass er die Senatorensteuer mit einer andern verwechselte,
sei es, dass er einen bestimmten Ausnahmsfall im Auge hatte,
und es wird der Senatorensteuer eben jener Silberfollis zu
Grunde gelegen haben, der nach denselben glossae nomicae
125 Miliaresia betrug. Alsdann war der im Jahre 393 verfügte
Steuernachlass ein ganz mässiger; denn danach brauchten
die unbemittelten unter den Senatoren statt 250 Miliaresia
oder 18 Solidi nunmehr nur noch 7 Solidi als Ehrensteuer
zu entrichten. Dieses war also der von Epiphanius genannte
φόλλις κατ᾽ ἀργυρισμόν, von dem er ausdrücklich den φόλλις
κατὰ δηναρισμόν unterscheidet. Auch über den letzteren
schöpfen wir die beste Belehrung aus dem Cod. Theodosianus.
Dort wird nämlich in einem Erlasse vom Jahre 384 [24]) festgesetzt, dass alle diejenigen, welche einen Curialen beerbten,
für den Erbantheil zur Besteuerung nach dem Denarismus
zugezogen werden sollten; und dann wird mit offenbarer
Bezugnahme auf jenen Erlass in einem andern [25]) vom
Jahre 428 verfügt, dass diejenigen, welche irgend einen
Besitz eines Curialen in den Händen hätten, für jeden Kopf

---

24) Cod. Theod. XII, 1, 107. Quicunque heres curiali vel legitimus
vel electus testamento graduve successerit . . . . sciat pecuniariis
descriptionibus pro ea tantum parte patrimonii, in quam quisque
successit, ad denarismum sive uncias sese auctoris sui nomine reti-
nendum. cf XII, 1, 123. Quicquid ex substantia curialium ad unum
quemque diversa largiendi occasione pervenerit, denarismo vel unciis
habeatur obnoxium in ea parte, in qua auctoris sui nomine fuerat
retentatum.

25) Cod. Theod. XII, 4, 1. Hi qui ex lucrativa causa possessiones
detinent, quae aliquando curialium fuerint, pro singulis earum iugis
et capitibus quaternas siliquas annuas ordinibus nomine descriptionis
exsolvant.

und jedes Gespann alljährlich 4 Siliquae an Steuern entrichten sollten. Es betrug also der Denarfollis — denn der
ist offenbar unter denarismus verstanden — 4 Siliquae, wie
schon längst Gothofredus zu Cod. Theod. XII, 1, 107 aus
der Vergleichung der beiden Stellen richtig geschlossen
hatte [26]). Wir sehen nun, um zum Epiphanius zurückzukehren,
dass in der Ansetzung des Follis auf 2 Silberstücke unter
dem ἀργυροῦς die doppelte siliqua oder das Miliaresion zu
verstehen ist.

Ehe wir aus diesen sicher gewonnenen Resultaten
weitere Schlüsse ziehen, wollen wir noch einige weitere Angaben über den gleichen Follis beleuchten. Bei Eusebius
fr. 88,5 lesen wir *Βαλάντιον κερατίων με'*; unter einem
κεράτιον ist aber in jenem ganzen Absatze nicht wie sonst
gewöhnlich die Siliqua als Münze, sondern als Gewicht zu
verstehen, und wir erhalten somit für den Beutel ein Gewicht von 45 sil. oder 2½ neronischen Drachmen [27]). Diese
kommen dem Normalgewichte von 2 Miliaresia so nahe,
dass wir gewiss auch hier eine Werthbestimmung des
Denarfollis vor uns haben. Da aber das Miliaresion später
in Brauch kam als der Denar oder die Drachme, so ist

---

26) Gothofredus hat nur den Namen denarismus falsch verstanden und darauf eine Reihe falscher Schlüsse gebaut. Weil nämlich
die Steuer in dem erwähnten Erlass in Silber angesetzt ist, so
glaubte er, der denarismus sei ehemals eine Steuer von dem Betrag
eines Silberdenar gewesen, die später verdoppelt worden sei. Wir
ersehen aber ganz klar aus der Glosse des Epiphanius, dass der
Denarfollis dem Silberfollis entgegensteht und somit ursprünglich
einen Beutel Kupfergeld bedeutete. Später verlangte die kaiserliche
Kasse die Erlegung der Steuer in Silber und setzte zu diesem Be-
hufe den Betrag des Beutel Kupfergeldes in Silber fest.

27) Man beachte dabei noch besonders den unmittelbar vorausgehenden Ansatz desselben Eusebius *Νόμισμα κερατίων ιη'*, wobei
unter *νόμισμα* natürlich der Neronische Denar verstanden ist.

gewiss der Ansatz des Denarfollis auf 2 ½ Drachmen der ursprüngliche und der auf 2 Miliaresia erst daraus abgeleitet; und zwar hat es auch hier der habsüchtige Constantin trefflich verstanden, aus der Einführung der neuen Silbermünze, des Miliaresion, einen kleinen Gewinn für die kaiserliche Kasse zu ziehen. Jetzt wird uns auch eine weitere Glosse über den φόλλις in den glossae nomicae: *Φόλλις στα θμός ἐστι λεγόμενος καὶ βαλάντιον, ἕλκει δὲ δηναρίους διακοσίους πεντήκοντα, τουτέστι λίτρας τιβ΄ καὶ οὐγγίας ἕξ, ὡς ἔχοντος ἑκάστου δηναρίου λίτραν ά καὶ οὐγγίας γ΄* klar werden. Es ist nämlich diese ganze Glosse nichts anders als eine höchst trübe Nachricht von dem Kupferfollis von 250 Denaren, welche Denare man desshalb, weil sie damals nicht mehr als Geld cursirten, nach dem Gewichte bestimmte. Ich meiner Seits möchte auf jenen Gewichtsfollis, den man durch verkehrte Erklärung auf manche Stellen der Alten bezog, auch nicht das geringste geben [28]).

Ziehen wir nun aus der von allen Seiten festgestellten Thatsache, dass ein Kupferfollis von 250 Denaren an Werth anfangs 2 ½ Drachmen [29]) und später 2 Miliaresien gleich-

---

28) Vielleicht ist dieser Follis alexandrinischen Ursprungs, da in Aegypten die Billonmünzen am frühesten auftraten, und schon in Inschriften v. J. 244 und 248 zwanzig aurei 220 Folles gleichgesetzt werden (C. J. G. 5008. 5010). Denn so deutete Cavedoni das inschriftliche *ΣΚΦ* und diese Deutung wird durch die Bemerkung Mommsens S 729 A. 224, dass die Folleralrechnung erst in der constantinischen Zeit beginne, nicht beseitigt. Denn wir lesen bereits in der Vita Heliog. c. XXI Sed vere ad sortem scenicos vocavit, cum et canes mortuos et libram bubulae carnis haberet in sorte, et item centum aureos et mille argenteos et centum folles aeris.

29) Jene Eintheilung eines Silberdenars in 100 Rechnungsdenare finden wir auch noch geradezu in mehreren verwirrten Angaben ausgesprochen, denen doch etwas richtiges zu Grunde zu liegen scheint. So heisst es bei Epiphanius fr. 82,35 *H.* (cf. proleg. 143)

kam, unsere Schlüsse, so galt also der Denar, wenn wir
mit Hultsch das Miliaresion zu 9,1 Sgr. oder 31,8 Kr. und
den neronischen Denar zu 8,7 Sgr. oder 30,4 Kr. an-
schlagen, anfänglich 1,03 Heller oder 0,36 Kreuzer, später
aber 0,87 Heller oder 0,25 Kr. Allerdings scheint dieser
Werth des Denar für die Preisansätze im diokletianischen
Edikt etwas zu niedrig zu sein; man muss aber bedenken,
dass dieselbe Münze, die jetzt zu 2 Rechnungsdenaren ausgegeben ward, kurz zuvor noch einen sehr hohen fingirten
Werth hatte, und dass dieser auf die höhere Preiswürdig-
keit der Münze auch jetzt noch Einfluss übte; überdiess
musste es dem Diokletian darauf ankommen, durch Herab-
drückung des Kupfers seiner neuen Silbermünze besseren
und rascheren Eingang zu verschaffen. Jedenfalls darf man
meine ganze Beweisführung nicht dadurch entkräftigen, dass
man jene Werthschätzung von 250 Denaren auf weit spätere
Zeiten bezieht, in denen der Rechnungsdenar bedeutend im
Preis gefallen war. Denn da, wie wir sahen, jene Werthschätzung ursprünglich auf Silberdenare und nicht auf Miliaresia gestellt war, so muss sie in die Zeit vor Constantin
zurückgreifen, in der noch nicht der Denar von $^1/_{96}$ Pfund
durch die neue Silbermünze von $^1/_{72}$ Pfund, das Miliaresion,
verdrängt war. Höchstens kann also nur dieses zugegeben
werden, dass 250 der schon vor Constantins Alleinherrschaft
reducirten Denare auf einen Follis von 2$^1/_2$ Silberdenare
gegangen seien; da aber jene Reduktion darin bestund, dass
man den Werth der Kupfermünze verdoppelte, so kam ein
Kupferdenar der früheren Zeit zweien der späteren an
Werth gleich. Gieng daher der Ansatz bei Epiphanius und
in den glossae nomicae von jenem reducirten Denar aus,

ϱ´ δὲ δηναρίων ὑπῆρχεν ὁ ἄργυρος (schreibe ἀργυροῦς, vgl. fr. 83,23)
und ganz ähnlich bei dem h. Maximus fr. 96 ὁ δὲ εἰς ἄργυρος (schr.
ἀργυροῦς) ἔχει δηνάρια ϱ´.

so hatte der Denar des kaiserlichen Ediktes vom Jahre 301
dem Metallgehalt nach den doppelten Werth, kam also nach
unserem Gelde 2,06 Heller oder 0,72 Kreuzer gleich.

Um nun noch die weitere Entwerthung des Denar, die
schon im Jahre 419 (Cod. Theod. XIV. 4, 10) so gross
war, dass ein Pfund Pöckelfleisch 50 Denare kostete, zu
verfolgen, so hatte Diokletian zu Gunsten der von ihm
wieder aufgenommenen Silberwährung das Kupfer in ein so
ungünstiges Verhältniss zum Silber gesetzt, dass bald wieder
ein Rückschlag erfolgen musste. Denn während selbst in
den Zeiten der guten Geldprägung, in den beiden ersten
Jahrhunderten nach Christus, 16 As von je $\frac{1}{4}$ Unze einem
Denar von $\frac{1}{8}$ Unze an Werth gleich galten, also Kupfer zu
Silber in der Münze wie 1 : 32 sich verhielt, setzte Diokletian nach meiner eben gegebenen Darlegung Kupfer zu
Silber in das Verhältniss von 1 : 50, da ja das Zweidenarstück Kupfer im Werthe $\frac{2}{100}$ der gleich grossen Silbermünze
entsprach. Dieses ungünstige Verhältniss scheint schon in
den letzten Jahren der Regierung des Diokletian eine Erhöhung des Kupfergeldes auf den doppelten Werth herbei-
geführt zu haben, so dass nun das grössere Kupferstück,
das nach und nach immer mehr das kleinere verdrängte, 10
statt 5 Denare und somit $\frac{1}{10}$ des Silberdenar galt. Ich
kann für diese Annahme allerdings kein bestimmtes Zeugniss geltend machen, stütze aber dieselbe durch das häufige
Vorkommen des Sterns auf den grösseren Münzen des
Diokletian, Maximian, Constantius Chlorus, Maximinus und
Maxentius, und das Zeichen und den Namen derjenigen
Münze, die im weiteren Verlauf an die Stelle jener Gross-
münze getreten war. Was den Stern anbelangt, so weist schon
der Umstand, dass sich derselbe nur auf den grösseren Stücken,
auf diesen aber sehr häufig findet, darauf hin, dass derselbe kein leerer Zierrath sondern ein Werthzeichen sei.
Sodann findet sich wenigstens auf denjenigen Kupfermünzen,

die später bei zunehmender Gewichtsminderung an die Stelle
des grossen Nominals getreten waren, neben dem Stern auch
die Ziffer X [30]). Werden wir so fast mit Nothwendigkeit zu
der Annahme geführt, dass der Stern auf Münzen Constantin
des Grossen, Valentinians, Arcadius u. a. das Zehnerstück
bedeute, so müssen wir wohl diese Annahme auch auf die
früheren Münzverhältnisse übertragen. Aber nicht minder
legt uns der Name der späteren gemeinen Kupfermünze
(n. centenionalis) die Vermuthung nahe, dass dieselbe aus
einem Zehner- und nicht aus einem Fünferstück entstanden sei.
Man suchte nämlich früher hinter dem n. centenionalis, der
sich zuerst in einer Verordnung vom Jahre 356 [31]) findet,
eine Silbermünze, indem man sich von der hohen Zahl 100
täuschen liess. Aber in jener Verordnung ist nur von
Kupfermünzen die Rede, und mit Recht hat daher auch
Mommsen S. 806 A. 234 jene frühere Meinung als unver-
einbar mit einer richtigen Textesinterpretation verworfen.
Eine Kupfermünze war aber auch der nummus decargyrus, denn nur so vermag ich mir die dunkle Stelle im
Cod. Theod. IX, 23, 2 Centenionalem tantum nummum in
conversatione publica tractari praecipimus maioris pecuniae
figuratione summota; nullus igitur decargyrum nummum

---

30) Von den mir vorliegenden Münzen aus der Sammlung
meines verehrten Lehrers und Freundes Spengel und aus dem
k. Antiquarium, welche deutlich das Zehnerzeichen X haben, wiegt
eine Constantin des Grossen 2,7 Gr., eine des älteren Licinius (mit
Strahlenkrone) 2,45 Gr., eine des Valentinian 1,9 Gr. und zwei des
He..lennenus 1,4 und 1,6 Gr. Ausserdem besitzt Spengel noch eine
Münze des Arcadius mit doppeltem Zehnerzeichen, welche 4,3 Gr.
wiegt.

31) Cod. Theod. IX, 23, 1 Si forte cum mercibus ad quascunque
provincias venerint naves, cuncta solita licentia mercabuntur praeter
pecunias, quas more solito maiorinas vel centenionales communes
appellant, vel ceteras quas vetitas esse cognoscunt.

alio audeat commutare sciens fisco candem pecuniam vindi-
candam, quae in publica potuerit conversatione deprehendi
zu erklären. Beide Ausdrücke also weisen auf das Zehn-
denarenstück hin, das nummus centenionalis in ganz ähnlicher
Weise getauft wurde, wie früher Diokletian den Namen
Doppeldenar auf die Billonmünze mit dem Zahlzeichen
XX angewandt hatte; nummus decargyrus aber nannte man
die grössere Münze der früheren Zeit (pec. maiorina), weil
sie ja von vornherein eine kleine Beimischung von Silber
hatte und Münzfälscher jener Zeit immer noch aus derlei
Münzen das Silber heraus zu ziehen pflegten (cf. Cod.
Theod. IX, 21, 6). Beide Namen aber scheinen doch nur
Sinn zu haben, wenn man ihren Ursprung in die Zeit des
Diokletian hinaufsetzt, denn damals lag die Benennung centenionalis nahe, weil das Zweidenarstück noch die Legende
XX trug, und damals konnte auch die grössere Münze
wegen ihres feineren Gehaltes (Mommsen S. 801) und des
lange Zeit noch fortgesetzten Weisssiedens den Namen decargyrus leicht erhalten.

    Nach allen diesen Umständen glauben wir wohl be-
rechtigt zu sein, die erste Reducirung des Rechnungsdenar
auf die Hälfte und die damit verbundene Verdoppelung des
Werthes der Kupfermünze noch bis in die letzten Regier-
ungsjahre des Diokletian hinaufrücken zu dürfen. Aber da
die kaiserliche Kasse an der kupfernen Scheidemünze am
meisten gewann und die ausserordentliche Verschwendung
der Kaiser ausserordentliche Hilfsmittel erheischte, so lag die
Versuchung sehr nahe an dem immer noch beträchtlichen
Gewichte der Kupfermünze fortwährend abzuzwacken. Am
besten lässt sich dieses System an den Münzen Constantin
des Grossen verfolgen; denn während von den von mir gewogenen Stücken eines, das er als Cäsar prägte, noch
9,2 Gr., und drei, die er als Augustus prägte, noch 7,1
6,6. 4.3 Gr. wiegen, stehen alle übrigen mit dem Zehner-

zeichen und dem Stern nur noch auf 2—3 Gr. [32]). Unter
manchen Kaisern erhöhte man wieder das Gewicht, wovon
die Münzen des Constantius II., Magnentius und Decentius
mit dem Stern Zeugniss ablegen [33]), die bei grösserem Mo-
dulus sich wieder bis auf 5 Gr. erhoben, nun aber auch als
pec. maiorina oder n. decargyri von den n. centenionalis unterschieden wurden. Aber später ward immer mehr das Gewicht und die Grösse der Kupfermünze vermindert, bis zuletzt
nach Arcadius wegen der gänzlichen Entwerthung der Münze
und der damit herbeigeführten Verwirrung der Nominale
die Kupferprägung ganz aufgegeben ward. Dass mit dieser
Gewichtsminderung sich auch der Werth des Denar änderte,
ist selbstverständlich, wir können aber auch die Entwerthung desselben noch näher verfolgen. Während nämlich in
den letzten Regierungsjahren des Diokletian, wie wir oben

---

32) Eine eigene Stellung nehmen die Münzen der beiden Licinius
und des Martinian (Akermann Rom. coins I, 225) mit dem Zahlzeichen
$\frac{X}{III}$ ein, von denen 2 aus dem k. Antiquarium 3,01. 3,45 Gr. wiegen.
Da sich auf Münzen des Licinius auch, wie wir oben sahen, das
Zahlzeichen X findet, so giebt es wohl keine andere Erklärung als
die, dass mit beiden Zeichen die Kupfermünze als ein Zehntel ein-
mal des Silberdenar $\left(\frac{100}{10} = 10\right)$ und das andere Mal des Miliaresion $\left(\frac{125}{10} = 12\frac{1}{2}\right)$ bezeichnet werden sollte. Es hängt also
diese Aenderung der Zeichen mit der Einführung der neuen Silber-
münze zusammen und es wird somit auch auf diesem Wege unsere
Annahme, dass schon vor Constantins Alleinherrschaft das Fünfdenarstück zu einem Zehndenarstück erhöht worden sei, bestätigt.

33) Folgende Kupfermünzen mit dem Stern ergaben nach-
stehende Gewichte: 1 des Constans 4,8 Gr., 2 des Constantius Cäsar
2,7. 2,8 Gr. und 1 des Constantius Augustus 3,2 Gr., 2 des Magnentius 4,2. 5 Gr., 1 des Decentius 5,1 Gr., 2 des Valentinian 2,7.
1,9 Gr. (eine andere desselben Kaiser ohne Stern hingegen 5,0 Gr.)
und 1 Valentinians II 1,9 Gr.

sahen, der Denar noch $\frac{1}{125}$ Miliaresion oder $\frac{1}{1737}$ Solidus
galt, sollen später nach Cassiodor (Var. I, 10) 6000 Denare
auf einen Solidus gerechnet worden sein. Wann dieser
Ansatz des Denar auf $\frac{1}{6000}$ Solidus erfolgt sei, wissen wir
nicht, doch hängt derselbe aller Wahrscheinlichkeit nach
mit der bedeutenden Gewichtsminderung zusammen, die
Constantin der Grosse an dem gewöhnlichen Kupferstück,
dem nummus centenionalis oder follis, vornahm. Bei der
steigenden Gewichtsabnahme aber, die wir unter Gratian
und Valerian eintreten sahen, konnte sich der Denar selbst
nicht mehr auf diesem niederen Fuss erhalten und unter
Valentinian III. im Jahre 445 bedurfte es eines Gesetzes[34]),
wodurch bestimmt wurde, dass der Solidus von dem
Wechsler zu 7200 nummi, d. i. nummi denarii gekauft und
nicht um weniger als 7000 nummi verkauft werden sollte.
Nachdem unter solchen Verhältnissen von der Prägung des
Kupfers überhaupt eine Zeit lang Abstand genommen war,
nahmen erst die Kaiser Zeno und Anastasius dieselbe in erhöhtem Maasse und zu besserem Gewichte wieder auf. Doch
prägten sie die grössere Münze nicht mehr auf 10 sondern auf
40 Denare und übertrugen auf diese grössere Münze, zu der
sie in ähnlicher Weise wie ihre Vorgänger zu dem Zehndenarstück mehrere Theilmünzen prägen liessen[35]), den

---

34) Nov. Valentiniani III (bei Gothofredus Nov. Theodosii t. XXV):
Quo praecepto etiam illud in perpetuum volumus contineri, ne unquam infra (intra cod.) septem milia nummorum solidus distrahatur
emptus a collectario septem milibus ducentis.

35) Anastasius führte nur die Neuerung ein, dass er die Theilmünzen mit Werthzeichen versah, und darauf bezieht sich wohl
trotz des Widerspruchs von Pinder (Beitr z. alt Münzk S. 135) der
Ausspruch des Chronographen Marcellinus von Anastasius: nummis
. . . . suo nomine figuratis placabilem plebi commutationem distraxit.
Denn welche Noth es den Leuten machen musste unter Constantin
und den nachfolgenden Kaisern, die Ganzmünze von den einzelnen

Namen Follis. Dieser letztere Punkt veranlasst uns am Schluss noch die von uns aufgefundenen Werthe des Follis zusammenzustellen und zur Aufhellung derselben noch einige Notizen nachzutragen.

In der eigentlich byzantinischen Zeit rechnete man den Follis zu $^1/_{12}$ der Siliqua, und zu diesem Werth ist der Follis nicht blos an vielen Stellen byzantinischer Schriftsteller[36]), sondern auch durchweg in den so wichtigen Rationaria der byzantinischen Kaiser gerechnet. Dieser Follis von $^1/_{12}$ Siliqua datirt jedenfalls schon aus der Zeit Leo des Isauriers; denn der von demselben eingeführte Zuschlag eines ἐξάφολλον zu den früheren Steuersätzen hätte später eine durchgreifende Aenderung in dem Steuerwesen herbeiführen müssen, wenn nicht schon damals wie in der Zeit, in welcher das ältere Rationarium abgefasst wurde, der Follis $^1/_{12}$ Siliqua und somit der Zuschlag $^1/_{48}$ Solidus ausgemacht hätte. Wahrscheinlich datirt jedoch diese Eintheilung der Siliqua in 12 Folles schon aus früherer Zeit, da schon bald nach Justinian gegen Ende des 6. Jahrhunderts eine bedeutende Minderung des Gewichtes und somit vermuthlich auch des Werthes eines Follis eintrat. Aber früher, in der Zeit unter und vor Justinian, ward der Follis normal als $^1/_6$ der Siliqua oder $^1/_{144}$ des Solidus betrachtet. Der sicherste Anhaltspunkt über diesen Werthsatz des Follis gewährt das Werthzeichen XL oder XLII auf den grossen Kupfermünzen des Anastasius und der vandalischen Könige; denn zu dieser Münze als Sechstel gehört die Siliqua mit dem Werthzeichen *ΣN* (CCL), deren Hälfte

---

Theilmünzen zu unterscheiden, das erfahren nachträglich diejenigen, welche solche Münzen zu ordnen und zu beschreiben haben.

36) Siehe die Zusammenstellung derselben bei Mommsen in Pinder Beitr. S. 128.

mit dem Werthzeichen PKE oder PK noch in Silber ausgebracht wurde. Dass nämlich gerade jene grosse Kupfermünze und keine der kleineren Theilmünzen mit dem Namen
Follis bezeichnet ward, lehrt die Angabe des Procopius
hist. arc. c. 25, wonach der Kaiser Justinian festsetzte, dass
für den Solidus, wofür zuvor die Wechsler 210 Folles
gaben, nunmehr nur 180 Folles gegeben werden sollten.
Denn daraus erhalten wir einen faktischen Werth des Follis
von $\frac{1}{180}$ und $\frac{1}{210}$ Solidus, der recht wohl zu dem normalen von $\frac{1}{144}$ passt. Ein dritter Curswerth des Follis
nämlich von $\frac{1}{8}$ Siliqua oder $\frac{1}{192}$ Solidus steckt in der Angabe des Eusebius fr. 88,5 κεράτιον φόλλεις η' [37]). Auf
den hiermit ermittelten doppelten Normalwerth des Follis aber
ist auch das Schwanken des Zonaras zu beziehen, ob er
das ἀσσάριον als δεκανούμμιον oder als πεντανούμμιον
fassen solle. Denn als ἀσσάριον wurde ja, wie wir oben
sahen, das Viertel des Follis berechnet; es betrug daher
dasselbe 5 νουμμία, wenn der Follis zu $\frac{1}{12}$ Sil., und
10 νουμμία, wenn derselbe zu $\frac{1}{6}$ Sil. veranschlagt ward.

Aber vor Zeno und Anastasius muss, wenn nicht
alles trügt, der Follis weniger, nämlich nur 10 Denare oder
eben so viel wie der nummus communis betragen haben.
Denn Vierzigdenarstücke wurden überhaupt schwerlich vor
Zeno geprägt und die gangbarste und daher auch am
meisten in Säcken verpackte Kupfermünze war eben damals
der nummus centenionalis. Ferner wird in einer Verordnung
vom Jahre 363 (Cod. Theod. XIV, 4, 3) als Preis eines

---

37) Bei Hultsch steht κεράτιον φόλλεις κ'; aber die Leidener
Hdsch. bietet η statt κ, und dass dieses allein das richtige ist, zeigt
nicht blos der Umstand, dass wir von einem Follis von $\frac{1}{20}$ Sil. gar
keine Kenntniss haben, sondern noch viel deutlicher der weitere von
der Leidener und Pariser Hdsch. in gleicher Weise überlieferte Ansatz χαλκοῦς φόλλεις γ'.

Pfundes Schweinefleisch 6 Folles angegeben; da aber durch
ein Edikt vom Jahre 419 (Cod. Theod. XIV, 4, 10) gestattet wurde, die Lieferung eines Pfundes Pöckelfleisch mit
50 Denaren abzulösen, so kann das Pfund Schweinefleisch
wohl 60 Denare, aber ganz unmöglich 240 Denare gekostet
haben. Ganz entschieden aber werden wir in unserer
Meinung durch eine Stelle bei Augustin Serm. CCC LXXXIX [38])
unterstützt. Dort wird uns von einem mildthätigen Manne
erzählt, der, so oft er einen Solidus auswechselte, 100 Folles
von dem erlösten Kupfergeld an die Armen vertheilte.
Wenn aber diese Summe gleich nachher als eine kleine bezeichnet wird (unde pauperibus datum erat exiguum), so
kann hier ganz unmöglich an das Vierzigerstück gedacht
werden, da ja dann jene 100 Folles keinen kleinen, sondern
einen sehr grossen Theil des Solidus, nämlich die Hälfte,
betragen hätten. Ja man würde hier nicht einmal an das
Zehnerstück denken dürfen, wenn das Wort exiguum scharf
zu betonen wäre. Aber unsere Auffassung giebt eine ganz
passende Erklärung des ganzen Hergangs an die Hand.
Denn der Solidus stand normal auf 6000 Denare, ward
aber, wie wir oben sahen, zu beiläufig 7000 Denaren berechnet; jener mildthätige Mann opferte daher den ganzen
Ueberschuss, nämlich 1000 Denare oder 100 Folles den
Armen. Nach diesen Erörterungen muss man also auch
bei Augustin de Civ. Dei XXII, 8, wo sich ein armer
Mensch um 1000 Folles eine neue Kleidung kaufen will, im
Chronic. pasch. v. J. 463 [39]), wo der Preis eines Brodes in

---

38) Nam quidam homo non dives sed tamen etiam de tenüi
facultate pinguis adipe caritatis, cum solidum, ut assolet, vendidisset,
centum folles ex pretio solidi pauperibus iussit erogari.

39) Chron. pasch. v J 463. Ἐπί γε τούτων τῶν ὑπάτων λεῖψις
γέγονεν τοῦ ἄρτου ὥστε πραθῆναι τὸν ἕνα ἄρτον φόλεων τριῶν. cf. Cod.
Theod. XIV, 19, 1

einer Hungersnoth auf 3 Folles angegeben wird, ferner im Cod. Theodos. VI, 4, 5 und VII, 20, 3 und in einer Inschrift vom Jahre 338 bei Muratori 376, 5 den Follis auf 10 Denare oder ¹⁄₆₀₀ Solidus berechnen.

Wir haben bisher das Wort Follis nur in seiner uneigentlichen Bedeutung, in der es in der späteren Zeit gebraucht wurde und in der es in die arabische Sprache übergieng, betrachtet. Nun kommt aber auch das Wort in seinem eigentlichen Sinn, wonach es einen Beutel voll Kupfer- oder Silbergeld bedeutet, vor; und zwar treffen wir den Kupferfollis als follis denariorum von dem Beutel Silbergeldes unterschieden in einer Inschrift bei Orelli N. 3357 und unter dem einfachen Namen follis in der schon oben (S. 150) besprochenen griech. Inschrift im C. J. G. 5008, einer lateinischen Inschrift bei Muratori 816, 4, und wahrscheinlich auch in einem Erlass vom Jahre 356 (C. Th. IX, 23, 1) Nec vero aliquis negotiatorum plus mille follibus pecuniae in usu publico constitutae animalibus propriis sumptuum gratia portare debebit. Denn hier an 1000 Kupfermünzen zu denken wäre lächerlich, nach dem Gewichte aber wurde eine Summe Geldes schwerlich je festgesetzt (s. oben S. 150). Aber auch den Silberbeutel treffen wir unter dem einfachen Namen follis bei Augustin in Cresconium III, 33, wo bei Erzählung der kirchlichen Zänkereien der Donatisten mitgetheilt wird, dass eine reiche und mächtige Frau Lucilla für die Weihung des Bischofs Maiorinus 400 Folles, natürlich nicht Kupferstücke, auch nicht Beutel von Kupferstücken sondern Beutel von je 125 Miliaresia gespendet habe. Ganz entschieden aber kann nur an solche Beutel Silbergeldes in einem Briefe Constantin d. Gr. bei Eusebius [40]) gedacht

---

40) Eusebius hist. eccl. X, 6 *ἔδωκα γράμματα πρὸς Οὖρσον τὸν αἰδεσμιώτατον καθολικὸν τῆς Ἀφρικῆς καὶ ἐδήλωσα αὐτῷ ὅπως τρισχιλίους φόλλεις τῇ σῇ στεῤῥότητι ἀπαριθμῆσαι φροντίσῃ.*

werden. Denn wenn dort der Kaiser den Fiskalen Ursus beauftragt, dem Bischof Caecilianus für die Unterstützung der Kirchen in Afrika Numidien und Mauritanien 3000 Folles auszuzahlen, so würde doch die Freigebigkeit des Kaisers lächerlich winzig erscheinen, wenn darunter nur 3000 Beutel Kupfergeldes oder 6000 Miliaresia verstanden wären.

Mathematisch-physikalische Classe.

Sitzung vom 11. Februar 1865.

Herr v. Kobell hält einen Vortrag:

1) „Ueber den Enargit von Coquimbo".

Unter amerikanischen Mineralien aus der herzoglich-leuchtenberg'schen Sammlung fand ich ein Kupfererz, welches die nähere Untersuchung als Enargit erwies. Als Fundort ist Mina de la Hediondas, Cordillera de Equi, Prov. Coquimbo, angegeben. Das Erz bildet derbe, grosskörnige krystallinische Massen und zeigt deutliche Spaltbarkeit in zwei Richtungen mit Winkeln von 98^0 und 82^0. Die Farbe ist stahlgrau, das Pulver schwarz. Es ist ein schlechter Leiter der Electricität und belegt sich, mit der Zinkkluppe in Kupfervitriol getaucht, nicht mit Kupfer, gleichwohl entwickelt es als Pulver mit Eisenpulver gemengt mit Salzsäure reichlich Schwefelwasserstoffgas. Das spec. Gewicht fand ich = 4,37. Vor dem Löthrohr verknistert es stark, entwickelt dann schweflichte Säure und Rauch von Schwefelarsenik. Dabei wird die Kohle schwach weiss beschlagen. Der Beschlag färbt die Reductionsflamme vorübergehend schwach blau. Bei längerem Schmelzen entwickelt sich Arsenrauch und man erhält eine schwarze, die Magnetnadel irritirende Kugel. Nach hinlänglichem Rösten giebt es mit Soda ein reines Kupferkorn. In der Pincette vorsichtig erwärmt, zeigt das Erz die Schmelzbarkeit = 1.

Bei der Analyse wurde die Probe mit Salpeter-Salzsäure gelöst, nach Zusatz von etwas Weinsäure die Lösung verdünnt und die Schwefelsäure mit salzsaurem Baryt gefällt und filtrirt etc. In das Filtrat wurde ein anhaltender Strom von Schwefelwasserstoff geleitet und das Präcipitat sedimentirt und filtrirt a. Im Filtrat fällte Ammoniak etwas Schwefeleisen mit einer Spur von Schwefelzink.

Das Präcipitat von a. wurde sammt dem Filtrum mit Kalilauge gekocht, verdünnt, sedimentirt. Nachdem die Flüssigkeit ein paar Mal abgegossen war, wurde das rückständige Schwefelkupfer noch mit etwas Schwefelammonium digerirt, öfters geschüttelt und filtrt. Die so erhaltenen Flüssigkeiten wurden mit verdünnter Schwefelsäure angesäuert, erwärmt und filtrirt. Das Präcipitat schien der Farbe nach nur Schwefelarsenik, wurde mit Salpetersalzsäure gelöst, die Lösung mit etwas Weinsäure versetzt und die Areniksäure in bekannter Weise mit schwefelsaurer Magnesia und Ammoniak gefällt. Im Filtrat dieses Niederschlags gab Schwefelwasserstoff noch ein geringes Präcipitat von bräunlicher Farbe, welches sich als S c h w e f e l t e l l u r mit einer Spur von Selen erwies. Das wohl getrocknete Präcipitat wurde in einer Probirröhre mit concentrirter Schwefelsäure etwa ½ Zoll hoch übergossen und färbte die Säure bei gelindem Erwärmen schön roth, bei stärkerem Erwärmen verschwand die Farbe. Die roth gefärbte Schwefelsäure gab in Wasser gegossen den graulichen Niederschlag von Tellur und decantirt und getrocknet zeigte dieser wieder das eben beschriebene Verhalten zur Schwefelsäure. Vor dem Löthrohr färbte er die Flamme blau und der Beschlag auf der Kohle ertheilte ihr auch diese Färbung, zugleich war ein schwacher Geruch von Selen zu bemerken. Das oben erhaltene Schwefelkupfer wurde wie gewöhnlich bestimmt.

Auf diese Weise wurden erhalten:

Schwefel 32,11
Arsenik 18,10
Kupfer 48,89
Eisen 0,47
Tellur 0,05

Spur von Zink und Selen 99,62

Das Erz hat also die Zusammensetzung des Enargit

und giebt die von Plattner dafür aufgestellte Formel $\overset{\prime}{C}u^3\overset{\prime\prime\prime}{As}$ wonach die Mischung:

Schwefel 32,55
Arsenik 19,08
Kupfer 48,37
100

Plattner, Genth, Field und Taylor, welche süd-amerikanische Enargite untersucht haben, erwähnen keines Tellurgehaltes; es wäre möglich, dass das bei einigen Analysen angegebene Antimon Tellur gewesen sei, was ich nur andeuten will, denn das Vorkommen von Antimon als Vertreter des Arseniks ist ebenfalls sehr wahrscheinlich und können auch Tellur und Antimon zusammen in dem Mineral vorkommen.

2) „Ueber den Stylotyp, eine neue Mineral-species aus der Reihe der Schwefelkupfer-Verbindungen.

Das Erz, welches ich hier beschreibe, stammt wie das vorige, aus der herzogl. Leuchtenberg'schen Sammlung und ist als Fundort Copiapo in Chile angegeben. Es ist dabei bemerkt, dass es unter dem Namen Cañutillo [1]) bekannt sei.

---

1) Cañutillo heisst im Spanischen eine kleine Röhre (Glas- oder Schmelzröhre) und scheint sich hier auf die Form der Krystalle zu beziehen.

Es gleicht, die Form ausgenommen, vollständig einem Antimon-
fahlerz, Tetraedrit, die Krystalle aber erscheinen als vier-
seitige fast rechtwinklichte Prismen. Sie sind zu Bündeln
aggregirt, welche sich öfter nach Art einer Zwillingsbildung
gegen einander stellen und zwar mit einem einspringenden
Winkel von ebenfalls nahezu 90°. Nun kommt beim Fahlerz
wohl der Würfel, doch immer nur untergeordnet, vor und
kann im quadratischen und rhombischen System kein
Zwilling erscheinen, wo sich Prismen (nach Art der sog.
knieförmigen Zwillinge des Rutil) mit einem einspringenden
Winkel von 90° kreuzen, etwas ähnliches wäre nur bei
prismatisch ausgedehnten Würfeln denkbar, wenn die Dreh-
ungsfläche eine Fläche des Rhombendodecaeders sein könnte,
welches aber auch nicht annehmbar ist. Aus diesem Grunde
ist der besagte Winkel wohl nur annäherungsweise ein
rechter und Herr Hessenberg, welchen ich um seine
Meinung hierüber befragte, hält ihn für etwa 92 1/2°.
Eine genaue Bestimmung ist nicht möglich, da die Flächen
der Krystalle mit einer rauhen Rinde überzogen sind. Nach
allem aber ist das Krystallsystem nicht tesseral, sondern
wahrscheinlich rhombisch. Spaltbarkeit ist keine zu bemerken, der Bruch ist unvollkommen muschlig und uneben.
Die Farbe ist eisenschwarz, der Strich schwarz. Die Härte
= 3, das spec. Gewicht = 4,79.

Das Mineral ist ein mittlerer Leiter der Electricität
und belegt sich, mit der Zinkkluppe in Kupfervitriol getaucht, an den berührten Stellen mit Kupfer. Als Pulver
mit Eisenpulver gemengt entwickelt es reichlich Schwefelwasserstoffgas. Vor dem Löthrohr verknistert das Mineral,
langsam in der Pincette erwärmt zeigt es den Schmelzgrad 1.
Als Pulver auf Kohle schmilzt es zu einer glänzend stahl-
grauen Kugel, welche magnetisch. Dabei entwickelt sich
starker Antimonrauch und zeigt sich auch etwas Bleibeschlag.

Auch die anhaltend geröstete Probe giebt mit Soda kein geschmeidiges Kupferkorn.

Von Kalilauge wird Schwefelantimon extrahirt. Die Analyse wurde mit ganz frischen ausgewälten Stücken in folgender Weise mit 2 und 3 Grammen vorgenommen.

Das feine Pulver wurde in einem gehörig hohen und geräumigen Porzellantiegel mit einem Ueberschuss von Kalilauge eingekocht, bis die Masse eine gelbbraune Farbe angenommen hatte, dann mit Wasser gelöst und sedimentirt, dabei wurde das ungelöste Pulver wieder schwarz. Die klare Lauge wurde abgegossen und der Rückstand a. auf's Filtrum gebracht, aber nicht vollständig ausgewaschen. Die Lösungen wurden mit Schwefelsäure angesäuert und in dieselben (zu dem entstandenen Präcipitat von Schwefelantimon) ein Strom von Schwefelwasserstoff geleitet und der Niederschlag b. auf ein gewogenes Filtrum gebracht.

Der Rückstand a. wurde, noch feucht, mit dem Filtrum in einer gehörig hohen Porzellanschaale mit einem Gemisch von concentrirter Salz- und Salpetersäure durch Kochen zersetzt, das Ganze in ein Cylinderglas gegossen, mit Wasser stark verdünnt und sedimentirt, dann die Lösung c. vom Rückstande d. abgegossen und dieser ausgewaschen. In c. wurde Schwefelwasserstoff geleitet und das Präcipitat e. filtrirt und mit Schwefelwasserstoff-haltigem Wasser bei bedecktem Trichter ausgewaschen f. In der Flüssigkeit f. gab Ammoniak und Schwefelammonium ein Präcipitat von Schwefeleisen mit einer Spur von Schwefelzink, welche wie üblich bestimmt wurden.

Das Präcipitat e. wurde noch bei verschlossener Trichterröhre mit Schwefelammonium digerirt, dann die Flüssigkeit abfiltrirt, mit Schwefelsäure angesäuert und das Präcipitat auf das Filtrum von b. gebracht, das Schwefelkupfer aber wurde mit dem Filtrum getrocknet, geglüht und weiter mit

Salpetersäure zersetzt, die Lösung verdünnt und filtrirt. Auf dem Filtrum blieb ein geringer Rückstand, welcher sich wie schwefelsaures Bleioxyd verhielt. Aus der Kupferlösung, welche weder mit Salzsäure noch mit Schwefelsäure eine Trübung gab, wurde das Kupferoxyd durch Kalilauge gefällt. Nach dem Wägen in Salpetersäure gelöst und mit kohlensaurem Ammoniak gefällt, zeigte sich das Präcipitat im Ueberschuss des Fällungsmittels wieder vollkommen löslich. Der oben erwähnte Rückstand d. wurde mit Schwefelammonium in der Wärme digerirt und filtrirt, das Filtrat mit Schwefelsäure angesäuert und das Präcipitat mit dem in b. vereinigt. Das rückständige Schwefelsilber wurde mit Salpetersäure zersetzt und weiter als Chlorsilber bestimmt.

· Das Schwefelantimon von b. wurde vollständig getrocknet und gewogen, dann eine gewogene Partie davon mit concentrirter Salpetersäure in einem gewogenen Porzellantiegel durch mehrmaliges Aufgiessen und Kochen oxydirt die Säuren endlich verraucht und das Antimon als antimonsaures Antimonoxyd gewogen. Ein Theil des Schwefelantimons auf Arsenik untersucht, zeigte sich frei von diesem.

Eine besondere Probe wurde mit einem Gemisch von Salpeter und kohlensaurem Natrum geglüht und aus der mit Salzsäure angesäuerten Lösung die Schwefelsäure mit Chlorbaryum gefällt, der geglühte Niederschlag noch einmal mit Salzsäure erwärmt, abermals filtrirt etc.

Ich suchte zunächst den Gehalt des Schwefels und der Basen möglichst genau zu ermitteln, da bei der bekannten Art der Sulphurete in solchen Verbindungen das Antimon aus dem Schwefelgehalte sicherer zu berechnen als direkt zu bestimmen ist, wie denn auch direkt etwas zu wenig Antimon erhalten wurde.

Das Resultat der Analyse war:

Atome.

Schwefel	24,30	„ 12,15		„	6
Antimon	30,53	„ 2,00	Sb	„	1
Kupfer	28,00	„ 3,53	Cu}	„	2
Silber	8,30	„ 0,61	Ag}	„	
Eisen	7,00	„ 2,00	Fe	„	1

Spuren von Blei u. Zink

$$\overline{98,13}$$

Es ergiebt sich daraus die allgemeine Formel $\overset{\shortmid\;\shortmid\shortmid\shortmid}{R^3Sb}$, specieller

$$\frac{2}{3}\begin{Bmatrix}\overset{\shortmid}{Cu^3}\\[4pt]\overset{\shortmid}{Ag^3}\end{Bmatrix}\overset{\shortmid\shortmid\shortmid}{Sb}$$
$$\frac{1}{3}\,\overset{\shortmid}{Fe^3}$$

und mit

Rücksicht auf das Verhältniss von $\overset{\shortmid}{Cu}$ und $\overset{\shortmid}{Ag}$ wird die Formel nahezu

$$\frac{2}{3}\begin{Bmatrix}{}^{12}/_{21}\begin{vmatrix}\overset{\shortmid}{Cu^3}\end{vmatrix}\\[6pt]{}^{2}/_{21}\begin{vmatrix}\overset{\shortmid}{Ag^3}\end{vmatrix}\end{Bmatrix}\overset{\shortmid\shortmid\shortmid}{Sb}$$
$$\frac{1}{3}\overset{\shortmid}{Fe^3}$$

Es sind aber $3 . {}^{12}/_{21} = {}^{12}/_7$ At. Cu $= 13,584$

$$3 . {}^{2}/_{21} = {}^{2}/_7 \text{ At. Ag} = 3,858$$
$$1 \text{ Fe} = 3,500$$
$$2 \text{ Sb} = 15,240$$
$$6 \text{ S} = \underline{12,000}$$
$$\overline{48,182}$$

Für 100 Theile:

Schwefel	24,90
Antimon	31,63
Kupfer	28,19
Silber	8,00
Eisen	7,26
	$\overline{99,98}$

Die Formel $\overset{\shortmid}{R}{}^3\overset{\shortmid\shortmid\shortmid}{R}$ findet sich von einem Erze aus dem Anniviersthal im Wallis angegeben, welches Brauns analysirt hat, welches aber von Kenngott für ein Gemenge gehalten wird; $\overset{\shortmid}{R}$ ist vorzüglich Schwefelkupfer und Schwefeleisen, $\overset{\shortmid\shortmid\shortmid}{R}$ Schwefelarsenik mit Schwefelantimon und Schwefelwismuth. Auch in manchen Fahlerzen scheint $\overset{\shortmid}{R}{}^3\overset{\shortmid\shortmid\shortmid}{R}$ ein Glied der Mischung zu bilden. Ich nenne die beschriebene Species Stylotyp $\sigma\tau\tilde{v}\lambda o\varsigma$ Säule und $\tau\acute{v}\pi o\varsigma$ Form, nämlich nach der Säulenform, welche sie vorzüglich von den Fahlerzen, zunächst vom Tetraedrit, unterscheidet.

3) „Ueber den Jollyt, eine neue Mineralspecies, von Bodenmais im bayerischen Wald."

Ich benenne die hier beschriebene Species nach dem Professor der Physik, Herrn G. Jolly, dessen Federwage den Mineralogen ein sehr willkommenes Hilfsmittel zur Bestimmung des spec. Gewichtes geworden ist und die Anwendung dieses wichtigen Kennzeichens in der einfachsten Weise ermöglicht.

Das Mineral kommt dicht vor und hat das Ansehen einer amorphen Bildung, an hinreichend dünnen Splittern konnte ich jedoch mittelst des Stauroskopes deutlich doppelte Strahlenbrechung nachweisen. Der Bruch ist flachmuschlig und splittrig. Die Farbe ist dunkelbraun, dünne Splitter sind mit grüner, auch braunrother Farbe durchscheinend, das grobe Pulver ist lichte-lauchgrün, das feine lichte-graulichgrün. Wenn grössere Stücke pulverisirt werden, so bemerkt man stellenweise eine ockergelbe Farbe.

Der Glanz ist schwach fettartig, die Härte $= 3$, das spec. Gewicht $= 2,61$.

Vor dem Löthrohr bläht es sich etwas auf und schmilzt an dünnen Kanten ziemlich schwer zu einer schwarzen Masse, welche nicht oder nur sehr schwach magnetisch ist. In Borax ist es langsam zu einem von Eisen gefärbten Glase auflöslich, ebenso, mit Ausscheidung eines Kieselskelettes, in Phosphorsalz.

Im Kolben giebt es Wasser.

Das Pulver wird von Salzsäure leicht zersetzt und scheidet die Kieselerde schleimig ab. War das Pulver vorher geglüht, so erfolgt die Zersetzung sehr schwer.

Bei der Analyse wurde nach Abscheidung der Kieselerde aus der salzsauren Lösung, welche mit Zusatz von chlorsaurem Kali bewerkstelligt wurde, Thonerde und Eisenoxyd durch Neutralisation der Flüssigkeit mit doppelt kohlensaurem Natron gefällt, weiter die Bittererde mit phosphorsaurem Natron und Ammoniak präcipitirt und die Thonerde vom Eisenoxyd wie gewöhnlich durch Kalilauge getrennt. Kalk war nicht vorhanden, auch zeigte sich kein Gehalt an Mangan.

Eine besondere Probe wurde in einer Atmosphäre von kohlensaurem Gas gelöst, in einer solchen filtrirt und eine Partie des Filtrats mit phosphorsaurem Manganoxyd titrirt, dann in einem Kolben hinlänglich gekocht und abermals titrirt. Das erstemal wurden 210 Strichtheile verbraucht, das zweitemal 250. Das Verhältniss des ursprünglich enthaltenen Eisenoxyduls zu dem durch Reduction des Oxyds erhaltenen war daher wie 21:4. Das Oxyd aber rührt offenbar von einer beginnenden Zersetzung her und so habe ich das direct gefundene Eisenoxyd als Oxydul in Rechnung gebracht. Mit Abzug der Bergart, aus Quarz, Muskowit etc. bestehend, war das Resultat der Analyse folgendes:

$$\text{Sauerstoff.}$$

Kieselerde	35,55	„ 18,95	„ 3
Thonerde	27,77	„ 13,00	„ 2
Eisenoxydul	16,67	„ 3,70	
Magnesia	6,66	„ 2,66	„ 1
Wasser	13,18	„ 11,71	„ 2
	99,83		

Es folgt daraus die einfache Formel

$$\left.\begin{matrix}\dot{F}e^3\\\dot{M}g^3\end{matrix}\right\}\ \overset{...}{Si} + 2\overset{...}{Al}\overset{...}{Si} + 6\dot{H}$$

und speziell nahezu

$$\left\{\begin{matrix}^3/_5\left|\dot{F}e^3\right.\\^2/_5\left|\dot{M}g^3\right.\end{matrix}\right\}\ \overset{...}{Si} + 2\overset{...}{Al}\overset{...}{Si} + 6\dot{H}$$

Es sind aber

$$3\ \overset{...}{Si} = 16,875$$

$$2\ \overset{...}{Al} = 12,848$$

$$3 \cdot {}^3/_5 = {}^9/_5\ \dot{Fe} = 8,100$$

$$3 \cdot {}^2/_5 = {}^6/_5\ \dot{Mg} = 3,000$$

$$6\ \dot{H} = \underline{6,750}$$

$$47,573$$

Wonach für 100 Theile:

Kieselerde	35,47
Thonerde	27,00
Eisenoxydul	17,02
Magnesia	6,30
Wasser	14,19
	99,98

Der Jollyt kommt demnach in die Nähe des Hisingerit von Riddarhyttan zu stehen und bildet mit diesem eine chemische Formation. Das Eisenoxyd des Hisingerit ist im Jollyt durch Thonerde vertreten. So verhält es sich nach Rammelsberg's Analyse des Hisingerit, welche freilich der von ihm gegebenen Formel nicht ganz entspricht, gleichwohl dürfte diese Formel die wahre Mischung bezeichnen und der Jollyt giebt einen weiteren Beleg dazu.

Der Jollyt kommt häufig mit Pyrit verwachsen vor, ganz reine frische Stücke sind selten.

Am leichtesten ist der Jollyt vom Hisingerit, Gillingit und Thraulit durch die grünliche Farbe des Pulvers, welches bei diesen braungelb ist, zu unterscheiden. Auch werden die genannten Species durch Schmelzen und Glühen im Reductionsfeuer magnetisch und wirken stark auf die Magnetnadel, während der Jollyt nach solcher Behandlung gar nicht oder kaum merklich magnetisch wird, wie bereits oben gesagt wurde.

––––––––

Herr Vogel jun. trägt vor:

„Ueber die Phosphorsäurebestimmung im Biere".

Dickson hat zuerst durch eine Reihe von Analysen in den Aschen englischer Biere nicht unbedeutende aber sehr wechselnde Mengen von Phosphorsäure nachgewiesen [1]. Meine eigenen zahlreichen Untersuchungen über den Phosphorsäuregehalt des Bieres haben keine so grossen Schwankungen, wie sie sich nach den Analysenresultaten englischer Biere herausgestellt, ergeben. Vielmehr zeigte die sehr sorgfältig

––––––––

1) Knapp's Technologie S. 356.

hergestellte Asche aller bisher von mir untersuchten Biere, wobei indess vorläufig nur Münchener Winterbiere und einige Sorten Münchener Doppelbiere zur Untersuchung kommen konnten, einen ziemlich constanten Gehalt an Phosphorsäure und zwar durchschnittlich zwischen 28 und 30 proc. Ebenso ergab sich der Aschengehalt des bei 120° C. getrockneten Bierextraktes aller bisher geprüften Biere sehr übereinstimmend zu 3 bis 3,5 proc. Es hängt somit die in einem Liter Bier enthaltenen Menge Phosphorsäure, wenigstens nach den Resultaten meiner bisherigen Beobachtungen, sehr nahe mit der verhältnissmässigen Menge des Extraktgehaltes zusammen.

Durchschnittlich habe ich im Münchener Winterbiere per Liter 0,5 Grm. Phosphorsäure, im Doppelbiere, 0,9 Grm. gefunden. Diese Zahlen stehen den von Keller[2]) in Pfälzer Bieren gefundenen sehr nahe, nach dessen Versuchen in dem Sommerbiere etwas mehr Phosphorsäure, als in dem Winterbiere enthalten war, — sind aber etwas niedriger, als die von W. Martius[3]), welcher in Erlanger Lagerbier 0,937 Phosphorsäure per Liter nachgewiesen hat.

Was die Methode der Phosphorsäurebestimmung im Biere betrifft, so erhält man allerdings die zuverlässigsten Resultate nach der auch von Keller schon angewendeten Methode durch direkte Fällung der aus der Asche mittelst essigsauren Bleioxydes abgeschiedenen Phosphorsäure als pyrophosphorsaure Magnesia. Zu dem Ende wird eine gewogene Menge des auf Phosphorsäure zu untersuchenden Bieres, ungefähr 300 Gr., zur Trockne abgeraucht und eingeäschert, die salpetersaure Lösung der Asche mit Ammoniak versetzt und der in Essigsäure gelöste Niederschlag mit essigsaurem Bleioxyd gefällt. Nach der Zersetzung des

---

2) Neues Repertor. d. Pharm. B. V. S 400.
3) Ebendas.

Bleiniederschlages mit Schwefelammonium bestimmt man im Filtrate die Phosphorsäure als pyrophosphorsaure Magnesia.

Die Umständlichkeit dieser Methode kann dadurch sehr wesentlich vermindert werden, dass man die Asche mit essigsaurem Bleioxyd oder Eisenchlorid titrirt, wodurch der direkten Fällung sehr nahestehende Resultate erhalten werden. Das essigsaure Bleioxyd könnte selbstverständlich bei Bieraschen, welche schwefelsaure Salze enthalten, wenigstens unmittelbar nicht zur Anwendung kommen. Der verschwindend kleine Gehalt der Münchener Bierasche an schwefelsauren Salzen konnte indess in diesem Falle kein Hinderniss sein. Da aber hiemit noch nicht das Zeit raubende und auch manche Fehlerquelle mit sich führende Einäschern des Bieres umgangen wird, so schien es wünschenswerth, diese Art der Untersuchung durch ein direktes auf das Bier unmittelbar anwendbare Titrirverfahren zu vereinfachen.

Hiezu eignet sich nun weder das essigsaure Bleioxyd, noch das Eisenchlorid, ersteres desshalb nicht, da das Bleioxyd sich mit den organischen Bestandtheilen des Extraktes verbindet, letzteres ist nicht wohl anwendbar, wahrscheinlich wegen des Gerbsäuregehaltes im Biere, welche obgleich in bayerischen Bieren nur in Spuren vorkommend, doch modificirend auf die Analysenresultate in diesem Falle einzuwirken scheint. Dagegen habe ich die in neuerer Zeit vielfach gebrauchte Titrirmethode mit essigsaurem Uranoxyd nach Pincus zur Phosphorsäurebestimmung im Biere sehr geeignet gefunden.

Es entsteht auf Zusatz von essigsaurem Uranoxyd im Biere ein sehr voluminöser Niederschlag von schmutzig gelber Farbe, welcher sich bei mehrmals wiederholtem Aufkochen bald senkt, so dass es leicht möglich wird, die Beendigung des Versuches durch die braune Fällung eines herausgenommenen Tropfens durch Blutlaugensalz zu er-

kennen. Um das Schäumen zu vermeiden, ist es nothwendig, das Bier vorher durch Schütteln in einer offenen
Flasche möglichst von Kohlensäure zu befreien.

Vergleichende Phosphorsäurebestimmungen in derselben
Biersorte mit dieser Titrirmethode und der direkten Fällung
haben sehr übereinstimmende Resultate gegeben, so wie
auch die Controlversuche durch Glühen und Wägen-des
Niederschlages eine entsprechende Genauigkeit erkennen
liessen.

Von einer Biersorte z. B., welche nach vorhergehender
direkter Bestimmung der Phosphorsäure als pyrophosphorsaure Magnesia 0,584 Grm. Phosphorsäure pro Liter enthielt, ergaben sich durch Titrirung mit essigsaurem Uranoxyd 0,604 Grm.; in einem weiteren Beispiele waren statt
0,654 Grm. durch die Titrirmethode 0,666 Grm. Phosphorsäure erhalten worden, u. s. w. Man erkennt hieraus, dass
dieses Titrirverfahren, welches im Vergleich zu anderen
Methoden in kürzester Zeit die Ausführung von Phosphorsäurebestimmungen im Biere gestattet, bei gehöriger Sorgfalt gegründete Aussicht zu erfolgreicher Anwendung in
diesem Falle darbietet.

Wollte man dieser Methode wegen des bei deren häufig
wiederholter Ausführung bedeutenden Uranverbrauches den
Vorwurf der Kostspieligkeit machen, so darf dagegen bemerkt werden, dass nach einem von Mohr angegebenen
Verfahren das Uranoxyd aus den gesammelten Nieder-
schlägen dieser Bestimmungen sehr einfach wieder gewonnen
werden kann. Aus den mit Weinsteinkohle geglühten Nieder-
schlägen lässt sich die Phosphorsäure vollständig mit Wasser
ausziehen und man erhält durch Behandeln des kohligen
Rückstandes mit Salpetersäure salpetersaures Uranoxyd,
welches durch Fällen mit Ammoniak zur Darstellung des
essigsauren Uranoxydes verwendet werden kann.

Aus meinen weiteren quantitativen Bestimmungen hebe

ich noch folgende allgemeine Resultate hervor. Ein Liter Münchener Winterbier enthält durchschnittlich 1,8 Grm. Asche, darunter 1,4 Grm. Phosphate und zwar 1 Grm. in Wasser lösliche Phosphate und 0,4 Grm. phosphorsaure Erden, dabei vorwaltend phosphorsaure Magnesia, phosphorsauren Kalk nur sehr wenig. Natron konnten kaum Spuren nachgewiesen werden. Dass ein Theil des Kali's im Biere an eine organische Säure gebunden sei, wie ich selbst früher annehmen zu dürfen glaubte, hat sich aus meinen bisherigen Versuchen nicht herausgestellt. Der wässrige Auszug einer grösseren Menge Bierasche beinahe bis zur Trockne abgeraucht, zeigt mit Säuren kaum ein bemerkbares Aufbrausen, jedenfalls dürfte daher die an organische Säure gebundene Menge von Kali nur eine äusserst geringe sein. Ueberdiess entspricht auch die in der Bierasche gefundene Phosphorsäuremenge den darin enthaltenen Salzbasen quantitativ bis auf ein Minimum. Diess schliesst indess den Gehalt anderer Biere an Kalisalzen mit organischen Säuren keineswegs aus, da sich diese Angaben natürlich nur auf die bisher von mir untersuchten Biersorten beziehen.

Dass die in dem Biere nachgewiesene Phosphorsäuremenge nicht ohne Bedeutung sein dürfte für die Ernährung, ergibt sich aus dem Vergleiche derselben. mit dem Phosphorsäuregehalte des Fleisches. Nach meinen Versuchen enthält 1 Zollpfund frisches Ochsenfleisch durchschnittlich 2 Grm. Phosphorsäure. Setzen wir nun den Gehalt eines Liters Bier in runder Zahl zu 0,6 Grm. Phosphorsäure, so würde durch die Consumtion von 3 1/2 Liter Bier dem Organismus ebenso viel Phosphorsäure zugeführt, als durch ein Pfund Fleisch, oder 8 bis 10 Loth Fleisch liefern so viel Phosphorsäure, als 1 Liter Bier. Beim Doppelbier, dessen Gehalt an Phosphorsäure 0,9 Grm. pro Liter beträgt, stellt sich das Verhältniss zum Fleische in dieser Beziehung natürlich noch günstiger heraus. Von diesem Doppelbier ersetzen 2,3 Liter ein Pfund Fleisch und umgekehrt 14 Lothe des Fleisches einen Liter dieses Doppelbieres an Phosphor-säuregehalt.

Herr Buchner referirte über die Abhandlung des cor-respondirenden Mitgliedes Herrn Mohr in Coblenz:

„Ueber die Zusammensetzung der im Meer-wasser enthaltenen Luft, nebst einigen daraus gezogenen Schlüssen".

Wir besitzen eine ausführliche Untersuchung der im Meerwasser enthaltenen Luft von B. Lewy[1]), welche jedoch nur den naturhistorischen Standpunkt festhält, die Unter-schiede zu den verschiedenen Tageszeiten zu ermitteln. Andere Schlüsse hat der Verfasser nicht daraus gezogen. Wir werden jedoch im Verlaufe sehen, dass in den gefun-denen Zahlen der Schlüssel zu einer der merkwürdigsten geologischen Thatsachen liegt.

Die Analyse machte Lewy in der Art, dass er 4,45 Liter Meerwasser in einem Ballon auskochte und die entwickelte Luft über ausgekochtem Wasser auffing, welches mehrere Tage mit Luft geschüttelt war, nachdem es vorher durch Kochen von allen Gasen befreit war.

Alle Luft war aus dem Apparate und den Röhren ent-fernt, denn nach dem Auskochen liess er die Wasserdämpfe sich condensiren und den Ballon wieder sich mit Wasser anfüllen. Offenbar musste ein Theil Meerwasser bei dem Kochen in das Auffanggefäss übersteigen. Wie es damit gehalten worden ist, geht nicht deutlich aus der Beschreib-

---

1) Annalen der Chem. u. Pharm. 58, S. 326.

ung hervor. Das Gas wurde erst als Ganzes gemessen, dann die Kohlensäure mit Kali weggenommen und gemessen, und der Rest eudiometrisch analysirt. Die Untersuchung geschah im August 1845 bei warmem Wetter zu Langrune (Dep. Calcados). Auf S. 328 der angezogenen Abhandlung sind die Zahlen von 9 Analysen mitgetheilt, von denen wir überall das Mittel nehmen, da sie unter sich nicht sehr abweichen. Bei 16°C. betrug die mittlere Menge der ausgekochten Luft 91,68 Cubiccentimeter oder 2,06% vom Volumen des Wassers und die mittlere Zusammensetzung ergab

$$\begin{array}{l} 15,90 \text{ Kohlensäure} \\ 33,48 \text{ Sauerstoff} \\ \underline{50,62} \text{ Stickstoff} \\ 100 \end{array}$$

Zunächst tritt die Frage an uns, kann diese Zusammensetzung aus der blossen Absorption der 3 Gase aus der atmosphärischen Luft erklärt werden?

Nehmen wir statt des Meerwassers, wofür keine Absorptionsversuche vorliegen, das reine Wasser, so sind die Absorptionscoefficienten für die 3 Gase bei 16°C. nach Bunsen[2]

$$\begin{array}{ll} \text{für Sauerstoff} & 0,02949 \\ \text{für Stickstoff} & 0,01458 \\ \text{für Kohlensäure} & 0,97530 \end{array}$$

und nehmen wir die Zusammenzetzung der atmosphärischen Luft ebenfalls nach Bunsen zu

$$\begin{array}{l} 0,2096 \text{ Sauerstoff} \\ 0,7900 \text{ Stickstoff} \\ \underline{0,0004} \text{ Kohlensäure} \\ 1 \end{array}$$

---

2) Gasometrische Methoden, S. 298.

so ist der Absorptionscoefficient für die 3 Gasarten unter Voraussetzung einer gleichbleibenden Zusammensetzung der Luft

$$c = 0,2096 \cdot 0,02949 + 0,79 \cdot 0,01458$$
$$+ 0,0004 \cdot 0,9753$$
$$= 0,00863$$
$$+ 0,01608$$
$$\underline{+ 0,00039}$$

zusammen   0,02510

d. h. 1000 Volume Wasser verschlucken bei 16°C. 25,10 Volume der 3 Gase, und darin sind enthalten

8,63 Vol. Sauerstoff
16,08   „   Stickstoff
0,39   „   Kohlensäure

und dies giebt die procentische Zusammensetzung

34,38 Sauerstoff
64,10 Stickstoff
1,55 Kohlensäure
─────
100,03

Stellt man daneben die Resultate der Lewy'schen Analyse, so ersieht man mit einem Blicke, dass die wirkliche Zusammensetzung der Meerwassergase **nicht durch blosse Absorption erklärt werden könne.**

Sehen wir von dem kleinen Gehalte der Luft an Kohlensäure ab, so ergiebt sich aus den Absorptionscoefficienten für Sauerstoff und Stickstoff bei allen mittleren Temperaturen, dass die in Wasser absorbirte Luft die Zusammensetzung

34 91 Vol. Sauerstoff
65,09   „   Stickstoff

haben müsse, was auch die wirklichen Analysen[3]) ergeben

---

3) Bunsen, gasometr. Methoden, S. 166.

haben, und berechnen wir in der Lewy'schen Analyse diese beiden Gasarten allein, welche 84,14 % der ganzen Luft ausmachen, so ergiebt sich das Verhältniss derselben im Meerwasser zu

$$39,81 \text{ Vol. Sauerstoff}$$
$$\text{und } \underline{60,19 \text{ ,, Stickstoff}}$$
$$100$$

Da aber der Stickstoff im Meerwasser allein der gleichbleibende Bestandtheil ist, der durch keinen bekannten Vorgang verändert wird, so müssen wir nothwendig, um eine Aenderung im Sauerstoff zu bemerken, den Stickstoff als Maassstab annehmen. Kommen nun im Meerwasser auf 60,19 Vol. Stickstoff 39,81 Vol. Sauerstoff, so würden auf die 65,09 Vol., welche die Absorption fordert,

$$\frac{39,81 \cdot 65,09}{60,19} = 43 \text{ Vol.}$$

Sauerstoff kommen, während nach der Absorptionsformel nur 34,91 Vol. auf dieselbe Menge Stickstoff vorhanden sind. Es sind also auf die 60,19 Vol. Stickstoff 9,09 Vol. Sauerstoff mehr vorhanden, als die Absorption gestattet. Es muss also im Meere eine besondere Ursache dieses Ueberschusses an Sauerstoff vorhanden sein, und diese finden wir

im Leben der Pflanzen.

Die Pflanzen vermindern durch ihr Wachsthum den Gehalt an Kohlensäure in demselben Maasse, als sie den Sauerstoff erhöhen. Für jedes Volum aufgenommener Kohlensäure tritt 1 Vol. Sauerstoff aus, unter der Voraussetzung, dass sich sogenannte Kohlenhydrate (CHO) bilden. Durch das Athmen der Thiere würde sich das Verhältniss des Sauerstoffes zum Stickstoff vermindern. Wenn nun auch dieses entstehende Deficit an Sauerstoff bis zum Betrage von 34,91 % vom Volum des Sauerstoffes und Stickstoffes durch Absorption zusammen wieder ergänzt

werden konnte, so könnte doch der Ueberschuss jener
9 Vol. Sauerstoff auf diesem Wege nicht erklärt werden.

Wollten wir nun die Respiration der Thiere im Meere
auf Kosten jener 9 Vol. Sauerstoff vor sich gehen lassen,
so würden daraus auch 9 Vol. Kohlensäure entstehen. Nun
sind aber in den Meerwassergasen 15,9 Vol. Kohlensäure
auf 50,62 Vol. Stickstoff als Vergleichungsmaass vorhanden,
oder auf 60,19 Vol. Stickstoff 18,85 Vol. Kohlensäure, mithin 9,85 Vol. Kohlensäure mehr, als der Ueberschuss des
Sauerstoffs über das Absorptionsverhältniss gestattet.

Es muss demnach im Meere eine Quelle von ewig sich
erneuernder Kohlensäure vorhanden sein, und diese ist

die Steinkohlenbildung.

Durch Vermoderung der im Meere wachsenden und
ewig vom Zutritt der Luft abgeschnittenen und nach vollen-
detem Lebenslauf auf den Meeresgrund versinkenden See-
pflanzen, Tange, Algen muss nothwendig eine Ausscheidung
von Kohlensäure stattfinden, wenn ein kohlenreiches Produkt
übrig bleiben soll, wie es die Steinkohle ist. Die chemisch-
reine aus den Pflanzenresten austretende Kohlensäure wird
bei hohem Wasserdruck sogleich vollständig gebunden, und
erscheint uns in den Meeresgasen zu nahe 16 % vom Volum
alles Gase. Jeder, der einmal auf einem Dampfschiffe über
das Meer gefahren ist, wird die Beobachtung gemacht
haben, dass die Schaufelräder ein eigenthümliches Geräusch
hinter sich erregen, was mit einem leichten Aufbrausen der
Kohlensäure die grösste Aehnlichkeit hat. Richtet man
seine Aufmerksamkeit allein auf die Wellen, so nimmt man
dieses Zischen und Prickeln auf das Deutlichste wahr. Die
Köpfe der Wellen erscheinen ganz weiss, wie der Sprudel
zu Nauheim. Diese Erscheinung hört sogleich auf, wenn
man in das süsse Wasser der Themse oder der Schelde
einläuft. Obgleich das Meerwasser nicht mit Kohlensäure

gesättigt ist, so muss sich dennoch beim Peitschen durch die Radschaufeln Kohlensäure losreissen, weil die atmosphärische Luft verhältnissmässig weniger davon enthält als die Gase des Meerwassers. Sowie man durch einen Strom Wasserstoffgas alle Kohlensäure aus einer Flüssigkeit wegnehmen kann, ebenso wird die atmosphärische Luft die Kohlensäure austreiben. Möglicher Weise reisst sich auch etwas Sauerstoff los, weil in der Atmosphäre verhältnissmässig zum Stickstoff weniger Sauerstoff enthalten ist, als in den Meerwassergasen. Dagegen dürfte der Stickstoffgehalt, der blos von der Absorption bedingt ist, durch Räderschlag und Wellenbewegung keine Veränderung erleiden. Was die Radschaufeln im Kleinen bewirken, das verrichtet ein Sturm und die Brandung im Grossen. Der ewige Verlust an Kohlensäure bei einem immer gleichbleibenden Gehalte muss deshalb durch eine ewig dauernde Neuerzeugung ersetzt werden.

Wir haben also im Meere

2 Quellen des freien Sauerstoffes:

    1) die Absorption aus der Atmosphäre,

    2) das Wachsen der Pflanzen.

3 Quellen der freien Kohlensäure:

    1) die Absorption,

    2) das Athmen der Thiere,

    3) die Steinkohlenbildung.

Auf der andern Seite haben wir

2 Ursachen der Abnahme des freien Sauerstoffes:

    1) den Wellenschlag,

    2) das Athmen der Thiere.

3 Ursachen der Abnahme der freien Kohlensäure:

    1) den Wellenschlag,

    2) das Wachsen der Pflanzen,

    3) die Niederlegung in den Schalen der Thiere.

Nachdem alle diese ununterbrochen thätigen Wirkungen

und Gegenwirkungen sich bereits seit undenklichen Zeiten ins Gleichgewicht gesetzt haben, ist jene Zusammensetzung der Gase des Meerwassers entstanden, welche die Analyse nachgewiesen hat. Man erkennt leicht, wie unwichtig die Frage nach den Unterschieden in den verschiedenen Tageszeiten bei den Meergasen sei, wenn man einmal die Erscheinung im Ganzen erfasst hat.

Lewy will zwar gefunden haben, dass der Sauerstoffgehalt am Tage etwas grösser als in der Nacht, der Kohlensäuregehalt aber kleiner sei. Das ist auch einleuchtend, wenn die Sauerstoff ausscheidenden Pflanzen in der Nähe sind; allein da der Tag es allein nicht thun kann, sondern der Tag und die Pflanzen, so hätte auch das Resultat gerade das entgegengesetzte sein können, wenn er das Wasser an einer Stelle geschöpft hätte, die um eine halbe Tagreise Meeresströmung von den Pflanzen entfernt gewesen wäre. Das sauerstoffreichste Wasser wäre dann in der Nacht bei ihm angekommen, und die Thatsache hätte doch bestanden.

So wie nun einerseits der grosse Gehalt des Meereswassers an Kohlensäure auf eine besondere Quelle der Kohlensäurebildung schliessen lässt und diese sich nur in der Steinkohlenbildung finden lässt, da die ewig wachsenden und absterbenden Pflanzenwelten des Meeres eine Erklärung verlangen und aus der Verkettung dieser zwei Erscheinungen zu gleicher Zeit die Kohlensäure des Meerwassers und die Steinkohle eine Erklärung finden, ebenso giebt es noch eine Menge anderer Thatsachen, welche diesen Schluss bestätigen und zur Gewissheit erheben. Dahin gehören: die Schmelzbarkeit der Steinkohle, ihr Gehalt an Stickstoff im gebundenen Zustand, ihre abwechselnde Lagerung mit Lettenschichten, ihr geringer Aschengehalt, ihre amorphe Structur, welche die einzelnen erkennbaren Baumstämme und Farnkräuter als zufällig und unwesentlich erscheinen lässt. Die ganze Entstehungsgeschichte der Steinkohle, die zwar mit dem vorliegenden Gegenstande in sehr naher Beziehung steht, würde uns hier zu weit abführen und bleibt einer ausführlichen Behandlung vorbehalten.

Nur einen Einwurf, der in unmittelbarer Beziehung zum Gegenstande steht, kann ich nicht unberührt lassen. Es wird behauptet, dass bei dieser Annahme der untermeerigen Steinkohlenbildung und ausschliesslich aus Meerespflanzen Marinreste darin vorkommen müssten, was nicht der Fall wäre.

Zunächst wird an einer Stelle, wo regelmässig Meerestange durch Strömungen hingeführt und abgelagert werden, keine Austernbank, überhaupt keine Ansiedlung von Conchylien stattfinden können, weil sie in jedem Jahre von Neuem bedeckt würden. Allein die Riesentange des Weltmeeres selbst sind nach dem Zeugnisse aller Seefahrer (Cook, Darwin, Meyen) mit unzähligen Corallinen. Muscheln, Trochen, nackten Weichthieren und Bivalven bedeckt, so dass die Blätter des Tange davon fast eine weisse Farbe haben. Diese werden natürlich mit der Pflanze versenkt. Allein die viele tausend Jahre dauernde Kohlensäureentwicklung löst diese Schalen, die nur aus kohlensaurem und phosphorsaurem Kalke bestehen, vollständig wieder auf, und es wäre viel schwerer zu begreifen, wie sich diese Körper darin erhalten könnten, als dass sie wirklich verschwunden sind.

Die Aschen der Steinkohlen enthalten niemals kohlensauren Kalk, sie brausen nicht mit Säuren, und geben mit Wasser keine alkalische Lösung. Wo erdige Carbonate als Gänge erscheinen, sind sie später durch Infiltration hinzu gekommen, welche Ansicht auch Bischof[4]) vertritt. Sowie der phosphorsaure Kalk fehlt, der doch nothwendig in jeder

---

4) Chem. Geologie II., 3. S. 1861.

Pflanze gewesen sein musste, ebenso ist auch der kohlensaure verschwunden. Der Einwurf fällt ganz weg und gestaltet sich zu einer Bestätigung der Ansicht.

Die Menge von kohlensaurem Kalke, die auf diese Weise ins Meerwasser kommt, wird durch einen andern Umstand wesentlich vermindert.

Das Wachsen der Meerespflanzen ist nothwendig mit Bildung von einem schwefelhaltigen Albumin verknüpft, wozu der Schwefel aus dem Gypse des Meerwassers genommen werden muss. Der damit verbunden gewesene Kalk findet eine Verwendung in der Pflanze selbst, geht mit dieser in den Thierleib über, und wird mit der durch Respiration erzeugten Kohlensäure in den Schalen niedergelegt. Der Schwefelgehalt des Thieres geht als Schwefelwasserstoff bei der Vermoderung ins Meerwasser zurück und oxydirt sich schliesslich zu Schwefelsäure, welche den gelösten kohlensauren Kalk wieder in Gyps verwandelt.

Ein Theil des Gypses im Meere ist also im ewigen Kreislauf begriffen, seine Menge wird aber durch alle diese Vorgänge weder vermehrt noch vermindert. Dagegen erleidet das Meerwasser durch die Schalenbildung einen Verlust an Kalk; dieser aber wird durch die vom Festland kommenden Ströme ersetzt. So enthält das auf hoher See gefasste Wasser kaum Spuren von erdigen Carbonaten, wohl aber auf viele Meilen von den Mündungen der Flüsse und die wenigen Analysen von Meerwasser, welche einen Gehalt an Carbonaten ergaben, beziehen sich auf den englischen Kanal und die Küste von Havre, dicht beim Ausflusse der Seine. Bischof[5] fand in 10000 Theilen Meerwasser zwischen Ostende und Dover 0,57 Th. kohlensauren Kalk und 0,165 kohlensaure Bittererde; Pfaff fand im

---

5) Chem. Geologie II., 2., S. 1130.

Ostseewasser, welches bei geringer Verdunstung und vielem Zufluss aus Flüssen salzarm ist, 0,61 kohlensauren Kalk und 0,12 kohlensaure Bittererde. Figuier und Mialhe fanden im Wasser, einige Lieues von Havre gefasst, bei zwei Proben 0,40% und 0,56% der festen Bestandtheile an kohlensaurem Kalke; dagegen geben die vielen Analysen, welche von Bibra[6]) mit Meerwasser aus allen Gegenden der Welt anstellte, keine erdigen Carbonate an. Uebrigens ist die analytische Bestimmung der Carbonate eine sehr missliche Sache, denn beim blossen Abkochen bleiben bedeutende Mengen im Wasser gelöst, und beim Eindampfen zur Trockne lösen sie sich in der freiwerdenden Salzsäure des Chlormagniums auf, und es entweicht nun etwas Salzsäure weniger.

v. Bibra bemerkt, dass die eingedampften Salze mit Säuren nur in einigen Fällen ein zweifelhaftes Brausen gezeigt hätten. Demnach scheint das Wasser der Hochsee keine Carbonate gelöst zu enthalten.

Von dem Kalkgehalt des Meeres ist immer ein sehr grosser Theil als Kalkgebirge auf Landreisen begriffen; er kehrt im Kleinen mit dem Flusswasser ins Meer zurück, und geht im Grossen durch Hebung von Gebirgen wieder verloren. Der Kreislauf ist auch hier vollständig.

Dass sich nun ungeachtet des grossen Gehaltes an Kohlensäure im Meerwasser nicht mehr kohlensaurer Kalk gelöst findet, und dass sich so grosse Massen von kohlensaurem Kalke abscheiden und nicht wieder auflösen, hat mehrere Ursachen. Die lebenden Schalthiere verdichten mehr kohlensauren Kalk in ihren Schalen, als das kohlensaure Wasser lösen könnte; es muss also die Schichte immer wachsen. Zudem enthalten alle Schalen einen

---

6) Annalen der Chem. u. Pharm. 77, S. 90.

organischen Stoff, der bei oberflächlicher Auflösung des kohlensauren Kalkes blosgelegt wird und den Rest gegen Angriff schützt. Eine frische Muschel mit verdünnter Salzsäure behandelt lässt eine Gallertmasse von der Gestalt der Muschel zurück. Selbst die Lösung in Salzsäure wird durch diese Substanz, welche den Namen Conchiolin erhalten hat erschwert. Sie enthält weniger Stickstoff und mehr Sauer-, stoff als die Albumingebilde, und nähert sich dem Hornstoff und dem Chitin. Fossile Muscheln brausen mit Säuren viel stärker, als frische. Das Wachsen der Schale ist ein organischer Lebensprocess und nicht eine blose Aneinanderfügung von Stoff an Stoff nach den Gesetzen der Cohäsion und Krystallisation. Wäre es anders, so müsste man in dem ausgewachsenen Thiere noch die Gestalt des jungen in Querschnitt und Bruch wiederfinden, was nicht der Fall ist. Das Wachsen der Schale ist also ein Vorgang, wie das Wachsen der Knochen und Zähne beim höheren Thiere. In geologischer Bedeutung hat dieser organische Stoff in den Schalen der Meerthiere die Wirkung, dass er die Lösung des kohlensauren Kalkes verhindert. Ohne diesen Umstand würde das Entstehen von Kalkgebirgen kaum erklärbar sein, und die ganze Erde eine andere Gestalt haben. Ferner bedingt die organische Substanz die Farbe im Kalkstein und den Gehalt an Bitumen im Stückkalk. Es erklärt sich daraus die verschiedene Natur der Kalksteine, je nachdem die Schale, aus der er entstanden, mehr oder weniger organischen Stoff enthielt. Die Anodontenschale enthält nur 1,49 % organische Substanz und der Stoff enthält 99,45 % kohlensauren und 0,55 % phosphorsauren Kalk. Eine solche Muschel dürfte einen sehr reinen, weissen und fetten Kalk geben. Dagegen geht bei anderen Conchylien der Gehalt an kohlensaurem Kalke auf 82 % herunter, und solche dürften einen Stückkalk geben. Die Schalen aller Seethiere enthalten noch eine gewisse Menge phosphorsauren Kalk, so z. B. die Austern 1,2 %.

Theodor Scheerer[7] führt den Umstand, dass der phosphorsaure Kalk in den Kalksteinen grösstentheils fehle, als einen Grund gegen die Ansicht an, dass die Kalkgebirge aus den Schalen abgestorbener Thiere entstanden seien. Dieser Grund ist jedoch ganz unhaltbar, denn in den Aschen des Torfes und der Steinkohle fehlt er ebenfalls, obgleich er sicherlich darin gewesen ist. Allein es hat sich auch der phosphorsaure Kalk gefunden. Auf dem blauen Kalke der Lahngegend findet sich stellenweise eine 3 Fuss mächtige Schichte von phosphorsaurem Kalke in nierenförmig concretionirten Klumpen. Ich habe diese Thatsache zufällig entdeckt, da mir das Gestein als Eisenstein zur Analyse zugekommen war. Als ich an Ort und Stelle kam, fand ich den phosphorsauren Kalk in solcher Menge auf der Halde liegen, dass ich gleich 20 Zentner behufs landwirthschaftlicher Verwerthung mitnehmen konnte. Schöne Stücke zeigten einen Gehalt von 72 % 3basisch phosphorsaurem Kalk. Das Mineral war dem aus den Antillen stammenden Sombreroguano so täuschend ähnlich, dass man die Stücke sogleich mit angeklebten Etiquetten bezeichnen musste. Einmal verwechselt, war der Irrthum nicht wieder zu beseitigen. Hier an der Lahn lag nun der phosphorsaure Kalk dicht über dem Devonischen Blaukalk, der sich im Feuer schneeweiss brennt und am Rhein zum Tünchen verwendet wird. Es unterliegt keinem Zweifel, dass dieser phosphorsaure Kalk von den Schalthieren herstammt, welche das unterliegende Gebirge bilden.

Durch welchen Vorgang der phosphorsaure Kalk an der Lahn und auf Sombrero in ganz gleicher Art ausge-

---

7) Liebig's Handwörterbuch der Chemie. 1. Ausg. 4., S. 306.

zogen und getrennt niedergelegt ist, steht noch dahin, wenn nicht auch die Kohlensäure dies bewirkt hat. Nach dem ganzen Vorkommen des Phosphorits an der Lahn in grossen nicht zusammenhängenden Blöcken, die eine bergmännische Gewinnung sehr erschweren, ist zu vermuthen, dass der grösste Theil zerrieben und zerstreut in dem ganzen Terrain vorkommen müsse, und hiermit dürfte auch die ungemeine Fruchtbarkeit jener Gegend um Limburg und Diez erklärt sein, die durch den Namen des Diezer Waizens verewigt ist, welcher einen besonderen Handelsartikel auf dem Weltmarkt bildet. Solche Knollen von phosphorsaurem Kalke sollen auch in der fruchtbaren Erde von Schwarzrussland vorkommen und diese werden sich wahrscheinlich auch auf Kalkgebirge beziehen lassen.

Nach den Untersuchungen von Bromeis[8]) enthalten alle Basalte und Dolerite Spuren von Phosphorsäure; dagegen gerade der verwitterte Dolerit, in dessen Nähe er ein lagerhaftes Vorkommen von Osteolith entdeckte, enthielt nicht die kleinsten durch molybdänsaures Ammoniak nachweisbaren Spuren derselben. Er schliesst daraus mit Recht, dass die Phosphorsäure bereits vollkommen ausgezogen war. Wir haben also hier einen Beleg, dass phosphorsaurer Kalk ausgezogen und getrennt niedergelegt werden könne. Die meisten Gangbildungen führen zu ähnlichen Schlüssen, dass gerade ein in kleiner Menge im Muttergestein enthaltener Körper in der Gangspalte in grösster Reinheit und den schönsten Krystallen sich ausscheidet. Ein Kalkgebirge, welches $^1/_{1000}$ % Fluorcalcium enthält, erzeugt auf Gängen die schönsten Krystalle von Flussspath.

Die Gegenwart von Phosphorsäure in Basalt und Dolerit ist ebenso wunderbar, als ihre Wegführung durch ein

---

8) Annalen der Chemie und Pharmacie, 79, S. 5.

unbekanntes Lösungsmittel. Die Gegenwart von Eisenoxydul in den Grünsteinen setzt die Gegenwart von Pflanzen auf der Erde voraus; denn das Wachsen der Pflanze ist der einzige reducirende Process auf der ganzen Erde; alle andern können mit Bestimmtheit auf Pflanzen zurück bezogen werden. Die Reduction eines Metalloxydes zu Metall oder Oxydul, einer schwefelsauren Verbindung zu Schwefelmetall kann nur durch die Mitwirkung von Pflanzenstoffen geschehen, und so weit unsere Beobachtungen gehen, hat das auch stattgefunden. Würden die Pflanzen von der Erde verschwinden, so würde, ausser anderen Folgen auch die eintreten, dass alles Eisenoxydul mit der Zeit eines einmaligen Umlaufs in Eisenoxyd übergeführt würde. Demnach setzen die Grünsteine auch die Gegenwart von Pflanzen voraus, und dies giebt wieder eine Andeutung, woher die Phosphorsäure in die Grünsteine komme. Es würde zuweit führen, diesen Gegenstand hier näher zu beleuchten, allein man ersieht deutlich, wie alle diese Erscheinungen mit einander und mit den Gasen des Meerwassers, von denen wir ausgegangen sind, im Zusammenhange stehen. Der Naturforscher betrachtet die Verkettung der Erscheinungen und kann über ihren Anfang keinen Aufschluss geben. Man nehme ein Glied aus der Kette und Alles geht zu Grunde. Man nehme beipielsweise den Gypsgehalt aus dem Meerwasser weg, so hat man folgende Reihe von Schlüssen:

Kein Albumin ohne Schwefel,

keine Pflanze ohne Albumin,

kein Thier ohne Pflanze,

kein Kalk ohne Thier,

kein Granit, Trapp ohne Kalk,

keine Dammerde ohne Granit,

keine Pflanze ohne Dammerde,

kein Thier ohne Pflanze

und so im ewigen Kreislauf fort. Nun nehme man den

Ammoniakgehalt des Meeres, der Luft, das Eisenoxyd, Kali, Phosphorsäure, Gallerte der Schalthiere weg und Alles wird unmöglich, unbegreiflich.

Herr Geheimrath Freiherr von Liebig referirte über einen an ihn für die Classe eingeschickten Aufsatz des Herrn Schönbein in Basel:

> „Weiterer Beitrag zu näherer Kenntniss des Sauerstoffes —: Ueber den Einfluss des Wassers auf die chemische Wirksamkeit des Ozons".

Wohl bekannt ist, dass die chemische Verbindung mancher einfachen Stoffe untereinander, als bisweilen auch die gegenseitige Zerlegung zusammengesetzter Körper durch die Gegenwart des Wassers eingeleitet wird, ohne dass letzteres unmittelbar irgend welchen stofflichen Theil an solchen Vorgängen zu nehmen scheint, wie hievon die langsame Oxydation so vieler unorganischen und organischen Materien im feuchten Sauerstoff und die Umsetzung des wasserhaltigen Schwefelwasserstoff- und schweflichtsauren Gases in Schwefel und Wasser augenfällige Beispiele liefern.

Meine frühern Versuche haben dargethan, dass in einer grossen Anzahl von Fällen solcher langsamen Oxydationen Wasserstoffsuperoxyd gebildet werde und neben dieser Verbindung jeweilen auch freier ozonisirter Sauerstoff auftrete, wie diess z. B. bei der langsamen Verbrennung des Phosphors in feuchter atmosphärischer Luft geschieht. Da ich schon öfters meine Ansicht über diesen Vorgang ausgesprochen habe, so kann hier die Bemerkung genügen, dass

meiner Annahme gemäss das Vorbild aller solchen Oxydationen die langsame Verbrennung des Phosphors ist, bei
welcher der neutrale Sauerstoff in Ozon und Antozon sich
spaltet, letzteres zunächst mit Wasser zu Superoxyd sich
verbindend, ersteres die Oxydation des Phosphors bewerk-
stelligend.

Die Ergebnisse meiner neuen Untersuchungen berech-
tigen jedoch zu dem Schlusse, dass bei den in feuchtem
Sauerstoffgas erfolgenden langsamen Oxydationen das Wasser
noch eine anderweitige als die angedeutete Rolle spiele;
denn wenn dasselbe nur dadurch die erwähnten Vorgänge
einleitete, dass es seiner grossen Neigung halber mit dem
Antozon unmittelbar zu Wasserstoffsuperoxyd sich zu verbinden, die chemische Polarisation oder Spaltung des neutralen
Sauerstoffes bewerkstelligen hälfe, so müsste auch das wässer-
freie Ozon schon bei gewöhnlicher Temperatur alle die
Materien oxydiren, welche in dem feuchten gewöhnlichen
Sauerstoff die langsame Oxydation erleiden.

Dass dem aber nicht so sei, werden die nachstehenden
Angaben zeigen, bei deren Darlegung ich um so umständlicher sein werde, als durch dieselben eine allgemeine Thatsache festgestellt werden soll.

Meinen frühern Mittheilungen zufolge oxydirt sich sowohl das Thallium, als auch dessen Oxydul im ozonisirten
Sauerstoff rasch zum braunen Oxyde (TlO_3), wesshalb auch
ein mit der wässrigen Lösung von TlO getränkter Papierstreifen als äusserst empfindliches Reagens auf Ozon dienen
kann. Hat man in einer Flasche auf die bekannte Weise
atmosphärischen Sauerstoff so stark ozonisirt, dass ein mit
Thalliumoxydullösung behafteter und in diese Luft einge-
führter Papierstreifen schon im Laufe weniger Minuten tief
gebräunt wird oder ein glänzendes Stück Thallium mit einer
braunen Hülle sich überzieht, so wird die gleiche ozon-
haltige Luft, nachdem sie nur kurze Zeit mit reinem Vitriolöl

in Berührung gestanden, also getrocknet worden ist, vollkommen gleichgültig gegen das Metall sich verhalten, wie daraus abzunehmen ist, dass dasselbe seinen Glanz unvermindert beibehält, wie lange man es auch in der besagten Ozonatmosphäre verweilen lässt. Ich habe wochenlang ein Stück Thallium unter solchen Umständen aufbewahrt, ohne dass dessen Oberfläche im Mindesten verändert worden wäre und eben so konnte ein mit gelöstem Thalliumoxydul getränkter und über Vitriolöl getrockneter Papierstreifen für unbestimmte Zeit der Einwirkung der stärksten wasserfreien Ozonatmosphäre ausgesetzt werden, ohne sich im Geringsten zu bräunen, welche Unveränderlichkeit beweist, dass auch das wasserfreie Thalliumoxydul unter den erwähnten Umständen nicht einmal spurweise oxydirt wird. Bekanntlich oxydirt sich das metallische Blei, dessen Oxyd und ein Theil der Basis des Bleiessigs im feuchten ozonisirten Sauerstoff zu Superoxyd, während jene Substanzen im trockenen Ozon des Gänzlichen unverändert bleiben.

Dass das Silber vom wasserhaltigen Ozon zu Superoxyd oxydirt wird, ist von mir schon vor Jahren gezeigt worden und meine späteren Versuche haben dargethan, dass das gleiche Metall im trockenen Ozon durchaus unangegriffen bleibt, wie daraus erhellt, dass ein polirtes Blech von chemisch reinem Silber wochenlang in der stärksten wasserfreien Ozonatmosphäre verweilen kann, ohne dass dessen Metallglanz im Mindesten vermindert würde oder das Ozon verschwände.

Arsen wird vom feuchten Ozon rasch oxydirt, woher es kommt, dass die um eine Glasröhre gelegten Arsenflecken mit solchem Ozon in Berührung gesetzt, in kurzer Zeit verschwinden, saure Stellen von AsO_5 zurücklassen, was im trockenen Ozon nicht geschieht, wie lange dasselbe auch mit den besagten Flecken in Berührung stehen mag. Mit andern als den genannten Metallen, welche im feuchten

Ozon sich oxydiren, habe ich noch keine Versuche angestellt; es ist jedoch kaum daran zu zweifeln, dass keines
derselben im wasserfreien Ozon die Oxydation erleiden
werde.

Eine nicht kleine Zahl von Schwefelmetallen oxydirt
sich im feuchten Ozon rasch zu Sulfaten, wie z. B. das
Schwefelblei, wesshalb die damit gebräunten Papierstreifen
in einer solchen Ozonatmosphäre ziemlich rasch gebleicht
werden. Besagte Streifen über Vitriolöl vollständig getrocknet, bleiben im wasserfreien Ozon braun, wie lange
man sie auch damit in Berührung stehen lassen mag.

Dass die Mehrzahl der Jodmetalle durch das feuchte
Ozon unter Jodausscheidung augenblicklich zersetzt wird, ist
längst bekannt. Beruhet doch hierauf eines der empfind-
lichsten Reagentien auf Ozon, nämlich das Jodkaliumstärke-
papier, welches durch jenes sofort gebräunt oder gebläut
wird, je nachdem das Reagenspapier trocken oder ange-
feuchtet ist. Wasserfreies Ozon bringt auf das ebenfalls
trockene Reagenspapier nicht die geringste Wirkung hervor, welche Thatsache allein schon beweist, dass wasserfreies Jodkalium und Ozon chemisch gleichgültig sich zu
einander verhalten. Setzt man das gepulverte und vollkommen entwässerte Salz selbst mit gleichbeschaffenem
Ozon in Berührung, so bleibt das Jodkalium völlig weiss
und in jeder Hinsicht unverändert. Ich habe so beschaffenes
Salz tagelang in einer starken und völlig wasserfreien Ozonatmosphäre verweilen lassen, ohne dass dasselbe auch nur
im Geringsten gebräunt worden wäre.

Meinen Versuchen gemäss wird selbst das feste gelbe
Blutlaugensalz durch feuchtes Ozon ziemlich rasch in das
rothe Cyanid unter Bildung von Kali und Ausscheidung von
Wasser übergeführt, während wasserfreies Ozon auf das
trockene Cyanür nicht die geringste Wirkung hervorbringt.

Feuchtes Ozon oxydirt die Basis der Manganoxydulsalze

rasch zu Superoxyd unter Ausscheidung ihrer Säuren, wovon selbst das Sulfat keine Ausnahme macht, woher es kommt, dass Papierstreifen, mit einer Lösung des letztgenannten Salzes getränkt, in einer Ozonatmosphäre sich schnell bräunen. Solche Streifen über Vitriolöl getrocknet, bleiben im wasserfreien Ozon weiss, wie lange man auch die Berührung zwischen beiden dauern lassen mag.

Bei Anwesenheit von Wasser verbindet sich das Ozon augenblicklich mit der schweflichten Säure zu Schwefelsäure, wesshalb beide erstere sofort verschwinden, wenn sie im rechten Verhältniss zusammengebracht werden. Trockenes Ozon und SO_2-Gas vereinigen sich nicht miteinander und bilden ein Gemenge, welches gleichzeitig nach seinen beiden Bestandtheilen riecht.

Das feuchte Ozon zerstört augenblicklich das Schwefelwasserstoffgas, während beide Substanzen im vollkommen wasserfreien Zustand nicht im Mindesten aufeinander einwirken.

Obgleich das feuchte Ozon sämmtliche organische Farbstoffe mit grosser Kräftigkeit zerstört, wirkt es im wasserfreien Zustande nicht im Geringsten auf dieselben ein, falls auch sie vollkommen trocken sind, wie schon daraus erhellt, dass die Färbung eines mit Indigotinktur gebläueten oder durch Fuchsinlösung gerötheten und über Vitriolöl vollkommen getrockneten Papierstreifens nicht im Mindesten verändert wird, wie lange man ihn auch der Einwirkung der stärksten aber völlig wasserfreien Ozonatmosphäre aussetzen mag.

Die Gerbgallussäure, Gallussäure und Pyrogallussäure werden selbst im festen Zustande vom feuchten Ozon rasch erst zu braunen Huminsubstanzen und bei längerer Einwirkung desselben vollständigst zerstört, wesshalb Papierstreifen mit der wässrigen Lösung der genannten Säuren getränkt, in ozonisirter Luft erst gebräunt und dann ge-

bleicht werden, während wasserfreies Ozon auf die gleichen
und ebenfalls trockenen Säuren nicht die geringste oxydirende
Wirkung hervorbringt.

Selbst das feste Guajakharz wird vom feuchten Ozon
gebläut, welche Färbung auf einer lockern Verbindung beruhet, welche beide Materien mit einander eingehen. Tränkt
man daher Streifen von Filtrirpapier mit der geistigen
Lösung des Harzes und lässt dieselben nahezu trocken
werden, so bläuen sie sich im feuchten Ozon ziemlich rasch,
während das gleiche und über Vitriolöl getrocknete harz-
haltige Papier im wasserfreien Ozon völlig ungefärbt bleibt.

Bekanntlich bringt auch der in einer Anzahl sehr ver-
schiedenartiger Verbindungen enthaltene Sauerstoff oxydirende
Wirkungen hervor, vollkommen gleich denen, welche der
freie ozonisirte Sauerstoff verursacht, wie z. B. ein Theil
des in den Superoxyden des Mangans, Bleies, Nickels, der
Uebermangansäure, Chromsäure u. s. w. gebundenen Sauerstoffes diess thut, wesshalb ich derartige Sauerstoffverbind-
ungen Ozonide genannt habe.

Diese Gruppe von Verbindungen besitzt z. B. das Vermögen, die schweflichte Säure sofort zu Schwefelsäure zu
oxydiren und da hierbei zugleich Sulfate gebildet werden,
so bewirkt SO_2 eine rasche Farbenveränderung der besagten
Ozonide. Werden z. B. mit MnO_2, TlO_3 und PbO_3 be-
haftete Papierstreifen [1]) der Einwirkung feuchten SO_2-Gases
ausgesetzt, so bleichen sie sich sehr rasch aus in Folge der
unter diesen Umständen gebildeten farblosen Sulfate. Feuchte
durch Kalichromat gelb gefärbte Papierstreifen werden in

---

1) Solche Streifen verschafft man sich leicht dadurch, dass man
Filtrirpapier, mit der Lösung eines Manganoxydulsalzes, des Thalliumoxydules und des basisch essigsauren Bleioxydes getränkt, so lange
der Einwirkung einer Ozonatmosphäre aussetzt, bis es deutlichst
gebräunt ist.

dem gleichen Gase grün und Glasstreifen, auf welchen man
gelöstes Kalimanganat hat vertrocknen lassen und die desshalb roth gefärbt erscheinen, verlieren ebenfalls rasch diese
Färbung. Alle die genannten Ozonide verhalten sich jedoch
im wasserfreien Zustande gegen das trockene SO_2-Gas
ebenso gleichgültig, wie es das wasserfreie Ozon thut.

Wie wohl bekannt, wird das Schwefelwasserstoffgas
durch eine Anzahl sauerstoffhaltiger Verbindungen augenblicklich zerstört, durch welche Wirksamkeit die Permanganate sich ganz besonders auszeichnen. Aber selbst diese
so kräftig oxydirenden Salze, falls sie völlig wasserfrei sind
(wie fein dieselben sonst auch zertheilt sein mögen), bleiben
im trockenen HS-Gas des Gänzlichen unverändert, unter
welchen Umständen natürlich auch diese Schwefelverbindung
nicht zerstört wird. Ich habe Tagelang in einem solchen
Gase Streifen von Fensterglas verweilen lassen, welche mit
einer Hülle vollkommen wasserfreien Kalimanganates umgeben waren, ohne dass deren rasche Färbung im Geringsten verändert oder das Schwefelwasserstoffgas zerstört
worden wäre.

Aus den voranstehenden Angaben erhellt somit, dass
die Anwesenheit von Wasser eine unerlässliche Bedingung
für die chemische Wirksamkeit sowohl des freien- als gebundenen ozonisirten Sauerstoffes ist und wird wahrscheinlich, dass es nur wenige Materien gebe, welche durch das
Ozon ohne Beisein des Wassers sich zu oxydiren vermögen.

Es fragt sich nun, wie denn das Wasser den ozonisirten Sauerstoff zur Oxydation der oben erwähnten Substanzen
bestimme.

Wäre derselbe im Wasser merklich löslich, so könnte
man vermuthen, dass letzteres die Oxydation desshalb ein-
leite, weil es das Ozon, durch Lösung flüssig machend, in
eine innigere Berührung mit den oxydirbaren Materien
bringe. Nach meinen Versuchen löst sich aber der ozoni-

sirte Sauerstoff so gut als gar nicht im Wasser auf und
doch verschwindet beinahe augenblicklich der stärkste Ozon-
gehalt selbst grösserer Gefässe, wenn man denselben mit
einer verhältnissmässig nur kleinen Menge der Lösung
oxydirbarer Substanzen, z. B. des Thalliumoxydules, des
Jodkaliums, des gelben Blutlaugensalzes, der Pyrogallussäure,
der Indigolösung u. s. w. schüttelt. Wie mir scheinen will,
lässt sich kaum annehmen, dass alles unter den erwähnten
Umständen so rasch verschwundene Ozon erst in Wasser
aufgelöst worden sei, bevor es die genannten Materien
oxydirt habe. Ich wage es daher vorerst noch nicht, über
den in Rede stehenden Einfluss des Wassers irgend welche
Ansicht zu äussern, es für räthlich haltend, mit einer Erklärung noch zuzuwarten, bis weitere Thatsachen eine solche
von selbst an die Hand geben. Soviel scheint mir jedoch
jetzt schon sicher zu sein, dass bei den erwähnten Oxydationen das Wasser gegenüber dem Ozon und den oxydirbaren Materien nur eine vermittelnde Rolle spiele und mit
seinem eigenen Sauerstoffgehalt daran nicht betheiliget sei.

Bei diesem Anlasse kann ich jedoch nicht umhin,
einige Bemerkungen über gewisse oxydirende Wirkungen zu
machen, welche das Chlor, Brom und Jod ebenfalls nur
unter Beisein des Wassers auf eine Anzahl von Substanzen
hervorzubringen vermögen. So ist z. B. bekannt, dass vollkommen trockene organische Farbstoffe vom wasserfreien
Chlor u. s. w. nicht zerstört werden, während diess bei
Anwesenheit von Feuchtigkeit in raschester Weise geschieht,
welche Thatsache die heutige Theorie durch die Annahme
erklärt, dass unter diesen Umständen das Wasser zersetzt
und dessen Sauerstoff von den oxydirbaren Farbstoffen, der
Wasserstoff vom Chlor u. s. w. aufgenommen werde.

Da obigen Angaben zufolge auch der wasserfreie ozonisirte Sauerstoff eben so wenig als das gleichbeschaffene
Chlor u. s. w. das geringste Bleich- oder oxydirende Ver-

mögen gegen die trockenen Farbstoffe äussert, ein solches
aber augenblicklich durch zugefügtes Wasser erlangt, so
kann selbstverständlich in einem solchen Falle von einer
Zersetzung dieser Verbindung als der Ursache der eintretenden Bleichwirkung auch nicht entfernt die Rede sein, worauf nur immer die Mitwirkung des Wassers beruhen mag,
und muss desshalb letzteres hierbei eine andere als diejenige Rolle spielen, welche man ihm beim Bleichen der
organischen Farbstoffe durch Chlor und Brom beilegt.

Es ist jedoch gar nicht unmöglich, dass das Wasser
aus dem gleichen Grunde auch das Chlor u. s. w. wirksam
macht, wesshalb jenes das freie wie das gebundene Ozon
gegenüber gewissen oxydirbaren Materien zur chemischen
Thätigkeit bestimmt, ohne dass hierbei das Wasser irgend
welche Zersetzung zu erleiden hätte.

Ich gehöre bekanntlich zu den wenigen Chemikern, die
immer noch der alten Ansicht huldigen, gemäss welcher das
Chlor oxydirte Salzsäure oder Muriumsuperoxyd ist und
nehme überdiess an, dass es ozonisirten Sauerstoff enthalte
und diesem seine grosse oxydirende Wirksamkeit verdanke.
Wenn nun weiter oben angegeben worden ist, dass die
Permanganate, beziehungsweise die Uebermangansäure, das
Bleisuperoxyd und andere Ozonide, über deren Sauerstoffgehalt kein Zweifel walten kann, ihr oxydirendes Vermögen
ebenfalls nur bei Anwesenheit von Wasser äussern, so kann
die Thatsache, für mich nichts Auffallendes haben, dass auch
die oxydirende Wirksamkeit des Chlores u. s. w. an die
gleiche Bedingung geknüpft ist, wie diejenige der übrigen
Ozonide oder des freien ozonisirten Sauerstoffes selbst, ohne
dass ich nöthig hätte, den zur Oxydation nöthigen Sauerstoff vom Wasser zu beziehen.

Historische Classe.
Sitzung vom 18. Februar 1865.

———

Herr Cornelius hielt einen Vortrag:

„Ueber die Politik des Kurfürsten Maximilian I. in den ersten Jahren seiner Regierung".

Einsendungen von Druckschriften.

Vom historischen Verein für Nassau in Wiesbaden:

a) Annalen für nassauische Alterthumskunde und Geschichtsforsch. ung. 7. Bd 2. Hft. 1864. 8.
b) Mittheilungen an die Mitglieder des Vereins. Nr. 3. Januar 1864. 8.
c) Geschichte des Benediktinerklosters Walsdorf nebst einem Anhange über die Geschichte des Freifleckens Walsdorf nach urkundlichen Quellen von Adolf Deissmann. 1863. 8.

Von der Akademie der Wissenschaften in Berlin:

a) Monatsbericht. Dezember 1864. 8.
b) Abhandlungen aus dem Jahre 1864. 4.

Vom Observatoire royal in Brüssel:

a) Annales. Tom. 16. 1864. 4.
b) Annuaire. 1864. 31° Année 1861. 8.

Von der k. k. geologischen Reichsanstalt in Wien:

a) Die fossilen Mollusken des Tertiär-Beckens von Wien. 2. Bd. Nr. 5. 6. Bivalven 4.
b) Jahrbuch 1864. 14. Bd. Nr. 4. Okt. Novbr. Dezbr. 8.

Von der archäologischen Gesellschaft in Berlin:

Dirke als Quelle und Heroine. 24. Programm zum Winkelmannsfest der archäolog. Gesellschaft zu Berlin von Karl Bötticher. 1864. 4.

Von der k. k. Gesellschaft der Aerzte in Wien:

Medizinische Jahrbücher. Zeitschrift. Jahrg. 1864. 65. 21. Jahrg. der ganzen Folge. 1. 2. Heft. 1865. 8.

Von der physikalisch-medizinischen Gesellschaft in Würzburg:

a) Würzburger medizinische Zeitschrift. 5. Bd 4. 5. 6. Hft. 1864. 8.
b) Würzburger naturwissenschaftliche Zeitschrift. 5. Bd. 3. und 4. Heft. 1864. 8.

Von der deutschen morgenländischen Gesellschaft in Leipzig:

a) Abhandlungen für die Kunde des Morgenlandes. 3. Bd. Nr. 1. Sseschu, Schu-king-Schi-king in Mandschuischer Uebersetzung mit einem Mandschu-deutschen Wörterbuch. 1. Hft. 1864. 8.
b) Zeitschrift. 19. Bd. 1. und 2. Hft. 1865. 8.

Von der oberlausitzischen Gesellschaft der Wissenschaften in Görlitz:
Neues lausitzisches Magazin. 41 Bd. 1. und 2. Hälfte. 1864. 8.

Von der Académie royale des sciences des lettres et des beaux arts de Belgique in Brüssel:

a) Bulletin. 33. année. 2. série, tom. 18. Nr. 12. 1864. 8.
b) Bulletin. 34. année. 2. série, tom. 19. Nr. 1. 2. 3. 1865. 8.
c) Annuaire 1865. 8.

Von der pfälzischen Gesellschaft für Pharmacie in Speier:
Neues Jahrbuch für Pharmacie und verwandte Fächer. Bd. 23. Heft 2. 3. 4. Februar. März. April. 1864. 65. 8.

Vom Verein für Naturkunde in Kassel:
13. 14. Bericht. April 1860—1864. 1863. 64. 8.

Vom Reale Istituto Lombardo di scienze e lettere in Mailand:

a) Rendiconti Classe di scienze matematiche e naturali. Vol. I. Fasc. 6. Giugno. 1864. 8.
b) Rendiconti. Classe di lettere e scienze morali e politiche. Vol. 1. Fasc. 5. Giugno. 1864. 8.

Von der Geological Survey of India in Calcutta:

a) Memoirs. Vol. 3. Pt. 2 Vol. 4. Pt. 2. 1864. 8.
b) Annual Report. for 1863—64. 1864. 8.

· *Von der physikalischen Gesellschaft in Berlin:*

Die Fortschritte der Physik im Jahre 1862. 18. Jahrg. 1. 2. Abthl.
· 1864. 8.

Von der Royal Institution of Great Britain in London:

Proceedings. Vol. 4. Part. 3. 4. Nr. 39. 40. 1864. 8.

Von der Entomological Society in London:

Transactions. Vol. 2. Part. 2. 3. Vol. 3. Part. 1. 3. Serie 1864. 8.

Von der Société d'Anthropologie in Paris:

a) Bulletins. Tom. 5. 4 Fasc. Juillet et Aôut 1864. 8.
b) Mémoires. Tom. 2. Fasc. 2. 1865. 8.

*Von der Real Academia de ciencias exactas, físicas y naturales in
Madrid:*

a) Libros del Saber de Astronomia del Rey D. Alfonso X. de Ca-
   stilla, copilados, anotados y comentados por Don Manuel Rico
   y Sinobas. Tomo 3. 1864 2.
b) Resumen de las actas de la reale academia, en el año academico
   de 1862 a 1863, por Dr. D. Antonio Aguilar y Velu 1864. 8.

Vom zoologisch-mineralogischen Verein in Regensburg:

Correspondenzblatt. 18. Jahrg. 1864. 8.

Vom Museum Francisco-Carolinum in Linz:

24. Bericht. Nebst der 19. Lieferung der Beiträge zur Landeskunde
von Oesterreich ob der Ens. 1864. 8.

Von der Société vaudoise des sciences naturelles in Lausanne:

Bulletin. Tom. 8. Bulletin Nr. 51. 1864. 8.

Von der deutschen geologischen Gesellschaft in Berlin:

Zeitschrift. 16. Bd. 3. Hft. Mai, Juni und Juli 1864. 8.

Von der Haagschen Genootschap tot verdediging van de christelijke Godsdienst in Leyden:

Werken. 4. Deel. 1864. 8.

Vom landwirthschaftlichen Verein in München:

Zeitschrift. März. 3. April 4. Mai 5. 1865. 8.

Von der Commission impériale archéologique in St. Petersburg:

Compte rendu pour l'année 1863 mit Atlas. 4.

Von der Société d'Histoire in Utrecht:

Histoire des provinces unies des Pays-Bas par M. Abraham de Wicquefort. Tom. 2. Amsterdam 1864. 8.

Vom historischen Verein in Bamberg:

27. Jahresbericht i. J. 1863/64. 1864. 8.

Vom historischen Kreisverein im Reg.-Bezirk von Schwaben und Neuburg in Augsburg:

29. und 30. combinirter Jahresbericht für die Jahre 1863 und 1864. 1865. 8.

Von der naturforschenden Gesellschaft in Görlitz:

Abhandlungen. 12. Bd. 1865. 8.

Von der Universität in Heidelberg:

Jahrbücher der Literatur.
57. Jahrg. 12. Hft. Dezember 1864.
58. Jahrg. 1. 2. Hft. Januar. Februar. 1865. 8.

Von der Société Linnéenne de Normandie in Caen:

Mémoires. Années 1863—64. 14. Volume 1865. 4.

Von der Société impériale des sciences naturelles in Cherbourg:

Mémoires. Tom. 10. 1864. 8.

14*

Von der Académie des sciences in Paris:

Comptes rendus hebdomadaires des séances.
Tom. 59. Nr. 24. 25. 26. Decbr. 1864.
Tom. 60. Nr. 1.—7. Janvier Février 1865. 4.

Von der Società reale in Neapel:

a) Rendiconto dell' Accademia delle scienze fisiche e matematiche.
Anno terzo. Fasc. 3—7 Marzo—Luglio 1864. 4
b) Rendiconto delle tornate e dei lavori dell' accademia di scienze
morali e politiche. Anno quarto. 1861. 8.

Vom historischen Verein von Oberbayern in München:

a) 24. und 25. Jahresbericht. Für die Jahre 1861 und 1862. 1863. 4.
b) Oberbayerisches Archiv für vaterländische Geschichte. 25. Bd.
1864. 8.

Von der naturforschenden Gesellschaft in Basel:

Verhandlungen. 4. Thl. 1. Hft. 1864. 8.

Von der Société d'Anthropologie in Paris:

Mémoires. Tom. 2. Fasc. 2. 1865. 8.

Vom Congrès international d'horticulture in Brüssel:

Bulletin. Les 24. 25. et 26. Avril 1864. Gand 1864. 8.

Von der k. k: Akademie der Wissenschaften in Wien:

a) Denkschriften. Philosophisch-historische Classe. 13. Bd. 1864. 4.
b) Sitzungsberichte. Philos.-histor. Classe.
44. Band. Heft 2. und 3.
45. „   „ 1. 2. 3. Jan.—März. Jahrg. 1864. 8.
46. „   „ 1. und 2. April, Mai. Jahrg. 1864. 8.
c) Denkschriften. Mathematisch-naturwissenschaftl. Classe. 23. Bd.
1864. 4
d) Sitzungsberichte. I. Abth. Abhandlungen aus der Mineralogie,
Botanik, Zoologie, Anatomie, Geologie und Paläontologie.
48. Bd 4. und 5. Hft. Novbr. Dezbr. Jahrg. 1863 8.
49. „ 1. „ 5. „ Jan.—Mai. Jahrg. 1864 8.

e) Sitzungsberichte. 2. Abth. Abhandlungen aus dem Gebiete der Mathematik, Physik, Chemie, Physiologie, Meteorologie, physischen Geographie und Astronomie.
48. Bd. 5. Hft. Jahrg. 1863. Dezbr 8.
49. „ 1.—5. Hft. Jahrg. 1864. Jan.-Mai. 8.
f) Archiv für Kunde österreich. Geschichts-Quellen. 31. Bd. 1. Hft. 8.
g) Almanach. Vierzehnter Jahrg. 1864 8.

Von der Regia Accademia di scienze, lettere ed arti in Modena:
Memorie. Tom. 4. 5. 1862. 63. 4.

Von der Natural History Society in Montreal:
The Canadian Naturalist and Geologist. Proceedings. New Series Vol. 1. Nr 4 5. 6. 8.

Vom Syndicate of the Observatory in Cambridge:
Astronomical Observations by James Challis. Vol. 20. for the years 1855—1860. 1864. 4.

Von der Universität in Toronto:
Results of meteorological observations made at the magnetical observatory. During the years 1853—1862. 1863 64. 4.

Von der Royal Society in Edinburgh:
a) Transactions. Vol. 23. Part. 3 For the Session 1863—64. 4.
b) Proceedings. Vol. 5. 1863—64. Nr. 62—64. 1864. 8.

Von der Royal Society in London:
a) Philosophical Transactions. For the year 1864. Vol. 154. Part. 1. 2. 1864. 4.
b) Proceedings. Vol. 13. Nr. 68. 69. 1864. 8.

Von der British Association for the advancement of Sciences in London:
Report on standards of electrical resistance. 1864. 8.

Vom Istituto Veneto di scienze, lettere et arti in Venedig:

a) Memorie. Vol. 11. Part. 3. 1864.   4.
b) Atti. Tomo nono, decimo, serie terza. Dispensa 1. 2. 3. 1863.
   1864. 65.   8.

Von der Académie royale de médecine de Belgique in Brüssel:

a) Mémoires des concours et des savants étrangers. Tom. 5. 5e fas-
   cicule 1864.   4.
b) Bulletin. Année 1864. 2e Série. Tom. 7. Nr. 8—11. 1864. Tom. 8.
   Nr. 1. 1865. 1864.   8.

Von der Société de Physique et d'histoire naturelle in Genf:

Mémoires. Tom. 17 seconde partie. Genève 1864.   4.

Von der gelehrten estnischen Gesellschaft in Dorpat:

a) Sitzungsberichte 1864.   8.
b) Biostatik der im dörptschen Kreise gelegenen Kirchspiele, Ringen
   Randen, Nüggen und Kawelecht in den Jahren 1834—1859. Von'
   Dr. Bernh. Körber. 1864.   4.

Vom historischen Filial-Verein in Neuburg:

Collektaneen-Blatt für die Geschichte Bayerns, insbesondere für die
   Geschichte der Stadt Neuburg a. d. D. und der ehemaligen
   Grafschaft Graisbach. 30. Jahrg. 1864.   8.

*Von der Redaktion des Correspondenzblattes für die Gelehrten und
Realschulen in Stuttgart:*

Correspondenzblatt. Febr. Nr. 2. 1865.   8.

Von der schweizerischen geologischen Commission in Bern:

Beiträge zur geologischen Karte der Schweiz. 1. Lieferung. Mit
   1. Karte des Basler Jura. Neuenburg 1863.   4.

Vom historischen Verein für Niederbayern in Landshut:

Verhandlungen. 10. Bd. 4. Hft. 1865.   8.

Von der historisch Genootschap in Utrecht:

a) Werken. Kronijk 1863. Blad 19—37. 8.
b) Codex diplomaticus neerlandicus. Tweede serie, vierde deel; in
   twee afdeelingen; eerste afdeeling. 1859. 8.
c) Werken van het historisch Genootschap gevestigd te Utrecht.
   ˙ Nieuwe Serie. Nr. 1. 3. 1864   8.

Von der Gesellschaft der Wissenschaften in Christiania:

Forhandlinger i videnskabs-selskabet i Christiania aar 1863. 1864. 8.

Von der k. Fr. Universität in Christiania:

a) Aarsberetning for aaret 1862. 8.
b) Om sneebraeen folgefon af S. A. Sexe 1864. 4.
c) Om de geologiske forhold paa kyststraekningen af nordre ber-
   genhus amt. af M. Irgens og Th. Hiortdahl. 1864. 4.

Von der Academia de nobles artes de San Fernando in Madrid:

Lós Proverbios. Colleccion de diez y ocho laminas inventadas y
   grabadas al Agua fuerte por Don Francisco Coya. 1864. g. 4.

Von der Chemical Society in London:

Journal. Ser. 2. Vol. 2. Nr. 22—24. incl. Okt. Nov. Decbr. 1864. 8.

Von der k. k. geographischen Gesellschaft in Wien:

Mittheilungen. 7. Jahrg. 1863. 8.

Von der Società Italiana di scienze naturali in Mailand:

Atti. Vol. 7. Anno 1864. 8.

Von der Accademia pontificia de' nuovi Lincei in Rom:

Atti. Sessione 1 Decbr. 1863. Sessione 2.—7. Gennaio-Giugno 1864 4.

Vom Ferdinandeum in Innsbruck:

a) Zeitschrift für Tyrol und Vorarlberg. 3. Folge. 12. Hft. 1865. 8.

b) Dreissigster Bericht des Verwaltungs-Ausschusses über die Jahre 1862. 63. 1864. 8.

Von der Schleswig-Holstein-Lauenburg'schen Gesellschaft für die Sammlung und Erhaltung vaterländischer Alterthümer in Kiel:

a) Jahrbücher für die Landeskunde der Herzogthümer Schleswig, Holstein und Lauenburg. Bd. 8. Hft. 2. 3. 1864. 8.

b) 24. Bericht 1864. 8.

Von der allgemeinen geschichtsforschenden Gesellschaft der Schweiz in Zürich:

a) Archiv 14. Bd. Zürich 1864. 8

b) Schweizerisches Urkunden-Register. 1. Bd. 2. Hft. Bern 1865. 8.

Von der Asiatic Society of Bengal in Calcutta:

a) Journal. New Series Nr. 122. Nr. 296. Nr. 4. 1864.

b) Supplementary Number Vol. 33. 1864. 8.

Von der Geological Society in Dublin·

Journal. Vol. 10. Part. 2. 1863—64, Thirty-second session 1864. 8.

Von der Geological Society in London:

Quarterly Journal. Vol. 21. Part. 1. February 1. 1865. Nr. 51. 1865. 8.

Vom Herrn Francesco Zantedeschi in Padua:

Leggi del clima di Milano e origine della ruggiada e della brina. Brescia 1864. 8.

Vom Herrn Johann Suibert Seibertz in Arnsberg:

Landes- und Rechtsgeschichte des Herzogthums Westfalen. III. Thl. 1864. 8.

Vom Herrn A. D. Quetelet in Brüssel:

a) Observations des phénomènes périodiques 1861. 4.
b) Statistique et Astronomie 8.
c) Sur le cinquième congrès de Statistique, tenu a Berlin du 4 au 12. Septembre 1863. 8.
d) Physique de Globe. Étoiles filantes, aérolithe et ouragan en Décembre 1863. 8.
e) Étoiles filantes de la période du 10 Août 1863. 8.
f) Sur les étoiles filantes et leurs lieux d'apparition. 8.
g) Phénomènes périodiques. Des phénomènes périodiques en général. 8.

Vom Herrn M. Haidinger in Wien:

Physique du Globe. Mémoire sur les relations qui existent entre les étoiles filantes, les bolides et les essaims de météorites. 8.

Vom Herrn Francesco Bonaini in Florenz:

a) L'archivio centrale di stato in Firenze. 1864. 8.
b) Del più conveniente edifizio per residenza al senato del regno. 1865. 8.

Vom Herrn Adolf Stölzel in Kassel:

Die Lehre von der operis novi nunciatio und dem interdictum quod vi aut clam. Cassel und Göttingen 1865. 8.

Vom Herrn J. A. Grunert in Greifswalde:

Archiv der Mathematik und Physik. 43. Thl. 1. und 2. Hft. 1865. 8.

Vom Herrn J. Ullersberger z. Z. in München:

Memoria sobre la influencia del cultivo del arroz y exposicion de las medidas conducentes a evitar todo danno o rebajar los que sean inevitables, hasta el punto de que ventajas del cultivo superen los inconvenientes Madrid 1864. 4.

**

Vom Herrn Fournet in Lyon:

Résumé des observations recueillies en 1861 dans le bassin de la Saone par les soins de la commission hydrométrique. 1862. 8.

Vom Herrn M. A Z. H. Vincent in Paris:

a) Observations relatives a la note de M. Le Vicomte de Rougé sur le calendrier et les dates Égyptiennes. 8
b) Note sur la messe grecque qui se chantait autrefois a l'abbaye royale de Saint-Denis le jour de l'octave de la fête patronale. 1864. 8.

Vom Herrn E. Plantamour in Zürich:

Recherches sur la distribution de la température a la surface de la Suisse pendant l'hiver 1863/64. 1864   8.

Vom Herrn G. Eichthal in Paris:

De l'usage pratique de la langue grecque. 1864.   8.

Vom Herrn Joseph Aschbach in Wien:

Livia, Gemahlin des Kaisers Augustus. Eine histor. archäologische Abhandlung. 1864. 4.

Vom Herrn M. A Spring in Lüttich:

Les hommes d'engis et les hommes des chauvaux 1864. 8.

Von den Herren W. Vischer, H. Schweizer-Fidler und Kiessling in Basel:

Neues Schweizerisches Museum. Zeitschrift für die humanistischen Studien und das Gymnasialwesen in der Schweiz. 5. Jahrgang. Erstes Vierteljahrheft. 1865   8.

Vom Herrn Franz Palacky in Prag:

Geschichte von Bohmen. 5. Bd 1. Abth. 1865. 8.

Vom Herrn Otto Gr. Lundh in Christiania:

Norske rigsregistranter tildeels i uddrag. 1863. 8.

Vom Herrn Johann Fritzner in Christiania:

Ordbog over det gamle norske sprog. 5 Hefte. 1864. 8.

Vom Herrn P. A. Munch in Christiania:

Pavelige nuntiers regnskabs-og dagbóger, forte under tiende-op-
kraevningen i norden 1282—1334. 1864. 8.

Vom Herrn Alexander Schmidt in Dorpat:

Hämatologische Studien. 1865. 8.

Vom Herrn Albert Wild z. Z. hier:

Die europäischen Lotterie-Anlehen. Anleitung zur Kenntniss aller
bei Lotterie-Anlehen vorkommender Geschäfte und Berechnungen
und einer Kritik der einzelnen Anlehen. 1—5 Heft. Leipzig.
1865. 8.

Vom Herrn Theodor Gomperz in Wien:

Herkulanische Studien. 1. Hft. Leipzig 1865. 8.

Vom Herrn Samuel Haughton in Dublin:

a) Experimental researches on the granites of Ireland Part. 3. On
the granites of Donegal. Part. 4. On the granites and syenites
of Donegal London 1862. 8.
b) Notes on animal mechanics. 1864. 8.

Sitzungsberichte

der

königl. bayer. Akademie der Wissenschaften.

Philosophisch - philologische Classe.
Sitzung vom 4. März 1865.

Herr Haneberg trägt vor:

> „Zur Erkenntnisslehre des Avicenna und Albertus Magnus".

Die Classe beschloss die Aufnahme dieser Abhandlung in die Reihe ihrer Denkschriften.

Mathematisch-physikalische Classe.
Sitzung vom 11. März 1865.

Herr Bischoff hielt einen Vortrag:

> „Ueber das Vorkommen eines eigenthümlichen, Blut und Hämatoidin enthaltenden Beutels an der Placènta der Fischotter (Lutra vulgaris)".

Am 13. April 1860 erhielt ich von Herrn Dr. von Dessauer in Kochel den trächtigen Uterus einer Fischotter,

an deren Eier ich eine sehr eigenthümliche, und so viel ich
weiss, bis jetzt ganz unbekannt gebliebene Bildung beobachtete. In der Hoffnung, weiteres Material zur Vervollständigung dieser Beobachtung zu erlangen, hielt ich dieselbe zurück und richtete im Frühjahre 1863 an Jäger und
Jagdfreunde die Bitte, mich mit solchem zu versorgen, so
wie ich auch in dem hiesigen Zwirkgewölbe, in welches alle
erlegten Ottern abgeliefert werden sollen, solches zu erlangen trachtete. Allein ausser zweien nicht trächtigen Exemplaren, die ich gleich in Folge meiner Aufforderung im
Jahre 1863 und zweien anderen von noch zu jungen Thieren
in diesem Jahre aus dem Zwirkgewölbe erhielt, war es
wieder nur Hr. Dr. v. Dessauer, der mich am 16. Juni 1863
abermals in den Besitz eines trächtigen Uterus einer Fischotter setzte. Da ich demnach verzweifle, bei dem immer
seltener Werden dieses Thieres so leicht ein hinreichendes
Material zur vollkommenen Aufklärung über die gemachte
Beobachtung zu erlangen, so will ich mir erlauben, der
sehr geehrten Classe dieselbe vorzulegen, so wie sie eben
ist. Vielleicht wird dadurch an einem anderen Orte, wo
das Material etwa leichter zu gewinnen ist, ein anderer
Beobachter zur Vervollständigung veranlasst.

Der zuerst im April 1860 erhaltene Uterus hatte drei
Eier enthalten, von denen Hr. Dr. v. Dessauer eines zu
seiner eigenen Untersuchung herausgeschnitten hatte, die
anderen beiden aber sich noch wohl erhalten vorfanden.
Sie stellten in ganz analoger Weise wie bei dem Hunde
elliptische, vorzüglich nach der freien Seite des zweitheiligen
Uterus entwickelte Anschwellungen von etwa 30 Mm. in der
Länge und 18 Mm. im Querdurchmesser dar, und enthielten im Kopfe stark nach vorwärts gebeugte Embryonen,
die vom Nackenhöcker bis zum Steiss 12 Mm. lang waren,
vordere und hintere Extremität mit 4 Zehen schon ganz
ausgebildet und auch die Ohren schon ganz entwickelt

hatten. Nach meinen Beobachtungen bei dem Hunde befanden sich Eier und Embryonen ohngefähr auf dem Stadium der Entwicklung, wie ich solches in meiner Entwicklungsgeschichte des Hundeeies vom 28. Tage beschrieben und Fig. 45 A abgebildet habe.

Die Eier hatten, wie die des Hundes. eine gürtelförmige 18 Mm. breite Placènta mit stark entwickelten Zotten, die sich aus der ebenfalls stark entwickelten Drüsenschichte der Uterinschleimhaut. bei dem bereits eingetretenen Stadium der Maceration ohne anscheinende Zerreissung loslösen liessen. Die von der Placènta und von Zotten freien, vorzüglich von dem Chorion gebildeten Pole des citronenförmig gestalteten Eies hatten nur einen zarten äusseren sich leicht ablösenden Ueberzug, der entweder von dem Epithelium der Gebärmutter an dieser Stelle, oder von der sogenannten serösen Hülle des Eies herrührte. Er bestand aus einer einfachen Schichte polygonal gegeneinander gedrängter, abgeplatteter, kernhaltiger Zellen, und stellte also ein Epithel dar, wie etwa die Epidermis eines Frosches oder Salamanders.

Im Innern des Eies lag der Embryo noch ziemlich dicht von seinem Amnion umschlossen und aus seinem Nabel trat ein kurzer Strang hervor, der den Stiel der Nabelblase und Allantois mit ihren Gefässen enthielt. Erstere zog sich noch ziemlich vollkommen entwickelt der ganzen Länge nach durch das Ei hindurch bis in die Pole desselben, wurde aber doch durch die sich schon stark entwickelt habende Allantois gegen die eine Seite des Eies hingedrängt. Letztere hatte sich nämlich bereits rund herum in dem ganzen Eie ausgebreitet, sich mit ihrem Gefässblatte mit der äusseren Eihaut (Zona und seröser Hülle) vollkommen vereinigt und ihre Gefässe (Nabelgefässe) an dieselbe und namentlich in die gürtelförmig das Ei umgebenden Zotten abgegeben, um mit jenen zusammen das jetzt so-

15*

genannte Chorion zu bilden. Dabei hatte sie natürlich auch
den in seinem Amnion liegenden Embryo und die Nabelblase mit einem Ueberzuge überdeckt; Alles wie ich es an
der oben genannten Stelle von dem Hundeie beschrieben
und abgebildet habe.

Allein die gürtelförmige Placènta dieser Fischottereier
zeigte an ihren Rändern nicht jenen auffallend schön grün
gefärbten Ring, der bei den Eiern der Hunde und Katzen
zu dieser Zeit so wohl bekannt und bereits mehrfach und
auch von mir in der genannten Schrift genauer beachtet
worden ist. Statt dessen traf ich aber bei dem Ablösen
des Eies von der Placènta uterina ganz unerwarteter Weise
an der freien, der Mesenterialanheftung entgegengesetzten,
oberhalb des Rückens des Embryo befindlichen Seite des
Uterus, auf eine Stelle, wo bei diesem Ablösen plötzlich
eine ansehnliche Menge eines dunkelgefärbten Blutes abfloss.
Natürlich hielt ich dasselbe anfangs für ein durch eine zufällige Verletzung veranlasstes Extravasat, obgleich äusserlich nichts an dem Uterus zu sehen gewesen war. Allein
nachdem ich das Blut mit Wasser abgespült hatte, fand
sich hier an dem Eie mitten in der, wie gesagt, stark
zottigen Placènta foetalis, eine etwa 5 Mm. im Durchmesser
haltende runde Stelle, an welcher die Zotten fehlten, und
das Chorion wie durchlöchert aussah. Um das Loch herum
stand ein Kranz stark entwickelter Zotten, welche schön
lebhaft rothgelb, wie mit Chromgelb gefärbt, erschienen.
Aus dem scheinbaren Loche in der äusseren Eihaut stülpte
sich aber, wie ich bald bemerkte, ein zarter, ebenfalls an
seiner äusseren Fläche gelb gefärbter, und an den Rändern
der Lücke mit der äusseren Eihaut continuirlicher Beutel,
je nach dem Drucke auf die im Innern des Eies enthaltenen
Allantoisflüssigkeit, aus und ein. Dieser Beutel besass, wie
ich dann bei genauerer Untersuchung beobachtete, zwei
Lamellen, deren eine innere mit dem Chorion continuirlich

war und auch einige Verzweigungen der Nabelgefässe trug;
die zweite äussere aus einem zarten netzförmig angeord-
netem Ueberzuge bestand, der. auch auf den die erwähnte
Oeffnung umgebenden Zottenkranz übergieng. Dieser Ueberzug aber enthielt das erwähnte schön gelbrothe Pigment,
welches zwar nicht aus eigentlichen Krystallen, aber doch
aus krystallinischen grösseren und kleineren Körnern und
Körnchen bestand und sich zum Theil in, zum Theil zwischen
den Zellen befand, aus denen der genannte Ueberzug zusammengesetzt war.

Da das zweite vorhandene Ei ganz dieselbe Bildung
zeigte, so konnte kein Zweifel darüber sein, dass dieselbe
für das Otterei eine normale sei, über die ich mir vorläufig
den Kopf zerbrach. Alle noch etwa übrigen Zweifel in
dieser Hinsicht wurden denn auch durch die Untersuchung
des zweiten mir am 16. Juni 1863 von Dr. v. Dessauer
gesendeten trächtigen Uterus beseitigt.

Die Embryonen dieser Eier waren schon 13 Ctm. vom
Scheitel bis zur Schwanzwurzel lang, und die Eier hatten
eine 54 Mm. breite, gürtelförmige Placènta, über welche
auf beiden Seiten die stumpfen Pole der Eihäute ansehnlich herausragten und hier einen zarten, äusseren häutigen
Ueberzug hatten, der sich in die Ränder der Placènta ver-
lor, als die Eier in Wasser gelegt wurden, sich alsbald
ablösete, und unzweifelhaft wie an den früheren Eiern von
dem Epithelium der Uterinschleimhaut oder der serösen
Hülle herrührte. Auch im Innern war die Anordnung der
Eitheile dieselbe, wie in den früheren Eiern, nur natürlich
weiter fortgeschritten. Die Allantois (vereinigt mit der ehemaligen Zona und serösen Hülle) bildete die äussere Eihaut
(Chorion), in welcher sich überall, namentlich aber in
ihrem gürtelförmig entwickelten Mitteltheile, in der Placènta
foetalis, die Nabelgefässe ausbreiteten. Auch die Nabelblase
war noch vorhanden, und erstreckte sich, obgleich im zu-

sammengefallenen Zustande, durch die ganze Länge des
Eies an einer Seite desselben; auch waren ihre Gefässe noch
sichtbar. Der Embryo lag, in dem ihn ziemlich dicht umschliessenden und nur wenig Flüssigkeit enthaltenden Amnion, und war mit einer gelblichen, schmierigen, schleimigen
Substanz überzogen.

An der der Mesenterialanheftung des Uterus entgegengesetzten Seite zeigte sich aber auch bei diesen Eiern eine
Stelle der Placènta, bei deren Ablösung von dem Uterus
sich eine ansehnliche Menge eines dickflüssigen, dunklen
Blutes entleerte, in der gelbrothe Klümpchen umherschwam-
men. Die Placènta foetalis zeigte ein scheinbares ansehn-
liches Loch, in dessen Umkreis längere Zotten standen, die
einen gelben zarthäutigen Ueberzug hatten. Der scheinbaren
Oeffnung in der Placènta aber entsprach ein ansehnlicher
63 Mm. langer häutiger Beutel, der sich ein- und ausstülpen
liess, und im eingestülpten Zustand die grösste Menge des
erwähnten dunklen Blutes enthalten hatte. Auf ihr ver-
zweigten sich ganz ansehnliche Zweige der Nabelgefässe,
wodurch, wie durch seine Continuität mit der häutigen
Grundlage der Placènta selbst unzweifelhaft erwiesen wurde,
dass er der Allantois oder dem jetzigen Chorion angehörte.
An seiner äusseren Seite besass er wiederum einen zarten
sich leicht ablösenden Ueberzug, der sich auf die benachbarten Zotten fortsetzte und aus Zellen oder Blasen bestand,
die den gelben Farbestoff in grösseren und kleineren Partikel-
chen und ausserdem Fetttröpfchen enthielten.

Da es nun somit erwiesen ist, dass dieser Placèntarbeutel mit seinem blutigen und einen krystallinischen gelben
Farbestoff enthaltenden Inhalt eine constante und wesentliche Bildung des Eies der Fischotter ist, so fragt es sich,
wie entsteht derselbe, und was hat er sammt seinem In-
halte für eine Bedeutung?

Leider kann ich auf die erste dieser Fragen keine

weitere Antwort geben, als dass sich dieser Beutel offenbar
schon sehr früh bildet und wahrscheinlich allmählig
während der Bildung der Zotten des Chorion und der
Placènta ohne nachweisbare äussere Ursache entsteht. Die
Placènta materna zeigte bei den kleineren Eiern an der
betreffenden Stelle eine Lücke, wo die der übrigen Placènta eigenthümliche Entwicklung der Uterinschleimhaut und
ihrer Drüsen fehlt. Bemerkenswerth ist es nun, dass diese
Lücke und der entsprechende Beutel des Eies sich gerade
an der Stelle befinden, wo, wie ich besonders in meiner
Entwicklungsgeschichte des Hundes gezeigt habe, die sogenannte Schlussstelle des Amnion ist, und wo bei dieser
Schliessung und Abhebung der serösen Hülle, ihre innige
Anlagerung und das Einwachsen ihrer Zotten in die Uterinschleimhaut und in ihre Drüsen erfolgt, und der Embryo
daher eine Zeitlang wie mit seinem Rücken angewachsen
erscheint. Da indessen dieser Vorgang auch bei anderen
Thieren erfolgt, die keinen solchen Placèntarbeutel ent-
wickeln, so müsste derselbe bei der Otter eine besondere
Eigenthümlichkeit darbieten, wenn in ihm die nähere Veranlassung zur Bildung dieses Beutels liegen sollte. Dieses
ist vielleicht so denkbar, dass bei der Otter diese Schlussstelle des Amnion und die dadurch bedingte Anheftung des
Embryo länger bestehen bleibt, wie bei anderen Thieren,
wo dieser Process rasch abläuft. Wenn alsdann die Allantois in den Raum zwischen seröse Hülle und Amnion hinein-
wächst, den ganzen Embryo mit Amnion einschliesst, sich
an die seröse Hülle anschliesst, und ihre Gefässe in die
Zotten jener hineintreiben, so würde das bei dem Ottereie
wegen der noch bestehenden Verbindung des Amnion
mit der serösen Hülle nicht geschehen können und sich
daher hier gewissermassen eine Lücke in der sich eben
bildenden Placènta entwicklen, über welche sich erst später

die·Allantois ebenfalls herüberzöge, aber keine Zotten mehr
träfe, und sich statt dessen beutelförmig hinausdrängte.

Ich· hielt es für erlaubt, diese Vermuthung über·die
Bildung dieses Placèntarbeutels auszusprechen, weil es noch
lange dauern dürfte, bis entweder die Zahl der Beobachtungen oder der Zufall einem Beobachter das Material
liefern wird, um durch eine direkte Beobachtung dieselbe
festzustellen.

Kaum genügender wird die Beantwortung der Frage
nach der Bedeutung dieses Beutels ausfallen.

Wir wissen allerdings, dass das Ei auch anderer Fleisch-
fresser und Insectivoren ausgezeichnet ist durch die Bildung
und Ablagerung von Farbestoffen in den Eihäuten. Seit
lange kennt man, wie schon gesagt, die grüne Farbe, welche
an den Rändern der Placenta der Eier der Hunde und
Katzen beobachtet wird. Breschet hat dieselbe zuerst, so
viel ich weiss, genauer beschrieben, und gestützt auf eine
chemische Untersuchung dieses Farbestoffes durch Barruel,
nach welcher die Farbe von einem dem Gallenfarbestoff
ähnlichen Körper herrührt, die Ansicht ausgesprochen, dass
die Placenta, ähnlich wie die Leber ein Organ der Häma-
tose sei (Ann. des sc. nat. 1. Serie t. XIX p. 379). Ich
habe sodann die mikroskopischen Bestandtheile dieses
Farbestoffes in meiner Entwicklungsgeschichte des Hundeeies p. 106 näher angegeben, und H. Meckel sprach sich
auch für die Verwandtschaft desselben mit dem Gallengrün
aus und nannte ihn Haematochlorin (Deutsche Klinik 1852
N. 41. p. 466). Otto Nasse hat vor Kurzem die Eihüllen
der Spitzmaus und einen grünen Farbestoff beschrieben, der
sich bei dem Eie dieser Thiere nicht in den Zotten des
Chorions, sondern in dem Epithel der eigenthümlichen
Zotten des Dottersackes findet. Derselbe erwies sich in
Wasser, besonders warmem, in Alkohol und Aether, nicht
aber in Chloroform löslich und durch einen Zusatz von

rauchender Salpetersäure zu der wässrigen Lösung zeigten
sich sehr deutlich die bei Anwesenheit von Gallenfarbestoff
auftretenden Farbenveränderungen (Du Bois und Reicherts
Archiv f. Physiologie 1863 p. 730).

Unterdessen haben wir ferner bereits seit 1847 durch
Virchow jenen eigenthümlichen Körper kennen gelernt, der
sich häufig, wo längere Zeit im lebenden Organismus Blut
stagnirt, bildet und von demselben Hämatoidin genannt
worden ist (Archiv f. path. Anatomie 1847. I. p. 379 und
439 und Verhandl. der med.-phys. Gesellschaft zu Würzburg I. p. 303). Derselbe kommt theils amorph in Körnchen und Kugeln, theils in wohl ausgebildeten Krystallen
vor, zeigt bei Zusatz concentrirter Mineralsäuren ebenfalls
die dem Gallenfarbestoff eigenthümlichen Farbenveränderungen, und ist überhaupt nach Virchows sowie Zenkers und
Funkes Untersuchungen identisch oder wenigstens nahe verwandt mit dem sogenannten Bilivulvin, welches ebenfalls
wahrscheinlich vom Blutfarbestoff abzuleiten ist.

Der oben beschriebene gelbrothe Farbestoff nun auf
dem Placèntarbeutel und in den Zotten des Chorion in der
Umgebung desselben bei dem Ottereie gehört ebenfalls
unzweifelhaft zu diesen Hämatoidinkörpern. Ich habe bereits
angegeben, dass derselbe nicht durchweg krystallisirt erschien, sondern in der Form von Körnchen theils in, theils
zwischen den Zellen jenes zarten häutigen Ueberzuges des
Placentarbeutels und der Zotten seiner Umgebung, theils
aber auch in der Form von krystallinischen Drusen und
mikroskopischen Rhomboëdern in dem den Beutel und die
Zotten umspülenden stagnirenden Blute vorkam. Er zeigte
sich in Wasser und Alkohol ganz unlöslich, verschieden
also von dem grünen Farbestoff des Hunde- und Spitzmaus-
Eies, der sich in beiden Flüssigkeiten auflöset, daher sich
die Farbe an in Weingeist aufbewahrten Eiern dieser Thiere
nicht, wohl aber bei dem Ottereie erhält. Dagegen war er

löslich in Chloroform, und aus dieser Lösung krystallisirte
er beim Verdunsten in scharf ausgeprägten rhomboëdrischen
Krystallen hervor, wodurch er sich also wieder von dem
Farbestoffe des Eies der Spitzmaus unterscheidet. Mit
Salpetersäure behandelt traten aber auch hier die bekannten
Farbenveränderungen Grün, Blau, Rosa und endlich schmutzig
Gelb hervor, wie beim Gallenfarbestoff.

Wir haben es daher gewiss überall in diesen Fällen
mit einem veränderten Blutfarbestoff zu thun, der sich aber,
so wie er an verschiedenen Stellen ausgeschieden wird, so
auch durch seine Eigenschaften und Reactionen etwas verschieden zeigt. Bei dem Hunde wird er in dem Gebiete
der sogenannten Vena terminalis der Nabelblase ausgeschieden. Denn wie die Figuren 38 A. B. und C. meiner
Schrift über die Entwicklung des Hundeeies zeigen, erscheint
er zuerst eben in dem Gebiete dieser Vena terminalis der
Nabelblase, wenn die Allantois noch gar nicht vorhanden
ist, und ist, wie in Fig. 41 A, schon vollständig entwickelt,
wenn die Allantois noch ganz klein ist und die äussere Eihaut und deren Zotten noch kaum an einem Punkte erreicht
hat. Wahrscheinlich ist es gerade so bei der Spitzmaus,
wo sich der Farbestoff nach Nasse ebenfalls an der Nabelblase und deren Zotten und am stärksten am Rande der
Placènta findet, wo, wie bei dem Kaninchen und Meer-
schweinchen, wahrscheinlich die Vena terminalis verläuft.
Bei dem Eie der Eischotter weis ich nun freilich nicht, ob
der Farbestoff auch schon vorher an der beschriebenen
Stelle sich findet, ehe die Allantois und ihre Gefässe dieselbe erreicht hat, da ich keine so frühen Eier beobachtet
hatte. Aber ich glaube es kaum. Gewiss ist, dass sich hier
der Farbestoff nicht im Bereiche der Nabelblase und der
Vena terminalis befindet, die mit der genannten Stelle in
gar keiner Berührung stehen. Es scheint vielmehr, dass es
hier zu einem Blutaustritt aus den Gefässen der Allantois,

aus den Nabelgefässen, kommt, aus welchem sich jener
Farbestoff, aber wie wahrscheinlich überall, vermittelt durch
einen Zellenbildungsprocess ausscheidet. Denn wenn auch
der Farbestoff überall später frei, und bei dem Ottereie in
dem stagnirenden Blute suspendirt auftritt, so erscheint er
doch wahrscheinlich zuerst in der Form von kleinen Pig-
mentkörnchen in Zellen, wird erst später unter Auflösung
derselben frei und nimmt dann auch wohl krystallinische
Formen an.

Aber was hat nun überall diese Farbestoffausscheidung
für eine Bedeutung? Dürfen wir sie wirklich wie Breschet
mit der Leber des Embryo in Verbindung bringen, deren
frühe und so auffallend starke Entwicklung bei Embryonen
noch keinesweges allseitig aufgeklärt ist? Oder ist jene
Uebereinstimmung in der Reaction gegen concentrirte Mineralsäuren mit dem Gallenfarbstoff nicht vielmehr zufällig, weil
eben beide Farbstoffe von dem Blutfarbestoffe abstammen.
Mir erscheint letzteres viel wahrscheinlicher. Dann aber ist
der Blutaustritt, welcher Veranlassung zur Bildung eines
solchen Farbestoffes giebt, zumal in der auffallenden Form,
wie an dem Eie der Fischotter, nicht weniger räthselhaft.
Und warum gerade bei dem Eie der Hunde, der Katzen,
der Spitzmaus und der Fischotter ,und nicht auch so weit
wir sie kennen, an den Eiern anderer Säugethiere?[1] Diese
Fragen werden wohl erst ihre Beantwortung finden, wenn
wir in die Vorgänge des Stoffumsatzes bei dem Fötus überhaupt eine bessere Einsicht wie bisher gewinnen.

Ich füge noch einige Worte über die Brunst oder
Ranzzeit der Fischotter hinzu. Nach Buffon soll dieselbe

---

1) Wie ich so eben bei Buffon sehe, scheint Mustela foina an
seiner Placenta eine ähnliche Eigenthümlichkeit wie Lutra zu besitzen; doch sind Beschreibung und Abbildung zu undeutlich, um
etwas Bestimmtes erkennen zu können.

im Winter brünstig werden und im Monat März werfen, indem man ihm oft im April Junge gebracht habe. Wie lange die Otter trächtig sei, sagt er nicht; in Burdachs Physiologie Bd. II. p. 74 werden 9 Wochen angegeben, was wahrscheinlich genug ist. Die von mir beobachteten Fälle stimmen indessen mit den Angaben Buffons nicht wohl. Die am 13. April 1860 erhaltenen Embryonen waren, wie gesagt, etwa 4 Wochen alt. Die Ranzzeit würde also Mitte März gewesen und die Geburt würde in die zweite Hälfte des Mai gefallen sein. Die am 16. Juni 1863 erhaltenen Embryonen waren offenbar auch noch nicht reif und hatten wohl noch 14 Tage bis zur Geburt zu warten, die also Anfangs Juli erfolgt sein würde; die Ranzzeit wäre hier Ende Mai gewesen. Anderer Seits wurde mir im Zwirkgewölbe fest versichert, dass man daselbst schon um Weihnachten herum in der Gebärmutter Junge von der Grösse einer Maus gesehen habe. Endlich zeigte eine mir am 24. Februar 1863 überbrachte alte nichtträchtige Fischotter sehr entwickelte Genitalien und Eierstöcke und in einem stark angeschwollenen Graf'schen Follikel ein Ei, mit allen Charakteren der Reife und strahligem Diskus, so dass ich nicht zweifeln konnte, dass dieses Thier zu dieser Zeit der Brunst sehr nahe war [2]). Hiernach scheint die Brunstzeit etwa wie bei den Hunden sehr unbestimmt zu sein, wenn sie auch am häufigsten in die Wintermonate fallen mag. Hinzufügen muss ich noch, dass ich am 2. Nov. 1863 in den Hoden und Vasa deferentia einer männlichen Fischotter keine Spermatozoiden fand.

---

2) Nachtrag. Am 20. März d. J. erhielt ich durch Hrn. *Haupt-*mann von Harold aus Straubing den Uterus einer am 17. gefangenen Otter, der nicht trächtig war, auch an den Eierstöcken keine stärker entwickelte Follikel zeigte, aber auch nicht etwa vor Kurzem geboren zu haben schien.

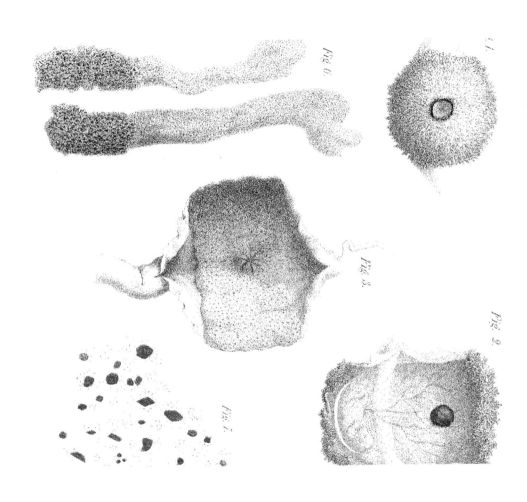

Fig. 1.

Fig. 6.

Fig. 3.

Fig. 2.

Fig. 7.

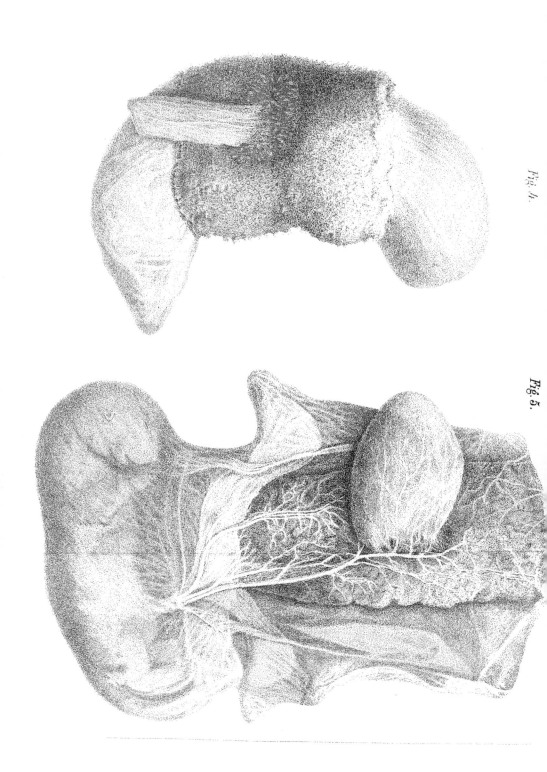

Fig. 4.

Fig. 5.

Beschreibung der Abbildungen.

Fig. I. Ein etwa 28 Tage altes geschlossenes Ei einer Fischotter. Man bemerkt die stark entwickelte, gürtelförmige Placènta foetalis und in der Mitte derselben eine rundliche Lücke, aus welcher der Placèntarbeutel hervorragt. Die Zotten im Umkreise dieser Lücke, sowie der Beutel selbst sind mit einem gelbrothen Pigment überzogen.

Fig. II. Dasselbe Ei geöffnet von innen. Der in seinem Amnion eingeschlossene Embryo ist nach der einen Seite zurückgelegt. Aus seinem Bauche zieht sich die längliche Nabelblase hervor. Beide sind bedeckt von dem Gefässblatte der Allantois, welches anderer Seits auch bereits das Chorion bildet. Man sieht die auseinandergelegte Placènta von Innen und bemerkt auch hier den Beutel, welcher als ein Theil des Chorions nach Innen gedrängt ist.

Fig. III. Das entsprechende Stück Uterus und die Placènta materna dieses Eies. Man sieht den ringförmigen Wulst der stark entwickelten Uterinschleimhaut, aus deren Utriculardrüsen die Zotten der Placènta foetalis herausgezogen sind. In der Mitte befindet sich eine Stelle, wo die Uterinschleimhaut nicht entwickelt ist und sich daher eine von deren Wülsten umschlossene Lücke zeigt, welche dem Placèntarbeutel des Eies entspricht.

Fig. IV. Ein viel älteres Otterei nach einer Photographie. Das Ei ist noch geschlossen und von seiner gürtelförmigen Placènta umgeben, aus welcher an einer Stelle der ansehnliche aber zusammengefallene Placèntarbeutel hervorragt.

Fig. V. Dasselbe Ei geöffnet, auseinander gelegt und die Nabelgefässe injicirt. Der Embryo liegt wie in Fig. II. nach der einen Seite herübergelegt in seinem Amnion. Die Nabelblase ist noch vorhanden. In der Mitte der auseinandergelegten gürtelförmigen Placènta sieht man den grossen Placèntarbeutel nach einwärts gestülpt und auf ihm die Verbreitung einiger Zweige der Nabelgefässe.

Fig. VI. Zwei Placèntazotten aus dem Umkreise des Placèntarbeutels mit den ihnen abgelagerten Farbstoff 10—11mal vergrössert.

Fig. VII. Ein kleines Stückchen des zelligen Ueberzuges, der in der vorigen Figur dargestellten Zotten bei Oberhäuser $^3/_7$ mit der Cam. lucida gezeichnet. Der Farbstoff zeigt sich theils in grössern und kleinen Körnern, theils krystallinisch in und zwischen den Zellen

Herr Hermann von Schlagintweit-Sakünlünski übergab

„Die Temperaturstationen und Isothermen von Hochasien". [1]

Material der Beobachtungen. — Zusammenstellung der Stationen. — Erläuterung der beiden Isothermentafeln. — Einfluss des tropischen Tieflandes (Erhöhung der Temperatur am südlichen Rande) — Einfluss der grossen Stromgebiete und der tiefen Erosion. (Relative Kälte der Thäler während des ganzen Jahres; zugleich Mangel an Seen und Wasserfällen. — Hindostán durch absteigende Luftströme etwas gekühlt.) — Modification durch die Ausdehnung und Grösse der Erhebung (Relative Zunahme der Temperatur im centralen Hochasien. Einfluss der Massenerhebung im Gegensatze zu isolirten Gipfeln. Absolute Vermehrung der Wärmeentwicklung durch Terrainunebenheiten im Gegensatze zu Flächen.). — Tabelle der Höhenisothermen und der Temperaturabnahme. — Absoluter thermischer Effect der Gebirge. — Vergleich der Isothermen mit der Schneelinie, mit der Grenze von Culturen und bewohnten Orten.

Material der Beobachtungen.

Zur Untersuchung der Temperaturverhältnisse in Hochasien — jenen ausgedehnten Gebirgsregionen, welche im Norden Indiens von Assám bis Kabúl und von Hindostán bis zur Depression der Gobiwüste sich erstrecken — war es besonders wichtig, aus verschiedenen Höhen und aus verschiedenen Entfernungen von den Rändern Beobachtungen von einiger Dauer vergleichen zu können. Die Stationen bilden ein Material von Mitteln der Monate und des Jahres, für die centralen und westlichen Theile günstig über das ganze Terrain vertheilt;

---

[1] Die beiden vorhergehenden Abhandlungen über meteorologische Resultate aus Indien und Hochasien sind: I. „Indische Temperaturstationen" Sitzungsber. 1863, I, 332—341. II. „Einfluss der Feuchtigkeit auf die Insolation" Sitzungsber. 1864, II, 216—246.

für die östlichen Theile dagegen blieben die numerischen Daten noch auf den Himálaya beschränkt. Frühere Beobachtungsreihen von einiger Dauer boten für die westlichen Theile Cunningham's „Ladák"; für den östlichen Himálaya die Arbeiten von Campbell, Hodgson, Hooker, Pemberton, aus Bhutan, Darjíling und Kathmándu. Ueberdiess erhielt ich im westlichen Himálaya, wo die ersten Gesundheitsstationen errichtet wurden, auch Daten, die bereits eine bedeutende Anzahl von Jahren umfassten; ich konnte bei der Bearbeitung derselben die Originalregister benützen und wir hatten auch die Instrumente in Beziehung auf Correction und Aufstellung persönlich untersuchen können [2]).

Von unseren eigenen Beobachtungen sind von der beiliegenden Tabelle jene ausgeschlossen, welche nur während der Reise oder während kürzerer Aufenthalte ausgeführt wurden, obgleich in grossen Höhen auch solche, auf den Pässen des Himálaya und des Karakorúm bei 18,000 bis 19,000 Fuss, und bei der höchsten unserer Bergbesteigungen noch bis zu 22,100 Fuss ausgeführt, wesentlich erleichterten durch vergleichende Zusammenstellung mit correspondirenden Temperaturverhältnissen in geringeren Höhen, wo unsere Lager zurückgeblieben waren, die Grösse der Temperaturabnahme näher zu bestimmen [3]).

---

2) Das Detail des Materiales ist im 4. Bande der „Results of a scientific mission to India and High-Asia" mitgetheilt.

3) Auch vereinzelte Daten aus den Reisewerken von Gerard, Jaquemont, Moorcroft, Strachey, Vigne, wurden dabei sorgfältig berücksichtigt Da denselben meist correspondirendes Material in verschiedenen Höhen fehlt, kann auf eine detaillirte Vergleichung nicht eingegangen werden. — Die Ablesungen auf den höchsten Standpunkten, die wir selbst zu erreichen Gelegenheit hatten sind zum Theile bereits in vol. II der „Results", zugleich mit den Barometermessungen, mitgetheilt; detaillirte Beobachtungen in Verbindung mit den Resultáten bei Einwirkung der Besonnung und Strahlung werden in vol. V. der „Results" folgen.

Zusammenstellung der Stationen.

Die Beobachtungsstationen, 44 · an der Zahl, sind in 3 Tabellen, von Süden nach Norden und von Osten nach Westen sich folgend, zusammen gestellt; diese Reihenfolge erlaubte zugleich die Gruppen so zu begrenzen, wie sie am besten die Unterschiede im jährlichen und täglichen Temperaturgange und im allgemeinen Character des Klima erkennen lassen. Die geringsten Temperaturschwankungen zeigt der östliche Himálaya, besonders die regenreichen Vorberge in Síkkim, den grössten begegnen wir in Tíbet und Bálti; auch die absolute und relative Feuchtigkeit zeigen gerade hier die Gegensätze zwischen den feuchtesten Klimaten im Südosten und jenen Zonen im Nordwesten, welche, wie die Umgebungen der grossen Salzseen zu den trockensten Gebieten unserer Erde gehören.

Die Breite ist die nördliche; die östliche Länge von Greenwich ist auf die Länge der Madrás-Sternwarte bezogen, deren Werth = 80^0 $13'$ $56''$ E. Gr. angenommen wurde. Kreuze vor den Stationen bedeuten, dass die Breiten und Längen von der indischen Great trigonometrical Survey aufgenommen wurden; Sterne beziehen sich auf Bestimmungen von uns selbst. Für die übrigen Punkte ist Breite und Länge mit möglichster Sorgfalt den besten vorhandenen Karten entnommen worden. Vertikale Doppelstriche nach dem Namen der Station zeigen an, dass ihre Mittel auf mehrjährige Reihen basirt sind. Die Höhe ist in englischen Fussen angegeben und unserer Hypsometry vol. II. der „Results" entnommen. Die Temperaturen sind in Fahrenheit'schen Graden angegeben. Die Wahl der Beobachtungsstunden und die Methode der Berechnung der Tagesmittel aus Minimum und 4^h p. m. habe ich bereits in der Abhandlung über die tropischen und subtropischen Stationen

Indiens erläutert [4]). Dieselben sind von Osten nach Westen sich folgend zusammengestellt.

Die Transscription für die Ortsnamen ist dieselbe, welche ich auch bei meinen früheren Mittheilungen angewandt habe; die Vocale lauten wie im Deutschen und Italienischen, die Diphthongen sind mit den beiden Vocalen geschrieben, aus welchen ihr Laut zusammengesetzt ist, bei den Consonanten, um nicht zu sehr von der in den englischen Karten eingeführten Schreibweise abzuweichen, ist *sh* und *ch* nach der englischen Aussprache gebraucht. Ein Circumflex über *a* und *o* (*ã* und *õ*) bedeutet den nasalen Laut des Vocals; bei nasalen Diphthongen ist dem Circumflex nur auf dem letzteren der beiden Vocale angebracht. In jedem Worte ist die Silbe, welche den Ton hat, durch einen Accent bezeichnet [5]).

---

4) Sitzungsberichte der k. b. Akademie 1863, pg. 333.

5) Das Detail darüber ist in Bd. I unserer „Results etc,“ enthalten.

I. Bhután, Síkkim, Nepál,

	Breite.	Länge.	Höhe.	Jan.	Febr.	März	Apr.
Nărigún, im östlichen Bhután	28 53 8	92 6·0	3642	46·6	52	60	62
Bhután, Westliche Provinzen							
Devangíri	26 51	91 30	2150	55			
Tassgóng	27 20	91 38	3182	—	53¹/₂		
Punákha	27 35	89 34	3739	—	—	—	66
Sási	27 8	91 29	4325	47			
Lenglúng Fort . .	27 39	91 12	4523	—	51		
Tassángsi Fort . .	27 34	91 33	5387	—	43		
Tóngso Fort . . .	27 30	90 19	6527	—	—	50	
Pănkabári, in Síkkim	26 49	88 14	1790	—	—	—	67·4
Darjíling, in Síkkim . . . ‖†	27 3 0	88 15·3	7168	42·0	44·4	50·1	54·8
Tónglo Pic,. in Síkkim . . . . †	27 1 8	88 3·9	10080	—	—	—	—
Fălút oder Singhalíla Pic in Síkkim . . . . †	27 13·7	87 59·8	12042	—	—	—	—
Kathmándu, Hauptstadt von Nepál ‖*	27 42·1	85 12·2	4354	45·4	50·3	56·6	61·6

im östlichen Himálaya.

Mai	Juni	Juli	Aug.	Sept.	Okt.	Nov.	Dez.	D.J.F.	M.A.M.	J.J.A.	S.O.N.	Jahr.
68	73	74	74	71	67	58	52	50·2	63·3	73·7	65·3	63·1
—	—	—	80·0									
58·7	61·8	62·9	62·6	61·1	57	52·8	44·2	43·5	54·5	62·4	57·0	54·4
48·0												
	46·9											
67·5	72·1	73·1	73·1	70·7	64·7	55 6	49·5	48·3	61·9	72·8	63·7	61·7

II. Kămáon, Gărhvál, Símla,

	Breite.	Länge.	Höhe.	Jan.	Febr.	März.	April
	° ʹ	° ʹ					
Lohughát oder Rikhésar in Kămáon . . . ‖	29 24	80 4	5649	44·5	45·8	52·3	60·9
Havalbágh, in Kămáon . . . ‖	29 38	79 37	4114	47	55	61	66
Almóra, ... ‖ in Kămáon . . . ‖	29 35·2	79 37·9	5546	47·5	54·8	58.4	65·3
Nainitál, in Kămáon . . . †	29 23 6	79 30·9	6634	42·5	46·4	55·5	59·3
Mílum, in Kămáon . . . *	30 34 6	79 54·8	11265	—	—	—	—
Déra, ... in Gărhvál . . ‖†	30 18·9	78 1·0	2240	54·5	59 6	65·7	74·3
Landáur in Gărhvál . . .	30 27	78 8	7511	37·8	43·2	48·6	56·5
Mässúri . . . . ‖† in Gărhvál. . . . †	30 27·6	78 3 0	6715	(45·2)	(48·2)	53·5	65·1
Jhósimath, in Gărhvál. . . .	30 34	79 29	4724	—	—	—	—
Bádrinath, in Gărhvál. . . .	30 46	79 20	10124	—	—	—	—
Níti, in Gărhvál. . . .	30 48	79 34	11464	—	—	—	—
Sabáthu, in Símla	30 58 5	76 58·5	4205	—	—	—	—
Dágshai . . . . . in Símla . . . ‖†	30 53·1	77 2·2	6025	39	53·6	58	63·4
Kotghár, in Símla . . . . ‖	30 91	77 28	6412	42·4	49·9	54·1	60·5
Kässáuli, in Símla. . . . . ‖	30 54	77 3	6650	39·6	39·6	54·8	54·2
Símla . . . . . in Símla. . . ‖†	31 6·2	77 9·4	7057	45·0	50·2	52·5	58·9

im mittlern Himálaya.

Mai	Juni	Juli	Aug.	Sept.	Okt.	Nov.	Dez.	D.J.F.	M.A.M.	J.J.A.	S.O.N.	Jahr.
66·0	71·0	71·1	70·7	68·7	63·1	51·9	46·4	45·6	59·7	70·9	61·2	59·4
73	76	78	79	75	69	60	52	50·8	66·6	77·6	68	65·8
71·3	75·2	73·2	72·6	72·4	66·4	59 8	53·2	51·8	65·0	73·7	66·2	64·2
64·1	69·6	65·3	68·0	63·2	58·1	55·0	48·4	45·4	59·6	67·0	58·8	57·9
—	63·5											
80·7	83 9	80·4	78·4	77·2	70·5	61·5	55·1	56·4	73·6	80·9	69·7	70·2
63·0	67·5	64·5	63·9	62·8	54·6	49·3	41·7	40·9	56·0	65·3	55·6	54·5
68·2	64·7	66·7	64·2	64·9	62·0	(53)	(46)	46·5	62 3	65·2	60·0	58·5
—	—	69·8										
—	—	—	58·0									
—	—	65·4										
—	81·2	77·6	74·6	75·3	70·2	64·1						
69	74·3	68·6	67·8	66·6	63·6	56·5	46·7	46·4	63·5	70·2	62·2	60·6
69·1	71	68·5	68	66·4	57·7	49·4	46·5	46·2	61·2	69·2	57·8	58·8
64·2	69·3	67·2	65·9	66·1	61·1	53·8	45·6	41·6	57·7	67 5	60·3	56·8
65·9	70·1	66·0	64·2	63·8	59·3	52·0	45 7	47·0	59·1	66·8	58·4	57·8

III. Kúlu, Chámba, Lahól, Kashmír,

	Breite.	Länge.	Höhe.	Jan.	Febr.	März.	April
Sultánpur, in Kúlu . . . . . *	31 75·8	77 5·8	3945	—	—	—	—
Kángra . . . . . in Chámba . . . ‖†	32 5·2	76 14·4	2553	49·7	55·4	62·6	68·4
Dalhousie, in Chámba	32 32	76 0	6850	(40)	(46)	(52)	(60)
Kárdong, in Lahól . . . . . *	32 33·8	77 0·6	10242	24	36	44	47
Srinǎger, Hauptstadt v. Kashmir *	34 4·6	74 48·5	5146	40	45	50	56
Mǎrri, in Mǎrri . . *	33 51·0	73 22·7	6963	37·9	44·4	50·6	55·7

IV. Westliches Tíbet

	Breite.	Länge.	Höhe.	Jan.	Febr.	März.	April
Kánam, Kloster in Kanáur .	32	78½	9296	34	36	40 5	49 9
Spíti, Thal im westl. Tíbet	32 10	78	13000	19·2	18 7	24·5	40·9
Leh, Hauptstadt v. Ladák *	34 8·3	77 14·6	11532	20	26	36	44
Oestliche Umgebungen von Ladák							
Língti-Tódi-ju in Spíti .	32 9	78·12	11316	—	—	—	—
Mud, in Spíti	33 51·6	78 1 3	12421	—	—	—	—
Tsomoríri-Salzsee in Rúpchu	32 45·4	78 16·6	15130				
Skárdo, Hauptstadt von Balti	35 20·2	75 44·0	7255	32	39	45	51
Búshia in Khótan Turkistán	36 26	78 19	9310	—	—	—	—
Yárkand, Hauptstadt v. Turkistán	38 10	74 0	4200	—	—	—	—

Márri, im nordwestlichen Himálaya.

Mai	Juni	Juli	Aug.	Sept.	Okt.	Nov.	Dez.	D.J.F.	M.A.M.	J.J.A.	S.O.N.	Jahr.
70·8	72·7	75·2	78·1	70·8	58·9	55·6	—	—	—	75·3	61·8	
79	85·7	78·2	76	75	67·6	60·6	53·7	52·9	70·0	80·0	67·4	67·6
(70)	76·2	75·3	70·7	65·6	56·8	(54)	(45)	(43·7)	(60·6)	74·1	(58.8)	(59·3)
49	54	63	60	52	46	37	27	29	46·6	59	45	44·9
60	70	73	71	63	57	54	42	42·3	55·3	71·3	58	56·8
63·3	71·1	67.7	65·9	67	60·2	49·6	43·2	41·8	56·5	68·2	58·9	56·4

und Turkistán.

Mai	Juni	Juli	Aug.	Sept.	Okt.	Nov.	Dez.	D.J.F.	M.A.M.	J.J.A.	S.O.N.	Jahr.
59 8	66·3	69·2	67·7	63·9	56·2	43·9	37·3	35·8	50	67·7	54·8	52·1
49·0	59·5	63·6	58 6	55·5	40·1	22·8	14·3	17·4	38 1	60·6	39·5	39·4
50·1	56·2	66 4	65·2	56·5	39·5	34	21	22·3	43·4	62·6	46·3	43·7
—	70·4											
—	53·6											
—	49·8											
58	66	69	68	59	52½	43	33	35	51·3	67·6	51·5	51·1
—	—	—	—	—	—	—	—	(22)	(45)	(61)	(45)	(43)
—	—	—	—	—	—	—	—	(38)	(54)	(69)	(56)	(54)

Erläuterung der beiden Isothermentafeln.

In dem Profile zur Darstellung der Höhenisothermen versuchte ich zugleich einige der wesentlichsten Typen
von Pässen, Thälern und Gipfeln anzudeuten; die Ein-
zelnheiten, welche der angewandte Maassstab noch erlaubte,
folgen sich, wie in der Liste die Stationen, von Osten und
Süden nach Westen und Norden. Da die horizontale Di-
mension im Vergleiche zu den Höhenverhältnissen so sehr
verkleinert werden musste, wären alle Gipfel steile, nicht
mehr sich unterscheidende Nadeln geworden, hätte ich dieselben unmittelbar mit ihrer Basis in den Thälern verbunden; dieses wäre um so weniger hier zu vermeiden
gewesen, weil auch die Höhendifferenzen zwischen den
Gipfeln und den höchsten Thälern, selbst Pässen, absolut grösser sind als in den Alpen; in der Nähe des Monte
Rosa-Gipfels, von 15223 engl. Fuss Höhe liegen Pässe von
11000 Fuss (altes Weissthor 11871, Theodulpass 11001 Fuss)
in Hochasien sind selbst die höchsten Pässe wie der Ibigă-
minpass 20459, der Mustághpass 19019 Fuss, noch immer
8000 bis 9000 Fuss niederer als die höchsten Gipfel in
ihren Umgebungen. Ich zog daher vor, 2 Contouren über
einander zu stellen, wovon die erste die Ebenen, Vorberge,
Pässe und Thäler, die zweite nur die vorzüglichsten der
isolirten höchsten Gipfel darstellt. Die Höhenskala, also
auch die Bedeutung der Gestalt der Isothermenlinien ist
für beide Profile dieselbe. Die Linien sind hier [6] nur für
das Jahresmittel gezogen; auch den Typus der Jahreszeiten
suchte ich durch Beschreibung zu erläutern.

---

6) Der Atlas der „Results" enthält diese Profile auch für die
Jahreszeiten.

Um den Einfluss der Breite von jenem der Höhe zu trennen, war es nöthig, von der Temperatur im Niveau des Meeres als Basis auszugehen. Ganz besonders günstig war dabei der Umstand, dass bereits die geographische Gestaltung Indiens erlaubte, Isothermen zu ziehen, welche im Norwesten und Südosten Orte verbinden, die ausserhalb der Gebirgsmasse liegen und doch eine direkte Basis für die Temperatur im Niveau des Meeres in der Breite des Himálaya bieten.

In der kleinen Karte, welche auch die indischen Isothermen für das **Mittel des Jahres** enthält[7]), zeigt sich zugleich, dass zwei ganz verschiedene Systeme von Isothermen sich ergaben. In der nach Süden gerichteten Halbinsel finden wir eine der inselartig-begrenzten Zonen grösster Wärme, so extrem, wie wir sie längs des Wärmeaequators nur an wenigen Stellen der Erde wieder finden; nördlich von Centralindien, in der Depression, welche dem Fusse des Himálaya entlang, die Flussgebiete des Indus, Ganges und Brahmapútra verbindet, sehen wir bereits ungeachtet der geringen Höhe über dem Meere und der noch fast tropischen Breite eine mehr parallele Gestalt der Isothermen und jene Richtung der Linien von Nordwesten nach Südosten, welche sich als der allgemeine Typus auch noch viel weiter im Norden, in Centralasien, wiederholt. In Hindostán und Bengalen lässt sich auch, wie die specielle Vergleichung mit den Himálaya-Temperaturverhältnissen zeigen wird, eine Depression durch absteigende Luftströme erkennen.

Im **Höhenprofile** zeigt sich der Einfluss der Breite durch die Neigung der Linie, welche auf der rechten Seite

---

7) Eine ausführlichere Darstellung nebst Vergleich mit den thermischen Verhältnissen der Erde im Allgemeinen siehe Atlas der „Results", Meteorological Plates, Nr. II.

im Niveau des Meeres im Profile anfängt und gegen links
ansteigend sich fortzieht. Die Formen der Isothermen des
Profiles zeigen uns im Vergleiche mit dieser Linie die
Unterschiede der Temperaturabnahme und sie erlauben zugleich, einige der wesentlichsten Ursachen dieser Unterschiede zu charakterisiren.

Einfluss des tropischen Tieflandes:
Erhöhung der Temperatur am südlichen Rande.

Längs der ganzen indischen Seite des Himálaya zeigt
sich in den Vorbergen noch bis zu einer Höhe von 14000'
der Einfluss der Tropen durch das Vorherrschen einer vom
Rande nach dem Inneren gerichteten schief aufsteigenden
Luftströmung; zugleich wird dadurch die Lufttemperatur
während des ganzen Jahres relativ zu warm. In den Höhenisothermen zeigt sich diess, indem sie in allen Jahreszeiten
gegen den Südrand steigen. Nicht unähnlich ist auch
am Südrande der Alpen gegen Italien die im allgemeinen
etwas nach aufwärts gerichtete Gestalt der Höhen-Iso-
thermen [8]).

Die Isotherme von 74° Fahrh. der Karte, welche für
die Ausläufer des Himálaya die Basis zur Vergleichung der
Temperatur im Meeresniveau bot, eignete sich um so mehr
dazu, die verhältnissmässig langsame Abnahme erkennen zu
lassen, weil sie unabhängig von den Himálayastationen aus
Assám- und Pánjábstationen bestimmt wurde, und so auch
unberührt von den absteigenden Luftströmen war, welche,
wie wir sehen werden, die Stationen längs des Fusses des
Himálaya in Hindostán und Bengalen etwas afficiren.

---

8) Vergl. Schlagintweit, Phys. Geogr. der Alpen. Vol. 1. Taf. 8.

Wie sich die relative Wärme des Randes mit der Höhe allmählig vermindert, sieht man an der Abweichung der Isothermen von der als gebrochenen Linie fortgezogenen Basis. Bis etwa zu 100 oder 120 engl. Meilen gegen das Innere sind die Abhänge der Ausläufer des Himálaya zu warm, und zwar wie die Zahlen der Tabellen zeigen, in allen Jahreszeiten, während in den Alpenstationen die Abhänge vorzugsweise im Winter durch das Abfliessen der erkalteten Luftmassen zu warm sind, aber im Sommer relativ zu kühl. Dass die warmen Luftströme so weit in das Innere sich fortziehen, ohne sich vielmehr als vertical aufsteigende Luftströme von der Oberfläche rascher zu entfernen, hängt zum Theile mit der allgemeinen Windesrichtung, aber wesentlich auch damit zusammen, dass absteigende Luftströme, welche durch die Thäler herabströmen, ihnen das Gleichgewicht halten.

Ueber Tíbet scheinen solche von Indien emporsteigende Strömungen, wenn sie überhaupt ihre bewegende Kraft dort nicht bereits verloren haben, in bedeutender Höhe sich fortzubewegen; selbst in Höhen von 18000 bis 20000 Fuss konnten wir keinen ähnlichen Einfluss auf die Windesrichtung erkennen. Auch die Alpen sind darin Himálaya ähnlich, dass in Folge der Stellung der Alpenketten die südlichen wärmeren Luftströmungen mehr mit den höhern Schichten der Atmosphäre sich mischen oder ihre bewegende Kraft verlieren, ehe sie längs der Oberfläche weiter nach Norden vordringen, aber da die europäischen Ketten so viel kleiner und auch die Breite des Gebirgslandes so viel geringer ist, ist auch der Effekt kein so consequenter.

Einfluss der grossen Stromgebiete und der tiefen
Erosion:
Relative Kälte der Thäler während des ganzen Jahres (zugleich Mangel an Seeen und Wasserfällen), rasche Temperaturabnahme gegen Norden in den Ebenen am Fusse des Himálaya.

Die thermischen Verhältnisse weichen aber für die
Thäler mit breiter Basis weit mehr von dem Typus ab, den
sie uns in den Alpen und im allgemeinen in kleineren Gebirgen
zeigen, wo sie im Sommer relativ zu warm, noch entschiedener im Winter relativ zu kalt sind. In Hochasien sind
die riesigen Ausdehnungen der Stromgebiete zugleich die
Ursache, dass Orte in weiten Thalbecken, wie Kathmándu
in Nepál, Srinắger in Kashmír, Skárdoˊim Industhale in
Tibet, das ganze Jahr hindurch, auch im Sommer, durch
das locale Zusammenströmen kalter Luft aus den höheren
Regionen, kälter sind als gleich hohe Orte auf Abhängen
oder Gebirgsrücken.

Auch die überraschende tiefe Erosion der Flussthäler
trägt viel dazu bei. Sie übt·einen lokalen Einfluss aus
auf die Feuchtigkeitsverhältnisse des Bodens und das
Clima im Allgemeinen, und hat auch eine so wesentliche
Modification der thermischen Verhältnisse der Atmosphäre
zur Folge [9]), dass sie nicht nur für die geologischen, sondern auch für viele physikalische Verhältnisse besondere
Berücksichtigung verdient. In den Alpen z. B., sind Ero-
sionen von 500 bis 600 Fuss schon ungewöhnliche, im

---

[9]) Die tief eingeschnittenen Barranken der Cordilleren lassen
ähnlichen Einfluss vermuthen, obwohl geringeren, weil dort jene
grösseren Eis- und Gletscher- bedeckten Flächen fehlen, welche im
Himálaya und in Tibet in den Hochregionen ungeachtet der sup-
tropischen Breite überall so häufig sind.

Himálaya ist die mittlere Tiefe wenigstens gleich 1200 Fuss zu setzen, und viele Stellen, wo geringere Widerstandsfähigkeit des Gesteines es begünstigt, sind noch viel tiefer eingeschnitten. Ueberdiess ist es eine bisher, wie ich glaube, noch nie als solche bezeichnete Folge dieses allgemeinen tiefen Einschneidens in die Thalsohlen, dass man im Himálaya so viele Stellen findet, die sich zwar durch die Gestalt des Bodens, selten zugleich durch etwas grössere Bodenfeuchtigkeit[10]), als Becken früherer Seen erkennen lassen, die aber mit sehr vereinzelten Ausnahmen durch das Fortschreiten der Erosion, nämlich durch das Tieferlegen des Ausflusses, längst entleert sind. Als noch vorhandene Seen des Himálaya dürfte etwa nur jener bei Nainitál, und der Chunársee[11]) und Vúlersee, diese in der Nähe von Srináger, der Hauptstadt von Kashmír, Erwähnung verdienen. Auch in Tíbet sind die Seen, mit Ausnahme einer verhältnissmässig geringen Zahl entleert, und die wenigen, die sich noch erhalten haben, sind salzig — durch Austrocknen, dessen Fortschreiten noch jetzt sich erkennen lässt, und dessen Beginnen damit zusammenfällt, dass in den Umgebungen dieser Seen viele andere Stellen allmählig ihrer früheren Wasserdecken beraubt worden sind.

Noch eines anderen Umstandes muss hier zur Vervollständigung des orographischen Bildes gedacht werden, dass — keine Wasserfälle existiren. Auch diess lässt sich hier als die Folge der gewaltigen Erosion durch das Zusammenströmen von Wassermassen aus so grossen Flächen erkennen; im Himálaya wird ihre Wirkung noch durch die Re-

---

10) Auch die Torfbildungen in den analogen Becken der Alpen fehlen in Hochasien.

11) Siehe Tafel 18 des Atlas der „Results": Panorama of the Lake and Gardens near Srináger.

genmenge erhöht, die zugleich auf die Periode weniger
Monate beschränkt ist[12]).

Von den Wasserfällen, die früher so wenig als die
Seeen fehlten, sind überall zahlreiche Spuren in der Form
der Flussbette nachzuweisen, aber die Mündungen der
kleineren Flüsse, die sonst am häufigsten die Wasserfälle
zeigen, sind jetzt zu Stromschnellen geworden.

Je tiefer und gleichförmiger die Thäler durch die
Erosion eingeschnitten sind, desto mehr muss ihre Form
die Anhäufung kalter Luft in denselben begünstigen.

Eine Untersuchung der indischen Stationen längs des
Himálaya, in Bengálen, Hindostán und im Pănjáb, zeigt,
wenn wir ihre topographische Lage in Beziehung auf die
Mündung der grossen Flussthäler damit verbinden, dass
diese absteigenden Luftströme auch hier, wenigstens in der
Tarài und nahe dem Gebirgsrande, die Atmosphäre etwas
abkühlen; aber fast scheint diess nur in sehr geringem
Grade der Fall zu sein, denn ihr lokaler Einfluss wird
dadurch sehr geschwächt, dass Passate mit so grosser
Regelmässigkeit und Stärke den einen Theil des Jahres
thalaufwärts, den anderen thalabwärts ziehen.

Vergleicht man dagegen über ein grösseres Terrain die
Isothermen von 80° bis 75° F., welche längs des Himálaya-
Randes hinlaufen, so fällt auf, wie rasch hier zwischen
80° und 87° Länge östlich von Greenwich, die Temperatur gegen Norden abnimmt, woran die absteigen-

---

12) Das Maximum von Regenmenge in kleineren Gebirgen, zugleich die absolut grösste, die bis jetzt überhaupt auf der Erde bekannt, ist jene am Südrande der Khássiagebirge, wo das Mittel für
Cherrapúnji 610 engl. Zoll überschreitet. Dessenungeachtet ist dort
in Folge der so bedeutend kleineren Flächen der Stromgebiete die
Erosion nicht so stark als man erwarten sollte; auch Wasserfälle
sind dort nicht selten.

den Luftströme des Himálaya den wesentlichsten
Antheil haben.

Die Alpen schon, wie Dove jüngst sehr treffend nachgewiesen hat, zeigen einen ähnlichen Einfluss gegen Süden [13]).

Dass nördlich von Central- und Süd-Indien die Temperatur rascher abnimmt, als sie innerhalb der Zone sich
ändert, die hier von der Isotherme von 80⁰ Fahrenh. umschlossen, inselartig den Wärmeäquator umgiebt, würde
noch nicht den Einfluss des Himálaya als erkältende Ursache erkennen lassen, da ja auch in Hochasien und von
dort weiter nach Norden die Temperaturabnahme mit der
Breite rascher ist; aber darin lässt sich hier der Einfluss
des Himálaya erkennen, dass bei gleicher und selbst grösserer
Breite die Temperaturabnahme gegen Norden im Pănjáb
weit langsamer ist als in Hindostán. In der Nähe des
Pănjáb sind die zunächst folgenden Theile des Himálaya
nicht so hoch und die Fläche, über welche ihr abkühlender
Einfluss sich auszubreiten hat, ist eine weit grössere, dort
ist auch der Effekt unmerklich. Am bedeutendsten dagegen
wird er, was ihn zugleich am besten als vom Himálaya
ausgehend charakterisirt, wo die absteigenden Luftströme
im Südosten von Hindostán zwischen dem Fusse des Himálaya und des Barérplateau eingeschlossen sind. Weiter östlich dagegen, im Ganges- und Brahmapútra-Delta treten die
Isothermen wieder weiter auseinander.

An dem Rande des Profiles gegen Turkistán sehen wir
ein Sinken der Linien; aber verglichen mit dem nothwendigen Einflusse der Breite ist keine relative Depression
der Temperatur am Rande anzunehmen; die Form der
Linien hat vielmehr, wie wir sehen werden, ihren Grund
sowohl in der relativen Wärme im Innern, die sich in
einiger Entfernung vom Rande bereits bemerkbar macht,

---

13) Berl. Geogr. Ges. März 1865.

als auch in der plateauartigen Gestaltung des Terrains
zwischen dem Künlün und Sayanchán, wodurch auch die Basis,
mit der wir sie vergleichen müssen, etwas zu warm wird.

Modification durch die Ausdehnung und Grösse der Erhebung:

Relative Zunahme der Temperatur im centralen Hochasien und
in Turkistán. Einfluss der Massenerhebung im Gegensatze zu
isolirten Gipfeln. Absolute Vermehrung der Wärmeentwicklung
durch Terrainunebenheiten im Gegensatze zu Flächen.

Aus dem Profile der Höhenisothermen tritt uns auch
eine Vermehrung der Wärme entgegen, wenn wir dem Laufe
der Linien durch die centralen Theile, durch Tíbet folgen,
und besonders deutlich zeigt sie sich auch als rasche Abnahme am Rande im Künlün, wo nicht mehr wie im südlichen Rande des Himálaya nach dem Inneren gerichtete
Luftströmungen andere lokale Modificationen veranlassen.

Bereits in den Alpen hatte ich Gelegenheit, Aehnliches
zu erkennen [14]), und ich hatte nicht unterlassen, durch die
Combinationen, die sich zur Berechnung der Temperaturabnahme boten, dieses Resultat um so sorgfältiger auch
hier zu prüfen, da es ein so unerwartetes gewesen. Das
Material der neuen Daten eignete sich hiezu sowohl durch
die Ausdehnung, über die es sich erstreckt, als auch dadurch, dass es in einer von den Alpen wesentlich verschiedenen klimatischen Zone gelegen ist. Das Resultat in Beziehung auf den Einfluss der Massenerhebung war auch hier
dasselbe; ja wie es die Höhenisothermen — ungeachtet der
Breitendifferenz zwischen dem indischen und centralasiatischen
Rande des Profiles — auf das Bestimmteste erkennen
lassen, zeigt sich hier den Grössenverhältnissen und dem

---

14) Schlagintweit, Physical. Geog. der Alpen. Bd. I. p. 378—380.

höheren Sonnenstande entsprechend viel deutlicher als in den centralen Alpen das Steigen der Isothermen im Inneren von Tibet, wo in gleicher Höhe noch weit mehr Gebirgsmasse der Insolation ausgesetzt ist, als diess im Himálaya und im Künlun der Fall ist. Noch bis 15000, selbst 18000 Fuss liess sich diess bestimmt erkennen[15]).

Im Verhältnisse zu den Dimensionen der Erde ist die Höhe der Gebirge so klein, dass nicht die etwas veränderte Entfernung vom Mittelpunkte von bemerkbarem Einflusse sein kann (15000 engl. Fuss über dem Meere wären etwa $^1/_{1300}$ des Erdradius[16])); es zeigt sich diess in nicht unähnlicher Weise, wo die Höhe der niedersten Thalsohlen ausgedehnter Gebirge 8000 bis 9000 Fuss beträgt, obwohl hier wegen der bereits beträchtlichen Verdünnung der Atmosphäre der Verlurst durch Strahlung sehr viel grösser wird, und diess ist es besonders, wodurch solche Gebirge eine Beeinträchtigung der resultirenden Erwärmung der Erde werden[17]).

---

15) Ueber die Veränderung des Ganges der Temperatur in der freien Atmosphäre gab ich bereits verschiedene Daten Phys. Geogr. der Alpen vol. 2. p. 409.

16) Es ist nach Bessel (Astron. Nachr. 1841 vol. 19 p. 97—116 die halbe grosse Axe der Erde 3272077,^{t}14, die halbe kleine 3261139^{t}33.

17) Auch die Schneedecke in den höhern Regionen trägt etwas dazu bei, doch kann der Einfluss besonders in den geringern Breiten Hochasiens kein bedeutender sein, wenn man bedenkt, dass die Schnee-Regionen selbst in der Breite der Alpen einen so kleinen Theil der Gesammtoberfläche betragen. — Die Schnee- und Eisfläche hatte sich für die Alpen zu 55—60 deutschen Quadratmeilen auf einer Basis von 3500 bis 4000 Quadratmeilen, also zu etwa $^1/_{65}$ ergeben. Schlagintweit phys. Geogr. der Alpen vol. 2, p. 509. Die entsprechenden Daten über Firne und Gletscher aus dem *Himálaya* habe ich noch nicht im einzelnen bearbeiten können, doch schon die allgemeinste Vergleichung zeigt, dass dort die Ausdehnung im Verhältnisse zu der bedeutenden Fläche eine weit geringere ist.

Dagegen wo über grosse Strecken eine nicht bedeutende aber sehr undulirte Erhebung den Boden bedeckt, ist selbst die **absolute Wärmeentwicklung** durch Insolation bis zu einer gewissen Höhe grösser, als sie auf **Flächen**[18]) im Niveau des Meeres sein würde, wie diess auch die Stationen in Centralindien gezeigt hatten [18]).

In den Tropen machen sich solche Modifikationen weit deutlicher fühlbar als in geringeren Breiten, doch auch für die **Vermehrung der Wärmeentwicklung auf der Gesammtoberfläche der Erde** bleibt der Umstand nicht unwichtig, dass die Oberfläche der meisten Continente und Inseln vorherrschend von kleinen Erhebungen bedeckt ist und dass auch in vielen der grossen Gebirge die bedeutende Massenerhebung derselben wenigstens zum Theile den

---

18) Auch experimentell lässt sich diess direkt beweisen; in den heissen Climaten weit leichter als in unseren Breiten, weil dort die Wirkung der Besonnung, also auch die Differenz bei veranderten Bedingungen um so grösser ist. Es zeigte sich diess z. B. sehr deutlich, wenn eine reliefartig bearbeitete und eine glatte Steinplatte, aber beide gleich in Substanz, Farbe, Volumen etc., der Besonnung ausgesetzt wurden; die erzeugte Wärme wurde durch die Temperaturveränderung verglichen, die jede derselben in einem gleichen Volumen Wassers hervorbrachte. Bei diesen Versuchen, zu Ambála, ebenso wie bei jenen über den täglichen Gang der Temperatur etc. (Sitzungsber. der Berl. Akad. für 1863, p. 201) hatte Dr. Tritton die Güte, mir die Ausführung freundlichst zu erleichtern.

19) Im Dékhan in Centralindien beträgt die Höhe für 1° F. Abnahme 580 engl. Fuss, da hier die *Höhen*unterschiede sehr gering und die Erhebung eine sehr ausgedehnte ist. In den höheren und mehr isolirten Gebirgen von Südindien und den indischen Inseln wird dagegen die Temperaturabnahme eine sehr rasche. Ich erhielt in den Nílgiris und im südlichen Indien 1° F. Abnahme für 290 engl. Fuss Höhenunterschied, in Ceylon und dem indischen Archipel für 280 Fuss. Numerical Elements of Indian Meteor Trans. Roy. Soc. 1863 p. 538, u. s. w. im Auszuge Sitzungsberichte d. k. b. Akad. 1863 p. 338.

Wärmeverlurst in Folge lebhafterer Strahlung, Berührung mit Wind von kälterer Temperatur [20]) etc. ersetzt.

Um die Analyse des Profiles der Höhenisothermen zu vollenden, sei noch erwähnt, dass auch in Turkistán der Einfluss der Massenerhebung auf die Erhöhung der Temperatur sich bemerkbar macht durch das Vorhandensein der 3000 bis 4000 Fuss hohen Thalsohle, welche die Gebirgskette des Künlün im Süden von jener des Sayanchán im Norden trennt. Bei 4200 Fuss und 38⁰ N. Br. fällt dort das Jahresmittel kaum unter 54⁰ F., was selbst bei 420 Fuss für 1⁰ F. Temperaturabnahme 64⁰ F. im Meeresniveau erreichen würde, während die Berechnung der Isothermen für die Basis aus den Umgebungen östlich und westlich den Werth nur zu 59 bis 60⁰ im Mittel ergiebt, eine Wärmevermehrung, welche die Verminderung im Süden des Himálaya an Grösse mehr als erreicht.

Die relative Wärmeentwicklung, die in der Mitte Hochasiens durch die Bodengestaltung begünstigt wird, scheint so nach Norden sich vorzüglich fühlbar zu machen, aber in vertikaler Richtung die Erhebung der bedeutendsten Gipfel nicht zu überschreiten; analog den vorherrschenden Bewegungen der Atmosphäre wird sie mehr in horizontaler Richtung ausgebreitet, ohne sich zu rasch nach den höheren Regionen zu verlieren. Hohe vereinzelte Berge haben wir stets nur wenig von den Mittelwerthen abweichend gefunden, welche sich hier für das gesammte Gebirgsterrain ergaben, Temperaturen, die bei etwas bewegter Atmosphäre zugleich als jene der freien Atmosphäre in diesen Breiten betrachtet werden konnten.

Die Beobachtungen bei Luftballonfahrten, besonders

---

20) Eine specielle Zusammenstellung der Bedingungen der Wärmeabnahme mit der Höhe versuchte ich Phys. Geog. der Alpen vol. 1. p. 331—334 zu geben.

jene von Glaisher, die mit so verschiedenartigen und sorgfältigen Experimenten verbunden waren, ergaben im allgemeinen für die Temperaturabnahme von Europa, dass sie in
Höhen von 6000 bis 8000 Fuss rascher ist als im Inneren
der Alpen; in grösseren Höhen waren die Abweichungen
theils verschwunden, theils sind sie klein und unregelmässig
wechselnd gefunden worden.

**Tabelle der Höhenisothermen und der Temperatur-
abnahme in Hochasien** [21]).

Temp.	Himálaya-Rand gegen Indien.		Himálaya, Süd-abfall der Kette.		Westl. Tibet, Nordabfall des Himálaya, Kara-korám.		Künlün, Nord- und Südabfall im Mittel.		Temp.
Fahr.	Höhe	Diff.	Höhe	Diff.	Höhe	Diff.	Höhe	Diff.	Fahr.
75 1/2	0								75 1/2
70	2200	400	0						70
65	4200	400	1950	390					65
60	6200	400	3950	400					60
55	8200	400	6000	410	7000		3400		55
50	10100	380	8050	410	9000	400	5100	340	50
45	11900	360	10100	410	11000	400	6800	340	45
40	13700	360	12150	410	13000	400	8500	340	40
35	15500	360	14200	410	15000	400	10550	410	35
30	17300	360	16250	410	17000	400	12600	410	30
25	19100	360	18300	410	18900	380	14650	410	25
20			20350	410	20800	380	16600	390	20
15			22400	410	22650	370	18550	390	15
10			24400	400	24500	370			10
5			26400	400	26300	360			5
0			28400	400	28100	360			0

21) **Vergl.** die graph. Darstellung auf der Tafel der Profile.

Der Mittelwerth der Temperaturabnahme, wenn aus all diesen einzelnen Zahlen abgeleitet, konnte so am gleichmässigsten mit der Gestaltung des Terrains und mit der Häufigkeit des Vorkommens der verschiedenen Höhenstufen verbunden werden.

Es ergiebt sich für Hochasien als allgemeines Jahresmittel der Temperaturabnahme . . . . . . 390 engl. Fuss für 1° Fahrh.

Auf die einzelnen Theile bezogen, waren die Mittelwerthe der Temperaturabnahme für den Himálaya und Tíbet 400 und 385 Fuss für 1° Fahr., Werthe, die auch innerhalb der einzelnen Gruppen je nach der Bodengestaltung wechseln; für den Künlün 380 Fuss für 1° Fahr. In den Alpen erreicht die Abnahme nur 320 Fuss [22]).

Vergleich der Isothermen mit der Schneelinie, mit der Grenze von Culturen und bewohnten Orten.

Um das Bild der thermischen Verhältnisse zu vervollständigen, seien hier noch einige der für die physikalische Geographie charakteristischen Höhengrenzen erwähnt. Obgleich dieselben nicht von Temperatur allein bedingt sind, bieten sie doch für die Vergleichung mit den Jahresisothermen ebenfalls manche Anhaltspunkte.

Die Schneegrenze ist in dieser Beziehung besonders wichtig. Die meteorologischen Bedingungen, welche auf dieselbe modificirend einwirken, sind Temperatur der Luft und Insolation, sowie Menge und Vertheilung des atmosphärischen Niederschlages; die Vertheilung ist dadurch so

----

22) Für 1° C. 540 par. Fuss. Phys. Geogr. der Alpen. Vol I. p. 334—370.

wichtig, dass Sommerregen selbst bis zu bedeutenden Höhen
viel zur Verminderung der sich anhäufenden Schnee-
massen beitragen können; im Himálaya, sowie in jenen
Theilen der Alpen, wo Sommerregen vorherrschen, lässt sich
diess oft beobachten. Topographische Verhältnisse können
ebenfalls Unterschiede bedingen, wie diess in ungewöhnlichem
Maasse ein Vergleich der beiden Abhänge des Himálaya und der
Gebirgsketten nördlich davon erkennen lässt. „Abhang" be-
zeichne hier die allgemeine Senkung, vom Hauptkamm ausgehend. Auch die „Exposition", am meisten jene nach
Süden und Norden, ist von Einfluss auf die Schneehöhe;
bei der Ableitung von mittleren Werthen jedoch kann sie
unberücksichtigt bleiben, da Daten in genügender Anzahl
sich gegenseitig das Gleichgewicht halten. Im allgemeinen
ist Einfluss der Exposition, in der nördlichen Hemisphäre
ein Steigen auf der Südseite und Fallen auf der Nord-
seite etc., überall derselbe (auch im Himálaya); nur die
Grösse des Unterschiedes zwischen Nord- und Süd-Exposition
bleibt nicht die gleiche.

Die Bestimmung der Schneegrenze im Himálaya war
anfangs vielfach angegriffen und wenigstens ihre allgemeine
Geltung für die ganze Kette bezweifelt worden, als sich
das Resultat ergab, dass im Himálaya der Südabhang die
Schneegrenze niederer hat als der Nordabhang, was jetzt
durch eine grosse Anzahl von direkten Bestimmungen hinlänglich bestätigt ist.

Dagegen zeigte die Zusammenstellung mit den thermischen Verhältnissen, die ich hier das erste Mal in der Lage
war, mit Benützung von Höhenisothermen für Jahresmittel
und die Jahreszeiten ausführen zu können, dass, verglichen
mit anderen Zonen gleicher Breite, nicht der Südabhang des
Himálaya das ungewöhnliche ist, sondern der Nordabhang
desselben und die anderen Gebirgsketten von Tíbet. Ein
unerwartetes Resultat, besonders wenn man der ungeheuren

Regenmenge gedenkt, die man bisher, allerdings nur von den Himálaya-Gesundheitsstationen in Höhen von 7000 bis 8000 Fuss und nahe dem Rande kannte. Doch für die Schneegrenze ist zu berücksichtigen, dass ich auf der Kette in einiger Entfernung vom südlichen Rande und in einiger Höhe die Schneemenge, welche jährlich fällt, eine bereits ungleich geringere fand, ungeachtet des Umstandes, dass der Kamm der Himálayakette eine scharfe Grenze des „feuchten und des trockenen" Klimas bildet.

Ehe ich auf nähere Vergleichungen eingehe, seien hier die wesentlichsten numerischen Elemente zusammengestellt.

Die Höhe der Schneegrenze beträgt:

1a) Himálaya-Südabhang, indische Seite der Kette (Breite von Bhután bis Kashmír, 27 1/2° bis 34 1/2° N.) bei einem Jahresmittel der Lufttemperatur von 33° Fahrh. ⎰16200′;

1b) Himálaya-Nordabhang, tíbetanische Seite der Kette bei 27° Fahr. ⎱18600′

2) Karakorúmkette in Tíbet von 28° bis 36° N. Br., im Mittel, bei 25° Fahr. Jahrestemperatur 19100′

Im Karakorúm hat die Exposition einen sehr grossen Einfluss; auf den Nordseiten ist die Schneegrenze gewöhnlich 18600′, auf den Südseiten reicht sie im Mittel bis 19600′; die Bestimmungen sind auf Messungen im westlichen Tíbet basirt. Auch die beiden „Abhänge" unterscheiden sich, aber wenig.

3) Kette des Künlün, von Westen nach Osten streichend, in einer Breite von 36 bis 36 1/2°; südliche Seite, Abhang gegen die Kette

des Karakorúm gerichtet, bei 26⁰ Fahr.

Jahresmittel   15800′

nördliche Seite, Abhang gegen Turkistán

bei 26⁰ Fahr.   15100′[23])

Die Bedeutung dieser Differenzen lässt sich am besten
erkennen, wenn wir damit die Schneelinie in anderen Gebirgsketten vergleichen, besonders jene in den tropischen
Anden Amerikas.

Es ergab sich in der nördlichen Hemisphäre
für die Anden von Mexiko [24]) bei 19⁰ N. Breite 14970′

In der südlichen Hemisphäre[25]) für die
Anden von Quito   15700′

Bei 1⁰ N. Breite in mittlerer Lufttemperatur
von 34 bis 35⁰ Fahr. [26]) in den östlichen Anden
von Bolivia bei 14 bis 16⁰ S. Breite   15900′

---

23) Etwas westlicher, am Hindukúsh bei 35¹/₂⁰ Breite, giebt Wood,
Personal narrative etc. 1841, 365, bei den Quellen des Oxus die
Höhe der Schneegrenze = 13000′, was zugleich wieder auf eine bedeutende Vermehrung der atmosphärischen Niederschläge schliessen
lässt. Auch im westlichsten Tíbet, in Bálti sinkt die Schneegrenze
ziemlich rasch, indem auch hier die Feuchtigkeit bereits wesentlich
zugenommen hat. In Hazóra, nordöstlich von Naugáum (Breite
35⁰11 N., Länge östl v. Greenw. 75⁰5′) hatte mein Bruder Adolph
1856 die Schneegrenze im Mittel zu 15600′ gefunden: allerdings bereits gegen Ende Septembers, doch war weder Regen in den Thälern
noch frischer Schnee auf den Abhängen beobachtet worden. Besonders auffallend war auch gerade hiedurch der Unterschied, je nach
der Exposition geworden. In Nordexposition war die Höhe der
Schneegrenze 14800′, in Südexposition 16400′, also 1600′ Differenz.

24) Humboldt Centralasien 1847 II. S. 169. Aehnlich wurde sie
in den Gebirgen von Abyssinien bei 13⁰ n. Br. gefunden; Rüppel
Reise in Abyssinien I. 414; II. 443.

25) Nach Humboldt und Pentland. Humboldts Centralasien
vol. II 165, 177, 213.

26) Nach *Humboldt's* Fragments de Géologie et de Climatologie
asiatique II, 531.

In den westlichen Anden von Bolivia von
16 bis 18⁰ S. Breite   18500'

Einzelne Theile, wie die Umgebungen von Paachata
scheinen, analog den schneefreiesten Stellen der Karakorúmkette, erst bei 20000 Fuss eine allgemeine Schneedecke erkennen zu lassen.

In den Alpen erhielt ich mit meinem Bruder
Adolph [27]) bei einer mittleren Breite von 46 ½ ⁰ N.
und einer Jahrestemperatur von 24⁰, 8 Fahr.

für die Südabhänge   9200'
      Nordabhänge   9100'

Die Extreme in den Umgebungen des Mont
Blanc und Monte Rosa erreichten   9800'

In Norwegen sind die entsprechenden Werthe
nach L. v. Buch [28]), bei 61⁰ N. Breite, 24⁰ Fahr.
und Höhen von   5240 bis 5590'

Bei dem Zusammenfassen dieser verschiedenen Daten
ergiebt sich zunächst für den Himálaya auf der Indien zu-
gekehrten Seite, seinem Südabhange, dass die Schneegrenze
zwar etwas tiefer genannt werden kann, als für Asien dieser
Breite entspräche, aber dass die amerikanischen Tropen [29])
(mit Ausnahme der trockenen westlichen Anden von Bolivia)

---

27) Schlagintweit. Phys. Geogr. der Alpen vol. I, 379, vol II, 594.
28) Buch, Gilb. Ann., XXV, 321.
29) In den tropischen Theilen von Indien giebt es keine Gebirge, welche bis zur Schneegrenze emporsteigen.
Die Jahresisotherme schwankt an der Schneegrenze zwischen
34·7⁰ Fahr. am Aequator und 19·8⁰ Fahr. am Polarkreise. Die Wärme,
bis zu welcher die Schneegrenze herabsteigt, ist somit nicht in den
höheren Breiten die grössere, sondern in den Tropen und zwar dess-
wegen, weil die absolute Menge des Niederschlages, die wegschmel-
zen muss, in den tropischen Regionen die grössere ist.

die Schneegrenze auch in geringen Breiten noch tiefer haben[30]).

In Beziehung auf die Temperatur der Jahresisotherme[31]) ist hervorzuheben, dass dieselbe bei der Schneegrenze am Südabhange des Himálaya nur wenig, etwa 1^0 F., wärmer ist, als überhaupt für die Breite von $27\frac{1}{2}$ bis 34^0 N. sich . berechnet. Als desto abweichender von den mittleren Werthen in der entsprechenden Breite tritt uns die absolute Höhe der Schneegrenze und die coincidirende Isotherme entgegen, wenn wir den nördlichen tibetischen Abhang des Himálaya und die beiden Seiten der Karakorúmkette betrachten.

In den Umgebungen des Karakorúmpasses, obwohl in einer Breite von $35\frac{3}{4}^0$ N. begegneten wir an vielen einzelnen Stellen Schneegrenzen von nahe 20000 Fuss, zu-

---

30) Vergl. Durocher's Berechnungen. Annales de chem. et de phys., XIX, p. 1. Er erhielt folgende Einsenkungen für 1 Breitenminute in Metern.

Breitenzone	Einsenkung
^{0}	m.
0 —10	0·000
10 —20	0·358
20 —70	1·173
70 —$74\frac{1}{2}$	3·259
$74\frac{1}{2}$ —80	0·857

Obwohl von manchen der vorhandenen einzelnen Daten wesentlich abweichend, lassen auch diese Zahlen, auf mittlere Werthe angewandt, erkennen, dass das Exceptionelle der Schneegrenzen in *Hoch*asien nicht am Südabhange des Himálaya zu suchen ist.

31) Die Veränderungen in der Verbindung der Monat-Isothermen und der monatlichen Schneehöhe sind nicht weniger bedeutend als in den Alpen; ohne schon hier auf die Details für Hochasien eingehen zu können, darf ich wohl zunächst als Analogie die Resultate erwähnen, die sich für die Alpen ergeben hatten. Phys. Geogr. vol. I, p. 359.

nächst die Folge des geringen atmosphärischen Niederschlages[32]). In noch grösseren Höhen würden wir besonders in den plateauartigen Umgebungen des 28278' hohen Dápsang-Gipfel[33]) auschliesslich schneefreien Wüsten und kahlen Felsenwänden begegnen, wenn nicht überdiess jener Umstand als dem weiteren Herabreichen der Schneegrenze günstig zu nennen wäre, dass der Niederschlag wenigstens während der kalten Jahreszeit fällt; die Wirkung der Besonnung bei der geringen Wolkenmenge ist im Sommer intensiver als der Breite entspräche, aber der Wärmeverlurst durch Strahlung besonders während der Nacht ist ebenfalls sehr bedeutend. In den Anden von Amerika sind solche extreme Schneehöhen, wo sie sich zeigen, auf viel kleinere Gebiete beschränkt; in Beziehung auf die mittleren Werthe ist die Schneehöhe der Karakorúmkette als die absolut-höchste der Erde zu betrachten, aber sie ist noch nicht jene, die mit der niedersten Isotherme zusammenfällt.

Der Unterschied zwischen dem Südabhange (nach Tíbet zu) und dem Nordabhange (nach dem Künlüngebirge zu) ist nicht allein als Funktion der Lage gegen den Horizont zu betrachten, auch die Menge des Niederschlages hat daran einigen Antheil; auf dem Nordabhange fällt bereits während des Sommers etwas Schnee bis zu Höhen von 18000 Fuss; aber Regen dürfte wohl selten beobachtet werden.

---

32) Im Himálaya, Südabdachung, erreicht die Menge des Niederschlages in den Umgebungen von Darjíling über 120 Zoll in der Nähe der Schneegrenze gegen 40 Zoll, in den Alpen 20, in Karakorúm etwa 4, im Künlün gegen 10.

33) Es ist diess der zweithöchste Gipfel der Erde, nur vom Gaurisánkar, weit östlich davon, überragt.
Gaurisánkar in Nepál: N. Br. 27º59'3. Länge östl. Greenw. 86 54'7.
    Höhe 29,003'.
Dápsang in Núbra: N. Br. 35º28'. Länge östl. Greenw. 77º10'
    Höhe 28,278'.

Etwas verschieden noch sind die Verhältnisse in Künlün; Sommerniederschläge, auch in der Form von Regen
sind bereits ziemlich häufig; hier tragen also auch diese
bisweilen dazu bei, die Schneemenge zu vermindern, und
da überdiess, verglichen mit mittleren Verhältnissen der
Summe der Niederschläge nicht sehr bedeutend ist, etwa 14 bis
15 Zoll in den am günstigsten gelegenen Thälern, geschieht
es, dass gerade hier die Schneegrenze zwar bereits der
Breite wegen ziemlich tief ist, 15100 bis 15800 Fuss, aber
mit den Isothermen von 23^{0} Fahr. bis 25^{0} Fahr. zusammenfällt; was sich erst bei 61^{0} nördlicher Breite in Norwegen
wiederholt; für die tropische und subtropische Zone bleibt
diess die absolut-kälteste Schneegrenze, die wir bis jetzt
kennen [34]).

Auch für die einzelnen Jahreszeiten dürfte eine Zusammenstellung der mittleren Schneehöhe mit den Höhenisothermen nicht ohne Interesse sein, obwohl sich dieselbe
nicht so bestimmt definiren lässt als die extreme Schneegrenze, wie sie gewöhnlich gemeint ist, d. h. der höchste
Stand derselben während des ganzen Jahres: ich verstehe
hier unter mittlerer Schneehöhe die Linie, welche wenigstens während 45 Tagen aus den 90 Tagen der betreffenden
Jahreszeit mit Schnee bedeckt ist, was zugleich von der

---

34) Die Veränderungen der Schneegrenze in verschiedenen
Breiten in Beziehung auf Hohen und ihre Verbindung mit den Isothermen, die ich oben durch einige Beispiele aus den Alpen und
aus Norwegen vergleichend andeutete, hängt von dem Zusammen-
menwirken verschiedener Umstände ab. Ich nenne darunter, ohne
auf die Betheiligung derselben in den einzelnen Regionen hier eingehen zu konnen, die Verminderung der absoluten Menge des Niederschlages in höheren Breiten, sowie das Vorherrschen von Sommerregen und für einige Entfernung vom Meere den mehr extremen
Charakter des Klimas in Beziehung auf heisse Sommer und kalte
Winter.

Definition sich nur wenig unterscheiden würde, dass bis zu dieser Linie in der Mitte der betreffenden Jahreszeit noch der Schnee herabreicht.

Die Werthe, die ich erhielt[35]), sind folgende:

	Himálayakette				Karakorúm		Künlün[36])	
	Südabhang		Nordabhang		Mittel		Mittel	
	Höhe	Temp.	Höhe	Temp.	Höhe	Temp.	Höhe	Temp.
	'	0	'	0	'	0	'	0
Dez. Jan. Febr.	9000	38	8500	32	8000	30	6500	32
März Apr. Mai	12500	40	14000	35	15000	32	12000	40
Juni Juli Aug.	16000	45	17000	43	18500	43	15000	47
Sept. Okt. Nov.	14000	35	15500	31	18400	25	12000[37])	40

Am wenigsten ändert sich die Höhe der Schneelinie am Südabhange des Himálaya; in den drei übrigen Gruppen sind die absoluten Höhen verschieden, die Aenderungen sowohl der Temperatur als der Schneelinie bleiben ziemlich dieselben. Nur im Karakórum rückt die Schneelinie langsamer herab, weil die neuen Schneefälle erst gegen Ende des Herbstes beginnen, und hohe Pässe, selbst der Karakorúmpass, 18345', auch im Winter nur eine dünne Schneedecke haben, so dass sie das ganze Jahr hindurch von Handelscaravanen überschritten werden[38]).

In Beziehung auf Vegetation sei nur noch der Grenze

---

35) Die numerischen Daten für die Höhenisothermen der Jahreszeiten und die graphischen Darstellungen sind im Atlas zum Vol. IV der „Results" im Detail enthalten.

36) Dass im Künlün die Jahresisotherme die der Schneegrenze entspricht, kälter ist, als etwa auf den ersten Anblick der Schneelinien-Tabelle für die Jahreszeiten erwartet werden möchte, hängt damit zusammen, dass die Temperaturabnahme, besonders im Winter, eine etwas raschere ist.

37) Die Schneelinie fällt in dieser Jahreszeit sehr steil gegen die Ebenen von Turkistán von 15000 bis 10000 Fuss.

38) Andere Pässe der Karakorúmkette, wie z. B. der Sásserpass,

der Bäume gedacht, da überdiess das unmittelbare Vergleichen von Pflanzen und Thieren mit der Temperatur so
wesentlich durch die Verschiedenheit des Organismus der
Species beschränkt ist.

Die höchsten Bäume sind im Himálaya ebenfalls Coniferen, wie in den Alpen, unserer Zirbel verwandt. Noch
in Gruppen, kleine Wälder bildend, steigen sie bis zu
11800 Fuss und zur Jahresisotherme von 45° F. empor. In
Tíbet haben wir nirgends solche Wälder gefunden, auch
einzelne Coniferen dürften nur selten vorkommen; hier sind
Laubbäume, und zwar cultivirte, selbst Aprikosen, die höchsten Bäume, und diese erreichen bisweilen sehr bedeutende
Höhen.

Als die höchste Cultur dieser Art, welche wohl auch
die höchsten Laubbäume der Erde zeigen wird, sind die
Pappeln (Populus euphrasica [39]) des Klostergartens von
Mángnang zu nennen, in einer Höhe von 13460 Fuss, die
mittlere Jahrestemperatur beträgt gegen 37° Fahr. In den
Alpen zeigen Bäume, wie die Zirbeln von Rofen bei 6500′
und 31° Fahr. Jahrestemperatur, Beispiele der äussersten
Grenze; vereinzelte Stämme kommen bisweilen noch 500′
höher vor.

Die höchsten beständig bewohnten Orte endlich, ungeachtet des Interesses, das sie für Cultur und Ethnographie
bieten, lassen sich in klimatischer Beziehung am wenigsten
vergleichen, da hier die Ertragsfähigkeit des Bodens und

17,752′ wo bedeutende Firn- und Gletschermassen angehäuft sind,
können im Winter nicht passirt werden. Die Handelsstrasse von
Yárkand nach Ladák umgeht dann den Sasserpass, indem sie im
Winter dem Shayókflusse folgt. Auch von den Pässen von Tíbet
nach Süden über den Himálaya ist keiner im Winter passirbar.

39) Eine Abbildung einer solchen Pappel zeigt die Ansicht des
Klosters Himis 12,324′ (Atlas der Results, Tafel 16).

die socialen Verhältnisse von wesentlichem Einflusse sind; in Beziehung auf das Klima allein zeigen die Grenzen gegen die Pole, dass in Gebirgen die Abnahme der Temperatur noch nicht den gleichen Antheil an der Beschränkung der Bewohnbarkeit hat; dagegen tritt in den subtropischen Gebirgen, wo absolute Höhen so bedeutend sind, bereits die Verdünnung der Atmosphäre als ein wesentliches Element der Begrenzung ein, da z. B. bei 12500′ der Luftdruck von 30 engl. Zollen auf 19 gesunken ist.

In den äusseren Theilen des Himálaya sind Dörfer über 9000′ schon sehr selten, in den centralen Theilen kommen sie auch bei 11500 bis 11700 Fuss vor, Jahres-Temperatur 42⁰ F., während in Tibet Chúshul bei 14400 Fuss das höchste permanent bewohnte Dorf war, welches ich in der Nähe des Salzsees Tsomognalarí fand, (Jahrestemp. ca. 37⁰ Fahr.); aber in überraschender Aehnlichkeit mit unserem Alpenhospize des St. Bernhard bei 8114′ und 30·2⁰ F. mittlerer Temperatur werden auch in Tíbet die letzten permanent bewohnten Dörfer noch bedeutend überragt von dem buddhistischem Kloster Hánle in Ladák, für dessen mittlere Jahrestemperatur bei 15117′ Höhe sich zwar noch 36⁰ Fahr. ergab, während jedoch der Luftdruck nur 17½ ″ beträgt[40]).

---

40) Gletscher — auf deren Grösse auch die Thalbildung so bedeutenden Einfluss hat — konnten nicht, ohne zu weit von dem Gegenstande abzuweichen, den ich hier als den wesentlichsten zu betrachten hatte, im Einzelnen mit den Temperaturverhältnissen verglichen werden; doch sind einige Extreme auf der Profiltafel bereits angegeben. Sie zeigen, dass dort, ungeachtet der hohen Schneegrenze auch in Tíbet, die tiefsten Gletscher relativ weit tiefer herabreichen als unser Grindelwald- oder Bosson-Gletscher zu Isothermen, wie wir sie bei Freiburg, Tegernsee, Benediktbeuern, finden, eine Art von Eiszeit noch heute, der auch, so weit erratische Blöcke oder Gletscherschliffe es bezeugen würden, keine andere vorausgegangen zu sein scheint. Näheres wird im vol. IV der „Results“, mitgetheilt werden.

Historische Classe.
Sitzung vom 18. März 1865.

Herr J. H. von Hefner-Alteneck hielt einen Vortrag
„Ueber die Entwicklung der Helmformen von
der karolingischen Zeit bis in's 17. Jahrhundert",

wobei er in chronologischer Reihenfolge eine grosse Anzahl
von Zeichnungen vorlegte, welche er in Museen des In- und
Auslandes nach den Helmen der verschiedenen Perioden in
Originalgrösse gefertigt hatte. Der Zweck, welchen er dabei
verfolgte, war schon durch diesen einen Zweig einen Beleg
zu geben, welche wichtige Hülfswissenschaft und welche Anhaltspunkte für die historische Forschung im Allgemeinen
durch das Studium der Formenentwicklung in Kunst und
Industrie aller Zeiten gewonnen werden kann und wie insbesondere die Fächer der Numismatik, Heraldik, Sphragistik
an Einseitigkeit und Nutzlosigkeit leiden, wenn nicht gründ-
liches Studium der Styl- und Geschmacks-Entwicklung, und
insbesondere der Bewaffnung und der Kostüme damit verbunden werde.

Herr Hauptmann Würdinger zeigt und erörtert einen
Plan der Schanzen von Wischelburg und verbindet
damit die Andeutungen über das dortige Hadrianische
Lager und die strategische Beschaffenheit des Donau-Drei-
ecks Abbach, Regensburg und Wischelburg.

Philosophisch - philologische Classe.
Nachtrag aus der Sitzung vom 5. Januar 1865.

Die Vorträge des Herrn Spengel:
„Aristotelische Studien (zweite Folge)",
sowie des Herrn E. von Schlagintweit:
„Die Könige von Tibet nach einem tibetischen
Manuscript"
werden in den Abhandlungen der Classe erscheinen.

Oeffentliche Sitzung der Gesammt-Akademie
zur Feier des 106. Stiftungstages
am 28. März 1865.

———

Der Vorstand Herr Baron von Liebig eröffnete die Sitzung mit einer Rede

"Ueber Induction und Deduction".

Hierauf widmeten die Herren Classen-Secretäre den jüngst verstorbenen Mitgliedern folgende Erinnerungen:

a) Herr M. J. Müller, als Secretär der philos.-philol. Classe:

Franz Streber.

Eine Disciplin, die man von Leuten der grossen Welt häufig mit dem Titel der Micrologie abschätzend beurtheilen hört, die Numismatik, ist trotz ihres scheinbar kleinlichen Gegenstandes eine der wichtigsten Sparten gelehrter Forschung. Sie hängt mit Allem zusammen, was uns in dem Leben der Menschheit interessirt, und bringt, gewissenhaft betrieben, Licht in die dunkelsten Partieen verschiedener Gebiete des Wissens. Die Geschichte der Völker, Fürsten und grosser Männer, die Sitten, die Antiquitäten, die bürgerlichen und religiösen Anschauungen, Sprache und Kunst erhalten durch die Numismatik überraschende Aufklärungen und Erweiterungen. Einen Mann, der dieses interessante und schwierige Feld mit grosser Auszeichnung bebaute, haben wir im Laufe dieses akademischen Halbjahres verloren, Franz Streber, Professor der Archäologie und Numismatik an der hiesigen Universität und Conservator der

königl. Münzsammlung. Die ersten grössern Arbeiten, die
er unternahm, und welche er, wie die meisten darauf
folgenden, in den Denkschriften unserer Akademie nieder-
legte, beziehen sich auf griechische Numismatik. Die Abhandlung über mehrere griechische Münzen des bayerischen
Cabinets, die bisher unrichtig oder mangelhaft selbst von
bedeutenden Numismatikern bestimmt worden waren und
von ihm nach gründlicher Untersuchung eine andere Stelle
zugewiesen und eine richtigere Erklärung erhielten, ferner
die Abhandlungen über die vielgedeuteten Münzen von
Caulonia und über den Stier mit dem Menschengesicht auf
den Münzen von Unteritalien und Sicilien, zeigen schon den
Meister des Faches durch ausgebreitete Kenntnisse, Fleiss
und Geschicklichkeit der Behandlung, Scharfsinn im Ein-
nehmen neuer Standpunkte und Eroberung bisher nicht ge-
kannter Resultate. Besonders anerkennenswerth ist die
Sicherheit in der Führung schwieriger mythologischer Untersuchungen. Später trieb ihn sein Forschungseifer weiter in
das dunkle Gebiet des deutschen Mittelalters, das er vermöge der genannten Eigenschaften eben so tüchtig und
lichtbringend durchforschte. Dahin gehören seine Arbeiten
über bisher meist unbekannte Münzen des Bischofs Gerhard
in Würzburg, ferner über churmainzische Silberpfennige,
über meist unbekannte zu Schmalkalden geprägte henne-
bergische und hessische Münzen, über böhmisch-pfälzische
Silberpfennige, über die ältesten burggräflich-nürnbergischen
ebenfalls bisher meist unbekannten Münzen (schon seine
Jugendarbeit hatte sich mit der Genealogie der Burggrafen
von Nürnberg beschäftigt), über die ältesten Münzen der
Grafen von Hohenlohe, als ein Beitrag zu der Geschichte
dieses Dynastengeschlechtes, über die ältesten in Koburg
und Hildburghausen geschlagenen Münzen, über die ältesten
in Salzburg geschlagenen Münzen, als Beitrag zur Geschichte
des Herzogthums Kärnthen, in zwei Abtheilungen, worin zu-

erst die Münzen des Erzbischofs Hartwich, dann die der
Könige und Herzoge erläutert werden, über einige Münzen
der Fürst-Aebte von Fulda, über die ältesten Münzen der
Grafen von Wertheim, endlich über die ältesten von den
Wittelsbachern in der Oberpfalz geschlagenen Münzen und
zwar von den Fürsten der pfalzgräflichen Linie, Rudolph I.
und II., Rupert I. und II. und Rupert III.

Die Reihe dieser für die mittelalterliche deutsche Geschichte äusserst wichtigen und fruchtbringenden Erörterungen waren durch zwei der antiken Geschichte und Archäologie angehörigen Abhandlungen über die Mauern von
Babylon und das Heiligthum des Bel daselbst und über die
Vorhalle des salomonischen Tempels unterbrochen, an welche
eine der Zeit nach spätere schätzbare Arbeit über die syra-
cusanischen Stempelschneider anzureihen ist. Gegen das
Ende seines Lebens hatte er sich auf ein neues Fach, das
altkeltische Münzwesen geworfen, und beleuchtete es mit
eben so reichen Kenntnissen und fleissiger Behandlung, wie
das antike und mittelalterliche. Hieher gehört seine Abhandlung über eine gallische Silbermünze mit dem angeb-
lichen Bilde eines Druiden, und besonders die grosse und
ausführliche Denkschrift über die sogenannten Regenbogen-
schüsselchen, welche, wenn sie in der Untersuchung über
die Heimath und in der Erklärung ihrer Typen, nicht den
definitiven Abschluss und Aufschluss über dieses schwierige
Problem geben sollte, doch jedenfalls das Verdienst, die
Forschung um einen grossen Schritt weiter gefördert zu
haben, in Anspruch nehmen darf. Die französische Akademie hat dieser, sowie schon der ersten Arbeit über die
griechischen Münzen, den Preis zuerkannt. Wir haben die
wissenschaftlichen Gaben unsers verstorbenen Collegen schon
kurz charakterisirt; wir wollen, um das Gesammtbild abzuschliessen, nur hervorheben, dass er bei seiner ausgebreiteten Gelehrsamkeit und treffenden Combinationsgabe, seine

Arbeit immer im höchsten Grade ernstlich genommen und
wie ein niederländischer Maler, bis in das kleinste Detail
mit beinahe ängstlicher Gewissenhaftigkeit ausgeführt hat.
Sein Scharfsinn beschäftigte sich nicht nur in der Aufstellung neuer Resultate, sondern auch in der fruchtbaren Auffindung aller möglichen Widerreden und Einwendungen, die
man ihm von irgend einer Seite aus entgegenstellen könnte,
um sie dann mit erschöpfender Widerlegung zurück zu
schlagen.

b) Herr von Martius, als Secretär der math.-phys. Classe:

Ludolf Christian Treviranus

seit 1849 Mitglied unserer Akademie ist am 6. Mai 1864
in dem hohen Alter von 85 Jahren gestorben.

Er hat ein halbes Säculum hindurch gewissensaft geforscht,
und treulich mitgearbeitet, um die Doctrinen der Phytotomie
und Phytophysiologie zu begründen und auszubilden. Nüchtern
und klar erkannte er, dass diese Forschungen mit dem Anfange des Organismus anfangen müssen. Er hat daher
schon im Beginne seiner Laufbahn die Entwicklungsgeschichte
ins Auge gefasst, und in jeder Periode seines thätigen
Lebens das Pflanzenei und den Saamen mit Vorliebe zum
Gegenstande von Forschungen gemacht, die, wenn sie
auch hinter den Ergebnissen späterer Bearbeiter zurückgeblieben sind, doch überall den gründlichen und ernsten
Forscher erkennen lassen.

Mit Recht darf man daher behaupten, dass er nicht
ohne Erfolg für die Herbeiführung der gegenwärtigen Epoche
thätig gewesen sei. Diese bemüht sich, das Werden des
Organischen in seinen primitivsten Gestalten zu ergreifen,
es mit Hülfe staunenswerth vervollkommneter Instrumente
und in tiefangelegten Untersuchungsmethoden nach seiner Entwicklung zu verfolgen und aus der Erkenntniss und geistigen

Verknüpfung dieser, oft schwer zu beobachtenden Vorgänge die richtige Einsicht in den Aufbau der vegetabilischen Gestalt und in das Wirken der hiebei thätigen Kräfte zu gewinnen. In der That hat auch die Doctrin,· seit sie das organische Element, die vegetabilische Zelle, in ihrem Ursprunge, in Bau, Bildung und Veränderung erforscht und der Erkenntniss nahegebracht hat, jenen festen Punkt gewonnen, auf dem sich ein wissenschaftliches Gebäude mit Sicherheit erheben kann.

Die Zeit, in der Treviranus zu forschen begann, war weit verschieden von der Gegenwart, und wie Jeder, dem das Greisenalter vergönnt ist, durfte er wahrnehmen, dass seine Epigonen Ziele glücklich erreicht haben, die noch minder klar vor seinem Geiste gestanden.

Man kann die Wissenschaft dem Janus Bifrons vergleichen: sie richtet ihre Blicke rückwärts wie vorwärts. Und eben so ist in der Person eines jeden Pflegers der Wissenschaft das Bruderpaar Epimetheus und Prometheus verkörpert. Als Gelehrter schaut sein Epimetheus auf die Erfolge der Vorgänger zurück, je fleissiger und allseitiger, um so eher wird er dem eigenen Prometheus genügen, dessen Funken ihm die Ziele seiner Forschung und die Methoden zu deren Erreichung beleuchten.

Irre ich nicht, so lässt sich die Periode, in welcher Treviranus gewirkt hat, als eine solche bezeichnen, in welcher der Zeitgeist von den Botanikern ein retrospectives Wissen, ein weit zurückgehendes Studium der Vorgänger, eine über mannigfache Gebiete ausgebreitete Gelehrsamkeit gebieterisch forderte. Es galt eine lange und bunte Reihe von Errungenschaften mit der in mächtigen Fluss gerathenen Wissenschaft in Beziehung zu setzen.

So haben denn auch die Heroen dieser nächstvergangenen Zeit, Männer wie A. L. und Adrian de Jussieu, A. P. De Candolle, Humboldt, Rob. Brown, Link, Endlicher u. A., dieser Epoche Inhalt und Richtung verliehen, nicht blos durch schöpferische Gedanken und neue That- sachen, sondern auch durch die Früchte einer stupenden Gelehrsamkeit, die selbst die entlegensten Schachte und ver- lassenen Halden der Literatur auszubeuten nicht müde ward.

Treviranus hat sich als gewissenhafter Forscher an vielerlei concreten Untersuchungen über Bau und Lebens- thätigkeit der Gewächse betheiligt. Ihre Anführung würde hier nicht am Orte sein. Nur im Vorübergehen sei erwähnt, dass er der Entdecker der Intercellulargänge [1]) ist. Aber das Vollgewicht seines Verdienstes liegt auf der Seite des Gelehrten. Und seine Gelehrsamkeit entsprang zuvörderst aus der Pietät für seine Vorgänger, die er nicht blos kennen zu lernen, sondern mit dem Gange der Wissenschaft in Ver- bindung zu bringen unverdrossen bemüht war. Mit sitt- lichem Behagen gieng er auf Caesalpin, Malpighi, Grew, Swammerdam, Leeuwenhoek u. A. zurück und er strafte wohl die Selbstgenügsamkeit, welche manchmal eine allzu- junge Erfahrung begleitet, mit einem sarkastischen Citate aus den geliebten Classikern des Alterthums, dergleichen ihm immer zu Gebote standen.

Demnach wird in der Geschichte der Wissenschaft als sein grösstes Verdienst stets die tiefe Kenntniss der Natur, der gewissenhafte Ernst gerühmt werden, womit er das Einzelne in den behandelten Materien aus dem Schatze seiner Belesenheit hervorzuheben und im Gange der Dar- stellung einzufügen beflissen war. Es bezieht sich diess

---

1) „Meatus intercellulares" in „Vom inwendigen Bau der Ge- wächse" S. 10. Irrthümlich jedoch hielt er sie für die Wege des Saftlaufes. Man bemerkte später, dass sie mit einem der Cellulose ähnlichen Stoffe erfüllt seien, den man für ein Excret der Zellen hielt, bis man erst neuerlich in ihm das Auflösungsprodukt der Mutterzellen bei der Zellvermehrung erkannte.

Urtheil vorzugsweise auf sein grösstes Werk, die „Physiologie der Gewächse[2]), welches neben vielen eigenthümlichen Ansichten auch als Fundgrube der einschlägigen Literatur die Würdigung der Fachmänner geniesst. Einer der glücklichsten Arbeiter auf diesem Gebiete, Franz Unger[3]) nennt es ein ausgezeichnetes Sammelwerk, und dass die rasch vorwärts treibende Doctrin der späteren Zeit mit gleicher nüchterner Sorgfalt zur Uebersicht gebracht werden möge, ist ein gerechtfertigter Wunsch.

Wesen und Erfolg von Treviranus' Arbeiten erklären sich aus seiner sinnlichen Organisation wie aus seinem Naturell, Charakter und der Zeit, welcher er angehörte. Als er in die Phytotomie eintrat, hatte das zusammengesetzte Mikroskop jene hohe Vollendung noch nicht erreicht, durch die es gegenwärtig früher Ungeahntes leisten lässt[4]), und er bediente sich mit Vorliebe der einfachen Linse. Das sinnliche, so verschiedenartig organisirte Auge des Forschers steht aber in einem individuellen Verhältniss zu seiner geistigen Befriedigung. So geschah es, dass Treviranus in der Entwicklungsgeschichte des Pflanzeneies an der Schwelle jener Vorgänge stehen blieb, deren Enträthselung unsere Kenntniss vom Befruchtungswerke und von der Saamenbildung zu einem so klaren und genügenden Abschluss geführt, und seine Untersuchungen antiquirt hat. Seine Bemühungen, das Geschlecht der Pflanzen gegen die Angriffe von Schelver und Henschel mit einem Aufwande von Gelehrsamkeit zu vertheidigen[5]), sind nach den glänzen-

---

2) Bonn I. 1835, II. 1836.

3) Anatomie und Physiologie der Pflanzen. Pesth, Wien und Leipzig 1855. 8. S. 39.

4) Selbst Fraunhofer erklärte es für unnöthig, die Vergrösserung auf mehr als 200 zu treiben.

5) Die Lehre vom Geschlechte der Pflanzen in Bezug auf die neuesten Angriffe erwogen, Bremen 1822. 8.

den Resultaten der letzten Decennien nur bestimmt, in der Geschichte der Wissenschaft ein Gegenstück zu den Triumphen der Linue'schen Sexualitätslehre über Siegesbecks Vaniloquentia [6]) zu bilden.

Auf der Seite der objektiven Beobachtung hat sich also unser verstorbener College selbst noch von seinen Nachfolgern überflügelt gesehn, — was aber seine subjektive Stellung gegenüber der Forschung betrifft, so wird er für alle Zeiten als Muster eines wissenschaftlichen Charakters, eines Gelehrten im edelsten Sinne gelten, der selbst da ehrwürdig erscheint, wo er irrt.

Treviranus war ein höchst eigenthümlicher Mann. Bei kindlicher Weichheit und Güte des Herzens starr und eigensinnig festhaltend an dem Rechten, unerschütterlich in seinen Ueberzeugungen, brav, rechtschaffen und wahr bis zum Excess, jeder Unwahrheit und Oberflächlichkeit Feind, behutsam in seinen Schlüssen, zuverlässig in seinen Aeusserungen. Pedantischer Ordnung voll zirkelte er die eigenen Rechte und Pflichten wie jene Anderer ab, und hohe Forderungen an sich selbst stellend, züchtigte er fremde Ueberhebung mit feiner Ironie. Solche Charaktere sind manchmal unbequem, und so ward er auch nicht selten falsch beurtheilt, und es fehlte ihm in einem langen Leben, wie er sich gegen den Redner selbst äusserte, „nicht an Kränkungen und fehlgeschlagenen Hoffnungen, die aber immer zu seinem Heile ausschlugen, während eine Fahrt mit vollen Segeln ihm meistens nachtheilbringend gewesen ist. Im ersten Falle", so fährt er fort, „wurde die Elastizität des Willens und das Bewusstsein, dass ich besser sei, als was eine kurzsichtige

---

6) J. A. Siegesbeck Vaniloquentiae botanicae specimen, a. M. J. G. Gleditsch in consideratione Epicriseos Siegesbeckianae in scripta botanica Linnaei etc. Petrop. 1741. 4.

Menschengewalt oder was das blinde Schicksal aus mir zu
machen gedachte, mächtig wirksam zur Entwicklung innerer
Kraft und Thätigkeit, und ich verdanke es hauptsächlich
solchen Begegnissen, wenn ich auf etwas der Erwähnung
Würdiges in meinem, sich zum Ende neigenden Dasein zu-
rücksehe". So also war Treviranus der Meinung, dass „der
harte Stein auf dem Wege des Naturforschers Funken aus
dessen gutem Stahle entlocken müsse", und in dem ganzen
Lebensgange des werthen Mannes tritt uns das Bild eines
ruhig kalten Beherrschers seiner selbst und seines Schick-
sals entgegen, als hätte er zur Stoa geschworen.

Seiner ganzen Geistesanlage entsprechend, kühlen Ver-
standes und dem Farbenspectrum der Phantasie entfremdet,
hat sich Treviranus stets von der Speculation frei gehalten.
Obgleich er in Jena auch Schellings Zuhörer gewesen, hat
doch die Naturphilosophie ihn niemals in ihre Kreise gezogen. Den rein empirischen Weg einzuhalten, ward einem
Geiste Bedürfniss, der sich mit einem Gefühle von Pietät
an Männer wie Malpighi, Boerhaave, Haller und Buffon an-
lehnte und sich eklektisch einer weit ausgebreiteten Lektüre,
besonders der Engländer und Italiener, mit Vorliebe hingab.

Den grössten Einfluss auf seine philosophischen Ansichten hatte sein Bruder, mit dem er in Verständigkeit,
Erkenntnissvermögen, strengster Wahrheitsliebe und feinem
sittlichem Gefühle übereinkam, der ihn jedoch in scharfem
Denken, in phantasievoller Combinationsgabe. idealer Auffassung und schwunghaft gewandter Darstellung übertraf. So
wenig es auch in seinen Schriften hervortritt, war Ludolf
Christian doch eben so wie Gottfried Reinhold ein Naturforscher, dem die Natur nicht in ihrer sinnlichen Sphäre
aufgieng und abschloss. Das Lebende war ihm das Indi-
viduelle, dasjenige, was Alles zur Entscheidung bringt.
„Ein lebender Körper ist ein Individuum im Gegensatze der

allgemeinen Naturkräfte [7]). Das Wesen des Lebens in die
Bewegung zu setzen, genügt ihm nicht, und er missbilligt
die Vorstellung von der Materie als etwas Todtem, Trägem
und Bewegungslosem. Diese Eigenschaft läge nicht im
Wesen der Materie, sondern sei nur aus der allgemeinen
Physik in die Naturlehre der organischen Körper übertragen.
Richtiger scheine es vielmehr, die unbelebte und die belebte
Materie sich als zwei nothwendige und entgegengesetzte Zustände des nämlichen Substrates vorzustellen, und dem erst-
genannten nur eine scheinbare Existenz, nämlich im Gegensatze des letztern, zuzugestehen. Denn, wie will man, fragt
er, den Zutritt des Lebens zu der Materie, die Vereinigung
zweier, wie es scheint, völlig unvereinbarer Dinge begreiflich
machen? Besitze aber diese Materie das Leben an und für
sich, so müsse dieses an ihr unzerstörbar sein. — Es giebt
eine Substanz, wovon das Leben, wie Buffon sich aus-
drückt, eine physikalische Eigenschaft ist". Wir führen diese
Aeusserungen an, weil sie uns die idealistische Grundanschau-
ung eines Mannes darzustellen scheinen, über den wir manchmal, wohl aus Missverständniss seiner Darstellung so urtheilen
hörten, als huldige er einem versteckten Materialismus.

Wie ganz anders erscheint er dem Redner, der von
ihm zwei Monate vor seinem Tode als ein Jubilarius mit
folgenden Worten begrüsst wurde: „Vor Allem wünsche ich
Ihnen aus dem Innersten meines Herzens ein ruhiges, ent-
schlossenes und ergebenes Gemüth, das mit den Fügungen
Gottes in dieser, mehr und mehr sich verkohlenden und in
ihre Elemente sich zerlegenden Welt herzlich zufrieden ist,
und das vertrauend und gefasst dem Augenblick entgegen-
sieht, wo es mit unsterblichem Auge hinter den Vorhang
schauen soll, um auch da die wirkliche Sonne wieder zu
finden, die ihm hier so lange, so freundlich geleuchtet hat!"

---

7) Physiologie der Pflanzen I, 1.

Ludolf Christian Treviranus ist am 10. Sept. 1779 zu
Bremen geboren, wo sein Vater Joachim Johann Jakob
(† 1806) Kaufmann und später Notar war. Von eilf Ge-
schwistern war er der dritte und der nachgeborne Bruder
von Gottfried Reinhold Treviranus, der als geistreicher sorgfältiger Forscher und fruchtbarer Schriftsteller sich schon
in den ersten Jahren dieses Säculums bekannt gemacht
hat. In der Bürgerschule und dem reformirten Gymnasium
seiner Vaterstadt empfieng er vom sechsten bis siebzehnten
Jahre einen, auf classische Bildung wie auf exactes Wissen
gerichteten Unterricht, und durch einen zweijährigen Cursus
an dem damals noch in Bremen bestehenden Lyceum weiter
vorbereitet bezog er 1798 die Universität Jena, um Medizin
zu studieren. Hier waren der Botaniker Batsch, der Che-
miker Göttling, der Anatom Loder, die Aerzte Stark, Suc-
cow und Hufeland, die Philosophen Schelling und Fichte
seine Lehrer. Im Jahre 1801 promovirte er als Doctor
der Medicin mit der Dissertatio inauguralis: Quaedam ad
magnetismum sic dictum animalem spectantia. Nach Bremen
zurückgekehrt ergab er sich der ärztlichen Praxis und
Schriftstellerei (wie namentlich in kritischen Briefen über
die damals in Blüthe stehenden Ansichten von Röschlaub);
wendete sich indessen alsbald mit Vorliebe botanischen
Studien zu. Männer wie der Astronom Olbers, der viel-
erfahrne und gelehrte Arzt Albers, der Amtsphysikus von
Vegesack Roth, dem wir eine der ersten Floren von Deutschland verdanken, der gründliche Algologe Franz E. Mertens,
Trentepohl, Rhode und andere jüngere Naturforscher bildeten einen Kreis voll geistiger Kraft und den Anregungen
kam eine grosse Empfänglichkeit in der thätigen Handels-
stadt entgegen.

Treviranus begann seine botanischen Arbeiten mit
einer Abhandlung über den Bau der kryptogamischen

Wassergewächse [8]). Hier wird auch der chemischen Einwirkung von Säuren auf die vegetabilischen Gebilde (zur
Abscheidung der die Keimkörner enthaltenden Zelle von
dem sie umschliessenden Schlauchfaden) zuerst Erwähnung
gethan und damit jener Mikrochemie präludirt, welche
später so grossen Einfluss auf die Untersuchungsmethoden
der vegetabilischen Elementartheile genommen hat. Näher
trat er den phytotomischen und physiologischen Studien, als
die Göttingische Societät der Wissenschaften eine Preis-
aufgabe über die innere Struktur der Gewächse aufstellte.
Er betheiligte sich an deren Beantwortung und erhielt das
Accessit, während der Preis zwischen Link und Rudolphi
getheilt wurde. Es hat nicht an Stimmen gefehlt, welche
ihm den Preis zuerkannt hätten [9]). Objektivität der Darstellung und Unbefangenheit des Urtheils verleihen dieser
Jugendarbeit einen besondern Werth. Sie hatte auch des
Verfassers Berufung als Professor der Botanik und Naturgeschichte in Rostock zur Folge, von wo Link nach Breslau
gezogen war. Als dieser im Jahre 1816 von Breslau an
die neuerrichtete Universität Berlin berufen wurde, entschied
sich Treviranus, dem gleichzeitig die Stelle von Reimarus
am Gymnasium illustre zu Hamburg angetragen war, auch
in Breslau Link's Amtsnachfolger zu werden. Hier fand er
in glücklicher Collegialität mit J. G. Schneider Saxo, mit
dem Anatomen Otto, dem Mathematiker und Astronomen
Brandes, dem Mineralogen Glocker, mit Steffens und dem
Prof. der Landwirthschaft Heide eine angenehme und frucht-
reiche Thätigkeit, auf welche er später mit Sehnsucht zu-

---

8) In Weber und Mohrs Beiträgen zur Naturkunde. I. S. 163.

9) „Die Arbeiten von Rudolphi und Link wurden gekrönt, die
von Treviranus, der eine doppelte Krönung gebührt hatte, erhielt
das Accessit". Ernst Meyer die Entwicklung der Botanik in ihren
Hauptmomenten. 1844 S. 20.

rückblickte. Die Gründlichkeit seiner Vorträge und der sittliche Ernst, der sein ganzes Wesen beherrschte, gewannen ihm die edelsten seiner Zuhörer zu Anhängern und Verehrern. Ein besonderes Verdienst erwarb er sich um den botanischen Garten, welcher erst unter seiner Direktion in voller Ausdehnung angebaut wurde. Durch Reisen und weitausgedehnte Verbindungen hat Treviranus den grossen Reichthum dieses Instituts begründet.

Es stand ihm hiebei Göppert, von 1821 bis 1825 sein Zuhörer, von 1827 an als Privatdocent und Conservator sein College, in inniger Freundschaft verbunden zur Seite, so dass diesen beiden Männern die seltene Vielseitigkeit und praktische Nutzbarkeit des nun weitgerühmten Breslauer botanischen Gartens zuzuschreiben ist. Erst spät, im Jahre 1826 trat Treviranus mit der Tochter des wittenbergischen Professors der Physik Langguth in eine sehr glückliche, jedoch kinderlose Ehe. Das ehrwürdige Paar hatte sich so aneinander gewöhnt, dass die Wittwe ihn nur um 14 Tage zu überleben vermochte.

Im Jahre 1830 vertauschte Treviranus auf Betrieb des Ministers von Altenstein seine Stelle zu Breslau mit der von Nees von Esenbeck in Bonn, ein Wechsel, der nicht zu seiner Zufriedenheit ausfiel. Seine Ansichten über die Bestimmung eines botanischen Gartens und über das System, nach welchen er, als zunächst dem Unterrichte und der wissenschaftlichen Forschung dienend, zu leiten und zu verwalten sei [10]), erfuhren Anfechtungen, welche veranlassten,

---

10) Er hat diese Grundsätze in einer besondern Schrift: Bemerkungen über die Führung von botanischen Gärten, welche zum öffentlichen Unterrichte bestimmt sind. Bonn 1848. 8., entwickelt. — Sie ist Gegenstand feindseliger Entgegnung geworden, welche dem edelgesinnten Manne Motive unterschiebt, deren er gänzlich unfähig war.

dass er sich von dem ihm untergeordneten Institute gänzlich auf die Professur zurückzog. Von Bonn aus machte er öfter Reisen Rheinaufwärts in die Schweiz, wohin ihn, ausser der Natur auch die nahe Freundschaft zu seinem Collegen Meissner in Basel zog, und im Jahre 1852 besuchte er, auf Veranlassung der industriellen Weltausstellung auch England, mit dessen giössten Botanikern Rob. Brown, Bentham, den beiden Hooker und Lindley er stets in lebhaftem Verkehr stand. Das Werk des letztern über die Theorie der Gartenkunde hat er auch ins Deutsche übersetzt. Schon lange hatte er sich mit dem Plane zu einer allgemeinen Pflanzenphysiologie getragen; nun führte er ihn in einem Werke aus, das fünf Jahre lang ausschliesslicher Gegenstand seiner literarischen Anstrengungen wurde. Die „Physiologie der Gewächse" (Bonn I. 1835, II. 1838), das umfangreichste und bedeutendste Werk von Treviranus bekundet auch am vollständigsten die Eigenart seines Geistes. Sie behandelt zuvörderst den anatomischen Bau, und geht dann von den einfacheren Lebenserscheinungen in der Art fort, dass über jedes Einzelne die Forschungen und Lehrmeinungen aus der Literatur beigebracht werden. Ein solches Werk muss zumeist den Eindruck gewissenhafter Gelehrsamkeit hervorbringen, wobei die praktischen Beziehungen in den Hintergrund treten. Treviranus war überhaupt kein Mann der Praxis, und der deutsche Professor hielt die von ihm gewählte Behandlungsweise um so entschiedener fest, als die wenige Jahre früher erschienene Physiologie De Candolle's, in dem lebendigen Geiste eines vielfach dem äussern Leben und der Volkswirthschaft zugewendeten Schweizer Bürgers concipirt, sich auch als Einleitung in die Pflanzengeographie und in die landwirthschaftliche Botanik ankündigte. Das Gesammtkapital aller damaligen Errungenschaften auf dem Gebiete der theoretischen und praktischen Pflanzenphysiologie für jene

Periode mag wohl füglich in den genannten beiden Werken beschlossen gedacht werden.

Treviranus nahm sein Werk erst auf, nachdem er sich durch vielseitige objektive Forschungen dazu vorbereitet hatte. Die wichtigsten Fragen rücksichtlich des Baues und der Lebensthätigkeit der Pflanzen über die Bewegung des Saftes und seine Eigenarten, über Ausdünstung, wässrige und süsse Absonderung, Licht- und Wärme-Entwicklung im vegetabilischen Lebensprocesse, über das Geschlecht und Befruchtungsgeschäft, über die Entwicklung des Saamens und das Keimen u. s. w. hatten seine Beobachtung wie sein Nachdenken beschäftigt. Ueberdiess aber war er ausgerüstet mit einer Gelehrsamkeit, so reich und vielseitig, wie sie nur Wenige sich ihrer rühmen können. Während er unverdrossen die Früchte aus den Studien seiner Vorgänger auflas, verfolgte er auch die Erscheinungen in der Literatur der Gegenwart mit niemals erkaltendem Interesse. In früheren Jahren bekundete er diese literarische Regsamkeit durch zahlreiche Recensionen und darstellende Berichte in kritischen Blättern, mit vorgerücktem Alter durch die Aufstellung einer Bibliothek, welcher an Vollständigkeit und kritischer Auswahl in den von ihm vorzugsweise vertretenen Theilen der Wissenschaft nur wenige andere eines deutschen Botanikers an die Seite gesetzt werden können.

Auf dem Gebiete der systematischen und beschreibenden Botanik hat Treviranus monographische Bearbeitungen über die Gattungen Delphinium, Aquilegia, Allium, Hypericum und über die im russischen Reiche wachsenden Carices hinterlassen, ausserdem aber zahlreiche systematische Beschreibungen, morphologische und kritische Bemerkungen, welche die vollste Anerkennung verdienen, weil sie immer das Ergebniss sorgfältiger Beobachtung und einer nüchternen und umsichtigen Kritik sind. Zwei Vorzüge machen sich an unseres Collegen systematischen Arbeiten vorzugsweise geltend:

Die gewissenhafte Gelehrsamkeit, welche gerne auch aus
älteren, oft übersehenen Quellen schöpft und die gesunde
Kritik bei Vergleichung fremder Darstellungen mit dem
Naturobjekte oder unter sich, es seien diese nur in
Worten oder auch im Bilde gegeben. Beide Arten der
Darstellung wusste Treviranus auf das genaueste abzuwägen,
und die Phantasie, welche so oft dem Naturforscher Schlin-
gen legt, brachte ihn weder bei der Beobachtung noch bei
der Verbindung der Thatsachen zum Falle. Seine Begabung
waltete viel mehr im klaren Erkennen und in unbefangenen
Urtheilen, als im kühnen Verbinden. Um schöpferisch, im
Löwensprunge, die ferne Wahrheit zu ergreifen, war er zu
behutsam. Seine Phantasie war weniger beweglich, seine
Einbildungskraft kälter als die seines Bruders.

Nichtsdestoweniger — und wir möchten diess wie eine
psychologische Eigenthümlichkeit an dem vortrefflichen Manne
hervorheben — war Treviranus von einem lebendigen Schön-
heitsgefühl beherrscht, empfand mit dem feinsten Takte das
Wahre, Erhabene und Reine hoher Kunstschöpfungen und
sprach darüber wie ein vollendeter Kritiker. Da der Cultus
idealer Schönheit dem der Wahrheit verwandt ist, so finden
wir beide bei Naturforschern nicht selten in glücklicher
Vereinigung.

Diese reine, ich möchte sagen sittliche Freude, an
künstlerischen Hervorbringungen zugleich mit einer Vorliebe
für die Anfänge der Buchdruckerkunst führte ihn auf die
Geschichte des Holzschnittes, und indem er ihn in seiner
Anwendung auf botanische Zwecke kritisch verfolgte, ge-
langte er zu einer feinen Kenntniss von den Zwecken und
Mitteln der Formschneidekunst, des Kupferstichs und der
Lithographie.

In einem besondern Werkchen hat er die Entwicklung
der Xylographie, welche bald nach Erfindung der Buchdruckerkunst auch für Pflanzendarstellungen gebraucht wurde,

geschildert und bei dieser Gelegenheit die Literargeschichte
der abgebildeten Pflanzenarten mit vielen interessanten Nachrichten und scharfsinnigen Kritiken bereichert.

Diese Liebhaberei hat übrigens die Thätigkeit unseres
Collegen auf dem Gebiete der Botanik nicht beeinträchtigt.
Wenn er auch nach der „Physiologie" kein grösseres Werk
mehr unternommen, so hat er doch nicht aufgehört, einzelne
Beobachtungen anzustellen und Untersuchungen zu pflegen,
welche bald den Frucht- und Saamenbau, bald die Morphologie und Entwicklungsgeschichte anderer Organe, oder
eigenthümliche Lebensvorgänge, oder die kritische Feststellung systematischer Charaktere zum Gegenstande hatten.
Noch bis in das hohe Greisenalter hinein war er in dieser
Weise thätig und nachdem er die Semisäcularfeier seines
Doctorats in aller Stille hatte vorübergehen lassen, schrieb
er noch zehn Jahre später, gleichsam Abschied zu nehmen,
seine Animadversiones in Hyperici genus eiusque species,
welche er mit folgenden Worten einleitete: Sexagesimus
nunc vertitur annus, quo die lauream doctoratus in. scientia
arteque sanandi Jenae ex optimi praeceptoris b. Loderi
manu prehendere concessum nobis fuit. Inde ab hoc tempore
sedulo cavendum duximus, ne vita transeat „ceu fumus in
auras abit, vel in fluctus spuma". Proinde cunctas inten-
dimus vires, tum ut patriae pro modulo nostro inserviremus,
tum ne dulcissimae cui a teneris animum adplicueramus
scientiae promovendae unquam deessemus. Nunc tandem
annorum ingravescentium aerumnis contriti ac morum tem-
porumque senibus parum amicorum iniquitati cedentes, a
laboribus, quibus publico humanitatis commodo inservitur, sen-
sim requiescendos nos putamus et calamum, si non sepo-
nendum, tamen in horas, largiente utinam nemine! minus
vexatas, servandum': monente enim Plinio decet „prima
vitae tempora et media patriae, extrema nobis impertire".

Aber das „Sich Selbst Leben" wird Greisen schwer,

die den Genuss dieses vergänglichen Daseyns in fortgesetzter
geistiger Thätigkeit finden, und so empfand auch Treviranus
die Last der Jahre, darunter besonders empfindlich eine
zunehmende Schwerhörigkeit, welche zu erleichtern er die
Heilquellen von Leuk und Wiesbaden besuchte, mit Unbe-
hagen. Schon nach seinem fünfzigjährigen Professor-Jubi-
läum klagte er mir:

Infantes sumus et senes videmur.
Aetatem Priamique Nestorisque
Longam quicunque putat esse, Marti;
Multum decipitur falliturque
Non est vivere, sed valere vita.

Inzwischen, so schreibt er weiter, fahre ich fort, gleich
dem Wanderer, der seine letzte Reise anzutreten die Aussicht hat, ut sarcinas colligam. Unter diesen Reisevor-
bereitungen verstand er zumeist, seine Lebensweise so diä-
tetisch als möglich einzurichten, um sich und in sich Ordnung zu schaffen, und mit dem Alter rücksichtslos zu
kämpfen. Mein Leben ist, meldet er, so regelmässig, wie
der Lauf der Gestirne und meine Seele ist immer willig
durch den Wechsel, indem ich meine Zeit zwischen den
Arbeiten der Botaniker, Physiologen, Dichter und Historiker
theile. „Ut juvenes adhuc confusa quaedam non indecent,
ita conveniunt ordinata omnia senibus, quibus industria
sera, turpis ambitio". In solchen Worten schlägt der werthe
Mann den Grundton an, der nicht blos durch seine letzten
Jahre, sondern durch sein ganzes Leben klingt. Immer
war er ein fleissiger, wohlgeordneter, der Wahrheit ergebener,
jedem Flitter abholder Mann, und diese Eigenschaften verleihen dem, was er in der Wissenschaft hinterlassen hat, das
Lob, dass sie charaktervolle Leistungen gewesen.

Lud. Christ. Treviranus' Schriften.

Ueber den Bau der kryptogamischen Wassergewächse, in Weber und Mohr Beiträge zur Naturkunde I. 1805. 8. S. 163—203.

Vom inwendigen Bau der Gewächse und von der Saftbewegung in denselben. Eine Schrift, welcher die Societät der Wissenschaft in Göttingen das Accessit zuerkannt. Göttingen 1806. S. XX. 208. 2. Taf. 8.

Beiträge zur Pflanzenphysiologie. Göttingen 1811. S. X. 260. 5. Taf. 8.

Observationes botanicae, quibus stirpes quasdam germanicas illustrare conatus est. Progr. Rostoch. 1812. 4. 24 p.

Von der Entwicklung des Embryo und seiner Umhüllungen im Pflanzenei. Berlin 1815. 8. S. VI. 102. 6 Taf.

Observationes circa plantas orientis, cum descriptionibus novarum aliquot specierum. Magazin d. Gesellsch. Naturforsch. Freunde in Berlin 1816. (Vol. VII) p. 144—156. Cum tab. 2.

De Delphinio et Aquilegia observationes, quas munia professoralia in hac alma Musarum sede ingressus herbarum studiosis offert. Vratislav. 1817. 4. 28 p. 2 Tab.

Mit Gottfr. Reinh. Treviranus gemeinschaftlich: Vermischte Schriften anatomischen und physiologischen Inhalts. Von ihm sind hierin folgende Abhandlungen:

Ueber die Ausdünstung der Gewächse und deren Organe. Bd. I. S. 171.

Fernere Beobachtungen über Bewegung der grünen Materie im Pflanzenreiche. Bd. II. S. 71.

Im Bd. IV. 1821. S. 242 ffl. mit 6 Tafeln:

Ueber die Oberhaut der Gewächse.

Ueber die süssen Ausschwitzungen der Blätter.

Ueber die Erzeugung durch zwei Geschlechter im Pflanzenreiche.

Nachtrag zu der Abhandlung über das Geschlecht der Pflanzen.

Bemerkungen über das Keimen der Gewächse.

Ueber das Vermögen der Zwiebeln, und Zwiebelknollen, sich zu jedem Vegetationsakte zu reproduciren.

Ueber die Samen der kryptogamischen Gewächse. —

Allii species quotquot in horto botanico Vratislaviensi coluntur recensuit, rariores observationibus illustravit, novas quasdam descripsit Vratisl. 1822. 4.

Ueber gewisse in Westpreussen und Schlesien, angeblich mit einem Gewitterregen gefallene Samenkörner. Breslau 1823. 8.

Horti botanici Vratislaviensis plantarum novarum vel minus cognitarum manipulus. In Nov. Act. Acad. L. C. N. C. XIII. Pars 1. (1826) p. 163—208. cum tab. 3.

De ovo vegetabili ejusdem mutationibus observationes recentiores, Vratisl. 1828. 4.

Ueber den eigenen Saft der Gewächse, seine Behälter, seine Bewegung und seine Bestimmung. Zeitschrift für Physiologie von Tiedemann, G. R. und L. Ch. Treviranus. I. 1824 S. 147.

Ueber den Bau der Befruchtungstheile und das Befruchtungsgeschäft der Gewächse Ebenda II. S. 185.

Etwas über die wässerigen Absonderungen blattartiger Pflanzentheile HI. 72.

Entwickelt sich Licht und Wärme beim Leben der Gewächse? III. 257.

Gelangt die Befruchtungsmaterie der Gewächse zu deren Samenanlagen auf eine sichtbare Weise? IV. 125 mit 1 Tafel.

Caroli Clusii Atrebatis et Conradi Gesneri Tigurini Epistolae ineditae. Ex archetypis edidit, adnotatiunculas adspersit nec non praefatus est. Lips. 1830. 8.

Symbolarum phytologicarum, quibus res herbaria illustratur
Fasc. I. Göttingen 1831. 4.

Physiologie der Gewächse Bonn I. 1835. II. 1838. Mit
6 Taf.

Bemerkungen über die Führung von botanischen Gärten,
welche zum öffentlichen Unterrichte bestimmt sind. Bonn
1848. 8.

Observationes circa germinationem in Nymphaea et Euryale.
In den Abb. der math.-phys. Classe der bayr. Akad. d.
Wiss. V. (1847). S. 395 mit 1 Taf.

Ueber Bau und Entwicklung der Eichen und Saamen der
Mistel. Ebenda VII (1853) S. 151 mit 2 Taf.

De compositione fructus in Cactearum atque Cucurbitacea-
rum ordinibus. Bonnae 1851. 4.

Ueber Pflanzenabbildungen durch den Holzschnitt, in den
Denkschriften der k. bayr. bot. Gesellsch. zu Regensburg.
III. 1841. S. 31.

De plantis Orientis, unde pharmaca quaedam colliguntur
accuratius determinandis. In Brandes Archiv XII.

Die Anwendung des Holzschnittes zur bildlichen Darstellung
von Pflanzen, nach Entstehung, Blüthe, Verfall und Restauration. Leipzig 1855. gr. 8.

In Hyperici genus eiusque species animadversiones. Bonnae
1861. 4.

Ad Caricographiam rossicam a b. Ledebourio evulgatam
Supplementum. In Bulletin de la Soc. J. des Natur.
à Moscou 1863. Nr. 2. p. 533.

Wie entsteht die sogenannte Oberhaut der Saamenschale
(testa seminis)? In Münchner Sitzungsberichten 1863. S. 311.

In der Flora oder allgemeinen botanischen Zeitung von Regensburg erschienen von ihm:

1832. Bd. I. Ueber einige Rosen, besonders die Rosa
baltica S. 129.

1832. Bd. II. Ueber Lichen esculentus Pallas. S. 493.
1833. Bd. H. Bemerkungen über einige Arten von Parie-
taria. S. 481.
1834. Bd. I. Ueber Oenanthe crocata und Cardamine hir-
suta und sylvatica. S. 518.
1838. Bd. I. Ueber Missbildungen des Holzes und über
Hymenocystis caucasica. S. 158.
1839. Bd. H. Bemerkungen über die Gattung Artemisia.
S. 385.

In der botanischen Zeitung von H. v. Mohl und v. Schlechtendal.

1846. Der Spelzenbrand im Roggen. S. 629.
Ueber die taschenförmige Bildung der Pflaumen. S. 641.
Insekten durch Blüthen der Asclepiadeen gefangen.
S. 647.
1847. Ueber einige Arten anatomischer Holzbildung bei
Dicotyledonen. S. 377. 393.
Einige Bemerkungen über die Fruchtbildung der
Cruciferen. S. 409. 432.
1848. Hat Pinguicula vulgaris L. zwei Cotyledonen? S. 441.
Ueber die Schläuche der Utricularien. S. 444.
Noch einiges über Lichen esculentus. S. 891.
1849. Ueber den quirlförmigen Blätterstand mit Berück-
sichtigung einiger unbeschriebener Arten von Al-
chemilla. S. 209.
1850. Einige sprachliche Bemerkungen. S. 919.
1853. Einige Worte über die Umbelliferen-Gattung Durieua.
S. 193.
Ueber die Gattung Porteria und eine neue Art derselben. S. 353.
De germinatione Euryales S. 372.
Ueber die Neigung der Hülsengewächse zu unter-
irdischer Knollenbildung. S. 393.

1854. Eine auffallend schädliche Einwirkung des Sonnen-
lichts auf die untere Blattseite. S. 785.

1855. Ueber die Gattung Astilbe. 817. 848.

1856. Noch etwas über den Stammbau der Phytolacca de-
candra. S. 833.

1857. Etwas den Ueberzug von Schuppen bei manchen Ge-
wächsen Betreffende. S. 17.

Ueber das Agiahalid des Prosper Alpinus. S. 65.

Vermischte Bemerkungen: Hybernacula des Pota-
mogeton crispus; H. der Hydrocharis Morsus
canae; — Embryo der Orobancheen, von Cytisus
Hypocystis. S. 697.

1858. Ueber die Frucht und den Saamenbau von Magnolia.
S. 355. 358.

1859. Ueber einige Stellen in des Plinius Naturgeschichte
der Gewächse. S. 321.

Ueber Frucht und Saamenbau der Mistel. S. 345.

1860. Ueber den Wechsel des Grünen und Rothen in den
Lebenssäften belebter Körper. S. 281.

Ueber die Frucht von Chimonanthus. S. 337 und

Ueber Melampyrum pratense mit goldgelben Kronen.

1861. Ueber Fruchtbau und einige Gattungen der Dolden-
gewächse. S. 9.

Lychnis praecox. S. 205.

1863. Ueber Dichogamie nach C. C. Sprengel und Ch.
Darwin. 1. 9.

Amphicarpie und Geocarpie. S. 145.

Welwitschia mirabilis. S. 185.

Nachträgliche Bemerkungen über die Befruchtung
einiger Orchideen. S. 242.

1864. Arenaria graveolens Schreb. S. 57.

Bemerkung über Anisostichium. S. 71.

Ueber einige Arten von unächtem Arillus. S. 127.

In den Verhandlungen des naturwissenschaftlichen
Vereins der preussischen Rheinlande und West-
phalens:

Recensionen und darstellende Berichte hat L. Ch. Treviranus von folgenden Schriften veröffentlicht[11]).

1803. Girod-Chantrans Recherches sur les Conferves.

Kilian Entwurf eines Systemes der Medicin.

Lamark Recherches sur l'Organisation des Corps vivants.

C. Schmid vom Zitterstoff.

Troxler Ideen zur Grundlage der Nosologie und Therapie.

Aug. Winkelmann. Einleitung in die dynamische Physiologie.

Dess. Von der wahren Arzneikunst.

Dess. Ueber das Studium der empirischen Physiologie und Pathologie.

In Sternberg's Litt. Zeitung. I. Jahrg.

1805. E. Bartels Theorie der Chemie und Physik.

Troxler Versuche in der organischen Physik.

Aug. Winkelmann dynamische Pathologie.

In Sternberg's Litt. Zeitung. II. Jahrg.

1806. F. Fischer de vegetabilium imprimis Filicum propagatione.

In Hall. A. L. Zeit S. 413—23.

1807. Skielderup vis frigoris incitans A. L. Zeit.

1808. G. Wahlenberg de sedibus materiarum immediatis in plantis. A. L. Zeit.

Bilderdyk Exposition et defense de la Théorie de Mr. Mirbel. A. L. Zeit. III. 706—718.

---

11) Nach dem chronologischen Verzeichnisse seiner Schriften, das dem Kataloge seiner Bibliothek. Bonn 1865. 8. Druck von F. Krüger, vorausgeschickt und wahrscheinlich von ihm selbst zusammengestellt worden ist.

1808. Palisot de Beauvais Prodrome de l'Aethéogamie.
A. L. Zeit. 538—46.

1809. Bilderdyk Exposition et defense etc. Jen. L. Zeit.

1815. T. G. Wallroth Annus botanicus. Gött. gel. Anz.
Nr. 195.

V. O. Seringe Monographie des Saules. Ebenda
Nr. 203.

1816. G. F. Hofmann Genera plantarum umbelliferarum
Mosc. 1814. Gött. gel. Anz. Nr. 56.

Linnaeus Lachesis lappon. by J. E. Smith Vol. I. II.
London 1811. Gött. gel. Anz. Nr. 68.

G. Wahlenberg Flora Carpathorum princ. Gott. 1814.
Gött. gel. Anz. Nr. 112.

J. Sibthorp Florae Graecae Prodromus. London
1806—9. I. II. et Sibthorp Flora graeca cur.
F. E. Smith Vol. I. II. 1. Lond. 1806—13. Gött.
gel. Anz. Nr. 172.

De Candolle Flore française Tom. V. Par. 1815.
Gött. gel. Anz. Nr. 208.

1817. Du Petit Thouars Histoire d'un morceau de bois.
Gött. gel. Anz. Nr. 113.

Moldenhauer Beiträge zur Anatomie der Pflanzen.
Gött. gel. Anz.

Kieser Grundzüge der Anatomie der Pflanzen. Gött.
gel. Anz.

1819. Flora danica Vol. IX (fasc. 25—27.) Gött. gel. Anz.
Nr. 70.

Sebastiani et Mauri Florae Romanae Prodromus.
Romae 1818. Gött. gel. Anz. Nr. 204.

1820. F. A. Brotero Phytographia Lusitaniae selectior.
Tom. 1. Ulip. 1816. Gött. gel. Anz. Nr. 14.

J. E. Smith Compendium Fl. Britan. Ed. 3. Gött.
gel. Anz. Nr. 45.

Catalogue of plants of New-York 1819. Ebenda
    Nr. 52.
1821. De Candolle und Sprengel Grundzüge der wissen-
    schaftlichen Pflanzenkunde. Gött. gel. Anz. Nr. 4.
    J. G. C. Lehmann Monogr. gen. Potentillarum. Gött.
    gel. Anz. Nr. 27.
    M. S. H. v. Uechtriz kleine Reisen. In Litt. Bei-
    trägen zu den Schlesischen Provinzialblättern. März.

Rudolph Wagner,

Professor der vergleichenden Anatomie und Zoologie zu
Göttingen, ist daselbst am 13. Mai 1864 gestorben.

Ein Mann von ungewöhnlicher Beweglichkeit des Geistes,
von seltener Betriebsamkeit im Lernen, Lehren und Forschen,
scharfsinnig im Erkennen der Angelpunkte, lebhaft auf die
Erreichung derselben hingerichtet, klar und gegenständlich
in der Darstellung von Einzelforschungen, gelehrt und beredt
sich ausbreitend über das Gesammtgebiet seiner Wissenschaft, und in classischer Bildung sie dem allgemeinen Be-
dürfnisse entgegenführend.

So reich begabt hat Rud. Wagner eine rüstige und
und vielseitige Thätigkeit auf den ausgedehnten Gebieten
der vergleichenden Anatomie, der Entwicklungsgeschichte, der
Physiologie, Anatomie und Anthropologie erprobt, und seine
Leistungen erscheinen um so grösser und wahrhaft ehrwürdig, wenn man bedenkt, dass 'er von Jugend auf die Hinder-
nisse, welche eine schwächliche Leibesbeschaffenheit den
Studien in den Weg legt, und in den Jahren schöpferischer
Geistesthätigkeit ein frühzeitiges, tief gehendes Siechthum zu
bekämpfen hatte.

Rud. Wagner ist am 30. Juni 1805 zu Bayreuth geboren, Sohn des Gymnasialprofessors Lorenz Heinrich Wagner, der älteste von sechs Brüdern, und überlebt nur von

deren jüngstem, Moritz Wagner, ebenfalls unserem akademischen Collegen. Ausgerüstet mit dem geistigen Erbtheil einer genialen Mutter und geführt von dem ernsten, vielseitigen Vater, trat er kaum sechzehnjährig an Ostern 1821 vom Gymnasium zu Augsburg, wohin sein Vater vorher als Rector war versetzt worden, auf die Universität Erlangen über. Die dort ein Jahr lang betriebenen medizinischen Studien wurden in Würzburg, unter Heusinger und Schönlein, eifrig fortgesetzt und im Jahre 1826 promovirte Wagner daselbst mit einer Inaugural-Abhandlung „die weltgeschichtliche Entwicklung der epidemischen und contagiösen Krankheiten und die Gesetze ihrer Verbreitung."

Unser ehrwürdiger Collega Döllinger, der ausgezeichnete Anatom und Physiologe, die reiche Begabung des jungen Mannes würdigend, zog ihn an, in München physiologisch-anatomische Forschungen aufzunehmen, und auf seinen Betrieb gieng er mit einem Staatsstipendium auf 8 Monate nach Paris, wo er Cuvier's Theilnahme und Hülfe gewann. Im Umgange mit diesem grossen Meister, unter den reichen Sammlungen am Pflanzengarten, dann auf Reisen an die Seeküste der Normandie und nach Cagliari auf Corsica erweiterte Rud. Wagner seinen Gesichtskreis bei gründlichen zootomischen Untersuchungen der niedrigen thierischen Organisation.

Heimgekehrt hatte er sich kaum in Augsburg der ausübenden Medizin gewidmet, als ihm mit der Berufung zum Prosector an der Anatomie zu Erlangen unter Professor Fleischmann die akademische Laufbahn eröffnet wurde, und er trat mit so günstigem Erfolge auf, dass ihm schon 1832 die ordentliche Professur der vergleichenden Anatomie und Zoologie und die Leitung des Naturalienkabinets übertragen wurde.

Von jener Zeit an entfaltete Wagner eine bewundernswürdige Thätigkeit als Lehrer, Forscher und Schriftsteller.

Es war seine nur kurze, etwa fünfzehnjährige Blüthezeit, in welcher körperliches Erkranken (häufige Bluthusten und Bronchitis, wovon er übrigens auch damals schon befallen wurde), die Energie seiner geistigen Thätigkeit noch am wenigsten beeinträchtigt haben. Auf sein erstes grösseres Werk, die Naturgeschichte des Menschen (Kempten 1831. 2 Bde.) folgten rasch die Beiträge zur Physiologie des Blutes (Leipz. 1832. 1833. Nachträge 1838), die Mensiones micrometricae partium elementarium organicarum (Leipz. 1834), das Lehrbuch der vergleichenden Anatomie (Leipz. 1834—35, 2 Thle.), und die Icones zootomicae (Leipz. 1841). Jenes Lehrbuch, welches später (1843) als Lehrbuch der Zootomie in einer zweiten Auflage erschien, und wie das spätere Werk über die Zeugung und Entwicklung (1838—41) auch in andere Sprachen übersetzt wurde, verlieh unserm Collegen sehr bald einen ehrenvollen Platz unter seinen Fachgenossen. Die günstige Wirkung seiner Schriften gründete nicht blos in einer reichen Kenntniss und lichtvollen Anordnung der Thatsachen, sondern auch in einer kernhaft-plastischen und flüssigen Schreibart.

Wagners ältester Sohn, der ihm das erste akademische Denkmal gesetzt hat, sagt mit Recht, er sey ein Pionier auf dem Gebiete der Wissenschaft gewesen, denn scharfsinnig und fernsichtig erkannte Rud. Wagner, welche Probleme von der geistigen Strömung heraufgeführt wurden; an sie setzte er die eigene Kraft, und für sie wusste er die Theilnahme der Zeitgenossen zu erwecken, während er selbst sich schon vielleicht wieder einem andern Gegenstande mit neuem Feuer zuwendete. Diese glänzende Eigenschaft, die Signaturen des Zeitgeistes zu erkennen, erhöhte seine anregende Kraft auf dem Katheder zu Göttingen, wohin er, erst 35 Jahre alt, als Blumenbachs Nachfolger, 1840 berufen wurde.

In einer solchen bedeutenden literarischen Stellung begegnen expansive Geister, gleich Rud. Wagner, der Gefahr,

aus der sich vertiefenden Einzelforschung auf den gränzen-
losen Ocean der Literatur verlockt, und aus dem genügsamen
Stillleben beim Objecte in die Brandungen subjectiver Mei-
nungen, persönlicher Interessen und Ansprüche getrieben zu
werden. Und solcher Gefahr auszuweichen, war einem Manne
um so weniger verliehen, der durch sein Fachstudium selbst
angewiesen war, hier auf concrete Untersuchungen über
thierische Elementarorgane, über die Vorgänge bei der Zeugung, über die Histologie und Physiologie des Gehirns und
Nervensystems, dort über Schädelbau, Menschenracen, soma-
tische Entwicklung und Perfectibilität der Menschenspecies
in der Zeit, — und der sich eben dadurch versetzt sah
zwischen allgemeine geschichtliche, culturhistorische, artistische
Studien, und, als Ausgangspunct so verschiedener Strebungen,
auf das Gebiet der Metaphysik, ein Gebiet, wo der concrete
Naturforscher eine ihm ungewohnte Atmosphäre athmet, und
eine andere Sprache vernimmt. In einer solchen Ausbrei-
tung des Geistes begegneten ihm viele Gegensätze, und diese
nach Aussen auszugleichen, war ihm wohl manchmal um so
schwieriger, als er schon bei Beginn seiner Laufbahn, beherrscht von einem tiefreligiösen Bedürfniss, selbst unauf-
gefordert und herausfordernd, sich zu einem christlichen
Dogmatismus gläubig bekannt hatte.

Die speculative Naturphilosophie in Deutschland hatte
eine Zeit lang einen nicht unwichtigen Einfluss auf die Behandlung der Naturwissenschaften, und zumal auch auf die
praktische Medizin ausgeübt; aber gerade die vergleichende
Anatomie, die erst erwachende Lehre von der Morphose
und dem Leben der organischen Elementartheile, waren von
jener Geistesrichtung am wenigsten beeinflusst worden. Jenseits des Rheins stand Cuvier, diesseits stand Tiedemann,
zwei Leuchtthürme, deren Licht die deutschen Naturforscher
manche Klippe vermeiden liess. In Jenem die grossartige
Beherrschung und comprehensive Gliederung reicher That-

sachen, in Diesem die nüchterne Klarheit und Tiefe der
Untersuchung, bestimmten oft Richtung und Erfolg der
meisten ihrer gleichzeitigen und jüngeren Fachgenossen. So
ward denn hier deutlich die Gränze bezeichnet, wo die concrete Forschung am Realen aufhört, und das Reich idealer
Conceptionen beginnt, welches zu beschreiten dem Naturforscher zwar nicht verwehrt, jedoch gefährlicher ist, als die
Fahrt über den unergründlichen Ocean von einem Welttheil
zum andern. Rud. Wagner sah sich veranlasst, durch seine
Studien über die Elementarmorphose des Nervensystems,
über die Entfaltung des Gehirns als Seelenorgan u. s. w.,
sich auch an jene Probleme zu wagen, welche andere Forscher, wenn auch nicht, weil sie dem Materialismus huldigen,
so doch, weil sie ihnen auf dem Wege somatischer Untersuchung unnahbar erscheinen, unberührt lassen. Es ist bekannt, welche Kämpfe Wagner auf diesem Gebiete zu bestehen
hatte, wo er die Seelenfrage zum Gegenstande mehrerer
schriftlichen Controversen gemacht hat, und wenn auch diese
nicht gedient haben, Probleme zu lösen, welche die Menschheit seit Jahrtausenden beschäftigen, so haben sie doch das
Verdienst, Interesse für dieselben auch unter den Exoteri-
kern zu beleben, und die zwei diametral entgegengesetzten
Standpunkte, aus welchen sie betrachtet werden können, mit
den Ergebnissen der neuesten Wissenschaft schärfer denn
früher zu beleuchten.

Wie Rud. Wagner in geistiger Ungeduld immer bestrebt
war, sich selbst zu ergänzen, und wie er endlich bis auf die
erwähnte ideale Seite der Forschung fortgezogen worden,
zeigt sich, wenn wir uns den Gesammtkreis seiner literarischen Thätigkeit vergegenwärtigen.

Seine zahlreichen monographischen Arbeiten zur Anatomie von Seethieren, seine Entdeckung des Nervenursprungs
aus den Ganglienzellen und (mit Prof. Meissner) der Tast-
körperchen, seine anderweitigen Untersuchungen zur Anato-

mie und Physiologie des Gehirns und Nervensystems und
zur Entwicklungsgeschichte sind gleichsam die Denksteine,
durch die Wagner von dem Gebiete seiner Doctrinen Besitz
zu ergreifen strebt; — in seinen Lehrbüchern fasst er mit
prägnanter Klarheit die Summen des Wissens zusammen; —
in der Herausgabe des mit den namhaftesten Fachgenossen
unternommenen Handwörterbuchs der Physiologie (seit 1842)
huldiget er dem Zeitgeiste, der auf Association der Kräfte
hindrängt, und vermittelt so das volle Capital aller gewonnenen Thatsachen. An eine seiner ersten Arbeiten, die
Naturgeschichte des Menschen, schloss er in Verbindung mit
Prof. Will (schon 1839) die Uebersetzung des grossen Werkes
von Prichard über dasselbe Thema an, und in seiner späteren
Epoche wendete er sich anatomisch-anthropologischen Untersuchungen über die Gestalt, über Bildung, Maass und Capa-
cität des Schädels und über die Morphologie des Gehirnes zu.

Seine schon aus früherer Zeit stammenden Brustleiden
waren im Sommer 1845 durch einen heftigen Blutsturz so
bedenklich gesteigert worden, dass er Heilung in Entfernung
aus seinem, auch mit administrativen Geschäften (wie einem
zweijährigen Prorectorate) verbundenen Amte, und in einem
anderthalbjährigen Aufenthalte in Pisa suchen musste. Reiche
literarische Beziehungen zu den hervorragendsten Gelehrten
Italiens und ein tieferer Einblick in die Geschichte und Kunst
des geistig schon damals tiefbewegten Landes waren die
glücklichen Erwerbungen, die er dort machen konnte. Aber
ungeheilt kehrte er ins Vaterland zurück, und alsbald musste
er sich der schmerzlichen Ueberzeugung hingeben, wie die
Gebrechen des Leibes seiner geistigen Kraft eine nur kurze
Blüthezeit gestatteten. Doch hat er selbst unter der Last
körperlichen Leidens den Enthusiasmus für die Erweiterung
der Wissenschaft und Spannkraft für selbstständige Arbeit
bewahrt. Erfrischung holte er sich aus dem Verjüngungs-
quell der schönen Literatur, besonders aus Göthe, dessen

poëtische Behandlung objectiver Forschung er „göthisirend"
in populären Darstellungen anstrebte. Seine rege Theilnahme
an dem Gange der Wissenschaften bethätigte sich in einer
sehr vielverzweigten Correspondenz, und so wie er schon
früher Sömmerrings Leben und Verkehr mit seinen Zeitgenossen durch Herausgabe von Briefen an den grossen
Anatomen und durch dessen Biographie gefeiert hatte (Leipz.
1844), so setzte er nun seinem Gönner, dem ehrwürdigen
Curator von Göttingen, Geheimrath Hoppenstedt, ein bio-
graphisches Denkmal. Zu diesem edlen, hochsinnigen Freunde
aller Wissenschaften und ihrer Pfleger stand Rud. Wagner
in einem nahen Verhältnisse, welches nicht ohne Einfluss
auf sachliche Zustände und Personalien an der Georgia
Augusta geblieben ist, und seiner Gemüthsart nach fühlte
er sich in solchen Beziehungen wie in seinem Elemente,
denn, gleich manchen andern hochbegabten und unruhigen
Naturen, war er voll des Dranges zu rathen, zu helfen und
zu vermitteln; und seine Ansichten in weiteren Kreisen zur
Geltung zu bringen, fühlte er sich glücklich, von Fürsten,
Corporationen und Einzelnen um Rath gefragt zu werden.
Weitausgebreitet waren seine Beziehungen zu französischen,
englischen und deutschen Gelehrten, besonders mit Rücksicht
auf anthropologische Forschungen, zu deren Förderung er
noch im September 1861 mit C. E. v. Bär aus Petersburg
und andern berühmten Forschern zusammentrat. Selbst in
den letzten Jahren war er bemüht, die verschiedenen Fäden
seiner Wissenschaft literarisch in der Hand zu behalten, und
wäre ihm ein längeres Leben vergönnt gewesen, so hätte
seine literar-historische Thätigkeit noch wesentliche Dienste
für die Geschichte der Wissenschaften leisten können. Denn
sein bewegliches Naturell und seine rasche Fassungskraft
drangen gleichsam in die Ritzen der menschlichen Natur,
und liessen ihn abgelegene Seiten an den Persönlichkeiten
erkennen, die er manchmal wohl mit mehr objectiver Offen-

heit darlegte, als es bei weniger Unmittelbarkeit der Empfindung und bei mehr Vorsicht zu geschehen pflegt. Doch diess war leicht vergessen von Denen, welche den vielbegabten für alles Reinmenschliche offenen, leicht erregbaren, wohlwollenden und hülfreichen Mann zu würdigen verstanden.

Wagner erfreute sich zahlreicher dankbarer Schüler und Freunde, und in weiten Kreisen ward Bedauern laut, bei der Nachricht, dass er auf einer Erholungsreise zu Frankfurt a. M. einen Schlaganfall mit halbseitiger Lähmung und Bewustlosigkeit erlitten habe. Nach Göttingen zurückgebracht, ist er daselbst den Folgen dieses Anfalles und erneuerten Brustleiden am 13. Mai 1864 erlegen. Lange hatte er den Tod mit kindlicher Hingebung erwartet, und so starb er als ein ächter Naturforscher.

Unsere Akademie hatte ihn schon im Jahre 1835 in die Zahl ihrer ordentlichen und auswärtigen Mitglieder aufgenommen, und er hat sie zum Zeugen mehrerer gediegener Arbeiten gemacht, welche sich rühmlich an seine andern Leistungen anschliessen.

Friedrich Georg Wilhelm Struve,

einer der grössten Astronomen unserer Epoche, am 23. November 1864 zu Pulkowa in Russland gestorben, ist am 15. April 1793 zu Altona geboren, studirte in Dorpat, wo er schon 1813 an der Sternwarte thätig war, und 1817 deren Leitung überkam. Während einer langen Wirksamkeit ist er der hervorragendste Vertreter der Astronomie in Russland gewesen, und wusste seine Wissenschaft in so grosses Ansehen zu setzen, dass zunächst nach seinem Rathe mit wahrhaft kaiserlicher Freigebigkeit zu Pulkowa ein Observatorium mit den grossartigsten Hülfsmitteln ausgerüstet und aufs Nachhaltigste mit jeder wünschenswerthen Förderung bedacht wurde. Struve hatte den Fixsternhimmel zum Hauptgegenstande seiner Studien gewählt, und damit der Astronomie in Russland überhaupt ihre vorherrschende Richtung gegeben. Mit ganz besonderem Erfolge wurden seine eigenen Beobachtungen, im Anschlusse an diejenigen des älteren Herschel, auf die Aufsuchung und Ortsbestimmung von Doppelsternen gerichtet. So ausdauernd und sorgfältig sich dabei überall sein Bestreben erwies, den einzelnen Messungsresultaten möglichste Genauigkeit zu verleihen, so behielt er doch inmitten der ermüdenden Detailsarbeiten, welche hiedurch nothwendig wurden, stets den Blick frei für das grosse Ganze, und mit seltenem Scharfsinne wusste er das gesammelte Material zu verbinden, und es für die Ausbildung unserer Kenntniss von dem Baue des Sternsystems der Milchstrasse zu verwerthen.

Die Schule von Beobachtern, die Struve gebildet, und welche in der durch ihn begründeten Sternwarte zu Pulkowa ihr grosses Centralorgan fand, hatte bekanntlich ebenfalls unter seiner Leitung gleichzeitig eine der umfassendsten geodätischen Operationen, die russisch-skandinavische Gradmessung, von Fugleness 70° 40′ n. Br. bis Ismael 45° 20′, auszuführen. Mit diesem weitangelegten und bis zum glücklichen Ende durchgeführten Unternehmen wird in der Geschichte unserer Kenntniss von der Figur der Erde Struves Name ebenso dauernd verbunden bleiben, wie in der Astronomie mit den Entdeckungen, die er am Himmel gemacht hat.

Auch das Nivellement zwischen dem schwarzen und kaspischen Meere und zahlreiche geographische und geodätische Bestimmungen in Sibirien und Transcaucasien sind unter seiner obersten Leitung ausgeführt worden.

Ueberall hat er verstanden, für die grossen Mittel des Reiches, in welchem er wirkte, grosse und nutzbare wissenschaftliche Ziele zu stecken, und seinem erleuchteten Einflusse wird man es zum grossen Theile zuzuschreiben haben, dass unter denjenigen Staaten, welche sich durch reiche Unterstützung wohlgeleiteter wissenschaftlicher Forschungen um die Menschheit verdient gemacht haben, Russland zur Zeit einen der ersten Plätze einnimmt.

---

c) Herr von Döllinger, als Secretär der historischen Classe:

Johann von Geissel.

Am 8. September 1864 starb Johann v. Geissel, Erzbischof von Cöln und Cardinal. Geboren zu Gimmeldingen in der Rheinpfalz am 5. Febr. 1796, von geringer Herkunft, verdankte er Alles im Leben seiner geistigen Begabung und der Energie seines Wesens. Seine Erziehung empfieng er in dem Seminar zu Mainz, welches damals noch in Folge der längeren Wirksamkeit eines von Napoleon ernannten französischen Bischofs den· bei unseren westlichen Nachbarn herkömmlichen Typus an sich trug. Bald ward er, schon 1822, Domkapitular in Speyer und 1835 Domdechant. In diese Zeit fallen die historischen Arbeiten, die ihm eine Stelle in unsrer Akademie erwarben. Im Jahre 1828 erschien sein bedeutendstes Werk: „Der Kaiserdom in Speyer", eine topographisch-historische Monographie in 3 Bänden. Das Buch ist eine mit dem Jahre 1031 beginnende Geschichte des Doms, des Kapitels und der Bischöfe von Speyer, die sich partienweise auch zu einer Geschichte der Stadt und des ganzen Bisthums erweitert, in fliessender, angenehmer Darstellung, mit sorgfältiger Sammlung und Benützung des weit zerstreuten Stoffes, und einer reichen Beigabe von Noten und Belegstellen.

Es war ein glücklicher Gedanke, eine Geschichte des Domes zu schreiben, der von dem Gründer Konrad II. zur Grabstätte deutscher Kaiser bestimmt, acht derselben aufgenommen hat und nun durch König Ludwig in kunstsinniger Restauration zu einer Zierde Deutschlands erhoben ·

ist. Wohl mag man in dem das Mittelalter umfassenden
Theile des Werkes die schärfere historische Kritik, welche
Werth und Gehalt der Zeugen prüfend abwägt, vermissen,
mag es tadeln, dass der Verfasser mit demselben Vertrauen
aus spätern und ungenauen Schriftstellern, wie aus gleichzeitigen Documenten und Quellen schöpft; aber vor 35 Jahren
war die strengere Forschung, welche jetzt als unerlässlich
gilt, noch lange nicht in allgemeiner Uebung.

Eine zweite historische Schrift Geissels entstand durch
besondere lokale Veranlassung. Zum Andenken an die Schlacht
bei Göllheim 1298, in welcher König Adolph von Nassau
gefallen war, war dort ehemals das sogenannte Königskreuz
gesetzt worden, das, dem völligen Verfalle nahe, einer Erneuerung dringend bedurfte. Um die Kosten dafür aufzu-
bringen, schrieb Geissel 1835: „Die Schlacht am Hasenbühel
und das Königskreuz bei Göllheim", eine Geschichte König
Adolphs von seiner Wahl 1292 bis zu seinem Tode auf
dem Schlachtfelde, mit sichtlicher Vorliebe für den unglück-
lichen Fürsten verfasst. Hiemit schloss die schriftstellerische
Thätigkeit Geissels ab, und die dreissig folgenden Jahre
seines Lebens waren ganz seiner kirchlichen Wirksamkeit
gewidmet. Er ward 1836 an die Stelle des nach Augsburg versetzten Bischofs Richarz zum Bischofe von Speyer
ernannt.

Nach vierjähriger Amtsführung ward er aus seiner
Heimath hinweg in eine ihm fremde Sphäre entrückt, deren
Schwierigkeiten seine ganze Klugheit, seine volle Thatkraft
in Anspruch nahmen. Die Verwicklungen, welche im Jahre
1839 zu der gewaltsamen Entfernung und längeren Haft des
Erzbischofs Clemens August Droste-Vischering führten, sind
bekannt. Der neue König Friedrich Wilhelm IV. wünschte
sehnlich die Beilegung dieses für die Regierung selbst bedenklich gewordenen Zwistes. Die einfache Wiedereinsetzung
des vertriebenen Prälaten schien unausführbar, unverträglich

mit der Würde der Staatsgewalt und liess neue schlimme
Verwirrung befürchten. Er sollte daher durch einen Mann
ersetzt werden, welcher den Cölner Ereignissen ferne stehend,
von dem ganzen Zwiste unberührt, mit Klugheit und Festig-
keit, und vor allem in versöhnlichem Sinne die Leitung der
arg zerrütteten Kirchenprovinz übernähme. Im ganzen
Umfange der preussischen Monarchie war dieser Mann nicht
zu finden. Da empfahl König Ludwig von Bayern den ihm
lieb gewordenen Bischof von Speyer; und in Berlin sowohl
als in Rom gieng man darauf ein. Geissel war ein ächter,
naturwüchsiger Pfälzer, und jeder würde, auch ohne den
Accent, nach kurzem Verkehr sofort das rheinische Landes-
kind in ihm erkannt haben. Er besass die unverwüstliche
Heiterkeit, die leichte und rasche Auffassung, die Klarheit
und Bestimmtheit der Gedanken und Empfindungen und
die Neigung zur offenen rückhaltslosen Mittheilung, zum
gesellschaftlichen sich gehen lassen, welche die Söhne der
Pfalz als eine Uebergangsform aus der deutschen in die
französische Nationalität erscheinen lässt. Und darin blieb
Geissel sich gleich, auch dann noch sich gleich, als die Last
drückender Sorgen und trüber Erfahrungen ihm auferlegt
war, und als zu der erzbischöflichen Würde der Glanz und
Pomp des Cardinalats hinzugekommen war. Hohe kirchliche
Würden pflegen sonst mehr noch als weltliche Dignitäten
das ursprüngliche Wesen eines Menschen zu verhüllen; das
Bewusstsein einer auferlegten Repräsentation drängt häufig
die natürlichen Manifestationen des Charakters zurück. Bei
Geissel war dies durchaus nicht der Fall. Durch alle Schleier
hindurch erkannte man alsbald in ihm den lebensfrohen
Pfälzer, der die Dinge leicht nahm, und des Erfolges stets
gewiss, durch keine Schwierigkeiten sich einschüchtern liess.
Wohl erinnere ich mich noch, da ich 1857 in Rom mit ihm
zusammentraf, wie verwundert damals die Römer waren
über diesen deutschen Cardinal, dem Niemand und nichts

imponirte, und der sich so offen und gar nicht in den herkömmlichen gewundenen und vorsichtigen Redensarten über Zustände und Personen äusserte.

Als der Tod seines Vorgängers im Jahre 1845 den bisherigen Administrator der Diöcese Cöln zum wirklichen Erzbischof erhob, fand sich Geissel thatsächlich an die Spitze der ganzen deutschen Kirche katholischen Bekenntnisses gestellt. Denn seitdem die alte Hauptkirche Deutschlands, der ehemals so mächtige Stuhl von Mainz, zu einem kleinen Bisthume eingeschrumpft ist, und auch Trier seiner Metropolitanwürde entkleidet worden, ist Cöln nach Alter, Rang und Bedeutung die erste Kirche Deutschlands. Dieser natürliche Vorrang des Erzbischofs von Cöln wurde auch anerkannt, als die deutschen Bischöfe im Oktober 1848 sich nach Jahrhunderten zum Erstenmal zu einer Versammlung in Würzburg vereinigten, und Geissel sofort einstimmig zum Präsidenten dieser Versammlung erkoren wurde.

Wenige Wochen vorher hatte er ein Fest gefeiert, an das sich damals viele Hoffnungen knüpften: die Grundsteinlegung zum Weiterbau des Domes, in Gegenwart des Königs und der Königin, des Erzherzogs Johann und eines grossen Theils des deutschen Parlaments. Bei solchen Gelegenheiten bewährte er sich auch als begabter Redner, der mit feinem Takte und frei von aller erkünstelten Salbung die rechte Saite anzuklingen verstand. Als er jedoch im Jahre 1849 durch die Wahl des Volkes als Abgeordneter zur Kammer nach Berlin gieng, fand er sich dort in einer allzu fremdartigen Umgebung, als dass er als Redner dort aufzutreten sich hätte versucht fühlen können. Am 13. August 1862 konnte er noch, obwohl schon sehr leidend und mit untergrabener Gesundheit, sein 25jähriges Bischofs-Jubiläum feierlich begehen. Bei diesem Feste sprach er auf dem Gürzenich den Wunsch aus: Gott möge ihn noch den Tag erleben lassen, an welchem die Scheidewand falle, welche das hohe Chor des Doms von dem Schiffe trennte. Dieser Wunsch ward ihm noch erfüllt; er konnte noch an dem unbeschreiblich herrlichen Anblick sich erfreuen, den die von störendem Beiwerke befreite Kirche, die schönste der ganzeu Welt, seinen Augen darbot. Eilf Monate darauf rief Gott ihn ab.

Die Festrede hielt Herr Nägeli
„Ueber Entstehung und Begriff der naturhistorischen Art".

Die Vorträge des Herrn Vorstandes wie des Herrn Nägeli sind im Verlage der Akademie besonders erschienen.

Einsendungen von Druckschriften.

———

Vom naturhistorisch-medizinischen Verein in Heidelberg:

Verhandlungen. 3. Bd. 1862—65. 8.

Vom Insitut national in Genf:

Bulletin. Nr. 24. 1864. 8.

Von der Société impériale des sciences, de l'agriculture et des arts in Lille:

a) Prix Wicar. Fondation du prix wicar. 1865. 8.
b) Programme des questions. 1865. 8.

Vom siebenbürgischen Verein für Naturwissenschaft in Hermannstadt:

Verhandlungen und Mittheilungen. 14. Jahrg. Nr. 7—12. 1863. 8.
15. Jahrg. Nr. 1—12. 1864. 8.

Vom naturwissenschaftlichen Vereine für Sachsen und Thüringen in Halle:

Zeitschrift für die gesammten Naturwissenschaften. Jahrg. 1864. 24. Bd. Berlin 1864. 8.

Vom Verein für mecklenburg'sche Geschichte und Alterthumskunde in
Schwerin:

Mecklenburgisches Urkundenbuch. 2. Bd. 1250—1280. 1864.   4.

Von der deutschen geologischen Gesellschaft in Berlin:

Zeitschrift. 16. Band. 4. Heft. August, September und Oktober.
1864. 8.

Von der k. k. patriotisch-ökonomischen Gesellschaft im Königreich
Böhmen in Prag:

a) Centralblatt für die gesammte Landeskultur. Verhandlungen und
Mittheilungen. 14. Jahrg. 1863. 15. Jahrg. 1864. 4.
b) Wochenblatt der Land-, Forst- und Hauswirthschaft für den
Bürger und Landmann. 14. Jahrg. 1863. 15. Jahrg. 1864.

Von der Académie des sciences in Paris:

Comptes rendus hebdomadairen des séances. Tom. 60. Nr. 8—19
Février—Mai 1865. 4.

Von der Académie royale des sciences, des lettres et des beaux-arts
de Belgique in Brüssel:

a) Mémoires. Tom. 34. 1864.   4.
b) Mémoires couronnés et mémoires des savants étrangers. Tom. 31.
1862—63. 4.
c) Bulletins. 32. Année, 2 Sér. T. 15. 16. 1863.
           33.   „   2 „   T. 17. 1864. 8.
d) Mémoires couronnés et autres mémoires. Collection in 8. Tom.
15. 16. 1863. 64. 8.
e) Annuaire. 1864. 8.
f) Commission royale d'histoire. ·Collection de chroniques Belges
inédits. Publiée par ordre du gouvernement Tom. 1.   4.

Von der royal Society in Dublin:

Journal. Nr. 32 et 33. Oct. 1864 — Jan. 1865 8.

Vom historischen Verein der Oberpfalz und Regensburg in Regensburg:

Verhandlungen. 23. Bd. der gesammten Verhandlungen und 15. Bd. der neuen Folge. 1865. 8.

Von der pfälzischen Gesellschaft für Pharmacie in Speyer:

Neues Jahrbuch für Pharmacie und verwandte Fächer. Zeitschrift des allgemeinen deutschen Apotheker-Vereins. Abthl. Süddeutschland. Bd. 30. Hft. 5. Mai. 1865. 8.

Von der Philomathie in Neisse:

Vierzehnter Bericht von März 1863 — März 1865. 8.

Vom Herrn Eduard Gerhard in Berlin:

Ueber den Bilderkreis von Eleusis. 3. Abhandlung. 1865. 4.

Vom Herrn Ferdinand Müller in Melbourne:

a) The végetation of the Chatham-Islands. 1864. 8.
b) Analytical drawings of australian mosses. I. Fasc. 1864. 8.

Vom Herrn Dr. Pedro Francisco da Costa Alvarenga in Lissabon:

Anatomie pathologique et symptomatologie de la fièvre jaune qui a régné à Lisbonne en 1857. Traduit du Portugais par le Dr. Garnier. 1864. 8.

Von den Herren Joh. G. Böhm und Moritz Allé in Prag:

Magnetische und meteorologische Beobachtungen zu Prag. 25. Jahrg
Vom 1. Januar — 31. Dezember 1864. 1865. 4.

Vom Herrn Emil Steffenhagen in Königsberg:

Die 9 Bücher Magdeburger Rechtes oder die Distinctionen des
Thorner Stadtschreibers Walther Ekhardi von Bunzlau. Eine
Abhandlung zur Quellenkunde des deutschen Rechts. 1865. 8.

Vom Herrn J. Dienger in Karlsruhe:

a) Theorie der elliptischen Integrale und Funktionen für die Be-
dürfnisse der Anwendung dargestellt. Stuttgart 1865. 8.

b) Die Differential- und Integral-Rechnung umfassend und mit steter
Berücksichtigung der Anwendung dargestellt. 3. Bd. Integration
der partiellen Differenzialgleichungen. Stuttgart 1864. 8.

Vom Herrn Julius Haast in Christchurch:

a) Report on the geological survey of the province of Canterbury.
Session 12. 1864. 8.

b) Report on the formation of the Canterbury plains, with a geological sketch-map, and five geological sections. 8.

Vom Herrn Albrecht Weber in Leipzig:

Indische Studien. Beiträge für die Kunde des indischen Alterthums.
9. Bd. 1. Hft. 1865. 8.

Vom Herrn Quesneville in Paris:

Le moniteur scientifique. Journal des sciences pures et appliquées
avec une revue de physique et d'astronomie. Tom. 6. année
1864. 192. 193. livraison. 8.

Vom Herrn Alvaro Reynoso in Havannah:

Ensayo sobre el cultivo de la caña de azucar. Madrid. 1865. 8.

Vom Herrn L. Vaucher in Genf:

In M. Tullii Ciceronis libros philosophicos curae criticae. Fasciculus 2. Lausannae 1864. 8.

Vom Herrn Engelbert Magnauer in Wien:

Vortrag über Kometen und Sonnenlicht, nebst einer Reflexion, betreffend den Ring des Saturnus und die Folgerung: die Weltkörper vermehren sich 1865. 8.

Vom Herrn Johann Nep. Wolderich in Salzburg:

a) Beiträge zum Studium des Beckens von Eperies. Wien 1861. 8.

b) Einige Resultate meteorolog. Beobachtungen während der Sonnenfinsterniss am 18. Juli 1860 zu Eperies. Wien 1860. 8.

c) Beiträge zur Kenntniss der geologischen Verhältnisse des Bodens der Stadt Olmütz und deren nächster Umgebung. Wien 1863. 8.

d) Beiträge zur Meteorologie Salzburgs. 1863. 8.

e) Die Mineralquellen im Saroser Comitate, in chemischer, physikalischer und topographischer Beziehung nebst einigen Temperaturbestimmungen an einer indifferenten kalten Trinkquelle bei Eperies. Wien 1863. 8.

f) Beiträge zur Geographie des Saroser Comitats. Wien 1863. 8.

g) Verlauf der Witterung in den letzten 21 Jahren (1842—1863) zu Salzburg 1863. 4.

Sitzungsberichte

der

königl. bayer. Akademie der Wissenschaften.

———

Philosophisch-philologische Classe.
Sitzung vom 13. Mai 1865.

———

Zur Vorlage kamen von Herrn C. Hofmann:
„Bruchstücke einer mittelhochdeutschen Uebersetzung der Confessiones S. Augustini".

Die folgenden Bruchstücke stammen aus der Münchner
Universitätsbibliothek. Vor einigen Wochen zeigte mir Herr
Dr. Kohler, unser I. Scriptor, einen Folianten, griechische
Kirchenschriftsteller enthaltend, der in ein Pergament-
doppelblatt gebunden war. Es wurde auf mein Ersuchen
abgelöst und nun erkannte ich eine Uebersetzung der Confessiones des hl. Augustinus in mitteldeutscher Sprache des
14. Jahrhunderts. Aus dieser Zeit ist wenigstens die Handschrift, gross Folio, zweispaltig, Zeilenzahl unbestimmbar,
weil am oberen Rande beschnitten, grosse, schöne Hand, an
ziemlich vielen Stellen freilich fast gänzlich unleserlich, weil
die Schrift abgerieben, das Pergament zerrissen und zer-

knittert ist. Reagentien ausser dem unschuldigen Schwefelammonium habe ich nicht angewendet.

Eine deutsche Uebersetzung der Confessiones aus verhältnissmässig so früher Zeit dürfte in sprachlicher wie in
theologischer Beziehung einige Beachtung verdienen, und da
sie meines Wissens ungedruckt und unbekannt ist, so lege
ich sie hier den Kennern und Forschern der beiden Studien-
kreise in diplomatisch .genauem Abdrucke vor. Am Rande
bemerke ich Buch, Capitel und Zeilenzahl nach Karl v. Rau-
mers Ausgabe (Stuttgart 1856) da diese jetzt in Deutschland wohl die verbreitetste sein wird. Auf das Verhältniss
der Uebersetzung zum Urtexte im Einzelnen · brauche ich
wohl nicht einzugehen, wie z. B. dass ihr Bl. I. V°. b. Z. 6.
morientibus für monentibus vorgelegen oder dass sie Bl. I.
r°. a. Z. 22. *dare mihi velle* irrig durch m i r g e b e n
e y n w i l l e n überträgt.

Im Ganzen scheint mir die Arbeit geschickt und gut
lesbar, wenn auch hie und da der lateinische Ausdruck
etwas zu sehr durchschlägt, immerhin nicht so stark wie in
den Translationen der zwei nächsten Jahrhunderte.

Die Auslassung längerer Stellen in der Uebersetzung
ist auffallend. Da man sie weder einem wiederholten Versehen zuschreiben, noch auch füglich annehmen kann, es
habe eine so stark abgekürzte Handschrift vorgelegen, so
muss man wohl die ursprüngliche Absicht vermuthen, die
Längen des Buches zu kürzen, um. es dadurch zugänglicher
und zugleich eindringlicher zu machen, etwa in der Weise,
die um fast 500 Jahre später Pfarrer Georg Rapp in seiner
schwungvollen Bearbeitung versucht hat. Indess sind das
alles nur Vermuthungen, auf die ich selbst. am wenigsten
Gewicht lege.

Blatt I.

r⁰. a.   cher der un(...) geliech ist ·mit
          . . . .   ich ·rede ·vnd du belachist   I. 7.
mich liechte owch abir so
du   dich vm gewendist so
wirstu dich obir mich irbar/
men. vnd was istis das ich
sprechen wil. myen god den
das ich nicht enweys van
wanne das ich kwmen bin
in dis sterbende leben edir
in dis lebende irsterben sun/
dir der trost der menschli/
chen milch vn̄ die mutir twingit
mich abir noch mine mutir noch
mine ammen vulten in sel/
ben ire bruste. abir du here
gabist mir die spyse mynr
kintheyt nach der satzunge
dynis willen vnd du gabist
mir owch eyn nicht willen.
vnd den die mich soygeten
den gabistu das sie mir ge/
ben eyn willen den sie wol/
den mir is nicht durch eyne
geordente gunst gheben des
sie doch me danne genuk
hatten vs dir den is was in
gut vnd myer gut vs in
vnd das vs in nicht en was
das was durch sie den vs

dir gote sint alle gute dinc
vnd vs dir ist alle myen heyl
abir ich enmerkte sien nicht
    ist durch die
selben dinc die du mir gibist
inwendik vnd vswendik
den ich kunde do swigen vn̄

r⁰. b.   stimmen vnd zceychente die   **I. 8.**
mynen willen gelicb waren
als ich mochte. vnd doch so
en waren sie mir nicht ge/
horsam vnd vm das.sie my
nis willen nicht en vorna//
men so wart ich vmmutik
vnd ʼrach mich ʼmit weynen/
de an mir den das weys
ich das die vnsprechende
kindre also gethan sint. vnd
das ich owch also gethan we/
re. das haben sie mir me vn/
wissende den wissende gesa/
git die mich innerten // vnd   **I. 10 (Z. 5 ff.)**
van weme was ich alsulch
eyn tyr myen god edir wer
ist syns selbis werkmeystir
edir nimt man keyne andre
adre andirs wo durch die
das wesen vnd das leben
in vns lowfe ane das das
du vns here machist in dem
wesen vnd leben nicht eyn
andirs vnd ein andirs ist
den er ist da hoche wesen.
vnd das leben in im selben

du bist der hogiste vnd en/
wirst nicht gewandilt vnd
in dir wirst disir hiutige tak
nicht volendit. vnd wirt
doch volendit den in dir sint
alle dise dinc. den sie en het/
ten keyne wege vort da zcu du
en hildist sie denne. vnd vm
das dyne iare nicht vorghen
so sint dyne iare disir huitige

v⁰. a.   werden vn sien die machistu   I. 11
alle. // here irbore die luite
vor ire sunde vnd des spri/
cht der mensche vnd du ir
barmst dich obir in den du
hast in gemachit vnd der
sunde en hastu in im nicht
gemachit. vnd wer mach
mir die sunde mynr iung//
en kintheyt zcu gedanken
brengen den nymant ist
reyn van der sunde noch
der eynen tak lebens vf der
erden hat vnd was sundi/
git ich do vnd bichte das
ich do vf mynr mutir brus/
ten hink weynende vnd das
werdich owch tun vn nicht
vf den brusten sundir vf der
spyse die mynen iaren ge
vugelich ist. werdich mich
hengen vnd dar vm werd
ich belachit. vnd mit alme
rechte gestrafit. vnd do tet

ich strefliche dinc sundir
vm das ich des nicht vor/
nam der mich strafte den
die vmmacht. mynr kintli
chen gelide die ist vnchul
dik vnd nicht der kindre
gemute den ich sach is v̄n
habis vorsucht eyn zcornen/
de kint. Den is ensprach
dennoch nicht vnd is sach
synen mite soygelink bleich
an mit cyme bitteren an/
gesicbte. vnd bin ich in vn/

v⁰. b.   // lichis lebens. vnd do gink   I. 13. (Schluss)
ich vs mynr eltiren willen
vnd der grosten luite // Myen   I. 14.
god was
vnd vorsuchte durftikeyt
vnd do moste ich den sterben/
den luiten volgen vf das
ich in disir werlde groz ir/
schine vnd obir stige mit
der spruche kunst vnd die
andren vnd da nach wart
ich zcu der schule gesatzt vf
das ich die buchstabe geler/
te. vnd des ich durf/
tigir nicht was in in nut/
zcis were sundir so ich trege
in der lere was so sluk man
mich. vnd die buchstabe
wurden van den grosten ge/
lobit. vnd viel luite hatten
die wege vor mir gegang/

en vnd ire erbeyt was vile
grosir gewesen den die vns/
re den sie hatten vns die
kunst vor gevunden // Here ·   I. 15 (Z. 11 ff.)
vns engebrast noch vornūft
noch des sinnis in dcm al/
dre. als ich da was sundir
mich luste zcu spilen vnd
die rachen is in vns die is
selben teten aber der gros/
ten ledik ghen   eyn ge/
schefte. abir so   le/
dik ghen so p
ydoch so geschach
vnd ich en tete
den ich en hette

Blatt II.

r⁰. a.   // vm die gyrikeyt die nicht   I. 19 (Z. 8 ff.)
zcu setende sthet. abir here
dem alle die hare vnsirs how/
btis gezcalt sint vnd gebru/
chtist alle der luite irrunge
die mich larten zcu mynem
nutzce vnd das ich nicht le/
ren wolde das benutztstu
zcu mynr pyne den ich was
sien wirdik das man mich
denne sluk den so ich sundi/
gete so listu mir is bilchen
gelden den du hast is gehey/
sen vnd is ist also das eyn ic/
lich vnordenlich gemute im

selben eyne pyne sie ∥ vnd ich   I. 20 (Z. 11 ff.)
moste irrunge lesen vnd vor/
gaz mynr eygenen vnd mos/
te die tode dydonem bewey/
nen vm das sie sich selben tote
vm die liebe. vnd ich truk
mich durftigen selben in den
dingen sterbende van dir my/
en god vnd truk myne sun/

I. 21   de mit trugen owgen ∥ vnd
was ist durftiger den der dur/
ftige der sich obir syne durf/
tikeyt nicht irbarmit vnd
d dyonis tot beweynit der
vm enee liebe geschach vnd
en beweynit synen eygenen
tot nicht der da geschieht dich
nicht lieb zcu habende. God
das liecht mynis hertzcen.
vnd das brod mynis mun/
dis vnd die spyse mynr se/
len vnd die kraft die myne

(r⁰. a. u. v⁰. b. sind bis auf einen schmalen Streifen von
je zwei bis drei Sylben Breite abgeschnitten.)

v⁰. b.   ane ergerunge suchte vnd der
en mocht ich nirne gevinden
den in dir here den du sleist
vnd heylist du todist vf das
wir icht ane dich irsterben.
∥ abir myne mutir maute mich   II. 7. (Z. 5 ff.)
mit grosir bie sorge das ich
nicht vnkuschte do schemte
ich mich des das ich eyns

wiebis manunge gehoren sol/
de vnd sie waren dyne manū/ ·
ge vnd ich en wuste sien nicht
vn in ir so wurdistu van
mir irme swne vorsmehit.
Sundir ich wandirte in so
grosir blintheyt das ich mich
des schemte so soch andre my/
ne genosen schentlichir din/
ge berumten das ich denne
der minste in den vntugen/
den solde sien. vnd was sal
man bilchir lestren den die
vntugent vnd vf das ich
nicht gelestirt wurde so be
gink ich noch me schentlich/
ir dink vnd wo ich sien nicht
en tete do berumt ich mich
sien doch. vf das ich da van
icht vorsmehit wurde. so ich
vnschuldiger were den der an/
dren eyn. // seth mit welchen   II. 8.
gesellen ich wandirte in den
gassen zcu babylonia vnd
wante mich sam eyn swien
in dem kote als vndir zcyna/
mome vnd balsame. den der
vnsichtliche vient vor leyte

Da ich gerade bei Handschriftenfragmenten der
Münchner Universitätsbibliothek stehe, so kann ich
hier passend eines anderen Fundes erwähnen, den ich jüngst
dort gemacht habe. Es sind zwei Bruchstücke einer schönen

und alten HS. des Schwabenspiegels, ein oben abge-
schnittenes Folioblatt und ein schmaler Längenstreifen. Mein
Freund Rockinger hat sich der Mühe der Vergleichung
unterzogen, deren Resultat hier in Kürze folgt.

Lassberg. Lehenrecht cap. 8 von Zeile 12 an: hant.
dem gebivtet der Kunc wol die hervart etc.
bis: vnd der her, so dass offenbar zoge von
Bayern und nicht der König von Böhmen
stand, worauf die nächsten 6 oder 7 oder
8 Zeilen ausgefallen sind, bis: die noetet er
wol mit im ze varnen in des riches dienst etc.
cap. 9 bis: wider gegeben, worauf 6 bis 7 Zeilen
ausgefallen sind, bis: der man sinem herren
wider sin alles rehtes.
cap. 10 fehlen bloss die Schlussworte: er state
habe.
cap. 11 fehlt Rubrum und die Eingangsworte
bis: gewer erzivgen als hie vor gesprochen
ist u. s. w.
cap. 12 bis: zu den Worten der herre sprichet
ich sol ez niwan (Zeile 17 bei Lassberg).

Der kleine Streifen enthält ein Fragment vom Schlusse
des Cap. 348 und Anfang 349 des Landrechts (Lassberg
S. 149) und sodann vom Schlusse 353 und Anfang 354
(ebendas. S. 151) ohne die Einschiebung aus cod. Ebn.

———————

Von eben demselben:
„Nachträge des Herrn Keinz zum Meier
Helmbrecht"
mit vorangehender Bemerkung (vgl. diese Berichte 1864. 2.
181 ff.).

Die folgenden Blätter enthalten, was seit dem Erscheinen des Keinz'schen Buches von ihm selbst bei einem

zweiten Aufenthalte in der nächsten Nähe des Helmbrechts-
hofes und von Hrn. Pfarrer Saxeneder Neues erkundet
worden ist. Es liegt in der Natur der Sache, dass so bedeutende Funde wie die ersten nicht mehr gemacht werden
konnten; gleichwohl dürfen wir hoffen, dass auch diese
Nachlese den Freunden der ersten Ausbeute willkommen
sein wird. Und die Zahl dieser Freunde ist nach den Briefen,
die uns aus allen Gauen deutscher Philologie zugekommen,
überraschend gross. Ein einziger unter allen verhält sich
noch zweifelnd, alle übrigen stimmen der neuen Helmbrechts-
thesis unbedingt, mancher der besten Namen mit freudigem
Glückwunsche bei.

Der Werth der neuen Beiträge ist, wie Kundige sehen
werden, ein sehr verschiedener. Voran stellen wir billig,
was zur Lokalisirung der Sage, zum Nachweise eines Buches
über den Räuberhauptmann Helm im Anfange dieses Jahrhunderts und zum „Gärtnerpfaffen" gehört, wie die Bemerkungen zu Vers 25, 1391 (Kelber in dem lôhe suochen),
1934. Der lôh wird ungefähr von gleicher Beweiskraft
sein wie die Kienleite mit ihrem schmalen Steig, und
auch die anderen Wahrscheinlichkeitsgründe dürfen wir
wohl den früher beigebrachten an die Seite stellen. Das
ist der Kern der neuen Gabe, der auf jeden Fall veröffentlicht werden musste. Die andern Bemerkungen dienen alle
dazu, das alte Gedicht durch Nachweisung fortlebender
Sitte und Redeweise lebendiger und farbenheller zu machen.

Ganz problematisch muss natürlich das zu neve
(Vers 425.) beigebrachte erscheinen, dankenswerth an sich,
aber in vorliegender Frage nicht entscheidend. Zu Vers 153
(gnippen) ist nachträglich zu bemerken, dass die Erklärung des Wortes bereits von Haupt im Neidhart von
Reuenthal 1858. S. 234 und zwar aus denselben Quellen
wie hier gegeben ist.

Erklärungen:

Zu v. 25.

Das Geschlecht der Helmbrecht, einst, wie sich aus
unsrer Geschichte und den beigebrachten Angaben schliessen
lässt, in dieser Gegend zahlreich und wohl angesehen, ist
längst ausgestorben. Dagegen ist die Geschichte· unsers
Helmbrecht dem Gedächtnisse der Menschen noch nicht
entschwunden. Ausser dem früher erwähnten lassen sich
hiefür noch folgende beide Belege beibringen:

1) Der Name Helmbrecht hat sich in der Verkürzung
Helmel als Schimpfwort für einen unbesonnenen, unklug
handelnden jungen Menschen erhalten und wird noch jetzt
häufig gebraucht. Die Beziehung auf den Helden des Gedichtes liegt nahe genug.

2) Das Ranshofener Kloster der Chorherrn vom
hl. Augustin besass in Gilgenberg einen Meierhof, (jetzt
Meisterhof in der Ortschaft Meierhof) dessen Reichthum
man mit der Redensart bezeichnete, dass dort das ganze
Jahr gedroschen werde. Die Bauern der Umgegend dienten
gerne einige Jahre auf diesem Hofe, weil sie dort die Feld-
arbeit gründlich erlernen konnten. So diente auf ihm viele
Jahre auch ein noch jetzt lebender Bauer, Joseph Liedl,
Leithenhauserbauer in Gilgenberg als Baumann (erster
männlicher Dienstbote). Dieser erzählte dem Herrn Pfarrer
Saxeneder bei einer eigens vor Zeugen ·veranstalteten Zu-
sammenkunft: damals hätten sie auf dem Meisterhofe viele
schöne Bücher von den Klostergeistlichen zu lesen bekommen, von denen ihm besonders eines, das sehr schön und
mit Bildern verziert war, gefallen habe — das Buch „von
dem Rauberhauptmann Helm, einem Gilgenberger". Von
den Bildern konnte er sich namentlich noch das vom Helm

selbst gut vorstellen, wegen der grossen, eigenthümlichen
Kopfbedeckung, mit der der Rauberhauptmann dargestellt
war. Nach dieser Erzählung erst nahm der Herr Pfarrer
das damals eben erschienene Buch zur Hand und las ihm
einige Stellen daraus vor und sogleich erkannte der Alte
das Ranshofener Buch und wusste so ziemlich den ganzen
Inhalt desselben anzugeben. Dem alten Mann traten Thränen
der Freude in die Augen, dass das Lieblingsbuch seiner
Jugend wieder zu verdienten Ehren gekommen sei; nur,
meinte er, sei jenes viel schöner gewesen, der vielen schönen
Bilder wegen, und seufzte dazu: die jungen Leute verstehen
von dem nichts mehr. — Der Mann zählt jetzt 86 Jahre,
ist aber wegen seines ausserordentlich scharfen Gedächt-
nisses in der ganzen Gegend berühmt, so dass er häufig
sogar vor Gericht, in schwierigen auf altem Herkommen
fussenden Rechtsverhältnissen, als „Gedenksmann" benützt
wird. Vom Meisterhofe weiss er noch, dass er einst ade-
lichen kinderlosen Eheleuten gehört habe und von diesen
nach Ranshofen geschenkt worden sei. Bezüglich des Hohen-
steins hat man ihm in seiner Jugend erzählt, dass auf ihm
ein Schloss gestanden, welches versunken sein soll; auch
habe er noch die Ueberreste von aus Tuffstein aufgeführten
Mauern dort gesehen.

Aus dem Ergebniss einer zweiten Besprechung, die
Hr. Pfarrer S. auf mein Ansuchen veranstaltete, um eine
möglichst genaue Beschreibung des Buches zu erhalten,
dürften die folgenden Angaben besonders mittheilenswerth
sein. Der alte Liedl hat das Buch selbst gelesen, er ist
für einen Bauer noch jetzt ungewöhnlich geschickt im Lesen
und Verstehen alter Schriften; wie er sagt und durch sein
Beispiel beweist, wurde in den vom Kloster Ranshofen ge-
leiteten Schulen ein besonderes Augenmerk auf das Lesen
alter Documente verwendet. Nach seiner Erinnerung hatten
die Klosterherren so schön geschriebene Bücher, als wenn

sie gedruckt wären, so dass man jetzt das Schreiben **gar**
nicht mehr so lernt, weil es die Schullehrer selbst nimmer
so können. Das Buch vom Rauberhauptmann Helm hält
er für ein geschriebenes, mit gemalten Bildern — recht
schönen, so „dass man accurat sehen konnte, wie der Kund
aussah" — besonders auch mit sehr schönen Anfangs-
buchstaben. Breiter als das neue war es wohl nicht (wegen
der kurzen Verse) aber viel länger. Ob es Pergament war
und wie es äusserlich aussah, konnte er sich nicht mehr
erinnern.

Dass dieses Buch eine wenn auch in Titel und Sprache
modernisirte Abschrift des älteren Helmbrecht war, ist
kaum zu bezweifeln. Leider ist die Hoffnung gering, dass
es die Klosterstürme zu Anfang dieses Jahrhunders über-
dauert habe, da auch hier, wie sich alte Leute erinnern,
mit der B.bliothek des Klosters schändlich gewirthschaftet
wurde. Eine Anzahl Handschriften (cª. 130) wurde zwar
an die hiesige k. Staatsbibliothek abgeliefert; doch scheint
sich unter ihnen das Buch nicht zu finden; auch anderweitige Nachforschungen waren bis jetzt erfolglos.

Zu v. 45.

ist nachzutragen, dass Wackernagel in seiner Geschichte
der deutschen Literatur (Basel 1851—55 Band I S. 182 f.)
die Sage vom Herzog Ernst von Bayern (eigentlich von
Schwaben) ausführlich behandelt.

Zu v. 109 die nunne.

Es lebt hier noch im Volke die Sage, dass eine Tochter
des Wirthes zu Rothenbuch (einem Dorf, halbwegs zwischen
Uiberackern und Ranshofen) einst in ein Kloster gegangen,
aber Nachts wieder daraus entsprungen sei. Vielleicht war
diess die Verfertigerin von Helmbrechts Schicksalshaube.

153. gnippen.

Herr Archivrath Muffat macht mich aufmerksam, dass
dieses Wort sich mehrmals in den auf Befehl und Kosten

seiner Majestät des Königs Maximilian II. herausgegebenen
„Quellen und Erörterungen zur bayerischen und deutschen
Geschichte finde. Diese Stellen sind:

Im fünften Bande, in dem ersten bayerischen Landfrieden (Regensburg 1244) Seite 91 Titel 89 und 90 ist
das lateinische cultellus in der Urkunde erklärt durch ein
übergeschriebenes „knipen" und „knipen uel: stechmezzer."
In dem c*. 1255 zu Straubing aufgerichteten Landfrieden.
lautet Tit. 57 (ebenda S. 149): De rusticis. Dehein gebour
sol tragen pantzir oder isenhut oder pukrames bambeis
(ziegenhaarenes vgl. B. I. 276. Wamms) oder gnippen, oder
er sol dem rihter funf phunt geben; und Tit. 69 (S. 150)
De cultellis. Swer genippen und stechmezzer treit in cheiner
stat oder in der herberge an des herzogen urlaub, der sol
dem rihter oder dem marschalch ein pfunt geben und sol
das mezzer flisen. Swer aber sogetaniu mezzer in den hosen
treit oder anderswa verborgen, dem sol man di hant ab-
slahen; ebenda (S. 154) in den Polizeiverordnungen des
Herzogs Heinrich für die Stadt Landshut vom 16. Nov. 1256.
Tit. 2 Schluss: Qui autem tulerint gnippas aut cultellos
nociuos sentenтie latronis subiacebunt.

Daraus ist vollkommen ersichtlich, dass mit gnipen ein
als gefährliche Waffe brauchbares Messer bezeichnet wurde.
Die jetzige Mundart kennt noch den Schusterkneip sowie
das Wort gneiperl oder gneifferl, womit ein kleines, ein-
schlagbares Messer bezeichnet wird (gn und kn im Anlaut
werden in dieser Mundart nicht unterschieden).

Obiges (sub Tit. 69): swer sogetaniu mezzer in den
hosen treit, dürfte auch das im Gedicht bei gnippen stehende
taschen erklären, um so mehr, da es noch jetzt, obwohl
von der Polizei verpönt, bei den altbayerischen Bauer-
burschen Brauch ist, in einer eigens an der rechten Hüft-
seite der Hose angebrachten Tasche ein im Griff feststehendes

Messer zu tragen. „Breite" Taschen verlangt Helmbrecht,· um eine besonders grosse derartige Waffe unterbringen zu können. v. 426 des der neve sî.

Zu dem noch nicht erklärten neve liessen sich folgende zwei in dieser Mundart jetzt noch gebräuchlichen Ausdrücke vergleichen:

1) In Redensarten, wie: den solt der nefe reidn oder: der rennd, wie wann-n (als ob ihn) der nefe reidǝd steht nefe für Teufel, welchen man nicht nennen soll, denn er ist so hoffärtig, dass er laut aufjauchzt, wenn man nur seinen Namen ausspricht.

2) In folgender in verschiedenen Versionen fast durch ganz Deutschland verbreiteten Geschichte ist nefe = Schlangenkönig. Es werden vom Volke verschiedene Gegenden bezeichnet, wo sich vor unvordenklichen Zeiten so viele gefährliche Nattern aufhielten, dass sie für Menschen ganz unbewohnbar wurden. In ihrer Noth riefen die Anwohner einst einen mit Zauberkünsten wohlvertrauten Mann zu Hilfe, welcher eine Pfeife mit der Eigenschaft besass, dass ihrem Ton alle Nattern folgen mussten. Er fragte die Leute, ob sie nie eine schneeweisse Natter unter den übrigen bemerkt hätten und erklärte auf ihre verneinende Antwort, dass er dann all das Ungeziefer vertilgen wolle. Er liess um einen Baum einen grossen Kreis aus Brennholz aufführen, zündete es an und bestieg den Baum. In dem schrecklichen Feuerkreis liess er den Pfiff seines Instrumentes erschallen und in blinder Hast eilten alle Nattern auf den Baum zu, kamen aber sämmtlich im Feuer um. Plötzlich sieht aber jetzt der Zauberer die schneeweisse und hat kaum mehr Zeit auszurufen: „Aus ist's, es ist der Nefe"; denn im Augenblick hat sich diese, vom Feuer unversehrt, mit solcher Gewalt auf ihn gestürzt, dass sie ihm Brust und Herz durchbohrte. So gieng der Zauberer sammt den Nattern zu Grunde, aber der Neve lebt noch in grösster

Verborgenheit und jeder, der seinen Zorn reizt, ist verloren. In der Nähe des Kobernauser-Waldes im Innviertel (zwei Stunden östlich von Gilgenberg) wird noch eine Denksäule gezeigt, wo sich diese Geschichte ereignet haben soll.

, Zur Aussprache des Wortes ist zu bemerken, dass das erste e ein offenes ist (wie in Leben, Heft, wetzen, also, wie in der altb. Mundart überhaupt, ähnlich dem ö), das f ist weich, das zweite e hat den Laut, den tonloses e am Ende immer hat (wie in âne = ohne). Denselben Laut hat aber in dieser Mundart auch die Endsilbe -el nach Lippenlauten, z. B. apfe = Apfel, zwîfe = Zwiebel, so dass sich dann auch auf eine Urform nefel, nifel oder nibel schliessen liesse, was hinwiederum, da die Sage diesem Schlangenkönig, wenn auch nicht hier, so doch in vielen anderen Gegenden z. B. um Passau, eine goldene Krone von ungeheurem Werth giebt, an Drachengold (-hort) und Nibel-ungen erinnert.

Zu 708 botenbrôt.

Die hierauf bezügliche Sitte, den Boten zu bewirthen, war allgemein und bedarf keiner Erklärung. Erwähnt mag indess werden, dass es hier noch jetzt Sitte ist, jedem, der eine Botschaft bringt, ein Stück Hausbrod zu reichen, so dass z. B. die Leichenansager genöthigt sind, einen Korb mit sich zu tragen, um das „Botenbrot" unterbringen zu können, das ihnen in jedem Hause gereicht wird.

Zu 725 sį enphiengn in beide âne zal.

Bei Leichenbegängnissen und Hochzeiten ist jetzt einer aus der Verwandtschaft aufgestellt, welcher die Ankommenden zu begrüssen hat. Diese Begrüssung, bestehend in Händeschütteln und einigen freundlichen Worten (z. B. grüəss god, vedə, is recht schên, das - st â kimst) heisst noch jetzt das empfahen (hochdeutsch: die Honneurs machen!). In anderer Bedeutung ist empfahen nicht gebräuchlich, empfangen kommt gar nicht vor.

Den Helmbrecht èmpfiengen sie vor Freude beide und
zwar âne zal d. h. mit vielmaligem begrüssen oder Hände
schütteln.

Zu 867 ein krût vil kleine gesniten.

Es ist in dieser Gegend eine uralte unabänderliche
Sitte, dass bei jedem baüerlichen Mahle die erste „Richte"
(v. 865) Sauerkraut, hier Kraut schlechtweg, sein muss.
Die Landleute sind so sehr daran gewöhnt, dass sie zu
sagen pflegen, es sei ihnen, als hätten sie gar nicht ge-
gessen, wenn sie nicht zuerst Kraut bekämen. Besondere
Sorgfalt wird darauf verwendet, dass es ja „vil kleine gesniten" sei. Dafür waren aber auch die hiesigen Kraut-
schneider berühmt und in der ganzen Gegend gesucht; sie
reisten sogar alljährlich bis nach Wien.

Das Kraut vertritt hier also die Stelle der beim Mahle
des Bauers ungewöhnlichen Suppe. Ganz anders dagegen
ist es in dieser Beziehung im Traungau, wohin die Hs b
den Schauplatz des Gedichtes verlegt.

940 einen tanz si dô getraten.

Mit dem Ausdruck „den Tanz treten" benennt man
jetzt das Herumgehen der Paare vor Beginn des eigentlichen Tanzes und zwischen einzelnen Touren. Besonders
kam es auch vor bei einzelnen Figuren eines früher in
den Bezirksämtern Braunau und Wildshut sehr beliebten
schönen Tanzes, des „Auf-und-ab".

In einer der Figuren desselben führt der Tänzer zwei
Tänzerinnen an der Hand vgl. v. 97—104.

Zu v. 1260—64 (auch 1622—26 und 1641—1660) der
Schergenbann.

Es ist ein alter Aberglaube, dass gewisse Menschen
sich auf einen Zauber verstehen, vermöge dessen sie im
Stande sind, zu bewirken, dass ihnen einer nicht mehr ent-
rinnen, ja sich nicht einmal vom Platze bewegen könne.
Selbst auf Ross und Wagen erstreckte sich diese Macht.

Für besonders vertraut mit solchem Zauber hielt man die Schergen und nannte daher diese Kunst auch den Schergenbann, jetzt „das Anbinden". (Mehr hierüber kann man lesen in einem Aufsatze von P. Amand Baumgarten im 24. Bericht über das Museum Francisco-Carolinum. Linz 1864 S. 80 ff.)

Wenn Wernher, wie oben zu v. 25 und später zu v. 1934 erwähnt, die Geschichte des Helmbrecht überlieferte, um ihn als abschreckendes Beispiel hinzustellen, welche Folgen es habe, wenn man sich über die Gebote Gottes und die Ordnungen des gesellschaftlichen Lebens hinwegsetzt, so mochte er für diesen moralischen Endzweck ein Interesse daran finden, obigen Glauben im Volke zu nähren.

Zu 1306—1312.

Wenn der Todte im Hause liegt, so wird er, ehe man ihn fort trägt, nach altem Brauche von jedem Besuchenden zuerst mit Weihwasser bespritzt, dann nimmt man die vor ihm stehende Glutpfanne, und geht damit räuchernd um ihn herum, und zwar jedesmal, so oft man in das Todtenzimmer kommt.

Die Befolgung dieses Gebrauches durch Gotelinde stellt Helmbrecht hier in frecher Ironie seinem Gesellen in Aussicht.

Natürlich konnte Gotelinde diess nur „an dem grabe ûf der wegescheide" und da sie sich dabei während des Tages nicht betreten lassen durfte, nur „alle naht" thun.

„Ein ganzes jâr" thut sie es, weil hier der Grundsatz herrschte und im Allgemeinen noch herrscht, dass die Trauer um die verlorne Ehehälfte ein Jahr dauern müsse.

Zu 1359 niuwen.

Näher als früher geschehen ist, lässt sich die Bedeutung dieses Wortes jetzt aus der Mundart dieser Gegend erklären. Mhd. iu geht hier in oi über, z. B. noi, loign, betroign; g-noin heisst aber hier: die grossen, harten Erd-

schollen auf dem Felde mit einem Schlägel zerstampfen.
Eine schwere Arbeit, welche in den hochgelegenen Pfarreien:
Gilgenberg, Schwand, Handenberg und Hochburg häufig
nothwendig ist, da in diesen wasserarmen Gegenden der
Lehmboden vorherrscht. Sie wird vorzüglich vom weiblichen Geschlechte verrichtet, während das männliche sich
mit pflügen und eggen beschäftigt.

Das von Schmeller erwähnte: die Gerste, den Hirs
neuen (stampfen) findet sich an der untern Isar.

1361. ruoben graben.

Nur in dieser Gegend sagt man: ruoben graben, weiter
östlich und jenseit des Inns: ruoben ziehen.

Zu 1386 cz lac mîner muoter bî etc.

Da das galante Abenteuer, auf welches Gotelinde hier
anspielt, nach v. 1391 im Loh stattfand, nach der unten
folgenden Erklärung zu diesem Verse aber der Loh der
nördliche und dem Ratishof zunächst belegene Theil des
Weilharts ist, so führt diess auf geradem Wege zu der
Vermuthung, dass der saubere Ritter ein Ratishofer Raub-
ritter war.

Wenn nun aber Helmbrechts Mutter zu diesem in so
vertrautem Verhältnisse stand, so erklärt sich daraus auch,
wie sie ihr schönes Söhnchen so verzärteln und in ihm die
von dem vernünftigen Vater so sehr verpönte Neigung zum
ritterlichen Leben wecken und erhalten mochte. Es scheint
auch, dass sie den nämlichen Ritter bewog, bei ihrem
Söhnchen Pathenstelle zu vertreten (vgl. 483 und 1379).
Als dann Helmbrecht herangewachsen und ein kräftiger
Mann geworden war, mochte er wohl bei diesem seinem
Pathen offenen Empfang finden, wie in v. 654 erwähnt und
in der Erklärung zu diesem Verse als Vermuthung ausgesprochen ist.

Die Erinnerung an diese und ähnliche Frevelthaten
mag wohl die Ursache sein, dass die Volkssage noch jetzt

den Ratishofer verurtheilt sein lässt, Brautleute, die an
seiner Burg vorbeikommen, eine Strecke weit in prächtiger,
schneeweisser Rüstung zu geleiten.

Zu 1391 suochen kelber in dem lôhe.

Wie schon im Wortvz. bemerkt, besteht das Wort lôh
noch jetzt, als eigner Name eines Waldes und zwar eines
Theils des Weilharts. Der Weilhart wurde von jeher in
mehrere Forstbezirke eingetheilt, als: Schacher, Loh, Unter-
und Oberposchen, Grünhilling, Stockbuchen u. s. f. Der
Loh (amtlich jetzt Lach) ist jener Theil des Weilharts, der
sich nördlich vom Helmbrechtshofe gegen den Inn und Ranshofen zu erstreckt. In diesen Forstbezirken hatten die
meisten Grundbesitzer von Ranshofen, Ueberackern, Schwand,
Gilgenberg, Hochburg und Wanghausen, wie man es hier
nennt, Urlerrechte (urlə = Urlaub, Erlaubniss), welche im
Bezug von Holz, Waldstreu und im Weiderechte bestehen
und wovon auch die S. 10 erwähnte Urkunde handelt. Die
Thiere wurden früher meistens ohne Aufsicht im Walde gelassen. Wenn man sie einige Zeit nicht mehr sah, dann
gieng man „ins Kälber suchen“. Am sichersten gieng man,
wenn man sie nicht leicht fand, „in den Loh“, weil dorthin
der Zug der Thiere instinktmässig geht, namentlich wenn
es einige Zeit nicht mehr geregnet hat; denn hier finden
sie in dem Weidenbrunnen beim Ratishofe und in dem sogenannten Güssgraben jederzeit Wasser. Herr Pfarrer S.
erinnert sich noch recht gut, wie er als Knabe öfter aus-
geschickt wurde: suochen kelber in dem lôhe. vgl. Erkl.
zu 1386.

1447.   ouch füege ich dîne hôchzît
             daz man durch dînen willen gît
             wambîs unde röcke vil.

Das Schenken von Kleidungsstücken bei freudigen An-
lässen, früher wohl eine sehr allgemeine Sitte, hat sich für

den hier vorkommenden Fall — eine Hochzeit — bis jetzt
erhalten.

Vor der Hochzeit, sowie der Kametwagen (Schm: H. 294
wohl fälschlich unter Kammer, statt unter kemenate) der
Braut in das Haus des Bräutigams kommt, schenkt die
Braut:

dem Brautführer ein seidenes Tuch, das er an den
Gürtel hängt,

dem Bräutigam ein Hemd,

den Dienstboten Hemden, Tücher, Kleidungsstoffe;

der Bräutigam schenkt der Braut und der Kränzljungfrau je ein Paar Schuhe;

den Gästen giebt die Kränzljungfrau beim Ausgange
zur Kirche Blumensträusse (Rosmarin) mit rothen und blauen
seidenen Bändern.

Wenn der Bräutigam in's Werben kommt und die
Braut zusagt, so giebt er ihr sogleich das Drangeld (25,
50, 100 fl. in schönen Thalern, je nach Vermögen). So
verspricht auch Lemberslind die Morgengabe „an dem naeh-
sten tage" d. h. beim ersten Zusammentreffen (v. 1341) zu
geben.

Zu 1483—1489.

Der Hochzeiter muss zuerst am Platz (in seinem Hause
oder im Gasthause) sein: hierauf wird ein Bote gesandt um
die Braut und die Kränzljungfrau, welche dann der Bräutigam
empfängt.

Zu 1534 ûf den fuoz er ir trat.

Hiezu ist nachzutragen, dass Wackernagel diese Stelle
von v. 1507—1534 in einem interessanten Aufsatze über
„Verlöbniss und Trauung (in Haupts Zeitschr. II. Bd. 1842
Seite 550) als eine der ältesten Schilderungen des Trau-
ungs-Ceremoniels erwähnt, und dabei den Tritt des Bräutigams auf den Fuss der Braut als Zeichen der Besitz-
ergreifung und der angetretenen Herrschaft darstellt. Er

verweist dazu auf die Rechtsalterthümer 142, und das Freiberger Stadtrecht 189.

, 1568—70.

Hiezu lässt sich die Redensart vergleichen „mid dem isst shon der toud“, welche man auf hoffnungslos Erkrankte anwendet, wenn sie plötzlich starke Esslust bekommen.

1577 mir grûset in der hiute.

Ganz ähnlich sagt man noch jetzt: da graust-mir d'haut.

Zu 1609—1611.

Wenn die Brautleute und Hochzeitgäste bei Tische sind, so kommen die Spielleute und „machen ihnen über Tisch auf“; dann wird ein Teller auf den Tisch gesetzt und giebt zuerst die Braut, dann der Bräutigam, dann die Gäste. Das Geben selbst heisst auflegen.

Zu 1830 eine kuo von siben binden.

Zu binde in diesem Sinne scheint in Beziehung zu stehen, dass in dieser Mundart das Zeitw. „an-bandln“. die Bedeutung hat: sich im ersten Stadium der Schwangerschaft befinden.

Zu 1934 Wernher der Gartenaere.

Für eine nähere Bestimmung der Person des Dichters liessen sich ungeachtet eifriger Nachforschungen, sowohl in ältern Denkmälern als in den Erzählungen des Volkes, noch keine weiteren Anhaltspunkte gewinnen. Dagegen möchten einige Beobachtungen, welche in indirekter Weise die Wahrscheinlichkeit der früher über ihn ausgesprochenen Vermuthung erhöhen, Erwähnung verdienen.

1) Was oben zu v. 25 bemerkt wurde, kann nur die Ansicht bestärken, dass die Klostergeistlichen Ranshofens das traurige Schicksal des Helmbrecht dem Volke als warnendes Beispiel vorhielten, wohin es führe, wenn man die Gebote Gottes und die Ordnungen des gesellschaftlichen Lebens missachtet. Daraus, dass sie diese Geschichte angelegentlichst unter dem Volke, wohl auch über das Gebiet

des Klosters hinaus, zu verbreiten trachteten, mag es sich erklären, warum Ottacker in seiner österreichischen Reimchronik die in der Einleitung zu unserm Helmbrecht (nach Haupts Zeitschrift III S. 279) angeführten Worte seinen Bauern in den Mund legen konnte. ˙

2) In dem Dichter einen Geistlichen zu vermuthen, dazu berechtigt sowohl die Behandlung des Stoffes im Ganzen, als eine Fülle von Einzelheiten, die sich beim Studium des Gedichtes von selbst ergeben. Die Vermuthung, dass dasselbe das Werk eines „fahrenden Sängers" sei, kann wohl nicht ernstlich gemeint sein; es genügt, z. B. einige beliebige der in den Gesammtabenteuern von den Hagen's zusammengestellten Geschichten mit der unsrigen zu vergleichen, und es wird dann leicht ersichtlich sein, dass die Fahrenden sich an andere Stoffe hielten, und diese in ganz anderer Weise behandelten. Sie mussten unterhalten, Wernher wollte belehren. Wozu würden in dem Vortrage eines Fahrenden die langen Gespräche gedient haben, bei denen fröhliche Zuhörer höchstens hätten denken können, wie der junge Helmbrecht: dîner predige got mich schiere erledige. Und in der That, unser ganzes Gedicht liest und hörte sich, wie eine Predigt, eine eindringliche Predigt in Erzählungsform, in welcher die Geschichte selbst den äussern Rahmen bildet, ˙während ˙die Gespräche und die zahlreich eingestreuten religiösen und moralischen Sentenzen dazu dienen mussten, den in ihr gegebenen Stoff belehrend zu verarbeiten.

3) Für die Vermuthung endlich, ˙dass in dem Gartenaere kein anderer zu suchen sei, als ein solcher Pater Klostergärtner hat sich ein unerwarteter Anhaltspunkt gefunden in einem unscheinbaren Schnaderhüpfel. Wie in andern Gegenden Süddeutschlands so ist auch hier eine nicht unbeliebte Unterhaltung der Bauern das sogenannte Trutzliedlsingen (Vgl. Schmeller I. S. 504). Die Anfangsstrophen

dabei sind häufig herkömmlich, während die Fortsetzung derselben, wenn die sich Bekämpfenden erst erwarmt sind, von freier Erfindung ausgeht. Eine solche Eingangsstrophe nun, mit welcher früher häufig auf die erste Strophe des Herausfordernden geantwortet wurde, war nach der Mittheilung eines alten Bauers die folgende:

> maənst frei, du kanst singə
> wiə-r-ə gartner pfaff
> mein! halt nun-grad (nur) s maül[1]
> du bist grad (nur) ən aff.

Mit „ein Gärtner Pfaff" kann jedenfalls nur ein solcher Pater Gärtner bezeichnet sein, wie wir sie kennen gelernt haben. Die unbestimmte Bezeichnung, ein g. p., berechtigt zu dem Schlusse, dass, nachdem einmal unser Wernher in so würdiger Weise den Anstoss gegeben hatte, auch seine Nachfolger im Amte der Klostergärtner eine Ehre darein setzten, sich vor dem Volke als Dichter zu zeigen. Nebenher gesagt scheint der Scansion nach auch noch die ältere Form „gartener" in obigem Liedlein zu stecken und für dessen Alter zu zeugen.

Und so berechtigt denn alles, in Wernher einen Geistlichen des Klosters Ranshofen und zwar nach seiner eignen Aussage den Klostergärtner zu sehen.

Herr Plath berichtet:

„Ueber die ägyptischen Denkmäler in Miramar von S. Reinisch, Wien 1865".

Dass ein Kaiser von Mexico Denkmäler des alten Aegyptens sammelt und ein deutscher Gelehrter sie be-

----

[1] Das Original giebt einen stärkeren Ausdruck.

schreibt und auf dessen Kosten sie herausgiebt, hat den
alten Pharaonen gewiss nicht geträumt! Dennoch ist es
geschehen.

Der jetzige Kaiser Maximilian I. von Mexico hat noch
als Erzherzog von Oesterreich, theils durch Ankauf von
dem ehemaligen österreichischen Generalconsul in Aegypten
Anton Ritter von Laurin, zum grössten Theil aber auf
seiner Reise in Aegypten 1855 eine schätzbare Sammlung
altägyptischer Denkmäler erworben, die jetzt sein schönes
Schloss Miramar schmücken. Statt, wie es im Orient üblich
ist, sich edle Pferde, kostbare Waffen u. dgl. schenken zu
lassen, bat er sich vom Vicekönig die Erlaubniss aus, aus
dem ägyptischen Museum in Cairo einige Alterthümer aus-
wählen zu dürfen. Es ist darunter manches Werthvolle, so
die Statue eines Schreibers aus grauem Granit, der mit
untergeschlagenen Beinen dasitzt und mit beiden Händen
einen aufgeschlagenen Papyrus vor sich hält, in welchem
eine Anzahl ägyptischer Festtage verzeichnet steht, die in
Memphis gefunden wurde und von Brugsch (Monumens de
l'Egypte pl. 12) schon publicirt und erläutert worden ist.

Ein junger Aegyptiologe, Dr. Reinisch in Wien, der
in den Sitzungsberichten der Wienerakademie schon mehrere
schätzbare Abhandlungen über die Namen Aegyptens
bei den Semiten und Griechen (1859) dessgleichen
über die in der Pharaonenzeit (1861) und die Grab-
stele des Priesters Ptahemwa mit Interlinearversion und
Commentar (1863) dann die Stele des Basilicogram-
maten Sobay (Wien 1864), publicirt und auch in der Ge-
neralversammlung der deutschen Orientalisten zu Braun-
schweig 1860 einen Vortrag: „Zur Chronologie der
alten Aegypter" gehalten hatte, der in der Zeitschrift
der deutschen morgenländischen Gesellschaft gedruckt erschien, hat nun auch die ägyptischen Denkmäler in Miramar

gelehrt beschrieben und herausgegeben [1]). Das Werk ist auf Kosten des Kaisers splendid gedruckt und mit 43 lithographirten Tafeln, 29 Holzschnitten und einer Titelvignette ausgestattet. Es verdient gewiss allgemeine Anerkennung, wenn ein hoher Herr so zur Förderung der Wissenschaft beiträgt. Die kaiserliche österreichische Hof- und Staatsdruckerei hat dazu ein vollständiges Hieroglyphen-Alphabet hergestellt.

Wir geben zunächst eine Nachricht über den Bestand der werthvollen Sammlung und heben dann die Verdienste des Herausgebers derselben kurz hervor.

In der Sammlung sind zunächst mehrere Sarkophage. Ein grosser aus· schwarzem Dolomit, dessen Deckel die Mumienform darstellt, ist ohne Inschrift. Ein ähnlicher aus grauem Granit, hat eine verticale Inschrift auf der Aussenseite des Deckels; ein Holzsarg mit der Mumie einer Frau hat eine Inschrift um die Oberfläche des Deckels. So sind noch vier Holzsärge mit Mumien da. Die Inschrift des einen mit einer weiblichen Mumie ist durch Feuchtigkeit ganz unleserlich geworden. Der Holzsarg eines Priesters des Ammontempels in Theben enthält ausser andern Inschriften auf der innern Seite des Deckels das ganze Capitel 43 und den Anfang von Capitel 89 des Todtenbuches, welches letztere sich auch auf der Wiener Stele Nr. 102 findet; die innere Seite des Todtenbettes selbst enthielt das erste Capitel des Todtenbuches, ist aber leider nur noch wenig lesbar. Die Mumie eines andern Holzsarges ist auf der Brust mit herrlichen Goldfiguren geschmückt. Der letzte Holzsarg enthält eine männliche Mumie mit Darstellung des Osiris als Todtenrichter u., a. und auf der

---

1) Die ägyptischen Denkmäler von Miramar, beschrieben, erläutert und herausgegeben von S. Reinisch. Wien bei Braunmüller 1865. 8.

Rückseite der Mumie die der Seele des Verstorbenen als Vogel mit menschlichem Antlitz. Drei Sargbretter von zwei verschiedenen Särgen sind noch erwähnenswerth, weil sie Stücke aus Capitel 72 des Todtenbuches [2]), das le Page-Renouf 1860 mit einer Uebersetzung herausgegeben hat, enthalten. Zuletzt sind noch 11 Ibismumien da, zum Theil in thönernen Gefässen.

Die Eingeweide des Todten wurden ausgenommen, gereinigt, einbalsamirt und in besondern Vasen oder Kanopen im Grabe neben dem Sarg beigesetzt. In der Regel findet man bei jedem Sarkophage vier von gleicher Grösse und Form, nur mit verschiedenen Deckeln. Der erste, dessen Deckel einen Menschenkopf darstellt, nach dem Todtengenius Amsath benannt, enthält die grösseren Eingeweide; der zweite, dessen Deckel den Kopf eines Hundsaffen darstellt, nach dem Todtengenius Hupphy benannt, die kleinen Eingeweide; der dritte mit Schakalkopf, nach dem Todtengenius Daumutuf genannt, enthält Lunge und Herz; der vierte mit dem Sperberkopfe, nach dem Todtengenius Qabahsanuf genannt, die Leber und Galle. Diesen Genieen hatte Anubis die Ueberwachung des Leichnams übertragen. Die Sammlung von Miramar enthält nun 6 solcher Kanopen, aber nur einen mit einer deutlichen Inschrift, die unächt scheint. Reinisch theilt daher S. 131 fg. die der 4 Alabaster-Kanopen im naturhistorischen Museum in Triest in Text und Uebersetzung mit.

---

2) Cap. 71. Col. 1—6 findet sich in schönen Hieroglyphen ohne wichtigere Varianten auf dem Sarge in St. Gallen nach Zündel Zeitschr. f. äg. Sprache. 1864 S. 46; einer in Berlin enthält auf der Innenseite des Deckels Cap. 17 und 20, dann aber noch ein drittes unbekanntes Capitel; ein anderer Sarkophag Cap 17 abgekürzt und Cap. 68. 1—4; andere eben da mehrere Capitel, die im Todtenbuche fehlen nach Lepsius. ib. S. 83—89.

In allen ägyptischen Gräbern finden sich dann viele kleine Statuetten aus verschiedenem Material von Mumienform, nur sind Hände und Gesichter frei. Sie stellen die selig Abgeschiedenen vor. In ihren Händen sieht man den Karst und Getreidesack und die meisten enthalten ausser dem Namen des Verstorbenen das sechste Capitel des Todtenbuches, welches Chabas 1863 übersetzt hat. Die Sammlung in Miramar enthält 203 solcher Statuetten aus Thon, die meisten ganz ohne oder mit unleserlichen, andere mit kurzen untereinander ähnlichen Inschriften; mehrere aber enthalten einen dem Capitel des Todtenbuches ähnlichen Text.

Wie der Katholik sein Crucifix hat, so bewahrte der Aegypter Bilder und Statuetten seiner Götter und geweihte Gegenstände zur Verehrung in seinem Hause auf, und gab sie den Todten zum Schutze gegen die Angriffe feindlicher Dämonen mit ins Grab, stellte sie auch in Folge eines Gelübdes zum Danke in Tempeln auf. Solcher Statuetten zählt die Sammlung 90 (80?) aus Bronze und 8 aus Holz. Dahin gehören ein Obelisk; 18 Statuetten von Osiris in Mumienform mit der Federkrone, in der Hand Geissel und Krumstab; eine sitzende Isis, die den Horus säugt; eine ähnliche mit dem Kuhkopfe; dann ein Harpokrates, d. i. Horus als Kind; Statuetten eines Sperbers, des Sinnbildes von Horus; die des Gottes Ptha, der auf dem Throne sitzt; die der Göttin Pacht mit dem Löwenkopfe, seiner Gemahlin; die einer Göttin mit der Geierhaube; die des Gottes Min (Pan); die eines Gottes mit dem Kopfe eines Schakals; dann Abbildungen des Apisstieres mit der Vollmondscheibe (einer Incarnation von Osiris); eine Statuette des Gottes Basa; Statuetten einer Katze, des Sinnbildes der Göttin Bast (wesshalb viele in ihrer heiligen Stadt Bubastis begraben wurden); von Löwen, Ichneumons, Eulen u. s. w.

Die Amulette dienten dem Verstorbenen zum Schutze

gegen die ihm auf seiner Wanderung in das Jenseits drohen-
den Gefahren, um die Angriffe der Dämonen von seiner
Seele abzuwehren. Wahrscheinlich trugen auch Lebende sie
an einem Bande um den Hals. Die Sammlung enthält
23 Amulette von verschiedener Form, mit dem Zeichen des
Lebens, dem Sonnenberge, einem Bildnisse der Isis, der
Nephthys, des Anubis, eines Patäken, mit einem Widder,
dem Sinnbilde des Gottes Chnumis, einem Hundsaffen, der
Uräusschlange, einem Ibis, Sinnbild von Thoth. Ein Amulett
mit einem Ibis und den koptischen Buchstaben Jao ist aus
der Zeit des Gnosticismus.

Von den 37 Skarabäen sind 25 ohne Inschrift; einer
hat auf der Rückseite den Namen von Ammon-Ra, eine den
des Sonnengottes; ein Paar haben Königsnamen.

Von den Statuen ist die des Schreibers mit der
Papyrusrolle in der Hand schon erwähnt. Es sind noch da
die von einem Schreiber mit einer beschriebenen Tafel in den
Händen, dann die eines schreitenden Mannes, auch mehrere
Sphinxe, darunter zwei mit Königsvornahmen. Die Sphinx
war das Symbol des Gottes Harmachis (ein Beiname der
Morgensonne). Die Statue eines knienden Mannes lehnt an
einem Pfeiler, auf dem in fünf Zeilen ein Gebet an Sokar-
Osiris, Ptha-Ta-thanen und die Göttin Pacht von drei
Prinzen für ihren grossen Vater Ramses II. geschrieben ist.
Eine weibliche Gestalt, die auf einem Throne sitzt, hat
auch zu beiden Seiten desselben ein Gebet an die Hathor
(das Haus des Horus, als Mutter des Sonnengotttes); eine
andere Statue hat auf der Vorderseite eine Bitte an Ammon-Ra. Wir übergehen andere meist fragmentarische
Statuen.

Die 36 Stelen endlich aus Kalkstein, worauf die
Inschriften eingegraben oder bloss mit Tinte geschrieben
sind, aus dem Museum des Vicekönigs enthalten durchgehends

Anrufungen verschiedener Götter Unterägyptens an Ptha, Sokar-Osiris, den Apis u. s. w.

Uebersieht man die ganze Sammlung von Miramar, so kann sie sich zwar mit den gröseren Sammlungen ägyptischer Alterthümer an Reichthum nicht messen, aber durch die vielen Abbildungen des obigen Werkes wird sie auch dem, der Miramar nicht besuchen kann, zugänglich, und die Beschreibungen und Erläuterungen mit Uebersetzung der Inschriften durch den Herausgeber Dr. Reinisch eröffnen nicht nur das Verständniss der Denkmäler dieser Sammlung, sondern auch vieler ähnlicher. Sie werden aber erst recht werthvoll, wenn sie mit den übrigen Denkmälern und der gesammten Alterthumskunde des alten Aegyptens in Verbindung gebracht werden, und diess ist das Verdienst des Herausgebers. Eigentlich historische Denkmale enthält die Sammlung nicht; es sind vorwaltend religiöse und besonders auf den Todtendienst bezügliche. So erläutert er denn zum Theil ausführlich die verschiedenen erwähnten Götter, deren Statuen die Sammlung enthält, namentlich auch den Apiscultus, und liefert so einen schätzbaren Beitrag zur Aufhellung der ägyptischen Götterlehre; nur möchten wir wünschen, dass namentlich die Nachrichten der späteren Griechen über die ägyptische Religion nicht gleich von vorneherein mit den Ergebnissen der entzifferten Hieroglyphentexte — wie das freilich auch von andern Aegyptiologen noch zu häufig geschieht — vermischt, sondern die ägyptische Religion zuerst rein aus den Quellen dargestellt werde, weil man dann erst ermessen kann, in wie weit die Nachrichten der Griechen ihr entsprechen oder nicht. Die Lehre von der Unsterblichkeit der Seele und dem Leben im Jenseits nimmt eine so bedeutende Stelle im Glauben der alten Aegypter ein, dass der Verfasser sehr passend eine ausführliche Abhandlung über dieses Thema als Einleitung vorausgeschickt hat. Sie enthält das Beste

und Vollständigste, was darüber erschienen ist. Wir können
darauf wohl noch besonders zurückkommen. Den Excurs
am Schlusse: Beiträge zur Feststellung eines Hieroglyphen-
Alphabets müssen wir der Beurtheilung der Zeitschrift für
ägyptische Sprache- und Alterthumskunde überlassen.

Herr Beckers hielt einen Vortrag:

„Ueber die Unsterblichkeitslehre Schellings
in ihrer letzten Entwicklung und deren
Zusammenhang mit früheren Darstellungen.“

Diese Abhandlung wird in die Denkschriften aufgenommen werden.

Herr Thomas sprach:

1. Ueber einige Tractate betreffend Jerusa-
   lem und den dritten Kreuzzug;
2. Ueber eine Encyclica aus dem IX. Jahrhundert.

Kommt später zum Abdruck.

Mathematisch-physikalische Classe.
Sitzung am 13. Mai 1865.

Herr B i s c h ó ff machte eine Mittheilung:

„Ueber die Ei- und Placènta-Bildung des Stein- und Edel-Marders Mustela foina und martes, und des Wiesels, Mustela vulgaris."

In Anschluss an meine in der letzten Sitzung der geehrten Classe gemachte Mittheilung (vgl. diese Berichte 1865 I. 3. S. 213 ff.) über eine eigenthümliche Bildung an der Placènta der Fischotter, kann ich heute hinzufügen, dass wie ich mich seitdem überzeugt habe, die Placènta der Marder ganz denselben Beutel, umgeben von einem Kranze von durch Hämatoidin schön rothgelb gefärbter Zotten besitzt, wie die Otter.

Auf die Wahrscheinlichkeit dieses Vorkommens wurde ich zuerst durch die Beschreibung und Abbildung des Eies eines Steinmarders durch Buffon. Allgem. Historie der Natur IV. I. p. 98. Hamburg und Leipzig 1760, aufmerksam, welche obwohl beide sehr undeutlich, dennoch bei meiner Bekanntschaft mit der Eibildung der Fischotter, mich kaum daran zweifeln liessen, dass sich hier etwas Aehnliches finde. Es heisst daselbst: „Des Kuchens äusserliche Fläche war roth, und man sah darauf Körner von einer anderen hellrothen Farbe, welche der Farbe der Vogellungen gleichkommt. Auf der Mitte befand sich eine Furche, welche eine Scheidung des Ganzen (Solutio continui) zu sein schien, und auf dem Kuchen von drei Früchten anzutreffen war; die innere Fläche hatte keine so dunkelrothe Farbe als die äussere. Der kürzeste Ast der Nabelschnur gränzte mit den ovalen Körpern von

Pomeranzenfarbe; der andere Ast endigte am Ende der Gegend, welche mit der Furche der äusseren Fläche, die auch inwendig bezeichnet war, übereinkommt."

Ich erliess hierauf in einem hiesigen Blatte die Bitte an Jäger, mir im Laufe des Monates März die Genitalien etwa geschossener Marder zusenden zu wollen; und dieses ist denn auch in zuvorkommenster Weise geschehen. Herr Dr. v. Dessauer in Kochel, die Herren Revierförster v. Malsen zu Bischofswies, Anderl zu Fischbachau, Roth in Gern, Herr Rechtspraktikant Steiger in Dachau, Herr Federl, K. Intendant des Zerwirkgewölbes dahier, der herrschaftliche Förster in Stein u. A. haben mich mit den Genitalien von Stein- und Edelmardern und Wieseln versehen, deren Untersuchung mir genügende Auskunft verschaffte.

Die erhaltenen Genitalien von Steinmardern waren bis auf einen alle trächtig. Die jüngsten Eier fand ich in dem Uterus eines am 8. März geschossenen Thieres, an welchem dieselben eben bemerkbare Anschwellungen bildeten, und citronenförmig gestaltet, etwa 3 Linien gross sein mochten. Allein es war mir nicht möglich sie unverletzt aus dem Uterus herauszubekommen, da dieses das Stadium ist, wo die äusserst zarte äussere Eihaut eben in Verbindung mit der Uterinschleimhaut tritt, und zu ihrer Lösung, wenn überhaupt möglich, ein viel frischeres Objekt als dieser erst am vierten Tage nach dem Tode von mir untersuchte Uterus gehört. Selbst die Keimblase war schon zu sehr macerirt um sie unverletzt zu erhalten, und ich konnte nur an ihr eben noch den Fruchthof aber ohne Spur einer Embryonalanlage erkennen, ein Stadium wie es sich beim Hunde-Ei etwa 14 Tage nach der Loslösung der Eier vom Eyerstock findet. In den nächsten vom 16. März herrührenden Eiern waren die Embryonen schon 5 Mm. lang und das ganze Ei auf dem Entwicklungsstadium, wo alle Eitheile schon vollkommen ausgebildet sind, namentlich auch die Allantois schon in dem Eie rund herum gewachsen ist, und die Placènta einen verhältnissmässig breiten Gürtel um das cylindrische Ei bildet. Sie waren also schon mehrere Wochen alt. Die Ranzzeit fiel also selbst in diesem kalten und strengen Winter schon in die letzte Hälfte des Februar. Auffallender Weise erhielt ich indessen noch am 1. April einen Steinmarder, welcher hier in einem Bräuhause erschlagen worden, aber nicht trächtig war, ja auch an seinen Genitalien und Eierstöcken nicht einmal die Zeichen der vorübergegangenen oder bald zu erwartenden Brunst trug, so dass nicht etwa der Mangel eines Männchens beschuldigt werden konnte.

Bei dem Edelmarder, der mehr im Freien lebt, waren die Verhältnisse noch nicht so weit vorgerückt. Die Eier eines am 17. März geschossenen Thieres enthielten noch keine Embryonen und waren etwa so weit wie die oben erwähnten des Steinmarders vom 8. März; doch konnte ich sie sonst leider nicht weiter untersuchen, da der Uterus, als ich ihn erhielt, eingetrocknet war. Die Embryonen eines am 24. März geschossenen Thieres waren noch stark zusammengekrümmt, vom Steiss bis zum Nackenhöcker gegen ein Ctm. gross, und etwa auf dem Stadium ihrer Entwicklung, welche das Hunde-Ei am 26. Tage besitzt, wo auch schon alle Eitheile ausgebildet sind, das Ei aber noch citronenförmig gestaltet und die von der Placènta nicht eingenommenen Poole noch weniger entwickelt sind.

An allen Eiern nun sowohl des Stein- als Edelmarders, in welchen die Embryonen schon ausgebildet vorhanden waren, fand ich wie bei den Eiern der Fischotter eine an der freien Seite des Uterus befindliche ansehnliche Lücke in der zirkelförmigen Placènta, an welcher das Chorion beutelförmig nach innen gestülpt war. Die im Umkreis dieser Lücke vorhandenen Zotten waren sehr stark entwickelt und trugen wie die äussere Fläche des Beutels ein reichlich gelbroth pigmentirtes Epithelium, in welchem der Farbstoff

23*

theils in Form von Körnern aber auch von rhomboëdrischen
Krystallen abgelagert war. Der Beutel war im Ganzen selbst
bei den grösseren Eiern und Embryonen nicht so stark entwickelt, als bei der Fischotter, ja zeigte sich sehr oft unvollkommen in zwei Abtheilungen zerlegt, was gewöhnlich
durch einen über ihn herüberlaufenden stärkeren Ast der
Nabelgefässe bewirkt wurde. Ausserdem enthielt der Beutel
nie so viel freies und ergossenes Blut, als bei der Fischotter,
obgleich es auch hier nie fehlte. Ich untersuchte dasselbe
mehrmals genauer und überzeugte mich, dass wenn man
auch in demselben die Blutkörperchen noch sehr wohl erkannte, diese doch nicht unverändert, sondern das Blut
überhaupt theilweise zersetzt war. Der Farbestoff war grösstentheils aus den Blutkörperchen ausgetreten, und diese daher
heller und kleiner, während die Blutflüssigkeit intensiv gefärbt und dichter erschien, ausserdem aber Hämatoidin-Körn-
chen und Krystalle enthielt. Die Placènta bildet übrigens
bei dem Marder gewöhnlich keinen ganz geschlossenen Ring
wie bei Hund, Katze, Fischotter etc., sondern an der der
Mesenterial-Anheftung des Uterus entsprechenden Stelle findet
sich eine wenn auch nur geringe Unterbrechung; auch ist
hier die Placènta am schmalsten.

Am Bemerkenswerthesten aber war, dass sich bei mehreren Eiern, aber lange nicht bei allen, auch nicht bei allen
eines und desselben Uterus, auch an der dem beschriebenen
Beutel entgegengesetzten Seite des Eies, also an der Mesenterialseite, und da wo sich die Nabelgefässe in die Placènta
inseriren, meistens zwei kleinere beutelförmige Einstülpungen
des Chorion fanden, die ebenfalls mit gelbpigmentirten Epithelium und Zotten umgeben waren, auch etwas ausgetretenes
Blut enthielten, gerade wie der grosse Beutel. Buffon hat
diese Beutelchen an der oben erwähnten Stelle als „pome-
ranzenfarbige ovale Körper" ebenfalls bereits erwähnt und
gezeichnet, freilich aber ganz unkenntlich. An der äusseren

Seite der Placenta ist diese Stelle meistens nicht zu erkennen, indem sich hier keine bemerkbare Solutio continui in der Placènta foetalis und mangelhafte Ausbildung in der Plaçènta materna findet.

Dieses Vorkommen einer weiteren, wenn gleich kleineren und selteneren Beutelbildung und Hämatoidinausscheidung an einer anderen, als an der freien Seite des Eies und Uterus, macht die Richtigkeit meiner früheren Vermuthung über die Genesis desselben an der sogenannten Schlussstelle der Amnionfalte sehr zweifelhaft, da sie für diese zweite Stelle nicht passt. Dagegen scheint eine kürzlich von mir gemachte Untersuchung eines trächtigen Wiesels, dafür zu sprechen, dass die nächste mechanische Bedingung dieser Beutelbildung und Blutausscheidung, auf Seiten des Uterus zu suchen ist.

Von Herrn Revierförster Roth in Gern erhielt ich nämlich am 25. April d. J. ein Wiesel, Mustela vulgaris, welches trächtig war, und im rechten Uterus drei, im linken fünf Eier enthielt. Eier und Embryonen waren bereits ansehnlich gross, letztere 22 Mm. lang, und alle Eitheile vollkommen ausgebildet. Die Placènta uterina lösete sich leicht von dem Uterus ab, und erschien darnach nicht als ein das ganze Ei umfassender Gürtel, sondern in zwei seitliche Hälften zerlegt, welche sowohl an der Mesenterialseite als besonders an der freien Seite des Uterus durch einen ansehnlichen Zwischenraum von einander getrennt waren. An dem der freien Seite des Uterus entsprechendem Zwischenraume zwischen den beiden Placènten, war indessen das Chorion doch nicht ganz glatt, sondern es standen hier einzelne ziemlich lange Zotten, welche sich durch einen hochrothgelben Ueberzug auszeichneten, und von einigem zwischen Ei und Uterus an dieser Stelle ausgetretenem Blute umgeben waren. Besonders an dem Rande der linken Placènta (den Embryo vom Rücken aus betrachtet) standen diese Zotten in einem grösseren Halbkreis zusammengruppirt, der von

einem zarten, gleichfalls von einem rothgelben Pigment über-
zogenen Häutchen begränzt oder eingefasst war. Gegenüber
an dem Rande der rechten Placènta waren drei bis vier
etwa 2—3 Linien im Durchmesser besitzende platte Blasen
zu bemerken, welche innerlich auch einen gelben Pigment-
Ueberzug besassen, und eine oder zwei gleichfalls gelbroth
überzogene Zotten enthielten. Einige dieser waren geschlossen, andere aber erschienen wie zerrissen, so · dass man in
sie hineinsah und die Zotten in ihnen erblickte; Alles natürlich unter Wasser beobachtet. Eine Beutelbildung des Chorion
war an dieser ganzen Stelle nicht zu bemerken.

Im Innern verhielten sich diese Eier wie die aller Fleisch-
fresser in den späteren Stadien. Die Embryonen lagen in
ihrem Amnion, welches indessen nur wenig Flüssigkeit mehr
enthielt, ziemlich dicht von demselben umschlossen, nahe an
der Mesenterialseite des Eies und Uterus. Die Nabelblase
war noch vorhanden, aber bereits zu einem mehr rundlichen
fast gefässlosem Sacke atrophirt, indem ihre beiden nach
oben und unten gerichteten Enden sich in einen feinen Faden
verwandelt hatten. Die Allantois bestand als gesonderte
Blase nicht mehr, sondern sie war bereits längst in dem
ganzen Eie herumgewachsen, hatte sich sowohl mit der äusseren
Eihaut vereinigt und bildete mit derselben das zottentragende
Chorion, als auch der in seinem Amnion liegende Embryo und die Nabelblase von ihr überzogen waren. Da die
Placènta nicht als ein vollkommener Gürtel das Ei umfasste,
sondern dieselbe in zwei parietale Hälften zerlegt war, so
hätte man vielleicht glauben können, dass die Allantois auch
nicht ganz in dem Eie herumgewachsen, sondern sich in
demselben vielleicht nur mit zwei Hörnern, soweit wie eben
die Placènten giengen, ausgebreitet hätte. Allein dieses war
nicht der Fall; sie war in dem ganzen Eie, mit Ausnahme
der Mesenterialseite, wo der Embryo im Amnion und mit
Nabelblase lag, herumgewachsen, und bildete in dem Zwischen-

raume zwischen den beiden Placenten das Chorion, welches daher auch. hier. von Gefässen· durchzogen war. ·

Die Placènta materna hat bekanntlich bei den Fleischfressern ein blasiges Ansehen und besteht, wie Sharpey. und ich' nachgewiesen haben, aus den sehr entwickelten und erweiterten Utrikulardrüsen der Uterinschleimhaut, in welche sich die die Placènta foetalis bildenden Zotten des Chorion hineingesenkt haben. Bei einer genauen Vergleichung nun der oben beschriebenen kleineren gelbpigmentirten und ein oder zwei Zotten enthaltenden Blasen an dem Rande der rechten Placènta, mit den blasenartig erweiterten Utrikulardrüsen der Placènta materna, erschien es mir unzweifelhaft, dass auch sie solche in ihrer Entwicklung stehen gebliebene, und nur zu solchen einfachen Blasen umgewandelte Utrikulardrüsen seien, von denen einige bei der Ablösung des Eies von dem Uterus ganz abgetrennt, andere aber dabei eingerissen waren. War dem so, so konnte auch wohl nicht daran gezweifelt werden, dass auch die an den Rand der linken Placènta sich anschliessende Stelle mit den pigmentirten Zotten einen ähnlichen Ursprung ·hatte, d. h. dass sich auch hier eine, oder wahrscheinlich mehrere zusammengeflossene Utrikulardrüsen, zwar sehr erweitert, aber doch nur unvollkommen entwickelt hatten, und daher nur einige Zotten umschlossen, die sich auch nicht weiter entwickelt hatten.

Ich glaube daher nun den morphologischen oder anatomischen Grund der beschriebenen Placèntabildungen bei der Fischotter, den Mardern und Wieseln in einer mangelhaften Entwicklung einzelner Stellen der Placènta materna, oder vielmehr einzelner Utrikulardrüsen der Uterinschleimhaut suchen zu sollen. Die Zotten des Chorion finden an einer solchen Stelle keinen Boden zu ihrer Entwicklung und es entsteht also hier eine Unterbrechung der Placénta. Bei der Fischotter ist dieses ursprünglich nur an einer verhältnissmässig kleinen runden Stelle an der freien Seite des

Uterus der Fall; bei den Mardern in einer schon etwas
grösseren Ausdehnung an derselben Stelle, und ausserdem
zuweilen auch an beschränkteren Stellen an der Mesenterialseite; endlich bei dem Wiesel bringt derselbe Umstand eine
vollkommene Unterbrechung in der Entwicklung der Placènta
und eine Zerlegung derselben in zwei Hälften hervor. Da
aber die Blutgefässe der Allantois sich auch an diesen Stellen ausbreiten, so scheint dadurch Gelegenheit zu einem
Blutaustritt an denselben gegeben, der bei der Fischotter
beträchtlich, eine ansehnliche beutelartige Einstülpung des
Chorions in das Innere des Eies hervorbringt; bei den Mardern sind beide geringer, und bei dem Wiesel ist der Blutaustritt so gering, dass sich kein Beutel an dem Chorion
mehr bildet. Das stagnirende Blut giebt Gelegenheit zur
Auscheidung von Hämatoidin in dem Epithelüberzuge sowohl
der in ihrer Entwicklung stehen gebliebenen Utèrindrüsen,
als auch der entsprechenden Chorionzotten.

Sollte dieses nun auch die morphologische Entstehungs-
weise dieser eigenthümlichen Placèntarbildung sein, so ist es
doch klar, dass die physiologische Ursache und die functio-
nelle Bedeutung derselben gleich räthselhaft bleibt.

In Verfolgung des, indessen wie mir scheint durch Nichts
weiter unterstützten Gedankens, dass die genannte Bildung
mit der Function der Leber in näherer Beziehung stehe,
richtete sich meine Aufmerksamkeit auf die langgestreckte
Leibesform aller dieser Thiere, die schon bei Embryonen
sehr bemerkbar ist, und möglicher Weise mit einer geringeren Entwicklung der Leber hätte zusammenhängen können.
Ich hatte indessen leider nur zweimal eine Gelegenheit darüber bei einem erwachsenem Thiere eine Gewichtsbestim-
mung zu machen, da ich meist nicht die Thiere selbst, sondern nur ihre ausgeschnittenen Genitalien zur Untersuchung
erhielt. Ein abgezogener Steinmarder wog 922 Grm.; seine
Leber 39 Grm. also $\frac{1}{25}$ des Körpergewichtes; der Wiesel

mit dem Fell ·175 Grm.; die Leber 5 Grm., also ¹/₃₅ des
des Körpergewichtes. Diese Zahlen sind nicht bemerkenswerth von denen bei Fleischfressern überhaupt abweichend,
da bei Katzen und Hunden die Leber im Mittel ¹/₂₆ des
Körpergewichtes wiegt. Auch bei drei Marder-Embryonen
ergaben sich keine bemerkenswerthe Zahlen. Dieselben wogen
7,4—8,85 und 7,4 Grm.; ihre Lebern 0,6—0,7—0,7 Grm.,
also ¹/₁₁—¹/₁₂ des Körpergewichtes. Zwei Embryonen des
erwähnten Wiesels wogen 0,703 und 0,572 Grm. ihre Lebern
0,052 und 0,042 Grm. also ¹/₁₅—¹/₁₃ des Körpergewichtes
was von dem relativen Lebergewicht der Embryonen anderer
Säugethiere auf einem ähnlichen Entwicklungs-Stadium ebenfalls nicht abweicht.

In der Ueberzeugung übrigens, dass die in Rede stehende
Placèntabildung doch irgend wie mit einer Eigenthümlichkeit
des Stoffwechsels und der Ernährung der Embryonen dieser
Thiere in Beziehung steht, will ich noch bemerken, dass die
älteren Embryonen, auch der Marder, wie die der Fischotter,
einen schleimigen Ueberzug ihrer Haut, eine Art Vernix
caseosa besassen, der bei jenen mehr bräunlich, bei diesen
mehr grünlich war. Die Menge war indess zu gering, um
eine nähere Untersuchnng desselben anstellen zu können.

Eines höchst eigenthümlichen Umstandes muss ich noch
bei der Beschreibung dieser trächtigen Marder Erwähnung
thun, d. i. dass in keinem einzigen Falle unter den sieben
in meine Hände gelangten Exemplaren, die Zahl der
geplatzten Follikel und Corpora lutea mit der Zahl der
Eier auf derselben Seite des Uterus übereinstimmte, vielmehr hier die Ueberwanderung der Eier von einer Seite auf
die andere vollkommen zum Gesetz geworden zu sein scheint.
Die Modificationen waren sehr mannigfaltig, wie folgende
Uebersicht zeigt:

A. S t e i n m a r d e r.

I Rechts ein Corp. lut. kein Ei; links ein Corp. lut. ein Ei.
II. Rechts kein Corp. lut. drei Eier; links vier Corp. lut. ein Ei.

III Rechts vier Corp. lut. ein Ei;   links kein Corp. lut. zwei Eier.
IV. Rechts kein Corp. lut. ein Ei; · links drei Corp. lut. zwei Eier.
V. Rechts ein Corp lut. zwei Eier; links zwei Corp. lut. ein Ei.

B. Edelmarder.

VI ·Rechts kein Corp. lut. ein Ei: links zwei Corp lut. ein Ei.
VII. Rechts ein Corp. lut. zwei Eier; links zwei Corp. lut. ein Ei.

Dass hiedurch die Wanderung der Eier auf das evidenteste bewiesen wird, liegt auf der Hand; namentlich lassen die Fälle II, III, IV und VI gar keine andere Erklärung, etwa im Sinne von B. Reichert zu; allein die Ursache und der Mechanismus derselben werden dadurch nicht mehr aufgeklärt.

————

Herr Seidel hält einen Vortrag:

„über den numerischen Zusammenhang, welcher nach Beobachtungen der letzten 9 Jahre in München zwischen den Niveauschwankungen des Grundwassers und der grösseren oder geringeren Frequenz der Typhusfälle zu erkennen ist".

Wird an anderem Orte veröffentlicht.

————

Herr v. Kobell berichtet:

„dass er kürzlich die Diansäure in einem sogenannten Columbit von Bodenmais aufgefunden habe,

und dass dieser Fund die Differenzen erkläre, welche über die zur Bestimmung und Unterscheidung dieser Säure von der Unter-Niobsäure von ihm und andern Chemikern angestellten Versuche sich ergeben haben.

Wird anderwärts veröffentlicht.

Herr Gümbel sprach:

„Ueber Torf im Uebergang zu Dopplerit"

und erläutert seine Mittheilung durch Vorzeigung des Gegenstandes.

Herr Buchner machte eine vorläufige Mittheilung:

„Ueber einen neuen rothen Farbstoff aus der Faulbaumrinde".

Vor zwölf Jahren machte ich der k. Akademie eine Mittheilung[1]) über einen von mir in der Rinde von *Rhamnus Frangula* entdeckten gelben und flüchtigen Farbstoff, den ich *Ramnoxanthin* genannt habe. Ich wurde auf diesen Farbstoff aufmerksam gemacht durch seine Eigenschaft, sich schon bei gewöhnlicher Temperatur nach und nach zu verflüchtigen. Weisses Papier, worin die genannte Rinde eingewickelt ist, färbt sich mit der Zeit deutlich gelb und die innere Fläche der Rinde (Wurzelrinde) bedeckt sich mit einer Menge prächtiger, goldgelber und seidenartig glänzender Kryställchen, die man besonders gut mit dem Vergrösserungsglase wahrnehmen kann.

Trotz dieser Flüchtigkeit des Rhamnoxanthins ist es mir

----

1) Bulletin der k. bayer. Akademie der Wissenschaften. 1853, Nr. 25.

doch noch nicht gelungen, eine zum näheren Studium genügende Menge desselben im sublimirten Zustande. darzustellen. In grösserer Menge und zwar in Form eines gelben Pulvers kann man den Farbstoff erhalten durch Verdampfen des alkoholischen oder ätherischen Auszuges aus der Faulbaumrinde und weitere Reinigung des aus den concentrirten Auszügen sich ausscheidenden Rhamnoxanthins. Da mir aber diese Darstellungsweise auf nassem Wege keine Gewähr für die vollkommene Reinheit des Farbstoffes darzubieten schien, so kehrte ich wieder zum Versuche der Sublimation zurück. Auf nassem Wege dargestelltes Rhamnoxanthin wurde, mit Quarzsand gemengt, in einem mit einer mattgeschliffenen Glasplatte bedeckten Glase auf einen geheizten Ofen gestellt und dort während der Wintermonate sich selbst überlassen. Zuerst sublimirten langsam und in geringer Menge goldgelbe Krystallblättchen von Rhamnoxanthin, aber später erschienen anstatt dieser gelbrothe oder morgenrothe, ein lockeres Sublimat bildende nadelförmige Prismen des neuen Farbstoffes.

Dieser gelbrothe Farbstoff, dessen Bildung ich schon in meiner früheren Mittheilung angedeutet habe, ist offenbar ein Produkt der Zersetzung des Rhamnoxanthins unter dem Einflusse des Wärme. Er zeigt in seinem Aussehen eine so grosse Aehnlichkeit mit dem Alizarin (Krapp roth), dass er davon kaum unterschieden werden kann. [2]) Dass er aber mit diesem nicht identisch ist, beweist schon seine leichtere Löslichkeit in Alkohol und die Eigenschaft dieser Lösung, auf Zusatz von Alkalien intensiv kirschroth oder johannisbeerroth gefärbt zu werden, während die Auflösung des Alizarins dadurch bekanntlich eine purpurrothe, bei reflectirtem Lichte violett erscheinende Färbung annimmt.

Ich hoffe bald Näheres über die Eigenschaften dieses Farbsoffes berichten zu können.

---

2) Auch mit dem Nucin, dem sublimirbaren rothgelben Farbstoff der Wallnussschalen, besitzt er grosse Aehnlichkeit.

Historische Classe.
Sitzung vom 20. Mai 1865.

———

Der Sekretär, Herr von Döllinger, legte ein italienisches Manuscript vor, welches der Cavaliere Herr Teodore Toderini, Vicedirector des venetianischen Archivs, durch Herrn G. M. Thomas als Geschenk zunächst für die Akademie eingesandt hat.

Es führt den Titel:

> „Cerimoniali e feste in occasione di, venute
> e passaggi negli stati della Republica Ve
> neta di Duchi e Principi della Casa di Ba
> viera dall' anno 1390 a 1783
>
> raccolti, corredati di documenti ed annodati
> dal Cavaliere Teodoro Toderini etc."

und enthält detaillirte Notizen mit sorgfältig ausgezogenen Urkunden über das Ceremoniel und die Feste, welche im venetianischen Gebiete bei Ankunft oder Durchreise bayerischer Fürsten stattfanden.

Dem Herrn Toderini ist hiefür der besondere Dank der Akademie ausgesprochen worden; das Manuscript aber wird auf der k. Staatsbibliothek aufbewahrt bleiben.

———

Herr Paul Roth hielt einen Vortrag:

„Ueber die Pseudo-Isidorischen Dekretalen"

mit Beziehung auf die neue kritische Ausgabe dieses Werkes von Hinschius. Er zeigte, dass das im westfränkischen Reiche entstandene Werk die Bestimmung gehabt habe, dem damaligen Streben des Klerus nach Regelung der Gerichtsbarkeit und nach Beschränkung des Klagerechtes behüflich zu werden.

Einsendungen von Druckschriften.

--- . ---

Vom physikalischen Verein in Frankfurt am Main:
Jahresbericht für das Rechnungsjahr 1863—64. 8.

Vom historischen Verein für Steiermark in Gratz:
a) Mittheilungen. Dreizehntes Heft. 1864. 8.
b) Beiträge zur Kunde steiermärkischer Geschichts-Quellen. 1. Jahrgang. 1864. 8.

Von der naturforschenden Gesellschaft in Danzig:
Schriften. Neue Folge. Ersten Bandes Zweites Heft. 1865. 8.

*Von der Geschichts- und Alterthumsforschenden Gesellschaft des Oster-
landes in Altenburg.*
Mittheilungen. Sechster Band. 2. Heft. 1864. 8.

Von der Royal Society in London:
Proceedings   Vol. 13. Nro. 67. 70.
          „ 14.   „   71. 72. 8.

Von der Royal Dublin Society in Dublin:
Journal. Nr. 31 Oct 1863 — Juli 1864. 8.

Von der Société vaudoise des sciences naturelles in Lausanne.
Bulletin. Tom 8. Nro. 52. 1865. 8.

Von der Royal geographical Society in London:

Proceedings. Vol. 9. Nro. 2 March 1865. 8.

Von der Académie royale de médecine de Belgique in Brüssel:

Bulletin. 2 Serie. Tom 8. Nro. 2. 3. 1865. 8.

Von der Etomological Society in London:

Transactions. Third series. Vol. 2 part the fourth. 1865. 8.

Von der Académie impériale des sciences, arts, belles-lettres in Dijon:

Mémoires. 2 Serie. Tom. 11. Année 1863 1864. 8.

Von der Société Linnéene de Normandie in Caen:

Bulletin. 9 Volume. Année 1863—64. 1865. 8.

Von der naturhistorischen Gesellschaft in Hannover:

Vierzehnter Jahresbericht von Michaelis 1863 bis dahin 1864. 1865. 4.

Vom Verein für Kunst und Alterthum in Ulm und Oberschwaben in Ulm.

Verhandlungen. 16. Veröffentlichung. Der grösseren Hälfte zehnte Folge. 1865. 4.

Von der k. k. geologischen Reichs-Anstalt in Wien:

Jahrbuch. 1865. 15 Band Nro 1. Jan. Febr März. 8.

Von der Gesellschaft für Aerzte in Wien:

Medicinische Jahrbücher. Zeitschrift. Jahrg. 1865. 21. Jahrg. der ganzen Folge. 3. Heft. 8.

Von der Universität in Heidelberg:

Heidelberger Jahrbücher der Literatur unter Mitwirkung der vier Fakultäten. 58. Jahrg. 3. Heft. März. 1865. 8.

Vom Verein für Geschichte und Alterthumskunde Westfalens in Münster.

Zeitschrift für vaterländische Geschichte und Alterthumskunde. 3. Folge. 4. Band. 1864. 8.

Von der Redaktion des Correspondenzblattes für die Gelehrten und Realschulen in Stuttgart:

Correspondenzblatt für die Gelehrten und Realschulen. Nro. 3. 4. März. April. 1865. 8.

Vom historischen Verein für das Grossherzogthum Hessen in Darmstadt:

Archiv. Eilften Bandes 1. Heft. 1865. 8.

Von der Accademia di scienze, lettere ed arti in Padua.

Rivista periodica. Trimestre primo e secundo del 1863—1864. 25 Vol. 13. Trimestre terzo e quarto del 1863—1864. 26. Vol. 13. 1864—65. 8.

Von der Società reale in Neapel.

Rendiconto delle tornate e dei lavori dell' Accademia di scienze morali e politiche. Anno quarto. 1865, 8.

Von der Reale istituto lombardo di scienze e lettere in Mailand:

a) Memorie. Classe di scienze matematiche e naturali. Vol. 10—1 della serie 3. Fascicolo 1 1865. 4.

b) Memorie. Classe di lettere scienze morali e politiche. Vol. 10—1 della serie 3. Fasc. 1. 1865. 4.

c) Rendiconti. Classe di scienze matematiche e naturali.
  Vol. 1. Fasc. 7—10 Luglio—Dicembre.
  „ 2. „ 1. 2. Gennajo. Febrajo. 1864. 1865. 8.

d) Rendiconti. Classe di lettere e scienze morali e politiche.
  Vol. 1. Fasc. 6—10. Luglio-Dicembre.
  „ 2.   „ 1. 2. Gennajo. Febrajo. 1864. 65. 8.
e) Solenni adunanze del Istituto.
  Adunanza del 7 Agosto 1864. 8.

Von der Accademia delle scienze dell' istituto in Bologna.

a) Memorie. Serie 2. Tom. 3. Fasc. 4.
    „   2.   „ 4.   „ 1. 1864. 65. 4.
b) Indici generali della collezione col titolo di memorie in dodici
  tomi dal 1850 al 1859. 1864. 4.

Vom Instituto di corrispondenza archeologica in Rom:

a) Annali. Vol. 36. 1864. 8.
b) Bulletino per l'anno 1864. 8.
c) Monumenti inediti Vol. 8. Tav. 1—12. 1864. 8.
d) Repertorio universale dall' anno 1857—1863. 1864. 8.

Von der Académie des sciences in Paris:

Comptes rendus hebdomadaires des séances. Tom. 60. Nr. 20—24
  Mai—Juin 1865. 4.
b) Tables des comptes rendus des séances. Deuxième Semestre 1864.
  Tom. 59. 4.

Von der Universität in Kiel:

Schriften der Universität zu Kiel aus dem Jahre 1864. Band 11.
  1865. 4.

Von der natural history Society in Montreal.

The Canadian naturalist and geologist. New series. Vol. 2.
  Nro. 1. 2   8.

[1865. I. 4.]   24

Von der physikalisch-medicinischen Gesellschaft in Würzburg.

Würzburger Medizinische Zeitschrift. 6 Bd. 1. und 2. Heft. 1865. 8

Vom Istituto Veneto di scienze, lettere ed arti in Venedig:

Atti. Tomo decimo, serie terza. Dispensa quinta. 1865. 8.

Von der Universität in Leyden:

Annales academici 18⁶¹/₆₂. 4.

Vom Musée Teyler in Harlem:

Catalogue de la bibliothéque 1865. 8. ·

Von der k bayer. Thierarzneischule in München:

Thierärztliche Mittheilungen. 10. Heft 1865. 8.

Vom Herrn Marquardt in Gotha:

Die orientalischen Handschriften der herzogl. Bibliothek zu Gotha.
Auf Befehl Sr. Hoheit des Herzogs Ernst II. von Sachsen-Coburg-
Gotha. Verzeichnet von Dr. Wilhelm Pertsch
1. Theil die Persischen Handscriften.
2. „   „ Türkischen   „   Wien. 1864. 8.

Vom Herrn Franz Liharzik in Wien:

a) Das Quadrat die Grundlage aller Proportionalität in der Natur
und das Quadrat aus der Zahl Sieben die Uridee des menschlichen Körperbaues. 1861. 4.

b) Das Gesetz des Wachsthums und der Bau des Menschen die Pro-
portion-Lehre aller menschlichen Körpertheile, für jedes Alter
und für beide Geschlechter. Mit 8 Tabellen und 9 lithographi-
schen Tafeln. 1864. gr. Fol.

Vom Herrn M. Des Cloizeaux in Paris:

Mèmoire sur l'emploi du microscope polarisant et sur l'étude des
propriétés optiques biréfringentes propres a déterminer le sytsème
cristallin dans les cristaux naturels ou artificiels. 1864. 8.

b) Origine de la karsténite de Modane en Savoie. 1864. 8.

c) Carbonate de magnésie et fer dans la météorite d'Orgueil. 1864. 8.

Vom Herrn D. Francisco de Asis Delgado Jugo in Madrid:

Discursos leidos en la solemne inauguracion de la Sociedad Antropo-
logica Española, verificada el 5 de junio de 1865. 8.

Vom Herrn Giuseppe Luigi Gianelli in Mailand:

La vaccinazione e le sue leggi in Italia. 1864. 4.

Vom Herrn Clausius in Zürich:

Ueber verschiedene für die Anwendung bequeme Formen der Haupt-
gleichungen der mechanischen Warme-Theorie. 8.

Vom Herrn Albert Rheiner in Hüfingen (Baden):

Kritische Diagnosen über Medizin und Naturwissenschaften. Leipzig
1865. 8

Vom Herrn T. C. Winkler in Harlem:

Musée Teyler. Catalogue systématique de la collection paléontologique 3. Livraison. 1865. 8.

24*

Vom Herrn Gustav Eichthal in Paris:

Les trois grands peuples mediterrannéens et le christianisme.
1865. 8.

Vom Herrn Karl Fritsch in Wien:

Die Eisverhältnisse der Donau in Oesterreich ob und unter der Enns
und Ungarn in den Jahren $18^{51}/_{52}$ bis $18^{60}/_{61}$. 1864. 4.

Sach-Register.

Namen-Register.

ISOTHERMEN
der mittleren Temperatur des Jahres
auf das Meeresniveau reducirt,
und
CLIMATISCHE ZONEN,
in Indien und Hochasien.

Temp. Fahrenheit

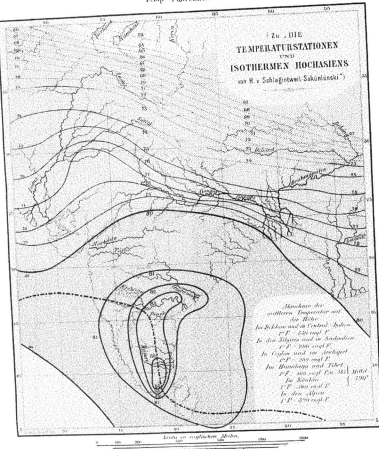

(Zu . DIE
TEMPERATURSTATIONEN
und
ISOTHERMEN HOCHASIENS
von H. v. Schlagintweit-Sakünlünski)

Abnahme der
mittleren Temperatur mit
der Höhe
Im Dekhan und in Central-Indien
1° F. = 550 engl. F.
In den Nilgiris und in Südindien
1° F. = 290 engl. F.
In Ceylon und im Archipel
1° F. = 280 engl. F.
Im Himalaya und Tibet
1° F. = 500 engl. F.c. 357 | Mittel
Im Küuliin   } 590'
1° F. = 380 engl. F.
In den Alpen
1° F. = 390 engl. F.

Scala in englischen Meilen.
0   100   200   300   600   800   1000

in ihrer Veränderung mit der Breite

ERLAEUTERUNGEN.

Hochasien Die Veränderung mit der Breite ist ähnlich jener im mittleren Europa, 2°F für 1° Breite, aber zugleich zeigt sich eine bedeutende Abnahme gegen Osten

.. Vom Fusse des Himálaya zum nördlichen Rande von Central-Indien: Die Abnahme gegen Norden beträgt im Mittel nur 1° F. für 1° Breite, im Nordwesten tritt eine locale Erhöhung der Temperatur auf, östl Ermedrigung

Region des südindischen Maximums Eine der inselartig begrenzten Zonen grösster Wärme längs des thermischen Aequators

Thermischer Aequator

Die Hohen - Isothermen
DES
HIMÁLAYA, KARAKORÚM & KÜNLÚN.

Hohen in engl Fuss, Temp. Fahrenheit

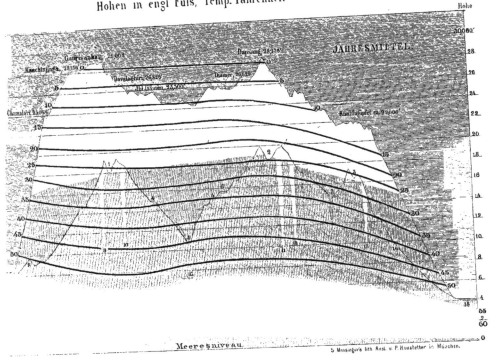

Meeresniveau.

S. Minsinger's lith. Anst. v. P. Hausketter in München.

ERLAEUTERUNGEN.

he Daten der Isothermen Seite }
tion des Profiles Seite } 256-258

Höhen des Schneegebirges, Schneegrenzen, Bewohnte Orte u Vegetation Seite 249-259

ch = tach, j = dsch, sh = sch ·

bei den Himálaya nach Tibet 17,000-18000′
on Tibet nach Turkistán 18400′ - 18,800′
ss über den Kunlún 17,379′
bewohnte Orte in Tibet 14,800′-15,000′?
Haule 15,117′, Dorf Chúshul 14,406′
idusthal bei Leh in Ladák 10,723′
gion der tibetischen Salzseeen
14,000′-15700
arakásthal beim Nephritlager
Gulbagashén, 12,252′
öheren Vorberge des Himálaya 8000′-
10,000′

9-10) Tiefste Gletscher des Himálaya, Cháia 10,520′
Tsóji 10,967′
11 12) Tiefste Gletscher im westlichen Tibet;
Bépho 9876′, Támi Chúet 10,460′
13) Gletscher im Künlún ähnlich jenen von Tibet,
tiefster unbekannt
14) Búshia, Dorf in Turkistán 9510′
15) Mittlere Höhe der Himálaya - Sanitaria oder
Gesundheitsstationen 7000′
16) Höhe des Indus bei Skardo in Bálti 7255′
17) Die Gangesebene bei Benáres 350′
18) Die Ebene von Turkistán bei Yarkand 4200′

Mittlere Temperaturabnahme. 590′ für 1° F.

Lightning Source UK Ltd.
Milton Keynes UK
UKHW010857161218
334046UK00007B/480/P